Frigga Haug

Die Vier-in-einem-Perspektive

Elfriede Jelinek:

Frigga Haug bewundere ich wegen ihrer Unermüdlichkeit, ihre emanzipatorischen Ziele zu verfolgen, um der männlichen Macht wenigstens das Glück ihrer eigenen Umnachtung ein wenig zu nehmen. Dass sie darüber noch nicht resigniert hat, während es anderen schon genügt, bloß eine Sonnenbrille gegen die Ohnmacht aufzusetzen, finde ich großartig.

Judith Butler:

Frigga Haug verbindet philosophische Sorgfalt und Klugheit mit unkompromittiertem Weitblick und leidenschaftlichen Zukunftsvisionen. In der Geschichte des deutschen Feminismus ist klar und offenkundig, wie Frigga Haug die radikalsten und engagiertesten Traditionen zum Leben erweckt hat. Wie keine andere hat sie eine Vielzahl von Wissenschaftlerinnen, Intellektuellen und Aktivistinnen weltweit erreicht, inspiriert und zusammengebracht. Wir alle sind zutiefst dankbar für die Hartnäckigkeit, mit der sie darauf besteht, unser gesellschaftliches und politisches Leben weiterzudenken – in Richtung auf mehr Gerechtigkeit, Freiheit und Hoffnung.

Frigga Haug

Die Vier-in-einem-Perspektive

Politik von Frauen für eine neue Linke

Argument

Die Deutsche Nationalbibliothek verzeichnet diese Publikation in der Deutschen Nationalbibliografie; detaillierte bibliografische Daten sind im Internet über http://dnb.d-nb.de abrufbar.

Deutsche Originalausgabe

Glashüttenstraße 28, 20357 Hamburg
Telefon 040/4018000 – Fax 040/40180020
www.argument.de
Umschlaggestaltung: Martin Grundmann
Lektorat & Satz: Iris Konopik
Druck: CPI books GmbH, Leck
Gedruckt auf säure- und chlorfreiem Papier
ISBN 978-3-88619-336-3
4. Auflage 2022

Inhalt

Vorwort zur zweiten Auflage

Ein Jahr nach der Publikation der *Vier-in-einem-Perspektive* hat sich die Situation radikal verändert. In der Weltwirtschaftskrise scheint es Wichtigeres zu geben als eine feministische Erneuerung des Politischen. Die Menschen scharen sich ängstlich um ihre Regierungen im bangen Vertrauen, sie möchten es so richten, dass alles wird wie zuvor. Zuversichtlich ratlos stehen die Regierenden vor der Aufgabe, Wachstum zu fördern. Aber der einzige Wachstumssektor scheint der Bereich ehrenamtlicher, sprich: unbezahlter Arbeit, ein vertrauter Ort für Frauen. Die Regierenden sprechen davon, dass Vertrauen zerstört sei in Banken, Markt, Wirtschaft, Manager.

Jetzt ist es an der Zeit, das Vertrauen in sich selbst zurückzugewinnen um im Umbruch nicht bloß getrieben zu sein, sondern auch gestaltend zu wirken. Die Krisen im Finanzbereich, in der Wirtschaft und in den gesellschaftlichen Naturverhältnissen überlagern einander. Jetzt rächt sich die Dominanz der profitgetriebenen Sektoren über die Politik, ja über alles Lebendige, über die lohnabhängigen Menschen, über die aus der Erwerbsarbeit Herausgedrängten, über alle Schwächeren und über die außermenschliche Natur, als wären Natur und Gesellschaft eine Art Steinbruch zur beliebigen Ausbeutung.

In dieser Zeit des Umbruchs wird die Vier-in-einem-Perspektive an vielen Orten, in politischen Gruppen, von Menschen aus unterschiedlichen Traditionen intensiv diskutiert, ins eigene Leben umgesetzt und beim Politikmachen ausprobiert. Die Entgegensetzung von profitgetriebener Produktion und ehrenamtlicher Reproduktion, der notgedrungene Verzicht auf eigene Entwicklung, die Unterwerfung unter die Politik von oben können als Ordnung entziffert werden, die ebenso zur Weltwirtschaftskrise führte, wie sie ohne radikale Selbstveränderung nicht veränderbar wird. Denkformen sind gefragt, die zum praktischen Umgang mit Widersprüchen befähigen, Politikstrategien, welche die Kunst beherrschen, scheinbar Gegensätzliches zu verknüpfen. Was im abstrakten Entwurf zunächst wie ein Traum erscheint, wird in der Aneignung konkret. Wir brauchen Zeit dafür, dass alle ihre sozialen Fähigkeiten leben und ihre schlummernden Möglichkeiten entwickeln können. Die Verkürzung der Erwerbsarbeitszeit als Menschenrecht wird der Lebenshetze für die einen bei Ausgrenzung der anderen ein Ende machen. Die politische Einmischung wird zum menschlichen Einmaleins gehören.

Im ersten Jahr der politischen Einmischung unter dem Zeichen der Vier-in-einem-Perspektive gab es Veranstaltungen, Seminare, Konferenzen und Kongresse in fast allen Teilen der Bundesrepublik, in Österreich und in der Schweiz. Es gab auch fast uneingeschränkt positives Medienecho. Doch politische Gewohnheiten sind ebenso schwierig zu ändern wie individuelle. Es braucht Zeit. Unmittelbar aber setzt das Projekt gefesselte Fantasie frei und wirkt mobilisierend.

In den Diskussionen kehrten Einwände wieder, die Angelpunkte für eine politische Kultur sind: Viele zerbrechen sich den Kopf der Regierung und wenden ein, »wir« könnten eine einschneidende Verkürzung des Erwerbsarbeitstages nicht bezahlen, ganz als ob die Entlassung in die Arbeitslosigkeit niemanden etwas kosten würde. »Teilzeitarbeit für alle« wäre eine Losung, die eine kulturelle Verständigung über das Problem »Vollzeitarbeit« einleiten könnte, die die fehlenden Rechte der Teilzeitarbeitenden ins Öffentliche zieht und dazu überleitet, »Teilzeit« als »Vollzeit« zu begreifen und in der Praxis durchzusetzen.

Manche möchten hochqualifizierte Berufe ausnehmen aus dem Anspruch, sich auch in den anderen menschlichen Bereichen zu betätigen. Sie erstreben also weder Qualifikation und Entwicklung für die vielen noch vor allem Veränderung bei sich selbst. Letzteres bleibt eine Herausforderung und zugleich eine politisch-kulturelle Notwendigkeit.

Ab und an wendet jemand ein, die Vier-in-einem Perspektive sei ja gar nicht neu, selbst von mir habe man Ähnliches schon vor Jahren gehört. Sie haben recht. Wenn man die Beiträge aufmerksam liest, wird man sehen, wie sich diese Politik Stück um Stück langsam herausbildet – zunächst als Zwei-in-einem, dann drei –, bis sie endlich zu dieser Gestalt findet, die vieles Vorherige auch von anderen aufnimmt und jetzt erst in dieser Verknüpfung eine wirksame und für alle einsichtige politische Botschaft wird.

Schwierigkeiten bereitet auch die Methode, die Dinge im Fluss zu sehen, die Perspektive nicht für das unmittelbar Umsetzbare zu halten und dennoch Realpolitik mit ihr zu verbinden, im Heute also Politik für morgen zu machen.

Ich danke den vielen, die den Ball aufgenommen haben. Er flog über die Grenzen. Feministinnen von überallher mischten sich ein. Nun, da der Kapitalismus an seinen Grenzen laboriert, ist der Moment gekommen, sie zu überschreiten. Wie Brecht sagt, ist es »vorteilhaft, nicht nur vermittels der großen Methode zu denken, sondern auch vermittels der großen Methode zu leben, nicht eins mit sich sein, sich in Krisen drängen, kleine Änderungen in große zu verwandeln. Man kann mit mehr oder weniger Vermittlungen, in mehr oder weniger Zusammenhängen leben, man kann eine dauernde Veränderung seines Bewusstseins erzielen oder anstreben, indem man sein gesellschaftliches Sein ändert. Man kann helfen, die staatlichen Einrichtungen widerspruchsvoll und entwicklungsfähig zu machen.« (*Me-ti*, GW 12, Prosa 2, Frankfurt 1967, 500f.)

Los Quemados, März 2009

Vorwort

Es ist an der Zeit. Wollen wir ein Erziehungsgeld für Mütter erstreiten oder bessere Kindergärten? Wollen wir eine Frauenquote in der Politik oder uns außerparlamentarisch engagieren? Wollen wir den gewerkschaftlichen Kampf um Löhne und Tarifabkommen stärken oder soll die Forderung nach Grundeinkommen ins Zentrum? Und wie steht es mit individuellem Lernen, Entwicklung, Kulturellem, oder haben wir jetzt keine Zeit dafür, weil es Dringlicheres gibt wie Krieg, Hunger, Umweltkatastrophen? Es ist an der Zeit, aus den falschen Alternativen, die Politik lähmen und langweilig machen, herauszukommen und die Fragen anders zu stellen.

Einen Entwurf für eine andere linke Politik legte ich als Eröffnungsvortrag der ersten bundesweiten Frauenwerkstatt der frisch gegründeten Linkspartei im November 2007 in Esslingen vor. Er fasst Resultate jahrzehntelanger Arbeit zusammen, um einen Neuanfang linker Frauenpolitik heute zu umreißen. Er eröffnet auch dieses Buch, in dem ferner Aufsätze überarbeitet zusammengestellt sind, die als Vorarbeiten zur *Vier-in-einem-Perspektive* verstanden werden können. Sie stammen aus vier zunächst getrennten Schwerpunkten politisch-wissenschaftlicher Arbeit: aus meiner langjährigen Forschung zu den durch Hochtechnologie bewirkten Umbrüchen in der Arbeit; aus meinen noch weiter zurückreichenden Untersuchungen über Ursachen und Orte von Frauenunterdrückung; aus den mehr autobiographisch bestimmten Fragen nach Selbstentfaltung und dem Kulturellen und den dabei erarbeiteten Methoden von Alltagsforschung (Erinnerungsarbeit); und aus den nie endenden Versuchen, Politik »von unten« zu entwickeln und zu praktizieren.

Aus der Vielzahl meiner Schriften sind solche bevorzugt ausgewählt, die wirksame politische Eingriffe waren und teilweise noch sind und die allgemeinverständlich geschrieben sind. Es war ebenso leicht, Aufsätze zu den vier Bereichen zu finden, wie offenkundig wurde, dass keiner in seinem Bereich stehen blieb. Sie zeigen vielmehr alle, dass *Grenzüberschreitungen* zu den notwendigen Erkenntnismitteln gehören, ja dass die Einsperrung von Tätigkeiten in einen der vier genannten Bereiche im wirklichen Leben eine Strafe ist und in der theoretischen Anstrengung eine Dummheit.

Leitendes methodisches wie politisches Instrument sind *Widersprüche*. In jedem Text wird man erkennen, wie Widersprüche aufgesucht werden, um als politische Handlungsfähigkeit den produktiven Umgang mit ihnen zu lernen. Diese Fähigkeit, so lässt sich nach und nach entschlüsseln, erwirbt man, wenn man keine Frage lässt, wie sie zu sein scheint, wenn man sie in ihren Widersprüchen auffasst, wenn man sie verschiebt und neue Lösungen auf anderer Ebene anpackt. Das hört sich schwierig an, bewährt sich jedoch in der Durchführung häufig als heiteres Lehrstück. Da beginnt ein Beitrag mit der kindlichen Sehnsucht, groß zu werden, und endet nach Ausflügen in Marxismus, Feminismus und Kritische Psychologie bei der Dialektik von Arbeitsfleiß und Faulheit und eben bei der Erneuerung der Sehnsucht, auch in der Arbeit zu Hause zu sein. Was die schwierigen Gedanken erleichtert und verständlich macht, ist die unbedingte Verknüpfung von alltäglicher Erfahrung mit theoretischer Anstrengung.

Die Fragen, die die Frauenbewegung aufgeworfen hat, sind nicht lösbar, ohne alte Arbeitsteilungen grundsätzlich umzuwerfen. Alles andere ist Flickwerk, nicht haltbar. Dies war schon einige Zeit offensichtlich, ohne dass solche Kritik politisch aufgegriffen werden konnte mit spürbarem Erfolg. Im Gegenteil ließen sich einige Forderungen aus der Frauenbewegung ins neoliberale Projekt aufnehmen, das so den Bewegungen das Mark nehmen konnte, um selbst stark zu werden.

Bei der Lektüre der einzelnen Beiträge wird man erkennen, dass immer wieder Vorschläge gemacht werden, die vier Bereiche Erwerb, Reproduktion, Kultur und Politik zu vernetzen – zögernd zunächst, aber gleichwohl unverkennbar. Sie sind selbst als Lernprozess entzifferbar, der allgemeines Lernen möglich macht. Man wird staunen, von wie vielen ganz unterschiedlichen Punkten und Problemen her sich die Frage nach der Zusammenfügung der vier Bereiche als gerechtere Politik stellt, und man wird sich wundern, wie alt ganz aktuelle Fragen sind, das heißt auch, wie wenig eine Politik, die auch Frauen einbezieht, in den letzten dreißig Jahren vorangekommen ist. Es war nicht an der Zeit, deshalb durchbrachen die Vorschläge zur Änderung von Politik kaum die Grenzen des öffentlichen politischen Raumes. Aber nichts bleibt, wie es ist. Die Forschungen sind niemals zu Ende, der Kompass gibt Richtungen an, die mit dem Auftreten einer Partei links von den Sozialdemokraten gehört und genutzt werden könnten. Es ist jetzt an der Zeit.

Erste Diskussionen

Der Vorschlag, die *Vier-in-einem-Perspektive* erneut in die politische Diskussion zu werfen, wurde bereits in vielen Gruppen an verschiedenen Orten diskutiert und führte zu produktiver Unruhe. Er stieß auch auf die erschöpften Vorbehalte derer, die durch die Öffnung der Grenzen um den Arbeitsbegriff lauter Mehrarbeit auf sich zukommen sahen, die sie als bloßes Zuviel empfanden. Insbesondere die Zumutung, Politik von unten zu machen, die den gesamten Entwurf beseelt, erscheint den in den bestehenden Verhältnissen festgezurrten Menschen als überwältigendes Erfordernis, das sie nicht wollen können. In einer Gruppe wurde entdeckt, dass das Überforderungsgefühl, das ihr Leben zu einer ermüdenden Hetze macht, im Grunde eine Unterforderung signalisiert, dass sie nämlich als Menschen mit Möglichkeiten, gesellschaftlich sich eingreifend zu betätigen, entgegen aller gewährten Selbstbestimmung überhaupt nicht gefordert waren und dass die erlebte sinnlose Sinnhaftigkeit eine Blockierung aller Lebensgeister nach sich zog.

»Es ist zu wenig Geld da für eine solche Lösung«, entgegnete einer in einer anderen Gruppe und zeigte, wie einfach es ist, den Standpunkt der Regierung zu übernehmen, und wie schwierig, die dafür nötige Kompetenz noch zu erarbeiten, denn es wurde ja auch hier ohne Überprüfung übergangen, dass die vielen ohne Arbeitseinkommen gleichwohl ja bislang finanziert werden mussten. Auch wurde diskutiert, dass »vier Bereiche« zu wenig seien und dass doch »die Erzieherinnen arbeitslos würden«, wenn Reproduktionsarbeit allgemein werde – die ketzerische Schlussfolgerung, dass dies auch mit den Politikern geschehen könnte, wurde noch nicht gedacht. Voll Hoffnung schreibt eine, der Ansatz »könne zu einer breiten politischen Debatte führen, die viele, viele Frauen stark macht«.

Im Vorfeld der Gründung der Partei Die Linke verblüffte Oskar Lafontaine mit dem Satz, dass nicht die SPD, wie sie selbst behauptete, Probleme habe, ihre Ziele dem Volk zu vermitteln, sondern umgekehrt das Volk, seine Forderungen den Oberen zu vermitteln. Das verschiebt die Vermittlungsfrage aus einer Politik von oben in eine Hegemoniefrage und lässt hoffen, dass in der neuen Linken die vielen Stimmen gehört werden. Da bleibt noch die Frage, welche Lernprozesse stattfinden müssen, bis aus den ungeübten Meinungen kluge Stimmen werden, die allgemein nützlich sind. In diesem Kontext will das Buch dazu beitragen, Forderungen der Unteren zu bündeln, ihre Handlungsfähigkeit zu stärken, für die es zugleich Mittel, Weg und Ziel bezeichnet. Es sind besonders Frauen angesprochen. Sie vor allem sind in den gesellschaftlichen Umbrüchen gefordert, weil sie den Reproduktionsbereich »natürlich« besetzen und mehr als die männlichen Gesellschaftsmitglieder über Jahrhunderte aus Politik und kultureller Entwicklung ausgeschlossen waren. Sie haben viel zu gewinnen.

Entwurf

Die Vier-in-einem-Perspektive
Eine Utopie von Frauen, die eine Utopie für alle ist

Bei den folgenden Überlegungen geht es um Gerechtigkeit bei der Verteilung von Erwerbsarbeit, Familienarbeit, Gemeinwesenarbeit und Entwicklungschancen. Lange Zeit wurden politische Projekte in diesen vier Bereichen getrennt verfolgt. Funktion dieses Beitrags ist es, einen Kompass zu liefern, der die unterschiedlichen Projekte auf einen Zusammenhang orientiert und in dieser Bündelung wahrhaft kritisch, ja revolutionär ist, während jedes für sich genommen früher oder später zu versanden pflegt.

Unter den Märchen der Gebrüder Grimm erzählt eines die Geschichte von dem Mädchen, das hübsch, aber faul ist und sich der Spinnarbeit verweigert. Der Mutter platzt schließlich der Kragen. Sie gibt dem Mädchen eine ordentliche Tracht Prügel. Die zufällig vorbeifahrende Königin hört es schreien. Sie lässt anhalten und fragt die Mutter, warum sie ihre Tochter schlage. Die Mutter schämt sich nicht wegen des Schlagens, sondern weil sie die Faulheit ihrer Tochter offenbaren soll. Also lügt sie listig, indem sie sogleich ihre Armut vorstellt: »Ich kann sie nicht vom Spinnen abbringen, sie will immer und ewig spinnen, und ich bin arm und kann den Flachs nicht herbeischaffen.« Das weckt die Begier der Königin nach einer derart überfleißigen Arbeiterin. Sie nimmt sie mit aufs Schloss. Dort führt sie das Mädchen zu drei Kammern voller Flachs und verspricht ihr gar ihren ältesten Sohn zum Gemahl, da jetzt nicht ihre Armut zähle, sondern »unverdrossner Fleiß Ausstattung genug« sei. Der Sohn verbringt im Übrigen seine Zeit mit Tanzen und Singen, Musizieren und Dichten, Malen, Theaterspielen, Reiten, Reisen, Fechten und Jagen, wie es sich eben für einen Königssohn gehört. Das Mädchen aber ist nicht nur faul, es kann überhaupt nicht spinnen und hat nach drei Tagen, als die Königin zurückkommt, um den Erfolg der Arbeit zu besichtigen, nichts vollbracht. Sie entschuldigt sich, dass sie wegen der Entfernung vom Haus der Mutter zu betrübt sei. Die Königin rührt das, aber sie ermahnt sie doch, endlich anzufangen. Wieder alleingelassen mit dem Flachs, blickt das Mädchen ratlos aus dem Fenster. Da gehen auf der Straße drei hässliche Weiber vorbei. Die erste hat einen Klumpfuß, der zweiten hängt die Unterlippe herab, und der Daumen der dritten ist drei Finger breit. Sie versprechen, den Flachs zu spinnen, wofern sie zur Hochzeit eingeladen werden, das Mädchen sich ihrer nicht schäme, sondern sie ihre Basen heiße, an ihrer Seite sitzen und am Hochzeitsmahl teilhaben lasse. Das Mädchen schlägt ein, und die drei heben sogleich an und spinnen in kürzester Zeit alle Kammern aufs Schönste leer.

Die Königin ist ebenso zufrieden wie der älteste Sohn, der eine so fleißige und geschickte Frau bekommen soll, und sie richten die Hochzeit. Das Mädchen bittet darum, ihre drei Basen einzuladen. Wie die drei abgearbeiteten Weiber zur Tür hereinkommen, ruft der Bräutigam erschrocken: »Wie kommst du zu der garstigen Freundschaft?« Darauf fragt er die erste: »Wovon habt Ihr einen so breiten Fuß?« – »Vom Treten des Spinnrads«, antwortet sie, »vom Treten.« Da fragt der Bräutigam die zweite: »Wovon habt Ihr nur die herunterhängende Lippe?« – »Vom Lecken des Fadens«, antwortet sie, »vom Lecken.« Da fragt er die dritte: »Wovon habt Ihr den breiten Daumen?« – »Vom Fadendrehen«, antwortet sie, »vom Fadendrehen.« Da erschrickt der Königssohn und spricht: »So soll mir nun und nimmermehr meine schöne Braut ein Spinnrad anrühren.« Damit ist sie das schädliche Flachsspinnen los. Der Pakt hat sich für sie doppelt ausgezahlt: Sie bekommt den Prinzen und braucht nicht mehr zu spinnen. Jetzt kann auch sie sich dem Wohlleben, der Schönheitspflege und den mit Muße möglichen Tätigkeiten und Künsten widmen, was ja auch besser zu einer Königin passt.

Die Geschichte hat es hinter den Ohren. Sie erzählt von weiblicher List, von schlechter Arbeit und Armut und von merkwürdiger Scham, vom reichen Leben durch Geburt oder bei Frauen auch durch Heirat. Sie zieht uns zunächst in das Einverständnis, uns, empört über die Faulheit der Tochter, mit der Mutter zu verbünden. Doch schon wenig später finden auch wir, dass der Widerstand gegen Arbeit gerechtfertigt ist. Da wir zumindest eine Ahnung davon haben, dass einseitige und womöglich lebenslange Vernutzung bei der Arbeit zu Verunstaltungen und frühzeitiger Erschöpfung führen kann, verbünden wir uns jetzt spontan gegen die Arbeit, freilich etwas zagend, weil wir uns und unseren Kindern kein Leben im Luxus und ohne Arbeit leisten können. Und doch verlockt uns die Aussicht, nicht einfach bloß faul sein zu dürfen, sondern obendrein alle Möglichkeit zu haben, unsere kulturellen Fähigkeiten zu entwickeln und so etwas wie lernende Muße zu genießen. Kurz, wir werden probehalber imaginäre Mitglieder des selbst noch von Herrschaftsarbeit freigesetzten Teils einer herrschenden Klasse, in der die Einzelnen viele menschliche Möglichkeiten entfalten auf Kosten der Mehrheit der Bevölkerung, die auf diese Weise, gemessen am menschlich Möglichen, ein verkümmertes Leben führt. Wir merken plötzlich, dass wir es bisher aus schierer Gewohnheit hingenommen haben, dass es für die meisten Menschen kaum Entwicklungschancen gibt.

Die Märchenwelt ist bei aller Grausamkeit, von der sie ebenfalls kündet, voller Träume vom wünschbaren Leben. Für unseren Gebrauch wenden wir uns nicht an Träume wie den vom Schlaraffenland, wo immer Milch und Honig fließen und gebratene Schweine mit Messer und Gabeln im Rücken darauf warten, gegessen zu werden. Hier ist die Verbindung zu unserem tätigen Leben gänzlich abgeschnitten. Stattdessen wenden wir uns Überlegungen zu, die, wiewohl utopisch, doch der Möglichkeit nach noch in unserer Welt handeln, auf deren Änderung sie dringen.

Von Ernst Bloch haben wir gelernt, aus Utopien Kraft für Veränderung zu schöpfen. Wenn die tatsächliche Geschichte eine Geschichte der Unterdrückung der vielen ist, zieht sich die Kraft des Veränderns in Traumbilder einer Gesellschaft ohne Entfremdung zurück. Wenn wir im Gegenwärtigen auf eine Weise stecken, dass Veränderung schwer gedacht werden kann, und wir noch von ihr träumen, gilt es, den Traum auf den Boden der Wirklichkeit zurückzustellen. Bloch nennt solche Sehnsucht »die einzige ehrliche Beschaffenheit des Menschen« (Ergänzungsband, 55) und »verstecktes Heimweh«, das vom »Vorbewussten« (288) und vom Noch-nicht zehrt. Es geht um Grenzüberschreitungen, um ein Planen von besseren Inhalten, die möglich wären (290), also darum, Utopie immer konkreter werden zu lassen. Und schließlich geht es darum, das schon in der Französischen Revolution Bewusste so aufzunehmen, dass damit endlich ernst gemacht wird: Freiheit, Gleichheit, Brüderlichkeit – was wir als Frauen mit Solidarität übersetzen und um Gerechtigkeit ergänzen.

Dass man Neugier auf Zukunft hegt, konkrete Möglichkeit zurückgewinnt und Kommendes als Sprengkraft in der Gegenwart ausmacht – in diesem Sinn nutzen wir utopisches Denken.

Im Märchen sahen wir spielweis Dimensionen des Lebens, zwischen denen gewählt werden konnte: Arbeit und gegen sie, wenn auch kaum ausgeführt, Luxus, nicht als Faulheit, sondern auch als Tätigkeit, als Entwicklung schöpferischer Möglichkeiten. Aber das eine ist ja nicht verschwunden aus der Sphäre des menschlich Notwendigen, wenn man, wie die Tochter, einfach das andere wählen kann. Es wird erledigt durch Arbeitsteilung, bzw. als Arbeitsteilung tritt auch auf, dass die einen genießen, was die anderen erarbeiten, sich entwickeln auf Kosten der anderen. Um Arbeit so zu teilen wie im genannten Märchen, muss Arbeitsteilung verbunden sein mit Herrschaft. Teilung der Arbeit und Verfügung der einen über die anderen gilt auch für das Verhältnis zwischen Mann und Frau – als das erste Klassenverhältnis, wie Marx und Engels das ausdrücken –, dann zwischen Kopf und Hand, zwischen Stadt und Land. Die Geschichte der Arbeitsteilungen, ihres Segens und ihres Fluches ist gesondert zu studieren – hier betrachten wir nur das Resultat: Verfügung der Männer über die Arbeitskraft der Frauen, der Kapitalbesitzer über die der gegen Lohn Arbeitenden, der Regierenden über die regierten Subalternen, die so nicht selbst ihre Gesellschaft machen, der Entwicklung einiger auf Kosten vieler.

Die aus solchen Ungleichheiten geborenen Protestbewegungen, von denen wir lernen wollen, traten ungleichzeitig in die Geschichte und protestierten gegen je verschiedene Unterdrückungen, die sie am meisten bedrängten, partiell. Wir konzentrieren uns hier auf vier solcher Bewegungsimpulse: diejenigen, die der Lohnarbeit als fremdverfügter Arbeit entspringen; diejenigen, die aus der Verfügung der Männer über die Frauen herrühren; diejenigen, welche die Abtrennung des Politischen von den unmündigen Subalternen durchbrechen; und schließlich diejenigen, die dagegen protestieren, dass den meisten Menschen die konkret-mögliche Entwicklung ihrer Anlagen vorenthalten wird. Die verschiedenen Bewegungsimpulse spielen zusammen, bestimmen und gestalten einander; sie sind also auch immer als Zusammenhang zu studieren.

Der Form der Lohnarbeit entsprang Arbeiterbewegung mit dem Anspruch, alle Menschen aus der Knechtschaft zu befreien, weil es unterhalb der nurmehr über ihre Arbeitskraft Verfügenden keine weitere Klasse mehr geben könne. Der Befreiungsanspruch zielte auf alle Menschen, da im Großen und Ganzen alle als Lohnarbeiter gedacht waren, wenigstens der Tendenz nach. Die Arbeiterbewegung hatte die bedeutendsten Theoretiker, die als Manifest hinterlassen konnten, was zu tun wäre. Daher rührte eine stolze Bereitschaft der Vertreter dieser Bewegung, sich selbst allein für das Zentrum zu halten. In diesem Kontext wurde entsprechend über Frauenbefreiung nachgedacht. So schreibt Engels:

> »Die Befreiung der Frau wird erst möglich, sobald diese auf großem, gesellschaftlichem Maßstab an der Produktion sich beteiligen kann, und die häusliche Arbeit sie nur noch in unbedeutendem Maß in Anspruch nimmt [...] möglich durch die moderne Industrie [...], die auch die private Hausarbeit mehr und mehr in eine öffentliche Industrie auszulösen strebt.« (MEW 21, 158)

Und Rosa Luxemburg:

> »Als bürgerliche Frau ist das Weib ein Parasit der Gesellschaft, ihre Funktion besteht nur im Mitverzehren der Früchte der Ausbeutung; als Kleinbürgerin ist sie ein Lasttier der Familie. In der modernen Proletarierin wird das Weib erst zum Menschen, denn der Kampf macht erst den Menschen, der Anteil an der Kulturarbeit, an der Geschichte der Menschheit.« (GW 3, 410f.)

Noch radikaler Lenin:

> Bäuerinnen und Proletarierinnen »werden erdrückt, erstickt, abgestumpft, erniedrigt von der Kleinarbeit der Hauswirtschaft, die sie an die Küche und an das Kinderzimmer fesselt und sie ihre Schaffenskraft durch eine geradezu barbarisch unproduktive, kleinliche, entnervende, abstumpfende, niederdrückende Arbeit vergeuden lässt.« (LW 29, 419)

Die Frauenbewegungen, zumal die der 1970er Jahre, legten offen, dass diese Sicht nicht nur bloß negativ auf Hausarbeit und Sorgearbeit blickt, auf etwas, das abgeschafft gehört, statt auch als Ort, an dem lokales Wissen und entsprechende Haltungen gewonnen werden, die menschlich unentbehrlich sind (situated knowledges), sondern auch, dass mit der Kritik der Lohnarbeit nicht alles erledigbar ist, dass weitere Herrschaft abzubauen ist – die der männlichen Verfügung über weibliche Arbeitskraft durch Einsperrung ins Haus, sexuelle Verfügung bis zur Gewalt, Aussperrung aus allen Entscheidungsposten, niedrigere Bezahlung, wenn die meist notwendige zusätzliche Erwerbsarbeit aufgenommen wurde – von denen das meiste bis heute anhält und entsprechend ideologisch abgesichert ist, etwa durch die Behauptung, dass Glück wesentlich in der Familie, Entwicklung der Kinder bei den Müttern angesiedelt sei usw.

Der Protest aus Frauenreihen war zugleich einseitiger und umfassender als der der Arbeiterbewegung. Maria Rosa dalla Costa (dt. 1973) verknüpfte Frauenunterdrückung mit der Funktion unbezahlter Hausarbeit für die Reproduktion kapitalistischer Gesellschaftsverhältnisse und forderte die Frauen auf, »sich gegen die Nichtbezahlung der Hausarbeit, die Unterdrückung ihrer Sexualität, die Trennung der Familie von der ›Welt draußen‹ zur Wehr zu setzen« (Vogel 2003, 544). Sie rief zum Hausfrauenstreik auf; Frauen hätten genug gearbeitet und sollten »den Mythos der Befreiung durch Arbeit zurückweisen« (ebd.).

Und Anke Wolf-Graaf konstatierte umfassend:

> »Die Reproduktionsarbeit ist die unsichtbare Basis [...], auf die sich die ganze Pyramide der kapitalistischen Akkumulation stützt.« (1981, 220)

Als Folge solcher Arbeitsteilung schärfte Sigrid Metz-Göckel als wichtige Problematik ein:

> »Die Lohnarbeiterinnen haben in der Regel keine Hausfrau zu ihrer persönlichen Bedienung zur Verfügung. Hausfrauen ohne Lohn und Lohnarbeiterinnen ohne Hausfrau sind die widersprüchlichen Realisierungsformen weiblichen Arbeitsvermögens.« (1978, 85)

Gerade weil von einem Standpunkt gesprochen wurde, der nicht in der Klassenherrschaft allein Unterdrückung und Ausbeutung und also auch Befreiung festmachte, traten andere Dimensionen des täglichen Lebens ins Licht. Die Frauen bestanden darauf, dass die Arbeit im Nichtlohnarbeitsbereich nicht nur anerkannt und gesellschaftlich sichtbar werden sollte – sie zeigten auch, dass gerade in diesem Bereich der »Reproduktionsarbeit« für eine menschliche Gesellschaft unentbehrliche Qualitäten und Formen entwickelt wurden. Sie skandalisierten, dass es also andere Arbeit als Lohnarbeit massenhaft in der Gesellschaft gibt, die von Frauen getan wird; dass es andere Verfügung als die über Arbeitskraft im öffentlichen Raum, nämlich die im Privaten gibt, die sich über die Körper also auch sexuell und in Gewalt geltend macht; dass Privatheit nicht bloß Einsperrung ist, sondern auch Aussperrung aus gesellschaftlichen Bereichen – der Befreiungsanspruch wurde auf diese Weise umfassender, radikaler. Und gerade der weitgehende Ausschluss aus gesellschaftlich relevanten Bereichen setzte ein Verlangen frei, an Gestaltung von Gesellschaft mitzuwirken, Politik nicht länger als eine Sache von Oberen, von anderen zu sehen, der Stellvertretung eine Absage zu erteilen, den Anspruch zu entwickeln, die eigenen Geschicke und damit die aller Menschen in eigne Hände zu nehmen. »Wenn wir uns nicht selbst befreien, bleibt es für uns ohne Folgen«, schreibt Peter Weiss in der *Ästhetik des Widerstands* für die Arbeiterbewegung. Es gilt auch für Frauen.

Wiewohl die Vorenthaltung von Entwicklungschancen die meisten Mitglieder der Gesellschaft betrifft, wurde dies wirklich radikal vom Frauenstandpunkt offenkundig und öffentlich skandalisiert. Gerade weil Bildung und Kunst für die Bürgerkinder erreichbar waren, wofern sie männlich waren, wurde für die Töchter der Bürger als Erste sichtbar, was ihnen vorenthalten war. Virginia Woolf beschreibt für die erste Frauenbewegung (in *Die drei Guineen*) äußerst scharf, welches die Lage der bürgerlichen Frauen ist und wie der Kampf um Gleichheit nicht Gleichheit anzielen wollen kann, sondern von Anfang an, also auch schon in der bürgerlichen Frauenbewegung, Überschreitung in Richtung auf eine Utopie ist, die sich noch nicht weiß.

Ein fortschrittlicher gebildeter Mann bittet eine nach Frauenart gebildete Frau (Literatur, etwas Klavierspielen usw.), ihm zu helfen, den drohenden Krieg zu verhindern. Bei der Überprüfung der Frage durchstreift diese alle relevanten Bereiche – die Nichtbeteiligung aller an der Politik, also auch am Verhindern der Kriege, die ideologische Einstimmung in den Krieg über Vaterlandsliebe, die sie bei den Töchtern nicht sieht, die Unmöglichkeit, gesellschaftlich Einschneidendes zu tun, weil Bildung und Beruf fehlen, und zugleich die Kritik an den herkömmlichen Bildungsinhalten und -formen für Männer sowie an der Erwerbsarbeit und der entsprechenden Ausbildung. Virginia Woolf entwirft aus der Lage der Frauen heraus ein utopisches Modell anderer Bildung: Das College für Frauen lehrt

> »zum Beispiel die Medizin, Mathematik, Musik, Malerei und Literatur. Es sollte die Kunst der menschlichen Beziehungen gelehrt werden; die Kunst, das Leben und Denken anderer Menschen zu verstehen, und die kleinen Kunstfertigkeiten des Gesprächs, der Kleidung und des Kochens, die damit verbunden sind. Ziel [...] sollte nicht sein, zu trennen und zu spezialisieren, sondern zu kombinieren. Die Art und Weise, in der Körper und Geist zusammenarbeiten, sollte erforscht werden. Man sollte herausfinden, welche neuen Kombinationen ein harmonisches Ganzes im menschlichen Leben ergeben.« (46f.)

Die Lösung zielt notwendig auf eine andere Gesellschaft, in der auch Frauen Menschen sein können, was ebenso die Menschlichkeit der Männer voraussetzt.

Seit Virginia Woolf, also seit den 1930ern, hat sich die Lage der Frauen in vielem verbessert. Bildung, Zugang zu Berufen gibt es auch für Frauen; immerhin wird selbst in der Regierung gestritten, wie Beruf und Familie vereinbar wären, wenn auch fast ausschließlich für Frauen, statt auch für Männer; vor allem sind die Produktivkräfte der Arbeit – die Übergabe von Arbeit an Maschinen, die Entwicklung der Computertechnologie – so weit vorangeschritten, dass die Zeit, die Menschen für die Erarbeitung des Überlebensnotwendigen aufbringen müssen, auf einen Bruchteil geschrumpft ist.

Es ist höchste Zeit unsere Utopie als orientierende Sehnsucht und politischen Kompass genauer zu formulieren.

In dem Märchen, von dem ich am Anfang sprach, hätte niemand dafür plädiert, die Spinnarbeit, die die Körper verunstaltete, möglichst auszudehnen und zu verallgemeinern – im Gegenteil war es utopisch im guten Sinn, die lebenslange Fixierung an eine Teilfunktion abzuschaffen, denn

> »sie verkrüppelt den Arbeiter in eine Abnormität, indem sie sein Detailgeschick treibhausmäßig fördert durch Unterdrückung einer Welt von produktiven Trieben und Anlagen« (Marx, *Kapital*, Bd. 1, 381).

Also war auch der mögliche Fortschritt in einer solchen Entwicklung der Produktivkräfte zu sehen, die es erlaubt, die Arbeitszeit zu verkürzen und damit das »Reich der Notwendigkeit« zurückzudrängen, um im »Reich der Freiheit menschliche Wesenskräfte zu entfalten« – wie wiederum Marx es ausdrückt. – Inzwischen ist tatsächlich sprunghaft weniger Arbeit zum bloßen Überleben notwendig; doch die frei werdende Zeit wird nicht zur Entwicklung genutzt, sondern kehrt sich gegen die Arbeitenden in Gestalt von Arbeitslosigkeit. So kommt es zu dem, wörtlich genommen, widersinnigen Aufruf, »Arbeit zu schaffen«; belohnt wird, wer »Arbeitsplätze zu bringen« verspricht. In diesem Versprechen wird über seine Voraussetzungen geschwiegen. So hört es sich an, als ob Einkommen geschaffen würde, wo keines mehr da ist bzw. die betroffenen Menschen in den Dschungeln von Hartz IV verelenden. Von einem Frauenstandpunkt müssen sich solche Versprechen, wie zusätzliche »Arbeit zu schaffen«, von vornherein pervers anhören. Kaum wird man fertig mit all der Überarbeit, die aus der Organisation dessen kommt, was wir zusammenfassend Reproduktionsarbeit nennen, an sich selbst, an Kindern, vollzeitberufstätigen Männern, an Alten, kranken Freunden, Nachbarn usw., bei gleichzeitiger meist Teilzeitarbeit – wo Aufrufe nach eigener Entwicklung, Lernen, Theater, Kultur, Genuss und Wohlleben sich ganz zynisch anhören und an politische Beteiligung, die Einfluss aufs Ganze nimmt, gar nicht zu denken ist.

Wir kommen zu dem Schluss, dass in alledem, in Überforderung und Unterforderung, in Überarbeit und Arbeitslosigkeit, in Rastlosigkeit und Abwarten eine allgemeine tiefe Ungerechtigkeit herrscht. Sie betrifft die Arbeitsteilung in der Gesellschaft und in ihr Raum und Zeit für Entwicklung ebendieser Gesellschaft und der Menschen in ihr.

Daher entwerfen wir als perspektivische Leitlinie unserer Politik eine grundlegende Veränderung von Arbeitsteilung. Worauf wir aus sind, das ist eine Verknüpfung jener vier Bereiche menschlicher Tätigkeit:

- der Arbeit an den notwendigen Lebensmitteln in der Form der Erwerbsarbeit;
- der Arbeit an sich selbst und an anderen Menschen, was wir als das Menschliche an Menschen zu nennen gewohnt sind und was Marx dazu brachte, mit Charles Fourier zu erkennen, dass »der Grad der weiblichen Emanzipation das natürliche Maß der allgemeinen Emanzipation« sei (MEW 2, 208), weil »hier im Verhältnis des Weibes zum Mann, des Schwachen zum Starken, der Sieg der menschlichen Natur über die Brutalität am evidentesten erscheint« (ebd.), weil, wenn auch die Schwächeren in gleichem Maße wachsen können, das wahrhaft Menschliche sich zeigt, wozu auch die Liebe gehört; oder noch einmal in Marx' Worten (*Pariser Manuskripte* 1844): Es entscheidet sich am »Verhältnis des Mannes zum Weibe [...], inwieweit das Bedürfnis des Menschen zum menschlichen Bedürfnis [...] geworden ist, inwieweit er in seinem individuellen Dasein zugleich Gemeinwesen ist« (MEW 40, 535).
- Zum Dritten geht es darum, die schlummernden Anlagen zu entwickeln, sich lebenslang lernend zu entfalten, das Leben nicht bloß als Konsument, sondern tätig zu genießen und damit auch eine andere Vorstellung vom guten Leben entwerfen zu können.
- Und schließlich geht es übergreifend darum, dass wir auch Zeit brauchen, in die Gestaltung von Gesellschaft einzugreifen, also uns alle politisch zu betätigen.

Das Erste, die Politik um Arbeit, ihre Qualität, Dauer, Zeit, Entlohnung, kann auf Erfahrung bauen in den zur Arbeit gehörenden Bewegungen.

Das Zweite, die Frage der Arbeit am Nachwuchs, aber auch an allen anderen und an sich selbst, gemeinhin Reproduktionsarbeit genannt, bündelt Patriarchatskritik, indem sie diesen Raum menschlicher Entfaltung für alle Geschlechter erstreitet.

Das Dritte, die Zeit, die für eigene Entwicklung gebraucht wird, stößt an die Politik des Zeitregimes in unserer Lebensweise, in die wir uns daher

als Viertes einmischen und das Stellvertretermodell in der Politik in seine Schranken weisen müssen.

So sieht der Umriss eines von Frauen formulierbaren umfassenderen Begriffs von Gerechtigkeit aus, der seinen Ausgang nimmt bei der Arbeitsteilung und der damit verbundenen Zeitverausgabung. Gehen wir davon aus, dass jeder Mensch etwa 16 Stunden am Tag in die so umfassend gedachte gesellschaftliche Gesamtarbeit einbringen kann, so wird sogleich offenbar, dass das Gerede von einer Krise, weil uns die Arbeit ausgehe, von einem äußerst restriktiven Arbeitsbegriff ausgeht und daran festhalten will, koste es, was es wolle. Vom Standpunkt des gesamten Lebens und seiner menschlichen Führung sieht die Sache radikal anders aus:

In der Politik um Arbeit wird Leitlinie die notwendige Verkürzung der Erwerbsarbeitszeit für alle auf ein Viertel der aktiv zu nutzenden Zeit, also auf vier Stunden – perspektivisch erledigen sich auf diese Weise Probleme von Arbeitslosigkeit (wir haben dann weniger Menschen als Arbeitsplätze) mitsamt Prekariat und Leiharbeit – so gesprochen gehen alle einer Teilzeitarbeit nach, bzw. der Begriff hat aufgehört, etwas sinnvoll zu bezeichnen, und wir können uns auf die Qualität der Arbeit konzentrieren, verlangen, dass sie den menschlichen Fähigkeiten und Möglichkeiten entspricht.

Auch die Politik ums Grundeinkommen gerät in einen lebensbejahenderen Zusammenhang. Da alle ein Recht auf einen vierstündigen Erwerbsarbeitsplatz haben und dieser dann ja auch verfügbar ist, kann es nicht mehr die Frage sein, ob das Grundeinkommen bedingungslos ist. Es versteht sich vielmehr von selbst, dass alle Einzelnen über ein ausreichendes Einkommen zum Leben verfügen und dass sie ebenso in jedem der vier Bereiche sich betätigen: in der Erwerbsarbeit, in der Sorgearbeit um sich und andere, in der Entfaltung der in ihnen schlummernden Fähigkeiten, schließlich im politisch-gesellschaftlichen Engagement. Probeweis kann man dies auch so ausdrücken, dass jeder Mensch in die Lage versetzt wird, sein Leben so einzurichten, dass er oder sie je vier Stunden in jedem dieser Bereiche pro Tag verbringt. Das ist nicht dogmatisch zu verstehen, als ob man mit der Stechuhr in der Hand von Bereich zu Bereich gehen müsste, in keinem mehr genügend zu Hause. Vielmehr wird man, sobald man anfängt, die eigne Lebensführung in diesen Dimensionen zu fassen, schnell bemerken, dass die Grenzen nicht fest sind, die Bereiche einander durchdringen und innerlich zusammenhängen. Die Aufteilung in vier mal vier Stunden ist so ein Modell, das eben wie ein Kompass Strategien der Veränderung entscheidend orientieren kann. Dabei ist im Übrigen die im Märchen zu Beginn mehrfach angerufene Scham aufgehoben in der Schuldigkeit gegenüber sich selbst und anderen, sich tatsächlich so vielfältig als Mensch zu betätigen.

Für die Reproduktions-Familienarbeit bedeutet dies zuallererst eine Verallgemeinerung. So wie niemand aus der Erwerbsarbeit ausgeschlossen sein kann, so auch nicht aus der Reproduktionsarbeit – alle Menschen, Männer wie Frauen, können und sollen hier ihre sozialen menschlichen Fähigkeiten entwickeln. Das erledigt den Streit ums Erziehungsgeld, ohne die Qualität der Arbeit, die hier geleistet wird, abzuwerten; ja im Gegenteil, jetzt erst, in der Verallgemeinerung statt in der alleinigen Zuweisung auf Frauen und Mütter, kann der allgemeine Anspruch verwirklicht werden, dass diese Arbeit qualifizierte Arbeit ist und also erlernt werden muss wie andere Arbeit auch. – Die vielen Meldungen über misshandelte und verwahrloste Kinder legen hier ein beredtes Zeugnis ab.

In einem Gespräch mit Vätern, die an der allgemeinen Sorge über die Entwicklung ihrer Söhne zwischen Verweigerung, Drogen, Gewalt und Verzweiflung teilhatten, hörte ich mit Interesse, dass der Zivildienst in einer Intensivstation eines Krankenhauses bei dem einen, in der Altenpflege bei dem anderen einen Humanisierungsschub bewirkt hatte: Statt Zynismus schien Sinn im Leben auf. Warum nicht Zivildienst für alle Menschen ins gesellschaftliche Bildungsprogramm aufnehmen?

In der Frage individueller Entwicklung geht es um die Möglichkeit, von Anfang an, unabhängig von Geschlecht, Klasse und Hautfarbe, die den Menschen eigenen vielfältigen Möglichkeiten zu ergreifen – ein Prozess, der lebenslang anhält. Oder anders: Es sollte nicht mehr hingenommen werden, dass die einen so und so viele Sprachen sprechen, musizieren, dichten, malen und reisend wie Goethe sich weiter vervollkommnen, während andere froh sein müssen, wenn sie überhaupt lesen und schreiben können.

Unser Politikanspruch läuft darauf hinaus, dass Gesellschaft zu gestalten keine arbeitsteilige Spezialität sein soll, wobei die einen die Politik machen, während die anderen, und das ist die übergroße Mehrzahl, deren Folgen ausbaden. Vorbildlich können hier für uns die Frauen der Zapatistas sein, die als die Ärmsten der Armen wie selbstverständlich darauf bestanden, dass nicht, wie eine liberale UNO-Politik vorschlug, der umstandslose Schutz der Indigenakultur eine Forderung der Frauen sein kann, weil in ihr Gewalt gegen Frauen eingeschrieben ist, sondern Frauen das Recht der praktischen Teilhabe an allen politischen Entscheidungen brauchen und dort alle Sitten zurückweisen können, die ihre physische oder geistige Würde verletzen. Dafür verlangen sie: die Hälfte der Stimmen in allen politischen Entscheidungsgremien. Das betrifft auch das Gesundheitswesen, medizinische Kompetenz für alle, Mitentscheidung in den Schulen, bei der Auswahl der Lehrer, bei der Qualität der Produktionsstätten, beim Ausbau der Infrastruktur, das Wissen um Empfängnisverhütung und den allgemeinen Zugang zu Informationen und Lernen. Ihr Ziel ist: Gewalt aus dem Alltag zu verbannen (*Mesa de Derechos y Cultura Indígena* 1995).

Perspektivisch geht es darum, Gesellschaft von unten zu machen: So wie Rosa Luxemburg von der Demokratie gesagt hat, sie müsse

> »auf Schritt und Tritt aus der aktiven Teilnahme der Masse hervorgehen, unter ihrer unmittelbaren Beeinflussung stehen, der Kontrolle der gesamten Öffentlichkeit unterstehen, aus der wachsenden politischen Schulung der Volksmassen hervorgehen« (GW 4, 363f.).

Man könnte jetzt darangehen, die vier Bereiche Erwerbsarbeit, Reproduktionsarbeit, politische Arbeit und individuelle Entwicklung je für sich zu verfolgen und dies wiederum wie eine Arbeitsteilung zu handhaben, bei der einzelne Gruppen, Parteien oder gar Strömungen in den Parteien je einen isolierten Bereich als ihr Markenzeichen besetzen. Klassenbewusst betreiben die einen eine Arbeiterpolitik, die für Erwerbstätige greifen kann; die anderen suchen eine Perspektive aus der Vergangenheit hervor, eine Utopie für Mütter nach rückwärts, die uns Frauen lebendigen Leibes ans Kreuz der Geschichte nagelt, wie Bloch dies ausdrückt (Ergänzungsband, 295); auf Entwicklung einer Elite setzen die Dritten, einer Elite, die olympiareif zeigt, was menschliche Fähigkeiten sein können; partizipative Politikmodelle in unwesentlichen Bereichen verfolgen die Vierten, etwa das Fernsehen zu einer Modellanstalt von Zuschauerwünschen zu machen, die Belegschaft an der Gestaltung des Weihnachtsfestes zu beteiligen, die Bevölkerung an der Mülltrennung usw. In allen Fällen wird man erfahren, dass jeder Bereich, für sich zum Fokus von Politik gemacht, geradezu reaktionär werden kann.

Die politische Kunst liegt in der Verknüpfung der vier Bereiche. Keiner sollte ohne die anderen verfolgt werden, was eine Politik und zugleich eine Lebensgestaltung anzielt, die zu leben umfassend wäre, lebendig, sinnvoll, eingreifend und lustvoll genießend. Dies ist kein Nahziel, nicht heute und hier durchsetzbar, doch kann es als Kompass dienen für die Bestimmung von Nahzielen in der Politik, als Maßstab für unsere Forderungen, als Basis unserer Kritik, als Hoffnung, als konkrete Utopie, die alle Menschen einbezieht und in der endlich die Entwicklung jedes Einzelnen zur Voraussetzung für die Entwicklung aller werden kann.

Erwerbsarbeit

Der politische Umgang mit Erwerbsarbeit braucht die Einbeziehung von Fragen der Lebensweise. Wie verarbeiten die handelnden Subjekte vor allem die Brüche, die die Entwicklung der Produktivkräfte hervorrufen und die auch die Politik von oben verändern?

Das Feld der Arbeit ist ein hochgradig umkämpftes Terrain. Die vier Beiträge in diesem Bereich setzen je andere Schwerpunkte. Der erste geht zurück an den Anfang individueller Selbstfindung, an die Erfahrung mit Arbeit, wo sie noch Horizont ist, der erreicht werden will. In gewisser Weise umreißt dieser erste Beitrag die Utopie des Neuanfangs und beginnt von vorn die Blockierungen aufzuspüren, die das Utopische in die Entfremdung führen. – Konsequent wird vorangeschritten zur subjektorientierten Arbeitsforschung in der von Hochtechnologie bestimmten Arbeitsweise. Hier wird früh die Fruchtbarkeit deutlich, die die Hereinnahme der Kategorie Geschlecht und damit die Wahrnehmung der weiblichen Arbeitssubjekte bedeutet. Dieser Beitrag wurde vor 20 Jahren geschrieben und berichtet aus zwei empirischen Projekten. Man könnte daher annehmen, dass er inzwischen von der schnellen technologischen Entwicklung und den Fortschritten in der Arbeitsforschung überholt sei. Der Aufsatz endet mit einem Plädoyer für einen Paradigmenwechsel in der Arbeitsforschung, der diese erst zu einer brauchbaren Wissenschaft für die Arbeitssubjekte beider Geschlechter macht. Vergleicht man neue Arbeitsforschung zur Problematik der Geschlechterungleichheit in der Arbeitsteilung, der Kompetenz, der kulturellen Barrieren, des Entgelts, der Wertschätzung usw. (etwa Buhr 2006), so erhellt, dass die 20 Jahre zuvor erarbeiteten Vorschläge noch nicht gegriffen haben und in dieser Weise aktuell bleiben. – Der Aufsatz zur Terrainverschiebung ist am deutlichsten als Vorarbeit zur Vier-in-einem-Perspektive erkennbar. Er führt die Integration von Forderungen aus der Frauenbewegung ins neoliberale Projekt vor und ist Zeugnis, wie notwendig und zeitgemäß ein solcher Eingriff in den Arbeitsbegriff, ins Zeitregime und vor allem in die Politik ist. Er zeigt, wie ein Sieg eine Niederlage sein kann und lehrt zugleich, mit solchen Widersprüchen umzugehen. – Dafür ist der vierte Text zu Hartz IV ein wichtiges Lehrstück. Er führt aus den lähmenden Politiken gegen das Elend, das Hartz IV für viele bedeutet, in die Empörung, die dem gesamten Menschenbild gilt, das hinter der Arbeitspolitik der Regierung steht. Als Analyse, die den Zorn stärkt, ist er zugleich heiter zu lesen und nutzt Humor als Waffe. Vier-in-einem statt Hartz IV ist die befreiende Losung.

In der Arbeit zu Hause sein?

Die zeitgemäße Kritik an der Bedeutung von Arbeit für sozialwissenschaftliche und auch feministische Theorie und gesellschaftliche Praxis erfahre ich als persönliche Verunsicherung. Denn Arbeit erinnere ich als fast magisches Zentrum meines Lebens von klein an.

Arbeitsbiographie

Da war zunächst das Milchholen beim Bauern. Meine um zwei Jahre ältere Schwester durfte das, ich nicht. Milchholen war Arbeit. Vor mir ein abenteuerliches Leben voller Bedeutung und Wichtigkeit. Ich würde eine halbe Stunde früher aufstehen müssen, weil ich etwas Großes vorhatte; ich würde einen weiten Weg alleine gehen, auf dem ich Gänse passieren musste, vor denen ich mich fürchtete; ich würde die Milch nach Hause bringen, die nötig war und gut schmeckte, und ich würde mich weder verlaufen, noch etwas verschütten, noch zu lange brauchen. Dann würde ich wesentlich älter sein als mein zwei Jahre jüngerer Bruder. Milch holen – die Worte verbanden sich mit Gefühlen von Wildheit, Unabhängigkeit, Größe und Welt und mit einer Unsicherheit, die ich unbedingt wollte. Endlich. Das Hochgefühl hielt einige Wochen an. Ich entdeckte Abkürzungen mit anderen Gefahren. Die schreienden Gänse mit vorgestreckten Hälsen ließen sich umgehen, wenn ich vom Weg abwich und einen eingezäunten Acker durchquerte. Dafür musste ich so schnell laufen, dass der Bauer mit dem Stock mich nicht erreichte. Beim Klettern über die Zäune verschüttete ich oft Milch, aber ich brauchte fast 5 Minuten weniger Zeit. Wenn ich hinfiel, kam Dreck in die Kanne. Langsam wurde das Milchholen zu einer lästigen Aufgabe, der ich mich so dringlich zu entledigen suchte, wie ich sie zuvor gewünscht hatte. Glücklicherweise hatte mein Bruder das gleiche Verlangen nach Größe. Die Pflicht ließ sich abgeben. Aber das Milchholen war ja nur ein Anfang gewesen. Ich war jetzt groß genug, andere häusliche Aufgaben zu übernehmen. Die Enttäuschung über die vergangene Lust spornte mich an, frühzeitig auf Abhilfe zu sinnen. Ich verschwand, wenn es ans Abwaschen ging; ich wurde krank, wenn der Frühjahrsputz nahte; kurz, ich verwendete all meine Energie auf die Vermeidung von Arbeit. Für die Schule entwickelte ich Rationalisierungsstrategien. Alle Fächer wurden von mir so gelebt, dass ich ohne Arbeit durchrutschen konnte. Wenn irgendeine Note sich in den Gefahrenbereich »4« begab, war ich untröstlich, denn das bedeutete: ich musste arbeiten. Als Fahrschülerin verbannte ich solche Hausaufgaben in die Zeit im Zug und in die Pausen, sodass alle übrige Zeit »frei«

war zum Lesen, Träumen und Durch-die-Wälder-Streifen. Hier arbeiteten wir schwer, indem wir Hütten bauten, Stollen gruben, ja Bäume fällten und Zweige flochten.

In dieser Zeit nannte man mich zuweilen »Schneckchen«, weil ich herausgefunden hatte, dass Arbeiten im Hause weniger werden, wenn man sich ihnen so widerwillig und langsam nähert, dass ein anderer sie stattdessen ergreift. Meine gesamte Lebensorganisation war bestimmt durch Arbeit bzw. ihre Vermeidung. Ja meine Moral wurde durch sie zersetzt, weil ich häufig ihretwegen lügen musste.

Das Gefühl vom ersten Milchholen wiederholte sich, als ich an die Universität kam. Mein größtes Unglück war, dass in den ersten zwei Wochen fast nichts los war. Aber dann warf ich mich in den Rausch des Lernens. Ich belegte zwanzig Seminare und Vorlesungen, übernahm sieben Referate im ersten Semester. Die Universität betrat ich um acht Uhr früh und verließ sie abends um zehn Uhr, um dann noch tanzen oder schwimmen zu gehen und endlos zu diskutieren. Meine Nahrung war Schokolade. Ich war begeistert. In den folgenden Semestern verschob ich die Lernstunden nur wenig; mehr Zeit für die Bibliotheken ergab sich durch ein kritischeres Urteil über einige Veranstaltungen, die ich darum aus dem Stundenplan strich. Nur in zwei Semestern änderte ich meine Lebensorganisation: einmal, weil ich zu verliebt war, um überhaupt in die Universität zu gehen; ein andermal, weil ich in zu viele politische Veranstaltungen und Demonstrationen verwickelt war, um die davon noch unberührten Seminare bei den Historikern besuchen zu können. Mein Studium wurde lediglich dadurch gestört, dass ich arbeiten musste, um Geld zu verdienen. Aber auch dieses konnte ich durch Erlangen einer der so begehrten »Hilfswissenschaftlerstellen« schon im dritten Semester regeln. Ach, wenn es ewig so bleiben könnte!

Nach dem zehnten Semester mehrten sich Fragen nach dem Studienabschluss; viele, mit denen ich begonnen hatte, schrieben an ihren Examensarbeiten oder hatten die Universität ohne Abschluss verlassen. Der Gedanke an eine Dissertation machte mich krank. Ich schrieb mehr und mehr Referate, um das große Referat nicht schreiben zu müssen. Da plötzlich erfuhr ich in einer ansonsten langweiligen Vorlesung etwas Aufregendes: In der frühen Sowjetunion hatte es »Arbeitseinsätze« gegeben, in denen große Menschengruppen unentgeltlich ihre Samstage damit verbrachten, einen Beitrag für den gesellschaftlichen Aufbau zu leisten. Sie wurden Subbotniks genannt. Lenin selbst beteiligte sich an ihnen. Er, den ich mir als Tag und Nacht arbeitend, schreibend, bedenkend und aufrüttelnde Reden haltend, als ständig überarbeitet und erschöpft dachte. In die Lethargie des drohenden Examens kam die Lust des frühen Milchholens, bereichert um den Hüttenbau der Schulzeit und die Ausdehnung der Universitätsjahre.

Hier war in meiner Vorstellung ein ganzes Volk gemeinsam unterwegs in dieser begeisterten Lust, zusammen lebendig zu sein in der Arbeit.

Arbeit, so hatte ich zunächst geglaubt, das ist das Glück des Lebens. Arbeit ist Langeweile, Mühsal, ja Elend und tritt an die Stelle des Lebens – dies waren die Erfahrungen und Lehren insbesondere aus meiner Schulzeit. Der Stachel blieb. Arbeit, so empfand ich jetzt wieder, das ist Zukünftiges und schon wirklich heute.

In kühnem Schwung verband ich die Mühseligkeit der Arbeit mit der Entwicklung der Theorie von Aristoteles bis Hegel und ihre Lust mit der Wirklichkeit der Subbotniks und der Theorie des Marxismus. In diesen Rahmen spannte ich mein Dissertationsprojekt. Es scheiterte nicht daran, dass ich zu wenig arbeitete. In stummem Vorwurf stehen vor mir noch die vielen Bücher, die das Feuer der Subbotniks ebenso erstickten wie meine Lust am Arbeitsvorhaben und damit meine Möglichkeit, diesen Text überhaupt zu schreiben. »Die Erziehung zur Liebe zur Arbeit« – das war der Tenor der Schriften aus der Sowjetunion und aus der DDR, die ich mit so viel Hoffnung aufgeschlagen hatte. Übrig blieb der staubige Geruch aus dem Schulzimmer, der Geist jener Arbeiten, denen ich in meiner Kindheit so erfolgreich aus dem Wege gegangen war. Eine Moral sollte installiert werden; gegen einen angenommenen Sinn für Faulheit sollte die Formierung zur Arbeitsamkeit treten. Disziplin, Gehorsam, Ordnung hatten die Plätze der freudigen, schöpferischen, neuen, lebendigen Freiwilligkeit eingenommen. Ein nützliches Glied der Gesellschaft zu sein, das war nicht mehr Geheimnis, Aufbruch, Lust und Gemeinsamkeit – das war individuelle Pflichtübung, gefordert von Lehrern, die darüber ebenso lustlos schrieben, wie die Schüler sich offenbar dazu verhielten – will man den Büchern Glauben schenken. Aus dem Frühlingssturm des lebendigen Wollens war der eisige Wind der Arbeitspflicht geworden. Aus der Lust, ein Mensch sein zu wollen, wurde die Not eines Zöglings in einer Besserungsanstalt. Ich gab auf. Mein Projekt schob ich ins Vergessen. An seine Stelle rückte eine Tochter.

Die Unruhe trieb mich zurück in die Universität. Acht Jahre später gründete ich das *Projekt Automation und Qualifikation* (vgl. zuletzt PAQ 1987). Hinter dem eher nüchternen Namen suchte ich erneut jenem Geheimnis des frühen Milchholens auf die Spur zu kommen. War es nicht möglich, dass die Entwicklung der Technologie die Arbeit so weit von aller Last, von Monotonie und Dummheit befreien konnte, dass die Arbeitenden endlich anfingen, ihre lebendige Tätigkeit wie Menschen schöpferisch und lustvoll zu leben? Könnte Arbeit jetzt so gestaltet werden, dass lebenslanges Lernen eine Gewohnheit wurde? Zusammenarbeit zur wechselseitigen Stärkung führte? Phantasie zur Notwendigkeit? Und müsste nicht eine solche Technologie aus den privaten Verwertungszwecken ganz unabdingbar zurückgeholt werden ins Gesellschaftliche? Allerdings dachten wir solche Möglichkeiten nicht als harmonische automatische Folge der Entwicklung der Produktionsmittel. Vielmehr folgten wir auch hier Marx, der solche Zusammenstöße von Produktivkräften und Produktionsverhältnissen als Katastrophe, als Fragen von Leben und Tod annahm.

Wir versuchten, uns ein solches Individuum vorzustellen, welches lernend arbeitet und arbeitend vornehmlich seinen Kopf betätigt, in dieser Weise verbunden mit anderen. Wir suchten das »total entwickelte Individuum« und Elemente seines Möglichseins hier und heute. Unversehens stellten wir uns die kommenden Arbeiter als Wissenschaftler vor – eigentlich als Mitglieder unseres Forschungsprojekts. Ungleich uns selber hatten sie jedoch keine Körper – zumindest keine Arbeitskörper. Solch einseitige Betrachtung der Menschen schien uns jedoch auch in eine Perspektive zu verweisen, in der die Kultur der Körper gesellschaftliche Tat wird und an die Stelle des einfachen Verbrauchs von Arbeitskraft treten kann. Klaus Holzkamp war so etwas wie ein Ehrenmitglied unseres Projekts. Wir nannten ihn nach dem damaligen erfolgreichen Radsportler den Eddy Merx der Psychologie – ein Name, der zugleich auf das marxsche Erbe wie auf den unendlichen Arbeitseifer verwies, mit dem Holzkamp die Kritische Psychologie Stein um Stein aufbaute. Eigentümlicherweise hatten wir für diese geistige Arbeit eine Figur als eine Art Code gewählt, die als Radsportler ausdrücklich körperliche Arbeit in physikalisch messbarem Umfang leistete – bis zur Erschöpfung. Nur dies schien uns angemessen, um diese Verwandlung von Lebenskraft in Energie der Veränderung zu kennzeichnen. Zum damaligen Zeitpunkt meinten wir das durchaus nicht kritisch. Vielleicht ist es notwendig, selbst praktisch eine solche Verwandlung von Lebenszeit in selbstgewählte Arbeitszeit zu leben, um schließlich doch – wie Klaus dies in der *Grundlegung* (1984) tat – die Botschaft von der Identität von gesellschaftlicher Reproduktion und der der Individuen zu hinterfragen. Wenngleich die Einzelnen Gesellschaft wiederherstellen müssen, indem sie ihr Leben erhalten, überlebt doch Gesellschaft, wenn Menschen sich selbst vergessen, zu wenig schlafen, essen, lieben und genießen und schließlich krank werden und sterben, und sie überlebt selbst dann, wenn Einzelne sich parasitär verhalten. Gebraucht wird eine Kultur des individuellen Lebens, gerade weil der Mensch ein gesellschaftliches Wesen ist.

Welche Rolle spielt eigentlich Arbeit in der Psychologie allgemein und welche in der Kritischen Psychologie? Der erste Teil der Frage ist schnell beantwortet: In den verschiedenen Abteilungen herkömmlicher Psychologie hat Arbeit so lange keinen Ort, wie sie nicht durch ihr praktisches Fehlen – in Gestalt von Arbeitslosigkeit – als Ursache psychischer Störungen behauptet werden kann. Daneben gibt es eine Spezialdisziplin: die Arbeitspsychologie – ihre Domäne sind die psychophysischen Vernutzungen durch den Gebrauch menschlicher Sinne, Muskeln und Nerven. Arbeit selbst aber als spezifisch menschlich zu sehen und von daher als grundlegende Dimension jeder Subjekttheorie zu begreifen, dies tut erst die Kritische Psychologie.

In diesem Selbstverständnis fühlten wir uns als Automationsprojekt im Psychologischen Institut wie die Fische im Wasser. Unsere Hoffnungen auf menschliche Entwicklung in der Automationsarbeit sahen wir gestärkt durch das von Ute Holzkamp-Osterkamp formulierte Konzept der »produktiven Bedürfnisse« (1975, 76). Gehört es nicht zur menschlichen Natur, eingreifen, gestalten und verändern zu wollen, sich die Welt anzueignen, um sie zum Wohle aller bewohnbar zu machen? Unser ungebrochener Optimismus in dieser Frage entstand zwar vor der Zeit, da die Meldung von Umweltkatastrophen fast täglich demonstriert, dass die Menschen ausgezogen zu sein scheinen, die Welt unbewohnbar zu machen. Jedoch wird unter diesen Verhältnissen der Einsatz für die Verwirklichung eines Menschseins umso dringlicher, welches zugleich die Bewahrung und Befriedung der Welt und die Entfaltung der individuellen Kräfte auf die Tagesordnung setzt.

> »Das produktive Leben ist aber das Gattungsleben. Es ist das Leben erzeugende Leben. In der Art der Lebenstätigkeit liegt der ganze Charakter einer Spezies, ihr Gattungscharakter, und die freie bewusste Tätigkeit ist der Gattungscharakter des Menschen.« (MEW EB 1, 516)

In diesen Worten des jungen Marx fühlten wir uns aufgehoben, einig in der Kritischen Psychologie und wohlgerüstet für unser Automationsprojekt.

In Ute H.-Osterkamps Entwurf schließen die »produktiven Bedürfnisse« das Verlangen nach der Verfügung über die gesellschaftlichen Lebensbedingungen ein; der Protest gegen fremdbestimmte Produktionsverhältnisse kann mitgedacht werden. Die Vorstellung, dass der Mensch mit einem Verlangen nach produktivem Tun ausgestattet sein könnte, gab den in Sozialarbeit und Kindererziehung tätigen Psychologen unmittelbar Auftrieb. Sie übertrugen die kategoriale Form umstandslos auf die Wirklichkeit in Kindergarten und Schule – heraus kam eine neuerliche »Erziehung zur Liebe zur Arbeit«. Die einschnürende Kälte aus den alten Büchern meines früheren Dissertationsprojekts wurde gelockert durch die warme Fröhlichkeit der Erzieher. Die Umklammerung blieb. Vergeblich versuchten wir auf der methodischen Ebene den Status der Kategorie einzuklagen. Zu verführerisch war es, die alten Erziehungsziele von Fleiß, Disziplin, Ordnung usw. durch die neue Kritische Psychologie nicht nur zu legitimieren, sondern sogar mit dem Atem des Revolutionären zu beseelen.

Wir vom Forschungsprojekt zur Automationsarbeit wussten ›natürlich‹, dass der Begriff der »produktiven Bedürfnisse« nicht unmittelbar empirisch verwandt werden konnte. Aber konnten nicht »Ansätze«, »Triebkräfte«,

»Formen« dieser menschlichen Ausstattung hier und heute gefunden werden? Das unlösbare Problem, mit dem wir uns herumschlugen, war kurz gesagt dieses: Die Vorstellung, dass dem Menschen ein Bedürfnis nach Produktion innewohne, ja dass er so sein Menschsein verwirkliche, verengte unseren Blick auf die Entwicklung einzelner Individuen in Bezug auf ihre Fähigkeiten zur Produktion im Denken, Planen, Können und Wollen. Dies trotz besseren Wissens um die Gesellschaftlichkeit des Menschen. Fragen der Zusammenarbeit mussten wir zusätzlich anfügen; gesellschaftliche Fremdbestimmung war für uns der beengende Rahmen, der das übergreifende Wollen behinderte, nicht selbst eine Form des Denkens und Handelns.

Die einzelnen Menschen gerieten uns zu bewusst tätigen Wesen; aber ihr Bewusstsein kreiste in unserem Entwurf nicht allein ausschließlich um Arbeit, es hatte ihr Sein aufgeschluckt.

Wie erleichtert waren wir, als Klaus Holzkamp in der *Grundlegung* nicht nur die »produktiven Bedürfnisse« ohne weitere Auseinandersetzung als zentrale Kategorie wieder verschwinden ließ (bzw. ersetzte durch die Wendung »produktiver Aspekt menschlicher Bedürfnis-Verhältnisse« [242]), sondern sich sogar an den Hauptbrocken wagte: Marx und die Arbeit. Ohne große Umstände wird jener Kronzeuge der vielen Bücher, die zur Liebe zur Arbeit erziehen wollten, jener historisch belastete Satz von »der Arbeit als erstem Lebensbedürfnis« aus Standpunkt und sozialistischer Perspektive entfernt:

> »Nicht die ›Arbeit‹ als solche ist erstes Lebensbedürfnis, sondern ›Arbeit‹ nur so weit, wie sie dem Einzelnen die Teilhabe an der Verfügung über den gesellschaftlichen Prozess erlaubt, ihn also ›handlungsfähig‹ macht. Mithin ist nicht ›Arbeit‹, sondern ›Handlungsfähigkeit‹ das erste menschliche Lebensbedürfnis – dies deswegen, weil Handlungsfähigkeit die allgemeinste Rahmenqualität eines menschlichen und menschenwürdigen Daseins ist und Handlungsunfähigkeit die allgemeinste Qualität menschlichen Elends der Ausgeliefertheit an die Verhältnisse, Angst, Unfreiheit und Erniedrigung.« (243)

Endlich vorbei mit der Drohung von Arbeitserziehungslagern, der fröhlichen Unterwerfung im Kindergarten, der Lähmung durch die Schule, der puritanischen Ethik und dem Geist des Kapitalismus, dem arbeitenden Gott?

Im Begriff der Handlungsfähigkeit sind die gesellschaftlichen Verhältnisse auf jeden Fall mitgedacht und einklagbar. Der Begriff hat zudem den Vorteil, Bewegung einzubeziehen. Es gibt Stufen von Handlungsfähigkeit, gab es Stufen von Arbeit? Arbeit konnte zum bloßen Produktivismus geraten; der gesellschaftliche Bezug konnte verloren gehen. Im Begriff der Handlungsfähigkeit dagegen denken wir den Kampf um die Balance in Gesellschaft, die Bewegung zu immer größeren Fähigkeiten des Handelns, den Erwerb dieser Fähigkeiten und die Verfügung über die Bedingungen, die beides umfassen. Ja, dies ist das erste menschliche Lebensbedürfnis, ohne Zweifel.

Die Befriedigung über diese Wendung wird kleiner durch zu viel Beifall.

Da sind zunächst die vielfältigen Stimmen aus der Frauenbewegung. Der marxsche Arbeitsbegriff taugt nicht für die Frauenbefreiung; schlimmer, er ist eigens erfunden, um die Frauenarbeiten verschwinden zu lassen. Arbeit bei Marx, das ist männliches Tun, Eingriff in die Natur bis zu ihrer Zerstörung, Produktion um der Produktion willen, Entwicklung der Technik bis zur Atombombe, Herrschaft des Geistes, der Rationalität über das Leben. Die Befreiung der Arbeit aus kapitalistischen Zwangsverhältnissen wurde als Befreiung des Arbeiters gedacht, nicht als die der Hausfrau. Überwinden wir auch diese Probleme mit dem Begriff der Handlungsfähigkeit? Zweifellos eröffnet er ein Feld, in dem Frauenunterdrückung und -befreiung artikulierbar werden. Er ist praktikabel, nützt hier und heute, ja selbst seine Perspektive ist aus den unendlichen Weiten frühmarxscher Utopie ins Machbare gerückt. Hat er jetzt wirklich das einstmals Gewollte eingeholt?

Als ich vor Jahren »arbeitslos« war, gab es in einer Arbeitsgruppe Kritischer Psychologen einen heftigen Streit um meine Behauptung, dass mein politisches Engagement, meine vielfältigen Aufgaben zu Hause und in Verlag und Redaktion der Zeitschrift *Das Argument* aus mir eine Person machten, die durch Arbeit mit der Gesellschaft verbunden war. Selbstredend dachte keiner daran, als Arbeit nur entlohnte Arbeit anzuerkennen; jedoch war klar, dass die gesellschaftliche Anerkennung und Einbindung ein wesentlicher Faktor der Menschwerdung war und vor allem, dass jede Änderung der Verhältnisse von innen aus den Erwerbsarbeitsprozessen kommen müsse, nicht von außen, von den Marginalisierten – Arbeitslosen, Hausfrauen, Subkulturen aller Art. Die Polemik ging so weit, dass die Möglichkeit von Persönlichkeitsentwicklung für Arbeitslose bestritten werden konnte. Damals – in der zweiten Hälfte der siebziger Jahre – war das Phänomen der Arbeitslosigkeit noch nicht so allgemein. Heute, angesichts der Perspektive einer Abnahme »produktiver Arbeit« (Arbeit im produktiven Sektor) auf zehn Prozent bis zum Ende des 20. Jahrhunderts und einer strukturellen Arbeitslosigkeit, die jedes Jahr zunimmt, sind die Sozialwissenschaftler herausgefordert, den Zusammenhang von Arbeit und Leben zunächst einmal wenigstens neu zu denken.

Die Bewegung macht vor der Kritischen Psychologie nicht halt. In ihrem Umfeld hatten sich über die Jahre jene kritischen Geister gesammelt, die aus dem Phänomen der Arbeitslosigkeit eine glückliche Synthese von Psychologie und Gesellschaftskritik machen wollten. Entsprechend hieß schon der zweite Kongress der Kritischen Psychologen »Arbeit und Arbeitslosigkeit in kritisch-psychologischer Sicht« (1979). Die Positionen reichen bis heute von einer Behauptung psychischer Verelendung bei Arbeitslosigkeit bis hin zur umgekehrten Behauptung einer ungeahnten Möglichkeit für schöpferische Entfaltung durch Befreiung von den Zwängen fremdbestimmter Arbeit.

In seinem vor allem methodisch verdienstvollen Beitrag zur Arbeitslosigkeit (1986) kann Klaus Holzkamp vom Standpunkt der Handlungsfähigkeit der Menschen ihre Erfahrungen mit der Kategorie der »subjektiven Handlungsgründe« »psychologisch« erarbeiten. Arbeitslosigkeit rückt in den Rang einer Rahmenbedingung unter anderen, deren Verarbeitungsform überhaupt nicht notwendig ein Problem für Psychologen wird, sondern nur dann, wenn die Betroffenen nicht wissen, wie sie ihre Reaktionen auf das unmittelbar Erfahrene selbst handhaben können. Gegenstand der Psychologie sind hier nicht die Arbeitslosigkeit oder die Arbeit, sondern die Erfahrung der Individuen mit Arbeitslosigkeit. Arbeit ist dabei nicht nur die Form der gesellschaftlichen Tätigkeit, welche gesellschaftliche Integration gewährt, sie ist zudem ein Feld der Bedeutungen und von daher auch Gegenstand der ideologischen Kämpfe und der Ideologieforschung.

Diese Verschiebung des Gegenstandes der Psychologie von der Vorstellung, Arbeit sei Wesensmerkmal des Menschen, primäres Bedürfnis, hin zu dem Vorschlag, die Erfahrungen der Individuen und damit das Verhältnis von »unmittelbarem« zu »unmittelbarkeitsüberschreitendem« Weltbezug als Rahmen für individuelle Handlungsfähigkeit zu behaupten, löst das Problem des normativen Umgangs mit Menschen, verneint die »Erziehung zur Liebe zur Arbeit«. Veränderungen werden im Rahmen des Möglichen machbar. Wo aber blieb dabei die Hoffnung, die an der Wiege jener erstarrten Konzepte von der Entwicklung durch Arbeit stand? Welche Dimension büßten wir ein, als wir die Identität von individueller Entfaltung und Arbeit aufgaben zugunsten der ökonomisch-politischen Rahmensetzung von Arbeitsplatzsicherheit oder Arbeitslosigkeit und der ideologischen Besetzung dieses Feldes von Arbeit, welches die Erfahrungen der Einzelnen mitbestimmt? Gehört am Ende unsere anfängliche Sehnsucht nach Sinnesentfaltung, Lust und Schaffensfreude, Neugier, Mühe und Wetteifer ebenfalls in den Bereich des Ideologischen?

Marx und die Arbeit

Nicht nur die *Frankfurter Allgemeine Zeitung* und die Unternehmerverbände haben Arbeit zum Feld ideologischer Bedeutungskämpfe erkoren. Der »Wertwandel« um Arbeit hat auch die Sozialwissenschaften, allen voran die Soziologie erschüttert. Die Bedeutung, die Arbeit für den Einzelnen hat, soll gesellschaftlich ermäßigt werden. Das erlaubt mehr psychische Stabilität bei Arbeitslosigkeit, weniger Marginalisierung jener, die keine Arbeit haben, wenn diese ohnehin nicht mehr so zentral ist wie etwa eine Familie. Das Umfrageinstitut INFAS versorgt die Öffentlichkeit regelmäßig mit den neuesten Nachrichten über die Abnahme des Stellenwerts, den Arbeit für die einzelnen Gesellschaftsmitglieder – insbesondere die jüngeren – hat. Die Gesellschaft wandelt sich auf kluge Weise: In dem Maße, wie industriell weniger Arbeitskräfte gebraucht werden, da die Produktivitätssteigerung nicht durch Wachstum zugunsten gleichbleibenden Arbeitseinsatzes in den gleichen Industriezweigen ausgeglichen wird, in dem Maße verlieren auch die Arbeitenden den Wunsch nach Arbeit. Sie streifen ihre protestantische Arbeitshaut ab und entwickeln zugleich Neigungen, die nicht notwendig das Arbeitslosengeld überschreiten: z. B. ein Bedürfnis nach Kommunikation, nach Freundschaft und Nähe, Nachbarschaftlichkeit und ehrenamtlichen Tätigkeiten in der Altenpflege, der Behindertenfürsorge. In »nicht-entfremdeter« Gestalt – in Freizeit und Hobby oder in alternativen Projekten – entfalten sie genau die Hoffnungen, die am Anfang meiner Arbeitsdiskussion standen: »Selbsttätigkeit«, »freie Tätigkeit«, »Sinnengenuss«, »Aufhebung der Verkehrung von Mittel und Zweck«. Folgen wir zum Beispiel Dahrendorfs »Ende der Arbeitsgesellschaft«, so sind die Menschen heute in den Genuss der Aufhebung der entfremdeten Arbeit (also in den Bereich des Kommunismus) gekommen, ohne irgendeine gesellschaftliche Revolution gemacht zu haben.

Auch die »Verwandlung der Arbeit in Selbstbetätigung und die Verwandlung des bisherigen bedingten Verkehrs in den Verkehr der Individuen als solcher« (MEW 3, 68) hatte sich Marx nur durch eine Revolution herbeiführbar gedacht; genau diese Dimensionen aber sind es auch, die in der Soziologie – etwa von Habermas – an die Stelle des Arbeitsbegriffs treten sollen: Selbsttätigkeit und kommunikatives Handeln. Habermas spricht von der »Erschöpfung utopischer Energien« und meint die Projekte, die die Emanzipation der Arbeit von Fremdbestimmung erstreiten wollten: vornehmlich Marx und die Arbeiterbewegung. »Das politische Anregungspotenzial der arbeitsgesellschaftlichen Utopie« sei erschöpft; Widerstandspotenziale sammelten sich »im Sog einer fortschreitenden bürokratischen Erosion der aus naturwüchsigen Zusammenhängen freigesetzten, kommunikativ strukturierten Lebenswelten« an (Habermas 1985, 141ff.).

Habermas empfiehlt, die Hoffnung auf revolutionäre Umgestaltung der Gesellschaft durch die Arbeiterbewegung aufzugeben. Ebenso sei nicht auf den Wohlfahrtsstaat mit Vollbeschäftigungspolitik als Befriedung der Klassen zu setzen. Widerstand käme aus den neuen sozialen Bewegungen; demnach sei die Lebensweise (nicht die Arbeitsweise) Ferment für Umwälzungen. Es geht ihm um die Ersetzung der im marxschen Arbeitskonzept angelegten Revolutionstheorie. Aber reduzierte denn Marx sein Befreiungsprojekt auf die Aufhebung der entfremdeten Arbeit und die Emanzipation der (vermutlich männlichen) Arbeiter? Oder anders: Wie wäre denn mit

Marx über die neuen sozialen Bewegungen zu denken und über die Befreiung der Lebensweise?

Holzkamp bezieht sich ebenso auf ein Handlungs- (und Handlungsfähigkeits-) Konzept. Für ihn steht allerdings die Zentralität einer auf die Arbeiterbewegung zählenden Revolutions- oder auch Gesellschaftsveränderungstheorie außer Frage. »Bewusstes Handeln auf klassenspezifische Lebensbedingungen« ist ein tragendes Element seiner Theoriebildung. Wie aber kommen bei ihm Selbsttätigkeit, Genuss und Selbstverwirklichung, kurz, wie kommt die Hoffnung vor, die Habermas als »utopische Stärke« bezeichnete?

Verunsichert durch die vielen bis hierher aufgeworfenen Fragen, scheint es mir an der Zeit, Marx noch einmal neu zu lesen. Das Gelände ist ein Kampfplatz. Verschiedene Richtungen beziehen sich auf Marx und sprechen dabei höchst gegensätzlich über seinen Arbeitsbegriff. Sie schlagen aufeinander ein mit Behauptungen, Marx wäre der Theoretiker der Abschaffung der Arbeit oder umgekehrt, er habe ihre Ewigkeit begründen wollen. Arbeit stehe bei ihm im Zentrum von individueller und von Menschheitsentwicklung. Sie begründe Gesellschaftstheorie recht eigentlich und sie sei ein bloßes Synonym für Herrschaft und Sklaverei. Die so sprechen, haben ihren Marx gelesen. Wie ausgerupfte Federn hängen Marxzitate als schmückendes Belegwerk in ihren Texten. Legt man die Beweisstücke nebeneinander, so kommt man unweigerlich zu dem Resultat: Marx hat seine Auffassungen geändert wie eine Wetterfahne die Richtung. Er hat alles zu Arbeit gesagt, als wäre sie nichts Ernstzunehmendes. Wie nun mit Marx verfahren, wenn wir die dogmatische Lesweise vermeiden wollen, die aus einem Zitat eine Theorie von ewiger Beständigkeit entwickelt, um in kirchlicher Manier dieselbe als wahr und einzig richtig zu verkünden? Verfahren wir nicht ebenso rechthaberisch, wenn wir die unterschiedlichen Verwendungen in einen Zusammenhang bringen wollen? Oder können wir uns damit zufriedengeben, Marx sei eben widersprüchlich; er wechsle die Paradigmen, wie dies heute modern ist, oder er habe nur in seinen Frühschriften Wahres verkündet und sei einer, der mit dem Alter nicht klüger wurde, sondern dümmer?

In der philosophischen Tradition und in der neueren Nationalökonomie (Smith, Ricardo) fand Marx einen Arbeitsbegriff in einem bedeutungsvoll umstrittenen Feld: Arbeit war Tätigkeit der Armen; sie war Mühsal und Plage, erschöpfte die Lebensgeister, ja sie war für viele an die Stelle des Lebens getreten. Aber Arbeit war auch Quelle des Reichtums und aller Werte.

> »[...] es ist das Interesse aller reichen Nationen, dass der größte Teil der Armen nie untätig sei und sie dennoch stets verausgaben, was sie einnehmen [...] Diejenigen, die ihr Leben durch die tägliche Arbeit gewinnen, haben nichts, was sie anstachelt, dienstlich zu sein außer ihren Bedürfnissen, welche es Klugheit ist zu lindern, aber Narrheit wäre zu kurieren [...] folgt, dass in einer freien

> Nation [...] der sicherste Reichtum aus einer Menge arbeitsamer Armen besteht« (B. de Mandeville, *Die Bienenfabel*, 173, 269; zit.n. MEW 23, 643).

Arbeit als Bindeglied zwischen Armut und Reichtum, als widersprüchliche Voraussetzung für beides – zunächst arbeitet Marx die Position von Arbeit in diesem provozierenden Gegensatz als Dimension von Herrschaft aus. In der politischen Form der Arbeiteremanzipation sei die allgemein menschliche Emanzipation deshalb enthalten, weil

> »die ganze menschliche Knechtschaft in dem Verhältnis des Arbeiters zur Produktion involviert ist, und alle Knechtschaftsverhältnisse nur Modifikationen und Konsequenzen dieses Verhältnisses sind« (MEW EB 1, 521).

In seinen frühen Schriften finden wir eine Reihe von Sätzen, die im Sprachmaterial der Zeit Arbeit selbst als Entfremdung fassen.

> »Denn erstens erscheint dem Menschen die Arbeit, die Lebenstätigkeit, das produktive Leben selbst nur als ein Mittel zur Befriedigung eines Bedürfnisses, des Bedürfnisses der Erhaltung der physischen Existenz. Das produktive Leben ist aber das Gattungsleben. Es ist das Leben erzeugende Leben.« (MEW EB 1, 516) Alle »menschliche Tätigkeit [war] bisher Arbeit, also Industrie, sich selbst entfremdete Tätigkeit« (MEW EB 1, 542f.).

Diese Auffassung, dass Arbeit selber die Form ist, in der Herrschaft sich äußert, und keineswegs etwa »erstes Lebensbedürfnis«, findet ihren konsequenten Ausdruck in der Schlussfolgerung, es sei die Arbeit, die abgeschafft gehöre:

> »Es ist eines der größten Missverständnisse, von freier, gesellschaftlicher, menschlicher Arbeit, von Arbeit ohne Privateigentum zu sprechen. Die ›Arbeit‹ ist ihrem Wesen nach die unfreie, unmenschliche, ungesellschaftliche, vom Privateigentum bedingte und das Privateigentum schaffende Tätigkeit. Die Aufhebung des Privateigentums wird also erst zu einer Wirklichkeit, wenn sie als Aufhebung der Arbeit gefasst wird.« (Marx 1845, 25)

> »Schließlich erhalten wir noch folgende Resultate aus den entwickelten Geschichtsauffassungen: [...] 3. dass in allen bisherigen Revolutionen die Art der Tätigkeit stets unangetastet blieb und es sich nur um eine andere Distribution dieser Tätigkeit, um eine neue Verteilung der Arbeit an andere Personen handelte, während die kommunistische Revolution sich gegen die bisherige Art der Tätigkeit richtet, die Arbeit beseitigt« (MEW 3, 69f.).

Ich nehme nicht an, dass Marx hier tatsächlich daran dachte, Arbeit gefasst als Stoffwechsel des Menschen mit der Natur aufhebbar zu denken, dass er ewige Muße versprach oder die Abschaffung der Industrie mit dem Überleben der Menschheit für vereinbar hielt. Arbeit als Formbegriff zu denken zwingt uns vielmehr dazu, zu rekonstruieren, was eigentlich in die Form der Arbeit verkehrt wurde, welche »Substanz« also hier zu befreien ist. In der entfremdeten Form finden sich: freie Lebensäußerung; Genuss des Lebens; die Betätigung des menschlichen Gemeinwesens; Selbstbetätigung; Bewusstsein, ein menschliches Bedürfnis befriedigt zu haben; in der Liebe sich bestätigt wissen (vgl. MEW EB 1, 462f.); die Entwicklung der Individuen zu totalen Individuen; der Verkehr der Individuen als solcher (vgl. MEW 3, 68); bewusste, freie Lebenstätigkeit als Gattungswesen (vgl. MEW EB 1, 516) u.v.m. Die Betonung liegt auf der »freien Tätigkeit« oder »Selbsttätigkeit« – diese ist immer im Verhältnis zur Gattung gedacht, als gattungsspezifisches Merkmal. Die Menschen sind als Gattungswesen produktiv füreinander tätig, dies bestimmt ihren Verkehr untereinander, das Gemeinwesen und die Entwicklung der Individuen. Diese Selbsttätigkeit ist Genuss. Das Leben selbst ist lustvolle Produktion. Von solchen marxschen Sätzen ausgehend könnten wir »Selbsttätigkeit als erstes Lebensbedürfnis« formulieren, das Gemeinwesen als produktiven Zusammenhang denken und Entwicklung der Individuen durch freie Lebenstätigkeit – aber wir kämen niemals auf die sozialwissenschaftlich moderne Abwehr: nicht Arbeit dürfe fürderhin im Zentrum von Gesellschaftstheorie stehen (wie angeblich bei Marx), sondern Kommunikation oder Lebensweise (Lebenswelt). Es ist ganz offensichtlich, dass Marx diesen Unterschied zwischen Arbeits- und Lebenswelt nicht machte bzw. dass es ihm um die Revolutionierung dessen ging, was heute »Lebensweise« genannt wird. Diese begriff er als den gemeinschaftlichen genussvollen, tätigen Zusammenhang der Individuen eines Gemeinwesens. Inbegriffen sind die Verkehrsformen, die Liebe, das Leben selbst. Leben ist ihm allerdings in jedem Fall tätiges Leben. Die Lebensweise wird verkehrt durch die Produktionsverhältnisse, die Art und Weise, wie die Menschen ihr materielles Leben produzieren. Vereinfacht gesprochen tun sie dies im Laufe der Geschichte zunächst so, dass die einen der Selbstbetätigung frönen, während die anderen das materielle Leben erzeugen (vgl. auch MEW 3, 67f.).

Selbstbetätigung als Perspektive der Befreiung bezieht sich auf die Erzeugung des materiellen Lebens – dieser Bezug ist notwendig, um Leben ohne Herrschaft überhaupt denken zu können. Die Erzeugung des materiellen Lebens durchläuft so verschiedene Entwicklungsstufen – eine Form ist die Arbeit. Sie ist die unmittelbarste Verkehrung, »negative Form der Selbstbetätigung« (vgl. MEW 3, 67.). Das Leben selbst gerät mit sich in Entzweiung. In dieser Negation entfaltet Marx analytische Bestimmungen, die auch im späteren *Kapital* erhalten bleiben:

> »Also durch die entfremdete entäußerte Arbeit erzeugt der Arbeiter das Verhältnis eines der Arbeit fremden und außer ihr stehenden Menschen zu dieser Arbeit. Das Verhältnis des Arbeiters zur Arbeit erzeugt das Verhältnis des Kapitalisten zu derselben, oder wie man sonst den Arbeitsherrn nennen will. Das Privateigentum ist also das Produkt, das Resultat, die notwendige Konse-

> quenz der entäußerten Arbeit, des äußerlichen Verhältnisses des Arbeiters zu der Natur und zu sich selbst.« (MEW EB 1, 519f.)

Und hier ist auch der spätere Sprachgebrauch schon vorfindbar. Nicht Arbeit selbst ist in den späteren Schriften Formbegriff, an diese Stelle tritt die »entfremdete Arbeit«. Zur Arbeit dagegen sagt Marx:

> »Als nützliche Arbeit ist die Arbeit daher eine von allen Gesellschaftsformen unabhängige Existenzbedingung des Menschen, ewige Naturnotwendigkeit, um den Stoffwechsel zwischen Mensch und Natur, also des menschlichen Lebens zu vermitteln.« (MEW 23, 57; fast gleichlautend schon MEW 13, 23f.)

Arbeit ist in entfremdeter Gestalt ein Doppeltes, Bildnerin von Gebrauchswerten, zweckmäßig, und in dieser Weise unabhängig von den Gesellschaftsformationen und Tauschwerte produzierend oder setzend, Reichtum schaffend; solches ist sie nur unter bestimmten gesellschaftlichen Bedingungen. Die damit zusammenhängenden Verkehrungen/Entfremdungen werden im *Kapital* ausführlich analysiert. Die Erkenntnis vom Doppelcharakter der Arbeit ist elementar für die Analyse des Kapitalismus als warenproduzierender Gesellschaft. Aber die Erzeugung des materiellen Lebens als Selbsttätigkeit – dies bleibt die Perspektive. Sie umfasst die Herrschaftslosigkeit in der Produktionsweise und damit die Beseitigung des Privateigentums (der Tauschwertakkumulation) als gesellschaftliches Regelungsprinzip und das Begreifen der Gesetze der Natur, um Katastrophen entgegenzuwirken.

Die Perspektive der »freien Tätigkeit« wird als Prozess gefasst: es geht um das Verhältnis von Notwendigkeit und Freiheit. Das Moment der Notwendigkeit in der materiellen Produktion soll so immer weiter zurückgedrängt werden zugunsten des freiheitlichen Moments von Selbsttätigkeit. Im Reich der Notwendigkeit wird Arbeit ein Verteilungsproblem – alle sollen Arbeit aus Not zu gleichen Teilen bewältigen; im Reich der Freiheit geht es um eine andere Art von Tätigkeit, in der die herkömmliche Arbeitsteilung, insbesondere die von Kopf- und Handarbeit, nicht gilt. Der Weg geht über die Entwicklung der Produktivkräfte, die den Notwendigkeitscharakter bei der Erzeugung des materiellen Lebens ermäßigen; und er geht über die Entzweiung der menschlichen Arbeit, ihre Entfremdung. Die entfremdete Arbeit muss gewaltsam aufgehoben werden, dadurch dass der Mensch sich die von ihm geschaffenen Produktivkräfte schließlich aneignet, dies im umfassenden Sinn. Umgewälzt werden müssen die gesamten Produktionsverhältnisse, die die Verkehrung der menschlichen Gattung so weit trieben, dass alle Entwicklung, aller Reichtum, Kultur, die gegenständlichen Arbeitsbedingungen sich gegen die Arbeitenden versachlichten und zur Macht über sie wurden. Dieser Widerspruch kann nur durch einen Bruch in eine neue Form gebracht werden. In der *Kritik des Gothaer*

Programms skizziert Marx die Stufe der genossenschaftlichen (gesellschaftlicher Besitz der Produktionsmittel) Gesellschaft, die – eben weil sie aus der kapitalistischen hervorgeht – die Muttermale dieser Gesellschaft trägt: »in jeder Beziehung, ökonomisch, sittlich, geistig«. Dann entwirft er als höhere »kommunistische Gesellschaft« ein Gemeinwesen, welches die Verkehrungen der Arbeit überwunden hat, und erst in diesem Zusammenhang fällt die Äußerung von der »Arbeit als erstem Lebensbedürfnis«.

> »[...] nachdem die knechtende Unterordnung der Individuen unter die Teilung der Arbeit, damit auch der Gegensatz geistiger und körperlicher Arbeit verschwunden ist; nachdem die Arbeit nicht nur Mittel zum Leben, sondern selbst das erste Lebensbedürfnis geworden; nachdem mit der allseitigen Entwicklung der Individuen auch ihre Produktivkräfte gewachsen und alle Springquellen des genossenschaftlichen Reichtums voller fließen – erst dann kann der enge bürgerliche Rechtshorizont ganz überschritten werden und die Gesellschaft auf ihre Fahnen schreiben: Jeder nach seinen Fähigkeiten, jedem nach seinen Bedürfnissen!« (MEW 19, 21)

Diese Äußerung hat zu vielerlei Einseitigkeiten beigetragen. Neben der Vorstellung, Individuen, denen eine »arbeitsscheue« Haltung attestiert wird, könnten unter Berufung auf Marx zu solchen, denen »Arbeit zum ersten Lebensbedürfnis« wird, erzogen werden, war es auch gerade der Schlussaufruf »jedem nach seinen Bedürfnissen«, der Hoffnung und Befürchtung hervorbrachte, Marx könne eine Gesellschaft herbeigesehnt haben, in der die Bedürfnisse, die durch Kapitalismus und Überflussproduktion auf der einen Seite, Armut auf der anderen formiert sind, zum Maßstab gesellschaftlicher Regelung genommen würden. Dabei ist der Kontext eindeutig: Wenn es den Menschen gelingt, sich aus materieller Not und Herrschaft zu befreien, dann ist die Erzeugung des materiellen Lebens ihnen produktiver Genuss und Entfaltung ihrer Fähigkeiten. Dieses Bedürfnis werden sie leben können und insofern ihr Menschsein verwirklichen. Das schließt die Aufhebung jener Arbeitsteilungen ein, die die Entzweiung der menschlichen Arbeit als Grundlage von Gesellschaftsformationen hervorbrachten: die Teilung in Hand- und Kopfarbeit; in Männer- und Frauenarbeit; in Arbeit und Nichtarbeit. Beziehen wir das bis hierher Entwickelte auf die im ersten Teil entstandenen Fragen:

Der Arbeitsbegriff

Das Selbstverständliche und beim Reden über Arbeit zugleich immerfort Vergessene scheint mir, ihren Formcharakter zu beachten. Die unterschiedslose Weise, in der über Arbeit gesprochen und gedacht wird, ist Quelle der meisten Missverständnisse. Wir sprechen über Lohnarbeit, nennen sie Arbeit und kritisieren die Rede von der Arbeit als erstem Lebensbedürfnis. Und umgekehrt: Die Erziehung zu diesem ersten Lebensbedürfnis ist nicht nur in sich widersinnig, sondern zumeist auch nur Erziehung zur Lohnarbeit in den verschiedenen Ausprägungen, ununterscheidbar von einem Unterwerfungskonzept in Industriebetrieben. Wenn wir die »Substanz« meinen, die in unserer heutigen Gesellschaft hauptsächlich die Gestalt der arbeitsteiligen Lohnarbeit angenommen hat, sollten wir vorläufig umständlich von der »Selbstbetätigung in der Erzeugung des materiellen Lebens« sprechen.

Arbeit als Systembegriff?

Die Versuche, insbesondere von Offe (1984) und Habermas (1985), Arbeit aus dem Zentrum von Gesellschaftstheorie zu rücken, werden verständlicher, wenn man zuvor unterstellt, Marx habe eine Gesellschaftstheorie hegelscher Art entworfen, in der er an die Stelle des Geistes die Arbeit setzte (so etwa Rüddenklau 1982, aber auch Bischoff 1973, 323: »In der Entwicklungsgeschichte der Arbeit liegt der Schlüssel zum Verständnis der gesamten Geschichte der Gesellschaft.«). Marx schrieb dagegen über die Verhältnisse, durch die die Selbstbetätigung der Menschen verschiedene Formen annimmt: solche der Verkümmerung der Individuen, ihrer äußersten Entfremdung in der Arbeit, deren Verkehrung in Negativität. Wesentlich ist dabei die Arbeitsteilung. In der Herrschaftsanordnung wird solche Teilung naturwüchsig, heftet sich an zufällige körperliche Eigenarten. D.h., sie verbindet sich mit den Personen ein Leben lang, gehört ihnen an wie eine Sache, sodass selbst das Bewusstsein einer »freien Tätigkeit« verschwindet. Die Arbeitsutopie habe keine Kraft mehr, sagt Habermas, ins Zentrum rücke die Lebensweise. In allen marxschen Schriften wird deutlich, dass es Marx um die Revolutionierung der Lebensweise ging, die er allerdings durch die Produktionsweise bestimmt sah. Ersetzt man den schillernden Arbeitsbegriff durch seine »Substanz«, so hören sich solche Marx-Verabschiedungen so seltsam an, wie sie sind. Es ginge jetzt nämlich darum, die Erzeugung des materiellen Lebens, also des Lebens selbst und der Lebensmittel, nicht mehr so wichtig zu nehmen, dass Gesellschaftstheorie von dieser Grundlage ausgehe. Hinter den Verabschiedungen steckt die Frage, ob die Erzeugung des materiellen Lebens u.U. herrschaftsförmig geregelt bleiben könnte und gleichwohl menschliche Entwicklung und menschliches Glück möglich wären, Befreiung also auf Lebensausschnitte beschränkt bleiben könne. Das Problem, auf das so geantwortet wird, ist, dass man sich nicht vorstellen kann, dass in unseren kapitalistischen Gesellschaften revolutionäre Umgestaltung möglich sei und horizontale Vergesellschaftung machbar. Die Wirklichkeit von neuen sozialen Bewegungen mit Alternativprojekten hier und heute scheint den Ausschnitt-Lösungen recht zu geben. Die sich stets zuspitzende Katastrophenlogik kapitalistischer Gesellschaften im

Weltmaßstab zerschlägt aber die Illusion, eine lebenswerte Zukunft ohne Einfluss auf die Rahmenbedingungen des Handelns im Großen zu haben. Es scheint mir dabei übrigens kein Zufall zu sein, dass die Frauenbewegung zwar zunächst immer als eine der sozialen Bewegungen genannt, bei der weiteren Diskussion aber sogleich vergessen wird. Denn ihre Fragen sind ohne die Aufhebung aller Herrschaft und Arbeitsteilung nicht lösbar.

Die Frage an die Kritische Psychologie

Es bleibt die Frage des frühen Milchholens. – Aus meinen arbeitsbiographischen Notizen wie aus meinen theoretischen Studien bin ich zu dem Resultat gekommen, dass die Lust zur Arbeit ebenso wie ihre Meidung, dass die Subbotniks und die Drückebergerei aus dem gleichen Stoff gemacht sind. In den Strukturen des gesellschaftlichen Lebens entwickelt sich eine blinde Dialektik. Unversehens und unkontrolliert schlägt die Begeisterung für die Arbeit um in ihr Gegenteil. Die praktische Lösung, das Leben außerhalb der Arbeit zu suchen, stößt allenthalben an Grenzen und ebenso an Überschreitungen. Die theoretische Lösung, Arbeit und Lebensweise getrennt zu denken, verrät die Perspektive der freien Selbstbetätigung, indem sie sie außerhalb der entfremdeten Arbeit einzulösen verspricht. Der Begriff der (verallgemeinerten) Handlungsfähigkeit in der holzkampschen Wendung könnte eine Bewegungsform für die blinde Dialektik von Arbeit und Faulheit sein, in der eine bewusste Entwicklung gedacht werden kann; das Auseinanderfallen von Arbeit und Lebensweise kann hier als historisches Produkt mit der Perspektive seiner Überwindung gefasst werden. Voraussetzung dafür wäre allerdings, die Dimensionen aufzunehmen, die Marx mit »Arbeit als erstem Lebensbedürfnis« vortrug. Die Erweiterung der Handlungsfähigkeit ist sicher Vorbedingung dafür, dass »freie Tätigkeit« möglich wird, aber wie und unter welchen Verhältnissen können die Menschen ihr materielles Leben so gewinnen, dass sie es nicht zugleich verlieren, sondern dass es Genuss, Lust, Liebe, Entwicklung, Gemeinwesen ist? Arbeit und Genuss sind durch Arbeitsteilung auseinandergetreten, heißt es in der *Deutschen Ideologie* (vgl. MEW 3, 32). Sie wieder zusammenzubringen bleibt Befreiungsperspektive.

Wie viel dazu nötig ist, beschreibt in literarischer Verdichtung Volker Braun, der zu der Dimension des Lustvollen in der Arbeit – soweit sie möglich wird durch die Entwicklung der Produktivkräfte – die Schwierigkeit des sinnhaften Tuns formuliert:

> »Wenn die Arbeit nicht mehr das Leben kostet, verliert sie den Ernst und die Leute machens aus Vergnügen. Dann reißt sich jeder darum, aber die Möglichkeiten sind begrenzt, das gibt neue Probleme. Man muss die Leute abhalten von den Maschinen, wo sie flippern wollen und optimieren. Da braucht es ein

ganz anderes Bewusstsein. Im Kampf wie jetzt langt der Zwang und der materielle Anreiz, aber in einer ganz friedlichen Zeit müsste auch ein Sinn darin sein.« (Braun 1985, 106)

Die Frauenfrage

Was ist mit den feministischen Zweifeln, Marx habe ein Arbeitskonzept entwickelt, das die Frauen ausschloss und die Erkenntnis von Frauenunterdrückung verhindere? Feministische Kritik beruft sich insbesondere auf die marxschen Ausführungen im Zusammenhang mit dem Begriff des »Doppelcharakters der Arbeit«. Solcher Blick auf die Arbeit als einer Kraft, die zugleich Gebrauchswerte bilden kann und Tauschwerte schaffen, ist fundamental für Marx' Analyse des Kapitalismus und seiner Dynamik und damit ebenso grundlegend für seine Revolutionstheorie. Eine Gesellschaft, deren treibendes Motiv darin besteht, lebendige Arbeit in tote zu verwandeln (um in marxscher Metaphorik zu sprechen) und so die tote Arbeit in ihren Formen von Kapital, Maschinen, Fabriken Macht über die lebendige werden zu lassen, eine solche Gesellschaft manövriert sich in eine Katastrophe, wenn kein radikaler Eingriff erfolgt. Dieser muss die Grundstrukturen des gesellschaftlichen Handelns umstürzen: den Profit als treibendes Motiv und das heißt die Herrschaft des sich verwertenden Wertes über die lebendige Arbeit auf der Grundlage von Arbeitsteilung und Eigentum. In der Analyse des Doppelcharakters der Arbeit geht es um die Lohnarbeit als dominante Form der Verkehrung der Lebenstätigkeit. Im ersten Schritt der Veränderung geht es um die Abschaffung des Privateigentums an Produktionsmitteln. Diese Bestimmungen haben den Blick auf den männlichen Arbeiter in seiner historischen Gestalt als Ernährer der Familie und auf die Arbeiterbewegung als politisches Subjekt verengt. Der Protest der Frauen scheint zunächst gerechtfertigt. Denn selbst wenn wir unterstellen, dass es die kapitalistische Gesellschaft ist und nicht die marxsche Analyse, welche die Positionen in dieser Weise anordnet, bleibt doch in solcher Zurechtlegung eine eigentümliche Leere und Sprachlosigkeit, wenn über Frauen gesprochen werden soll. Statt Marx eilig abzuschwören, sollten wir einen Schritt zurücktreten und prüfen, ob aus seiner perspektivischen Formulierung von der »genussvollen Selbstbetätigung bei der Erzeugung des materiellen Lebens« für die Frauenfrage nicht doch vieles zu gewinnen ist. Tatsächlich stellt Marx selbst Frauenunterdrückung genau in den Kontext von entfremdeter Arbeit:

> »Die freilich noch sehr rohe, latente Sklaverei in der Familie ist das erste Eigentum, das übrigens hier schon der Definition der modernen Ökonomie entspricht, nach der es die Verfügung über fremde Arbeit ist.« (MEW 3, 32)

Selbst die angeblich ganz und gar vernachlässigte Arbeit im Hause bei der Reproduktion der Ware Arbeitskraft fasst Marx an einer Stelle – wenn auch nur in einer Fußnote – begrifflich als »die für die Konsumtion nötige Familienarbeit« (MEW 23, 417, Fn. 20).

Die erste entwickelte Verkehrung geschieht durch die Produktion für den Markt, die die Arbeit vergesellschaftet und zugleich Quantität und Tauschwert der Produkte in den Vordergrund rückt. In diesem Zusammenhang sind die Arbeitenden beider Geschlechter zunächst gleich. Sobald die unmittelbare Subsistenzproduktion überschritten ist, arbeiten beide Geschlechter für sich und Überschüssiges für den Markt. Die besondere Stellung der Frauen rührt hier schon daher, dass ein großer Teil ihrer Produktion – Schwangerschaft, Geburt, Aufziehen der Kinder – nicht vermarktet werden kann. Hier deutet sich heute – in der Gestalt von Leihmüttern und Reproduktionstechnologie – ein Nachholen an: dies mit einer Gewalttätigkeit, wie wir sie aus der »Zivilisierung« von »Naturvölkern« kennen. Das Erstere hat mit irgendwelcher selbstbestimmten Regelung von Gesellschaft so wenig zu tun wie das Letztere.

Ist nicht der Rahmen, den Marx für die menschliche Gesellschaft und die in ihr lebenden Individuen skizzierte, so, dass die besondere Unterdrückung der Frauen mit ihren naturwüchsigen Momenten ebenso wie mit den Ergebnissen sozialer Herrschaft darin heute eine ungeheure Dynamik erhält? In der Arbeitsteilung von Lebens- und Lebensmittelproduktion und in der Letzteren noch einmal zwischen Arbeit und freier Tätigkeit, Genuss, ist die Arbeitsteilung zwischen den Geschlechtern auf eine teuflische Weise festgeschrieben. Der Bereich des Lebens wird vom Standpunkt der gesellschaftlichen Lebensmittelproduktion randständig und mit ihm diejenigen, die ihn in erster Linie bevölkern. Zugleich wird die Tätigkeit im gesellschaftlich zentralen Bereich entfremdet, sodass Hoffnung auf Befreiung sich auf jenen lebendig randständigen Bereich richtet. Auf die Frauen kommt die unzumutbare Belastung zu, im Stadium der Unterdrückung die Hoffnung auf ein besseres Leben darzustellen, auf Genuss, Sinnenfreude.

Bei Marx finden wir die Anspielung, dass der Arbeiter in der Arbeit nicht zu Hause sei und wo er zu Hause ist, er nicht arbeite (vgl. MEW EB 1, 514). Mit einem gewissen Recht wurde auch dieser Satz vom feministischen Standpunkt für kritikwürdig befunden: Spricht nicht auch er vom Standpunkt des männlichen Arbeiters und übersieht die Lage der Hälfte der Menschheit, die sehr wohl zu Hause arbeitet und mithin zu Hause ist, wo sie arbeitet (vgl. Ivekovic 1984)? Bei dieser Kritik wird allerdings die in der marxschen Version angedeutete Blockierung übersehen. Es ist die doppelte Entzweiung, die Trennung der Sinnenfreude und des Lebenssinns von der Arbeit und die Teilung der Arbeit in solche, die einen Lohn bringt, und solche, die in dieser Hinsicht nichts gilt, die in der Metapher vom »nicht in der Arbeit zu Hause sein« ausgedrückt ist. In dieser Verkehrung besetzen die Frauen das Zuhause, den Randbereich, der gleichwohl Zuflucht ist, ein verkehrter Ort der Hoffnung. Die unterdrückende Überhöhung der Frauen wird überlebensnotwendig für die männlichen Lohnarbeiter. In der familiären Zusammenarbeit beider Geschlechter wird sie dauerhaft befestigt.

Wäre es nicht eine revolutionäre Tat, hier einiges durcheinanderzubringen, um eine neue Ordnung herbeizuführen? Um die Bereiche des Lebens aus ihrer Randständigkeit zu holen, müssten sie allgemein werden und damit aufgewertet. Und im gleichen Zug müsste der Bereich, der als gesellschaftliche Arbeit gilt, von den Frauen besetzt und zugleich in seiner Dominanz entkräftet werden. Wenn beide Geschlechter sich in alle Bereiche teilen, ist eine Dimension, die die bisherige, zerstörende Struktur bestätigte, ist ein Herrschaftsverhältnis aufgebrochen. Dies scheint mir eine Voraussetzung, um die Liebe zurück in die Arbeit zu bringen. Und die Bewegung der Frauen wird damit zentral für die Vermenschlichung der Gesellschaft.

Arbeitsforschung im Zeitalter der Mikroelektronik

Zum Bezug von Arbeitsforschung

Ungefähr 70 Prozent aller Arbeitsplätze sind in den späten 1980er Jahren schon irgendwie von Mikroelektronik betroffen. Daher ist es für Überlegungen zur Aufgabe von Arbeitspsychologie notwendig, die dadurch hervorgerufenen Veränderungen in den Arbeitsbedingungen grundlegend einzubeziehen. Sie betreffen das Verhältnis der Menschen zur Maschine, zur Natur, zur Wissenschaft und damit zu sich selbst und zu anderen. Ich stelle als These auf, dass die mikroelektronische Produktionsweise die Arbeitspsychologie erstmals tatsächlich als psychologische Wissenschaft fordert.

Ich nähere mich dem Thema von der Seite, vom Studium der Arbeitswissenschaften im engeren Sinn. Diese haben durch die Umbrüche in der Produktion und im Dienstleistungssektor einen unerhörten Aufschwung erlebt. Auf dem Weltkongress für Bildschirmarbeit (1986 in Stockholm) konnte man vom Ausmaß der auf diesen Gebieten geleisteten Arbeit eine Ahnung erhalten. 300 Wissenschaftler aus 30 Ländern stellten hier die Ergebnisse umfangreicher und mit großem Forschungseinsatz betriebener Studien in Zahlen- und Datenreihen vor. Die Aufarbeitung solcher Forschungsergebnisse ist von unschätzbarem Wert für kritisches Lernen.

Die Studien zeigen nicht nur schon auf den ersten Blick (vgl. Knave u. Wiedebäck 1987), dass sie die Menschen als Reiz-Reaktions-Mechanismus auffassen; immerhin bringt selbst eine solche Betrachtungsweise brauchbare Informationen über die Schäden einseitiger Nutzung von Menschen als Arbeitskraft. Man kann darüber hinaus die notwendigen Dimensionen kritischer Arbeitspsychologie herausarbeiten, wenn man prüft, was in den ergonomischen Forschungen – etwa über die schädlichen Folgen der Bildschirmarbeit – fehlt. In der Logik der Wirkungen, die im Reiz-Reaktions-Modell vorausgesetzt ist, sind folgende – für eine Forschung mit und über arbeitende Menschen – unerlässliche Dimensionen ausgespart: der Mensch selbst als tätiges Wesen und seine Erfahrungen; seine Stellung im Arbeitsprozess; sein Verhältnis zum Arbeitsmittel (Computer) – bedient er ihn oder sich seiner; der Inhalt der Arbeit; die Arbeitsorganisation; die Stellung in der Gesamtaufgabe und natürlich der gesellschaftliche Kontext, in dem diese Aufgabe steht. Aus den Auslassungen ist in geradezu einfacher Ausfüllung erschließbar, wie Arbeitsforschung vorgehen müsste. Darüber hinaus offenbart das Studium solcher internationaler Forschung ein weiteres interessantes Phänomen: Im Fall der Bildschirmarbeit sind die gemeldeten Schäden beim Einsatz gleicher

Arbeitsmittel national und geschlechtsspezifisch verschieden. Sie betreffen überwiegend Frauen.

In Australien geht eine plötzliche Lähmung der Arme um wie eine mittelalterliche Seuche. Diese die Frauen befallende Krankheit wurde zunächst Tendosinovitis genannt, später – allgemeiner – RSI – *repetitive strain injury*. Die Symptome sind eine oft Monate bis Jahre dauernde Lähmung der Arme; sie sind auf Australien beschränkt; ganze Heerscharen von Wissenschaftlern sind unterwegs, um Erklärungen zu finden. Die betroffenen Frauen haben die »Krankheit« in ihre Zeitrechnung aufgenommen: »Das war, bevor ich RSI hatte ...«. Anders in Schweden: Hier werden Fehlgeburten und Missbildungen diskutiert; aus anderen Ländern wird von Hautallergien berichtet. In Finnland scheinen die Augen am meisten betroffen. Auch Schultern und Nacken zeigen sich als Austragungsorte von Unverträglichkeiten. Es wäre sicher von Bedeutung, die methodischen Voraussetzungen kritisch zu überprüfen, die solchen Ergebnissen zugrunde liegen. – So kann man z. B. in einer weiteren Studie zu den Folgen von Bildschirmarbeit aus Schweden lesen, dass die Häufigkeit der Fehlgeburten, deren Veröffentlichung die schwedische Diskussion alarmiert hat, weniger der Bildschirmarbeit als der Berufstätigkeit von Frauen überhaupt geschuldet sei. – Ich möchte an dieser Stelle eine andere Dimension hervorheben und vorschlagen, diese unterschiedlichen Ergebnisse, die nationalkulturellen Verschiedenheiten in der Austragung eines gleichartigen Wechsels in den Arbeitsbedingungen selbst als praktische und aufklärende Kritik an der herkömmlichen Arbeitswissenschaft zu fassen. Die Ergebnisse zwingen dazu, über den ergonomischen Ansatz hinauszugehen und Bildschirmarbeit – und so alle Arbeitstätigkeit – als gesellschaftliche Frage zu erforschen und dabei die Dimensionen der Kultur und des Geschlechts in die Forschung aufzunehmen.

Unsere Forschungsfrage im solcherart vorgegebenen Feld (Bildschirmarbeit) lautet zunächst: Welche Veränderung bringt denn der Computer (als dazugehöriges Arbeitsmittel) in den Arbeitsprozess und warum melden insbesondere Frauen Arbeitsschäden?

Dazu vorweg: In der Bundesrepublik Deutschland stieg der Anteil der Frauen in der Computerarbeit von 1970 bis 1982 um 64 %; seit 1982 sinkt er langsam, während der der Männer im gleichen Zeitraum zunimmt. – Die Dimension der kulturellen Unterschiede oder gar die der unterschiedenen Produktionsverhältnisse vergleichend zu untersuchen ist ein umfangreiches empirisches Projekt, welches den Rahmen der hier vorgetragenen Überlegungen sprengt. In meinen empirischen Berichten beschränke ich mich daher auf Fragen der Arbeitskultur in westdeutschen Betrieben/Büros.

Krise der Arbeit

Es scheint mir angemessen, Veränderungen in den Handlungsbedingungen, die plötzlich hereinbrechen und deren Handhabung noch weitgehend unbegriffen ist, als Krise zu kennzeichnen. Die innere Arbeitskrise (im Gegensatz zur »äußeren« des Ausmaßes und der Verteilung von Arbeit und Arbeitsplätzen) bezieht sich im Wesentlichen auf vier Dimensionen: auf Verschiebungen im Verhältnis von geistiger und körperlicher Arbeit; auf Überschreitungen der Trennung von Arbeit und Freizeit; auf das Verhältnis von Männer- zu Frauenarbeit und auf das Lernen.

Geistige und körperliche Arbeit

Sobald Arbeit zu informationsverarbeitender Tätigkeit wird, ist die alte Trennung von Händen und Köpfen, von praktischer und theoretischer Arbeit in Produktion und Verwaltung unhaltbar. Damit stehen Hierarchien und Kooperationsverhältnisse in Frage ebenso wie Beziehungen zwischen einzelnen Arbeitergruppen. Inhaltlich gilt, zumindest in unseren Verhältnissen, der hierarchischen Anordnung eine Art Kompetenzentzug, ohne die Autorität der Vorgesetzten selbst anzutasten. In dieser Weise bildet sich ein neuer Widerspruch heraus: Die Untergebenen werden den Vorgesetzten überlegen und bleiben ihnen zugleich unterstellt. Aber Computerarbeit ist noch nicht ausreichend bestimmt, wenn wir wissen, dass sie Kopfarbeit, informationsverarbeitende Tätigkeit ist. Denn die Arbeitselemente treten den Einzelnen nicht nur als Informationen entgegen, sondern sie tun dies in Form einer Theorie über den Arbeitsprozess. Insofern wird die Distanz des Menschen zur eigenen Arbeit vergrößert. Wir sind daran gewöhnt, Distanz in der Arbeit spontan als etwas Negatives wahrzunehmen, als Vergrößerung von Fremdheit; dabei übersehen wir den umgekehrten Aspekt, dass allzu große Nähe den Überblick und die Kritik, notwendig für Entwicklung, verunmöglicht.[1] Mit der größeren Distanz wird das Verhältnis zur Arbeit

1 In seinem Stück »Großer Frieden« führt Volker Braun einen Zusammenhang vor zwischen der Art der Bauernarbeit – die Stirn in der Furche – und der Unmöglichkeit, in dieser Haltung das Land zu regieren und also Herrschaft abzuschaffen:

Aber im Frieden kommt er einzeln vor
Getrennt durch seine Arbeit, die ihn krummschließt
Hinter sein Holz, das er ins Erdreich drückt.
Ein kleines Reich, was. Von Morgen bis Morgen
Und weiter kennt er keinen. Dieser Saurier
Hebt seine Stirn nicht aus der Furche. Wo
hat er sein Büro.
Der Bauer kann sich nicht selbst vertreten.

notwendig reflektierter. Dies gilt selbst für einfache Eingabetätigkeiten im Vergleich zur vorhergehenden Schreibmaschinenarbeit und selbstverständlich für Dialogsysteme und Systemanalyse. Die Logik der Computer ist ein bestimmter Zugriff auf Sprache und Information. Man kann sich dem unterwerfen und versuchen, die Befehle auswendig zu lernen mit der ständigen Angst und Hilflosigkeit, aus dem System geworfen zu werden. Man kann sich den Computer aneignen, d.h. seine Möglichkeiten austesten und das System ausbauen und weiterentwickeln. Das bedingt ein Verhältnis zur Arbeit wie zu einem Experiment. Die Arbeit ergreift einen und hält einen fest – dieser Umstand ist bekannt, wenn auch nicht begriffen als Faszinationsproblem.[2]

Die Verschiebungen im Verhältnis von körperlicher und geistiger Arbeit bringen im Wesentlichen folgende Widersprüche und neuen Spannungen hervor: Die Bewegung, die schon in der Ersten industriellen Revolution begann, vollendet sich – die Arbeitenden stehen oberhalb und außerhalb des eigentlichen Produktionsprozesses, ohne jedoch zugleich die solcher Stellung angemessene Verfügungsmacht zu haben.

Die Inanspruchnahme wird mit der wachsenden Distanz zum Arbeitsgegenstand zugleich intensiver und konzentrierter und dabei auch engagierter. Empirischen Untersuchungen, die die Zunahme an Intensität und Konzentration anklagend erheben und sie als Beweis für eine besonders anspruchslose Arbeit behaupten, entgeht, dass engagierte, »motivierte« Arbeit immer mit wachsender, auch subjektiv so erfahrener Intensität verbunden ist.

Die Formen der Arbeitsteilung sind weniger unmittelbar hierarchisch, ohne dass Hierarchie dabei tatsächlich verschwände. Die Vorgesetzten sind weniger kompetent in der Arbeit als ihre Untergebenen, ohne den Vorsitz zu verlieren.

Arbeit und Freizeit

Eine der wichtigen Trennungen im Leben der Lohnarbeitenden ist die von Arbeit und Freizeit. In der Freizeit sind sie zu Hause, Privatmenschen, die aus der Arbeit flüchten. Aber auch umgekehrt flüchten sie aus der privaten Enge in die Gesellschaftlichkeit der Arbeit. Mit dem Einsatz der Computer wird einiges verrückt. Indem Arbeit geistige Arbeit ist, kann sie vor den Fabriktoren und Bürotüren nicht haltmachen. Die Probleme werden mit nach Hause genommen. Sie durchsetzen die Freizeit. Computerarbeit ist auch Hobbyarbeit. Rechner fallen aus, und die meisten Firmen nutzen die angespannte Arbeitsmarktlage, um von den Beschäftigten einen flexib-

2 Vgl. dazu ausführlich Projekt Automation und Qualifikation (PAQ) 1983, Kapitel 2 »Arbeit und Privatleben. Programmierer«; und dies. 1987: Kapitel 11 und 15.

len Umgang mit den Arbeitserfordernissen zu verlangen. Die ausgefallenen Zeiten müssen als Überstunden nachgeholt werden. Solche Praxen verändern das Familienleben, wenn sie allgemein werden. Die Arbeiten werden über die Grenzen von Bürozeiten gedrängt. Die Flexibilisierung der Arbeitszeit bringt die häusliche Ordnung massenhaft durcheinander. Wenn die betroffenen Büroarbeiter Frauen sind, können sie entweder den Überstunden nicht gehorchen und müssen einen Halbtagsjob annehmen oder ihre Partner ändern Haltung und Verhalten und übernehmen die zu Hause anfallenden Aufgaben – ein weiterer Schritt in Richtung Frauengleichberechtigung wäre getan? In unserer Untersuchung in computerisierten Büros (Brosius/Haug 1987) berichteten Männer und Frauen einmütig, dass solche partnerschaftlichen Lösungen bei ihnen üblich seien. Allerdings stellte sich bei der Überprüfung ihrer tatsächlichen Praxen heraus, dass die befragten Frauen die Probe aufs Exempel nicht gewagt hatten: Sie machten keine Überstunden. Ihre Verankerung in den Firmen war entsprechend fragil. In allen bisher skizzierten Veränderungen im Verhältnis von geistiger und körperlicher Arbeit sowie zwischen Arbeit und Freizeit sind Aufweichungen der geschlechtsspezifischen Arbeitsteilungen enthalten. Dabei ist eine Hauptfrage in ihrer gesellschaftlichen Bedeutung noch ganz unentschieden: Ist Computerarbeit eigentlich »männliche« technische Arbeit oder »weibliche« Schreibarbeit?

Lernen

Auch im Bereich des Lernens möchte ich nur einige Aspekte skizzieren. Sicher verändert sich durch die mikroelektronischen Arbeitsmittel das Verhältnis von Lernen und Arbeit, von Theorie und Erfahrung (der Praxisbezug ist selbst ein theoretischer). Zunächst gibt es eine Reihe von neuen Fragen:

Wie ist es möglich »auszulernen«, wenn Arbeit Weiterentwicklung einschließt? Welche »Ausbildung« wird überhaupt gebraucht, wenn Lernen Lebenstätigkeit ist? Kann Arbeit selbst so angeordnet werden, dass Lernen ein integraler Bestandteil wird, und was ist mit der gängigen Lernform des Learning by Doing?

Ich möchte thesenförmig zuspitzen, dass die Arbeit im mikroelektronischen Arbeitsprozess es zu einer Notwendigkeit macht, die Rahmenbedingungen des Arbeitens als entwickel- und veränderbar aufzufassen und sich selbst dafür zuständig und verantwortlich zu fühlen. Arbeitsteilungen, Arbeitsorganisation und vor allem die Produktionsverhältnisse blockieren den angemessenen Umgang mit den neuen Produktionsmitteln. Schließlich stehen mit dem Verhältnis zur Arbeit selbst auch Fragen der Arbeitskultur und der Arbeitsidentität zur Disposition.

Krise der Arbeitssubjekte

Wesentlicher Gegenstand von Arbeitspsychologie werden die Erfahrungen der Arbeitssubjekte mit den neuen Bedingungen und ihre Verarbeitung im alltäglichen Handeln. Schließlich bargen die alten Strukturen, Arbeitsteilungen, Arbeitsorganisationen, Ausbildungen, Trennungen und Lernarrangements sowohl Handlungsfähigkeiten und deren Stützen als auch Hindernisse und Fesseln (Letzteres insbesondere für die nicht-männlichen Nicht-Facharbeiter).

Beim Einbezug der Arbeitenden als Subjekte unserer empirischen Forschung lernten wir: Sie erfahren die neuen Bedingungen weitgehend als eine Art faszinierender Katastrophe (vgl. PAQ 1987, Kap. 11). Einerseits sind die Arbeiten verlockend wie ein Hobby, andererseits bedrohlich wie eine Beraubung. Im Großen und Ganzen kann man sagen: Computerarbeit ist mit der herrschenden Arbeitskultur unverträglich. Ich möchte diese Behauptung mit einigen Thesen verdeutlichen:

1. Arbeit wird als Nichtarbeit wahrgenommen – wie früher die Arbeit der Intellektuellen vonseiten der Arbeiter. Die Arbeit verändert ihren Charakter so, dass unklar wird, was eigentlich Arbeit ist. Die gewohnten Maße für die geübte Disziplin passen nicht mehr. Sind Lernzeiten Arbeitszeiten? Ist das Suchen nach Lösungen, das Herumprobieren Arbeit oder die Verhinderung derselben? Wie steht es mit den Passivzeiten? Ist Fehlersuche Arbeit?
2. Wenn körperliche Arbeit Kopfarbeit wird, wird die Haltung der praktischen Arbeiter zu den Intellektuellen problematisch.
3. Wenn nicht klar ist, was Männerarbeit, was Frauenarbeit ist, gerät die stark an die Arbeitstätigkeit gebundene Identität in Krise.
4. Kulturelle Gewohnheiten in und um Arbeit werden zerstört: das betrifft z.B. Alkoholgenuss bei der Arbeit, Spaß, Kraftgefühl, welches »Männlichkeit« absicherte und auf körperlicher Arbeit beruhte.
5. Die Art der Zusammenarbeit, das Verhältnis der Geschlechter, das Zueinander von Familie und Freizeit werden verändert. Die Bedrohungen, die mit der Flexibilisierung der Arbeitszeit erahnbar werden – die Reduktion von Freundschaften auf zufällige Gleichzeitigkeit von Arbeits- und Freizeit und die Reduktion des Sozialen auf die innere Organisation der Familienzeiten sind hier erst ein Anfang.

Subjektive Verarbeitungsweisen objektiver Umbrüche

Bei einer empirischen Untersuchung an 240 Büroarbeitsplätzen in der Dateneingabe, der Dialogbearbeitung und der Systemanalyse zerlegten wir das Verhältnis der Einzelnen zum Arbeitsprozess analytisch in einzelne Aspekte und versuchten so, spezifische Erfahrungen der Arbeitenden mit den neuen

Produktionsmitteln ausfindig zu machen. Das ist sehr viel leichter gesagt als getan. Wir fragten nach der Qualifikation, der Vielfältigkeit der Arbeit, der Arbeitsteilung und Hierarchie, den Formen der Zusammenarbeit und der Solidarität unter den Arbeitenden und schließlich nach Lern- und Weiterbildungsstrukturen. – Wir stießen sogleich auf zwei Merkwürdigkeiten:

Zunächst auf eine relativ große Sicherheit der Betroffenen, dass die Computer weitgehend schlechte Folgen hätten, dass sie hauptsächlich monotone Arbeit hervorbrächten, die Arbeitsteilung sich eher verstärkt habe, Isolation die Folge sei und Lernen eigentlich nicht vorkäme. Allerdings träfe dies auf die anderen zu, die darum auch solidarisch untereinander seien, weil sie nichts zu verlieren hätten.

Und zweitens gab es eine fast ebenso große Sicherheit, dass der Einsatz der Computer in der eigenen Arbeit zu höherer Qualifikation, größerer Vielfalt in der Arbeit, integrierten Arbeitsaufgaben, verdichteter Kooperation und schließlich auch zu verbesserten Lernmöglichkeiten geführt habe. Die Sicherheit des Andersseins war begleitet vom Gefühl des selbstbewussten Alleinseins.

Dieser Befund verweist uns als ein erstes Ergebnis auf ein Problem, aus dem methodische Konsequenzen zu ziehen sind. Bei der Einschätzung der negativen Folgen der Computerisierung hatten die Befragten ganz offensichtlich von ihrer eigenen Erfahrung abstrahiert, sich selbst als Ausnahme begriffen. Die herrschende Auffassung setzt sich als Meinung gegen die eigene praktische Arbeitserfahrung durch. Ihre Nichtübereinstimmung mit eigener Praxis wird verarbeitet als Trennung des Ich von den Anderen. Nicht die herrschende Auffassung wird kritisiert, sondern die eigene Praxis wird selbstbewusst isoliert. Eine solche Verarbeitungsweise durch die betroffenen Subjekte lässt empirische Methoden, die sich mit der einfachen Antwort begnügen und die Ergebnisse als widerspruchsfreie Tatsachensammlung behaupten, sehr fragwürdig werden.

Immer wieder trafen wir auf Vereinzelungsstrategien und -phänomene. Die neuen Bedingungen werden als Bedrohung der Privatperson, der Privatsphäre, des Privaten schlechthin wahrgenommen. Wir können sicher davon ausgehen, dass in diesem Rückzug auch das gesellschaftliche Projekt, soweit es sich ankündigt, zusammen mit den Übergriffen der Unternehmer und den entfremdeten Arbeitsverhältnissen abgewehrt wird. Der Widerstand geht in die Befestigung der privaten Fluchtburg.

Auch solche Umbrüche, die schon heute objektiv als eine Bereicherung wahrgenommen und ergriffen werden könnten, werden unter dem Blickwinkel der alten Verhältnisse und der »alten Menschen« strukturiert und erfahren. Z.B. wird die autonomere Zeitverfügung von einer Gruppe von Programmierern als Entleerung und als Strukturmangel wahrgenommen und setzt ein Verlangen nach der alten Ordnung frei. Die Inkompetenz der

Vorgesetzten wird zwar mit einem gewissen Stolz verkündet, jedoch die soziale Anerkennung, die mit diesem Kompetenzverlust von oben einhergeht, als fehlend eingeklagt. Ebendieser Mangel führte selbst bei arbeitsmäßig und politisch engagierten Programmierern zur »Verlagerung ihres Lebensmittelpunktes« in die Familie, um dort »soziale Anerkennung« an die Kinder zu vergeben, damit sie zu Menschen werden könnten. Und die Faszination, die die neue Arbeit auf die Einzelnen ausübt, wird schließlich als Verführung abgewehrt, als Versuchung, das Private zu vergessen (ebd.).

Allgemein können wir formulieren, dass eine Zunahme von Angst und Vereinzelung zu den Verarbeitungsmustern der neuen Produktionsmittel und -arrangements gehört.

Folgen für die Arbeitspsychologie

Eine Bestandsaufnahme über die typischen Aufgaben von Betriebspsychologen lehrt uns: Sie beraten die Arbeitenden in sogenannten persönlichen Fragen wie Ehe und Familie, Kindererziehung; hinzu kommen Fragen der Eignung für die Arbeitsplätze und die Herausbildung solcher Eignungstests; manchmal sind Fragen der angemessenen Ausbildung und der zumutbaren Belastung Aspekte ihrer Tätigkeit; ganz selten gehört auch die Arbeitsgestaltung dazu.

Diese Fragen haben auf den ersten Blick nicht allzu viel mit den oben diskutierten Veränderungen in den Produktionsbedingungen und den damit auftretenden Problematiken zu tun, bekommen aber in den Zeiten der Umbrüche eine neue Dimension. Es ist ja weder davon auszugehen, dass die Arbeitssituation so einfach und unumwunden die Familiensituation bestimmt, wie wir dies noch vor Jahren mit dem vereinfachten Modell der Weitergabe von Unterdrückung annahmen (der männliche Arbeiter wird im Betrieb unterdrückt und gibt diese Erfahrung sozusagen kompensatorisch an die Familie weiter). Auch die umgekehrte Behauptung, dass die Familie den Arbeitsfrieden störe, erscheint als zu einfach und gradlinig. Unsere empirischen Untersuchungen zeigten vielmehr, dass die Weise, wie privat Probleme angeordnet und gelöst werden – nämlich vereinzelt, hierarchisch und unter Eliminierung aller Widersprüche –, das Problemlöseverhalten auch im Betrieb bestimmt und unter den neuen Bedingungen dort scheitert.

»Arbeits-« und »Lebens«weise sind als ein Zusammenhang zu begreifen. Die dringliche Aufgabe einer »eingreifenden« Arbeitsforschung ist, dazu beizutragen, dass die Handlungsfähigkeit der Arbeitenden in schnellen Veränderungsprozessen auf höherem Niveau wiederherstellbar wird. Dabei können die Betroffenen nicht als Objekte solcher Forschung konzipiert werden, denn es geht nicht um arbeitsteiliges Diagnostizieren von Problemen, sondern die neue Weise zu produzieren ist solcherart, dass Handlungsfähigkeit der Arbeitenden nur erreichbar ist, wenn sie ihre eigene Arbeitssituation beherrschen. Dafür ist eine erste Voraussetzung die Analyse der Arbeitsprozesse durch die Handelnden selber. Die Zweifel über die eigene Identität und die damit verbundenen Probleme fehlenden Selbstbewusstseins bedürfen einer historischen Betrachtung der eigenen Arbeit und ihrer Bedeutung für die Gesellschaft. Wie lässt sich anders Sinn und Bedeutung finden, wenn etwa die Aufgabe als Versetzen eines Kommas oder eines Bindestrichs beschrieben wird (wie dies uns durch eine Gruppe von Programmierern nahegelegt wurde), in einem Feld allgemeiner Neudefinition von Arbeit und Beruf?

Die theoretisch-praktische Beherrschung des eigenen Arbeitsfeldes beinhaltet das Lernen des Lernens, ist bestimmt durch die Möglichkeit, verändernd eingreifen zu können, Alternativen zu entwerfen, Kritik zu üben. Wenngleich diese Dimensionen sich abstrakt und utopisch anhören mögen, sind sie doch Wirklichkeit auf den verschiedenen Niveaus computerisierter Arbeit und dort zu studieren. Statt um Anpassung an die gegebenen Arbeitsstrukturen muss es jetzt um deren Aneignung gehen.

Projektforschung

Lernen steht in jeder Weise im Zentrum der neuen Arbeit. Alle Umbrüche in den Arbeitsbedingungen verlangen neue Lernformen und aktive Anstrengungen, um einer Auslieferung zu entgehen, die ohnehin für den Umgang mit den neuen Technologien nicht tragfähig ist. Arbeitsforschung, die nicht bloß konstatierend, sondern eingreifend tätig sein und in den neuen Arbeitsstrukturen die Erforschten als Subjekte einschließen will, verlangt ebenfalls neue Formen des Herangehens. Unter den bisher möglichen Formen scheint mir das Projektstudium für dieses Unterfangen am geeignetsten zu sein. Es verbindet für die Studierenden forschendes Lernen als wesentliche Weise, in der Lernen überhaupt stattfindet, mit der Möglichkeit, in den erforschten Arbeitsbereichen die Arbeitenden selbst zur Analyse ihrer eigenen Bedingungen zu gewinnen. Für ein solches Vorgehen ist ein Zusammengehen von Wissenschaft und Gewerkschaften unerlässlich.

Methodische Überlegungen und erste Ergebnisse

Die Veränderung in den Arbeitsbedingungen wird vielfältig widersprüchlich erfahren. Lösungsformen für solche Widersprüche sind ihre Leugnung – was nur einen kurzen Aufschub bedeuten kann –, ihre partielle Auslöschung, der Rückzug aus solch widerspruchsgeladenem Feld. Gegen eine kollektive Bewältigung der Widersprüche nach vorn stehen die Bemühungen der Unternehmer und des Staates, die Vereinzelung, die Privatheit zu stärken – das selbstbestimmte Individuum hat in den neokonservativen

Strategien Konjunktur –, und die subjektive Verarbeitungsform der Privatisierung[3].

Weiter oben berichtete ich von unserem merkwürdigen Befund, dass die einzelnen Büroangestellten ihre eigenen Arbeitsplätze durch die Ausgestaltung mit Computern jeweils als interessant und verbessert erfuhren, im Ganzen aber unbeirrt an der Auffassung von den durchgehend negativen Auswirkungen der Computerisierung festhielten; dass sie die Methode verfolgten, beim Fällen von allgemeinen Urteilen von der eigenen praktischen Erfahrung zu abstrahieren, aber nicht von den herrschenden Meinungen über ihr eignes Arbeitsfeld. Dieses individuelle Widerspruchsverhalten brachte uns dazu, eine eigene Methode zu entwickeln, um die Einzelnen darin zu unterstützen, den Widerspruch als Bewegungsform zu entdecken.[4] Wir gingen davon aus, dass die Notwendigkeit, in widersprüchlichen Situationen handlungsfähig zu werden, verlangt, Widersprüche zu explizieren, zu erkennen, zu artikulieren statt sie zu eliminieren. Zunächst hatten wir einzelne Arbeitende in Gruppen (gemischtgeschlechtlichen mit verschiedenen Positionen in der Arbeit) zusammengesetzt, mit dem Ziel, ihnen einige Themen zur Diskussion vorzulegen und in die Diskussion nur dann einzugreifen, wenn ein Monolog entstünde, der die anderen Gesprächsteilnehmer aus der gemeinsamen Gedankenproduktion ausschalten würde. Unsere Vorgabe fragte ausdrücklich nach einer Diskussion auf der Grundlage eigner Erfahrung, wenngleich wir zunächst gar nicht damit gerechnet hatten, dass alle Gesprächsteilnehmer sofort anfangen würden, über die gemutmaßten Erfahrungen der anderen zu sprechen. Sie teilten sich in überkommenen Ausdrücken so mit, dass es ihnen unmöglich wurde, sich selbst ins Allgemeine zu ziehen. Gegen unsere Entmutigung, solcherart über ein Biertischrunde nicht hinauszukommen, die wir uns fast auch selbst hätten ausdenken können, setzten wir jetzt die Methode, die Erfahrung der offiziellen Lesart ausdrücklich gegen die Arbeitserfahrung zu richten. Wir sprachen als widersprüchliches Faktum aus, was in ihren Köpfen als Nebeneinander vom je eignen guten und den fremden schlechten Arbeitsplätzen koexistierte. Wir richteten also die je offizielle Meinung gegen die Arbeitserfahrung und warfen diesen Widerspruchsballon in die Diskussionsrunde. Die Diskutanten nahmen den Ball auf, bearbeiteten aber nun

3 Vgl. dazu den Beitrag über Privatisierungen in diesem Buch.

4 Klaus Holzkamp hat schon 1973 in der *Sinnlichen Erkenntnis* ein ähnliches Experiment vorgeschlagen. Er nahm dabei an, dass die Menschen die realen Widersprüche im alltäglichen Denken nicht repräsentieren. Über »Widerspruchsexperimente«, in denen die »Versuchspersonen« solchen Widersprüchen explizit ausgesetzt werden sollten, erhoffte er, Aufschluss über Subjektivität in der bürgerlichen Gesellschaft ebenso zu erlangen, wie gleichzeitig den Betroffenen Anstöße zu eigener Erkenntnis zu geben. 216ff.

den Widerspruch als solchen, nicht die Sache selbst, die so widersprüchlich artikuliert war. Der Widerspruch war ihnen eine Herausforderung, die es zu beseitigen galt. Die Diskrepanzen zwischen der je eignen Erfahrung und den gesellschaftlich durchschnittlich vermittelten Auffassungen führten in der Folge zu Äußerungen wie, dass unqualifizierte Computerarbeit (die der anderen) eben eine Charakterfrage sei, als eine Art Beruhigung der selbstpositionierten Elite über die Masse. Störend im Schwarz-Weiß-Gemälde blieb die Einsamkeit des qualifizierten Computerarbeiters gegenüber der heimelig solidarischen unqualifizierten Masse: »Es sind eigentlich diejenigen, die keine Chance haben zu einer steilen Karriere, die zusammenhalten und Zusammengehörigkeitsgefühl entwickeln« (Brosius/Haug 1987, 88), sagte einer, durchaus ohne steile Karriere, mit Trauer in Bezug auf die von ihm als nur für seinen Fall angenommene Abwesenheit von Solidarität. Ist ein Widerspruch erst einmal selbstverständlicher Bestandteil einer solcherart forschenden Diskussion, so wird er durch die Bereiche getrieben, als führe er ein Eigenleben. Neue Dimensionen tun sich auf, die Gespräche gewinnen an Spannung für die Teilnehmer selbst. Sie haben den Eindruck, voranzukommen und selbst urbar gemachtes Neuland zu betreten.

In dem berichteten Fall kam die Gruppe von der Einsamkeit und vom Alleinsein in der Arbeit zu der auch von den Gruppenmitgliedern beobachteten Zunahme an Kooperation, einer Verdichtung der Zusammenarbeit, seit die Computer im Büro waren. Sie beharrten aber darauf, dass dieser Umstand am Alleinsein nichts ändere, sodass dieses Phänomen vielleicht vorläufig ebenso widersprüchlich mit *Kooperation als Vereinzelung* bezeichnet werden kann. Bis hierher hatten wir selbstverständlich angenommen, dass Zusammenarbeit von Menschen im Arbeitsprozess auf jede Weise positiv sei. Vom Standpunkt der Effektivität und Produktivität der Arbeit liegt der Nutzen der Zusammenarbeit auf der Hand. Je sinnlicher sie durch die Einzelnen erfahren wird, desto höher der Ansporn oder Wetteifer, dachte Marx. Aber auch vom Standpunkt der Arbeitenden selber hatten wir Zusammenarbeit und ihre Erfahrung als Ausgangspunkt für solidarisches Handeln angenommen, als unmittelbare Lebendigkeit der vergesellschafteten Menschen. Von daher war uns die Frage nach dem Schicksal der Kooperation in der Computerarbeit strategisch wichtig. Das Ergebnis war im Ganzen einhellig: Während tatsächlich eine Verdichtung der Kooperationsstrukturen angegeben wird, wird zugleich eine Abnahme der Zusammenarbeit erlebt. In weiteren Diskussionsverläufen zeigte sich, nicht die Zusammenarbeit hat abgenommen, sondern ihre Zunahme wird nicht als Stärkung, sondern als Zwang, ja als Bedrohung, jedenfalls als Zunahme an Fremdbestimmung erfahren. Die neue Zusammenarbeit nahm subjektiv und objektiv den Platz der vorhergehenden *persönlichen Beziehungen* am Arbeitsplatz ein. Unter persönlichen Beziehungen verstanden sie Geburtstagsfeiern, Unterhaltungen über Hochzeiten, Taufen, Krankheiten, Tod in der Verwandtschaft, Feste aller Art bis hin zu kleinen Aufmerksamkeiten wie Blumen am Arbeitsplatz. Sie bezeichneten diese »persönlichen Beziehungen« als Grundlage solidarischen Verhaltens. Kurz, sie vermissten eben jene Beziehungen, die wir als oberflächlich dachten, weil sie mit dem Inhalt der Arbeit nichts zu tun hatten. Wir hatten dabei angenommen, dass inhaltliche Arbeitsbeziehungen durch Produktivkräfte wie Fließband z. B. und vor allem durch Produktionsverhältnisse behindert werden und so kaum über die räumliche Nähe hinauswachsen.[5] Umgekehrt waren unsere Büroarbeiter praktisch außerstande, inhaltliche Arbeitsbeziehungen als entwickelte Beziehungen zwischen Menschen wahrzunehmen und zu leben. Das inhaltliche Aufeinanderangewiesensein in der Büroarbeit wird als doppelte Bedrohung erfahren: als Bedrohung der persönlichen Arbeitskontakte und der Privatperson durch aufgezwungene Arbeitsbeziehungen, die die Einzelnen ungeschützt treffen können und müssen.

Vorsichtig formuliere ich folgende These: Unter Konkurrenzverhältnissen sind aufgezwungene inhaltliche Arbeitsbeziehungen ein Paradox, welches als bedrohlich erlebt wird. Die Auslieferung an Fremdbestimmung wird nicht ermäßigt, sondern verstärkt. Was selbstbestimmte Koordination von Einzelarbeiten sein könnte, erscheint in der Form ihres Gegenteils, als Auslieferung an fremde andere in diffus horizontaler und darum umso konkurrenzförmiger erfahrener Zusammenarbeit.

> »Die Kollegen reichen mir über die 8 Stunden und ich sehne mich danach, in den Familienbereich zurückzukommen und meinen eigenen Neigungen nachzugehen. [...] Diese enge Kooperation, die teilweise zwischen den Kollegen da ist, die reicht mir dann. Das geht nicht mehr, [...] das auch noch in den Stunden nach Feierabend durchziehen zu können.« (Brosius/Haug 1987, 88)

Das Wichtigste, das uns diese Kooperationserfahrungen lehrten, war eigentlich auch wieder eine Selbstverständlichkeit: Zusammenarbeit ist gebunden an die selbstbestimmte Entscheidung der Subjekte und nicht einfach ein von oben dargebotenes Arrangement, in das sich die selbstbewussten Individuen einfügen können, ohne ihr Selbstbewusstsein zu verlieren. In der Tat kam in allen Gruppendiskussionen irgendwann die Rede von »wahrer Zusammenarbeit« auf, in der die Einzelnen einander begeistert »widerständige« Taten berichteten, wie sie gemeinsam gegen die Regeln verstießen, verlangte Strukturen durchkreuzten, einander die Passwörter gaben usw. Unsere oben formulierte These lässt sich ergänzen: Unter fremdbestimmten Arbeitsverhältnissen wird Kooperation widerständig gelebt.

Da wir alte Grenzziehungen zwischen verschiedenen Einzelarbeiten und

5 Vgl. zu den unterschiedlichen Arten von Beziehungen Holzkamp 1994, 326ff.

-arbeitern und ebenso die Grenze zwischen Arbeitszeit und Freizeit auch als Schranke gegen Entwicklung und Vermenschlichung der Arbeitsverhältnisse dachten, sahen wir die durch die Computerarbeit bedingte Auflösung solcher Grenzen auch als eine Chance. In unserer Untersuchung konnten wir die Einzelnen dabei erleben, wie sie diese »Chance« durchweg als Bedrohung wahrnahmen, neue Grenzziehungen versuchten und alte weiter ausbauten. Ihre Hauptaktivität schien die Verhinderung von Durchlässen zu sein. Die Arbeit z. B. soll niemals nach Hause genommen werden – falls dies unbestreitbar doch der Fall ist, »retten« sie sich durch Umbenennung, indem sie nicht als Arbeit bezeichnen, was sie im Kopf nach Hause tragen. Wichtiger noch ist die Umkehrung: Die Privatperson bzw. das Private an ihr soll nicht in den Betrieb. Wesentlich wird die Kontrolle von Informationen über sich selbst.

Wieder treffen wir auf das Phänomen zunehmender Vereinzelung. Da dies als eine neue Erfahrung berichtet wird, nehmen wir nicht an, dass es »nur« ein Problem der Produktionsverhältnisse ist, sondern etwas mit den Produktivkräften, also mit dem Computereinsatz zu tun haben muss. Wir fragten nach den spezifischen Anforderungen in den computerisierten Büros bzw. den Erfahrungen der Einzelnen mit diesen Anforderungen. Trotz unterschiedlicher Arbeitsplätze stimmten die Einzelnen zunächst darin überein, dass Qualifikationsanforderungen gestiegen seien, dass mehr Wissen und Können erforderlich sei, beurteilten dies aber negativ. Auf unsere Anschlussfrage, wie denn dieses erforderliche Wissen vermittelt werde, kam bemerkenswert wenig. Das Wenige verwies uns zudem auf die Geschlechterverhältnisse. Es gab Einführungskurse, insbesondere für die Männer. Frauen eigneten sich das erforderliche Know-how meist während der Arbeit an. Gibt es nennenswerte Formen der Weiterbildung für den Umgang mit Computern? Diese Frage stieß nahezu auf Unverständnis; d.h. die Anzahl derer, die nicht geantwortet haben, war besonders hoch. Da Weiterbildung bislang eine übliche Form des innerbetrieblichen Aufstiegs war, versuchten wir in Gruppeninterviews diese Form des Lernens zur Diskussion zu stellen. Dabei kamen wir zu dem überraschenden Ergebnis, dass die nächtliche Aneignung von Computerhandbüchern, das heimliche Lernen nach Feierabend von den Betroffenen überhaupt nicht als eine Form von Bildung begriffen wurde. Vielmehr erfuhren sie dies als Ausgleich von Charakterdefiziten, den sie vornehmen müssten, um auf dem enger werdenden Arbeitsmarkt verkäuflich zu sein bzw. im Betrieb nicht zu den Aussortierten zu gehören.

Learning by Doing ist keine sehr gute Form des Lernens, wenn die Tätigkeit selbst nicht alltagsverständig strukturiert ist. Computerarbeit folgt einer anderen Logik als der des Alltags. Dies erfordert einen Umgang, der sich gewissermaßen theoretisch über die Arbeitsvollzüge erhebt, den Computer selbst als »dumm« erkennt und sich also zum Computer »denkend« verhält. Eingewiesen über unzureichende Einführungskurse, die sie zudem zu einem Zeitpunkt bekommen, zu dem die männlichen Kollegen schon das erforderliche Know-how besitzen, und da sie selbst abends meist keine Zeit haben, das Versäumte nachzuholen, reagieren die Frauen mit Panik. Sie lernen die Befehle auswendig mit der Konsequenz, dass sie wie in einem Gefängnis unverstandener, jederzeit drohender Katastrophen arbeiten. Wir fanden eine Menge Hinweise, warum es insbesondere die Frauen sind, die in den verschiedenen Ländern die alarmierenden Unverträglichkeiten melden.

Sind Frauen vielleicht generell an den geringer qualifizierten Arbeitsplätzen und von daher belasteter als ihre männlichen Kollegen? Da wir in unserer Untersuchung einen relativ hohen Anteil an männlich besetzten Eingabeplätzen fanden und da die Frauen zudem den Bereich der Dialogbearbeitung fast zur Hälfte innehatten, waren wir nicht versucht, uns vorschnell mit diesem Argument zufriedenzugeben. Im Feld der Vorurteile prüften wir eine weitere gängige Erklärung: Frauen seien technikfeindlich. Eine Aversion gegen Technik überhaupt könnte sowohl Angst wie eine Schwierigkeit beim Lernen und ein allgemeines Problem mit Bildschirmarbeit begründen. Es gab in unserem – immerhin 240 Arbeitsplätze umfassenden – Sample nur sehr wenige Männer oder Frauen, die der neuen Technologie an ihrem eigenen Arbeitsplatz nicht positiv begegnet wären. Die praktische Selbsteinschätzung gleicht allerdings den Meinungen über das Verhältnis der Frauen zur Technik wenig. Die jüngeren Männer (unter 35) und die verheirateten Frauen sind durchweg der Meinung, dass Frauen der Technik nicht wohlgesonnen seien und dass dies von den Vorgesetzten auch entsprechend wahrgenommen und behandelt werde.[6] – Einmal auf der Spur der Geschlechtsspezifik der in den automatisierten Büros auftretenden Probleme, stießen wir auf eine besondere Unzufriedenheit der weiblichen Arbeitenden mit sich selber, die vielleicht mit dem Charakter der Arbeit zu tun hatte. Sie beklagten sich darüber, häufig nichts geschafft zu haben. Sie wollten eine Auslastung der durch Rechnerstillstand verursachten Leerzeiten durch Mischarbeitsplätze. Wir hatten eigentlich angenommen, dass angespannte Alarmbereitschaft, Wartezeiten, Kritik und experimentelle Sorgfalt dem weiblichen Sozialcharakter besonders entgegenkommen müsse, da Frauen ähnliche Anforderungen in Haus- und Familienarbeit gewohnt sind. Tatsächlich aber waren sie es, die solchen Arbeitseinsatz als besonders unbefriedigend charakterisierten. Sie betrachteten sich mit den Augen von Vorgesetzten und empfanden solche Arbeit, die der häuslichen am meisten ähnelt, als unzureichend, ja im Grunde überhaupt nicht als Arbeit, son-

6 Wir haben uns dieses überraschende Ergebnis, dass insbesondere die jüngeren Männer größere Vorurteile über die Eignung der Frauen hegen als ihre Väter, mit dem enger werdenden Arbeitsmarkt zu erklären versucht.

dern als vertane Zeit. Da hätten sie »gleich zu Hause bleiben können«. Es geschieht hier das Eigentümliche, dass die Frauen nicht so sehr versuchen, sich der Arbeit, da sie Lohnarbeit und entfremdete Arbeit ist, zu entziehen, sondern sie empfinden es als Privileg, überhaupt gegen Geld arbeiten zu können, und wollen von daher auch außergewöhnlich tätig sein.

Es wäre verwunderlich, wenn der Einbruch der Männer in die computerisierten Büros ohne nennenswerte Kämpfe vor sich gehen sollte. Die Charakterisierung der Büroarbeit folgt durchweg Kriterien von »Weiblichkeit«: Sie ist körperlich leichte Arbeit; sie ist sauber; sie ist Tipparbeit und nicht schwer, schmutzig oder vorwiegend technisch, wie dies für Männerarbeit angemessen wäre. In unseren Gruppendiskussionen arbeiteten die männlichen Teilnehmer zunehmend eine Art Angst vor der weiteren Entwicklung der Technologie heraus. Ihre Auffassung war: Die Zukunft der Arbeit gehört den Frauen, weil die Technologie selber verweiblicht werde. Das ging bis zur Vision des »rosaroten Computers«. Solche Einschätzung wurde schließlich auf dem ideologischen Feld neutralisiert; es gab zugleich eine Umwertung der Arbeit. Am Ende einigten sie sich, Computerarbeit sei eigentlich doch nicht vorwiegend Tipparbeit, sondern eine technische Arbeit und gebühre von daher den Männern. Dieser Kampf um die geschlechtsspezifische Bedeutung von Arbeit und damit von Arbeitsplätzen findet überall statt. Es sieht so aus, als würden die Frauen ihn verlieren, wenn sie nichts Eingreifendes tun.

Die unzulänglichen Lernmöglichkeiten können in der Arbeit schlecht kompensiert werden und müssen es gleichwohl. Wir fragten in diesem Zusammenhang nach der Kooperationsmöglichkeit mit Kollegen: nach dem Einholen und der Notwendigkeit von Ratschlägen anderer. Die Antworten zeigen kulturelle Ausgrenzungen von Frauen. Während 80 Prozent von ihnen die Notwendigkeit solcher Ratschläge betonen, gibt es offensichtlich Männersolidarstrukturen der Informationsweitergabe, von denen Frauen weitgehend ausgeschlossen sind. Dabei hatten – zumindest in unserem Sample – Frauen einen eigentümlichen Einfluss auf die Solidarstrukturen überhaupt: Wo immer der Frauenanteil unter der Belegschaft hoch war, gab es kaum individuelles Konfliktlöseverhalten, während die kollektiven Formen von zuvor 20 auf 70 Prozent stiegen. Die wechselseitige Information in den Männer- und Frauennetzwerken wird übrigens von ihnen nicht als geschlechtsspezifische Solidarstruktur gesehen und nicht als spezifischer Zusammenhalt ausgesprochen. Von daher können wir wohl davon ausgehen, dass es praktisch geübte Solidarstrukturen gibt, die noch nicht als solche bewusst sind und von daher keine strategische Zielorientierung entfalten.

Der kurze Durchgang durch veränderte Arbeitsbedingungen nach der Einführung von Computern zeigte uns eine Reihe von Unverträglichkeiten, Widersprüchen, Paradoxien:

- Eine Arbeit, welche die vertikalen Hierarchien und die zwischen den Geschlechtern ermäßigen könnte, die gewissermaßen egalisierend ist, wird als verschärfte Spaltung erfahren: männliche Arbeitskulturen grenzen Frauen aus. Wo beide Geschlechter nahezu paritätisch vertreten sind, bei den Sachbearbeitern, bilden sich neue Arbeitsteilungen heraus. Frauen lassen sich abschieben oder begeben sich »von selbst« in die weniger anspruchsvollen Aufgaben oder in solche, die weniger Anerkennung finden. Sie übernehmen zudem durchweg das Blumengießen, Kaffeekochen, Kopieren, Botengänge und die Ablage.
- Die höhere Qualifikation, die als Erfordernis inzwischen allgemein anerkannt ist, wird nicht durch eine entsprechend allgemeine Ausbildung für alle vorbereitet. Zwar wird Informatik in verschiedenen Bundesländern ein Fach an allgemeinbildenden Schulen; aber auch hier sind es die Jungen, die diesen Zweig offensiv ergreifen. Zweifel an der Angemessenheit von Koedukation mehren sich.
- Arbeit, die die allgemeine Kompetenz der Arbeitenden in Bezug auf den Zugriff auf den Arbeitsprozess und die Sicht auf den Gesamtablauf erhöhen müsste, führt zu vermehrter Kontrolle von oben.

Selbst die Frage des Eigentums an Produktionsmitteln und am Produkt wird diffus. Daten- und Softwarediebstahl gehören zum Alltäglichen. Und doch hat auch diese Auflösung einer der wichtigen Säulen unserer Gesellschaft, die Unantastbarkeit des Eigentums, den Effekt verschärfter Konkurrenz.

Diese Anordnung von Paradoxien wird persönlich als Zerrissenwerden in Widersprüchen erfahren und führt zu Vereinzelung und Angst. Beides sind wesentliche Ursachen somatischer Austragungen von kulturellen Unverträglichkeiten. Unverträglich werden die Produktionsverhältnisse und in ihnen die Geschlechterverhältnisse, die Gewohnheiten, die Werte und schließlich die Identitäten der Arbeitenden selber.

In diesem Feld scheint die Fähigkeit, mit Widersprüchen umzugehen, elementar. In dem konfliktreichen Feld von Frauen, Männern und Computern fanden wir schließlich in den verschiedenen Gruppendiskussionen einen Schlüssel für das Aufbrechen der üblichen Widerspruchseliminierung. Weiter oben war die Rede von der Gewohnheit, Widersprüche auszublenden, einseitig aufzulösen, als nicht-existent zu behaupten und dagegen eitle Harmonie zu setzen. Die Teilnehmer in unseren Diskussionsrunden zeigten eine große Anstrengung und Übung darin, die Widersprüche zu bestreiten. Dieses Anstrengen war zumeist gegen Begreifen gerichtet und damit gegen Veränderung. Diese Verhinderungsarbeit wurde in unseren Diskussionen von Männern wie von Frauen geleistet. Wir setzten Widersprüche; sie überboten sich, sie wieder hinauszubugsieren: durch Verwandlung in einfache Unterschiede, durch die Zuschreibung von Ungleichheit in den

Charakter von Einzelnen, durch Themenwechsel etc. Diese Arbeit ging reibungslos vonstatten bis zur Frage der Geschlechter. Auf unsere These, dass Computerarbeit weiblich und männlich aus entgegengesetzten Gründen sei, hoben die männlichen Gesprächsteilnehmer mit umfangreichen Reden über die Gleichheit der Geschlechter an. Sie gelangten nach relativ kurzer Zeit zu erhabenen Sätzen über den allgemeinen Menschen und seine gleichen unveräußerlichen Rechte etc. Da riss den anwesenden Frauen der Geduldsfaden:

> »Ich musste mich ganz schön zusammenreißen, [...] ich habe mich zurückhalten können, weil ich weiß, was ihr macht, computermäßig, und dass ihr eigentlich in den auswertenden Bereich der Computerarbeit gehört, die also zum Teil auch Frauenarbeit ist, und ihr deshalb möglicherweise keinen Unterschied seht. Ich seh da absolut und riesengroße Unterschiede zwischen Mann und Frau am Computer [...] Frauen werden einfach vor diese Sachen gestellt, die kriegen die Schreibmaschine weggenommen, weil der Chef irgendwann entschieden hat, das ist rentabler« (Brosius/Haug 1987, 65).

Dieser und ähnliche Einwürfe brachten eine strategische Wende. Es änderte sich die Gesprächsstruktur – die eingreifende Frau wurde zu so etwas wie einer Meinungsführerin in der Runde; es änderte sich die Behandlung der Themen – nach dieser ersten Verneinung wurde plötzlich über alle möglichen Widersprüche klar und analytisch gesprochen. Behandelt wurden Profite, Unternehmerwillkür, Produktionsverhältnisse, Kapitalismus – in ihrem Lichte wurden die alten Fragen neu aufgenommen und zu neuen Erkenntnissen durchgearbeitet. Wir haben daraus folgende Schlussfolgerung gezogen:

Es gibt offenbar Widersprüche, die so weit ins öffentliche Bewusstsein gerückt sind, dass ihre Leugnung nicht mehr umstandslos gelingt. Der Aufbruch führt zum Begreifen auch anderer Fragen, etwa der Produktionsverhältnisse und ihrer Widersprüche. Die Weltdeutung wird konfliktreicher, klarer. Ein solcher Schlüsselwiderspruch ist das Verhältnis der Geschlechter. Er wird artikulierbar durch Frauen. Sie dulden es nicht länger, dass darüber hinweggeredet wird. Damit sind sie eine Kraft für allgemeine, ausgreifende und verändernde Handlungen.

Lehren für die Arbeitsforschung

Voraussetzung für Arbeitsforschung ist die Analyse der gesellschaftlich dominanten Bedingungen von Arbeit. Sie bestimmen nicht nur die Arbeit der Zukunft, sondern auch die Bereiche, die noch nicht betroffen sind – sei es im Tempo der Arbeit, in der Zusammensetzung der Arbeitsarten, in der Erwartungsangst für die zukünftig Betroffenen. Wesentlicher »Gegenstand« von Arbeitsforschung muss die Verarbeitungsweise, müssen die Erfahrungen der

Arbeitenden selber sein. Ihre Handlungsfähigkeit zu unterstützen ist praktischer Auftrag an Arbeitspsychologie. Dabei gilt es, der Erkenntnis methodisch Rechnung zu tragen, dass die Einzelnen über mehrere, widersprüchlich zueinander organisierte »Erfahrungswelten« verfügen, deren Koexistenz ein individueller Balanceakt ist, der unter unseren Verhältnissen zumeist mit der alltäglichen Eliminierung von Widersprüchen stabilisiert wird. Wo immer Arbeitserfahrung zum Aufbruch nötigt, wird von ihr abstrahiert, nicht von der offiziellen Meinung, die zunächst doch weit weniger gewichtig scheint als die eigene Tätigkeit. Auszubauen wäre das Widerspruchsexperiment als ein Mittel, die Arbeitenden selber in den Forschungsprozess einzubeziehen. Ein analytischer Umgang mit den eigenen Arbeitsbedingungen, Aneignung statt Anpassung, scheint unter den Verhältnissen der Mikroelektronik unumgänglich. Dies ist eine Chance, die zugleich Herausforderung an Arbeitspsychologen ist. Schließlich verlangt eine Forschung *mit* Arbeitenden statt *über* sie, dass die wissenschaftlich Ausgebildeten zugleich auch immer an ihrer eigenen Abschaffung arbeiten, gerade, wo sie ihre Arbeit als Intellektuelle ernst nehmen. Wichtiges Resultat, welches jedes methodische Vorgehen bestimmen muss, ist die Geschichtlichkeit der Subjekte, der Prozesse, ja der Begriffe, mit denen Erkenntnis gewonnen werden muss. Gegenstand von Forschung wie Problem individueller Handlungsfähigkeit ist die Eingelassenheit der »alten« Menschen in die gewohnten Strukturen mit allen Vor- und Nachteilen. Sich da herauszuarbeiten, das Neue zu gewinnen, soweit es Befreiungszüge trägt, es zu bekämpfen, wo die bestehende Unsicherheit zur intensiveren Unterwerfung genutzt zu werden droht – dies bedarf einer strategischen Durchdringung der immer schneller umbrechenden Bedingungen des Handelns. Die wesentlichen Unverträglichkeiten müssen gemeinsam mit den Arbeitenden herausgefunden und Lösungen zu ihrer Bewältigung in Richtung auf eine kollektiv erweiterte Handlungsfähigkeit versucht werden. Das Begreifen ist dabei für beide, für Forscher und Betroffene, eine wesentliche Voraussetzung. Dies ist charakteristisch für die neuen Produktivkräfte, verstanden als Zusammenwirken von Menschen mit den technischen und organisatorischen Arbeitsbedingungen. Neue Formen des Wissens, die systemimmanent technizistisch bleiben, wiewohl sie das Nachdenken über Systeme zur Aufgabe haben, bilden sich heraus; neue Abgrenzungen gegen die Nichtwissenden spitzen die Widersprüche in den einzelnen Industrieländern zu. Arbeitspsychologie im Interesse der Arbeitenden muss auch die Analyse der Lösungsangebote durch Unternehmer und Staat einbeziehen. Gegen Vereinzelung müssen die Möglichkeiten der Kollektive herausgearbeitet, gegen Privatisierung muss die Bedeutung des gesellschaftlichen Projekts und gegen Angst das Selbstvertrauen der eingreifenden Subjekte gestärkt werden.

Arbeitspolitische Terrainverschiebungen

Wie Fortschritt denken?

Die Märchen der Gebrüder Grimm erzählen u.a. von Wölfen, die sich als wer anders ausgeben, um leichter an ihre Beute zu gelangen. Der Wolf geht im Schafspelz, verkleidet sich als Mutter oder Großmutter, übernimmt fremde Stimmen. Das Modell passt auf unsere Frage nach dem Fortschritt. Schließlich geht es davon aus, dass entweder alles genau so ist, wie es auf den ersten Blick scheint – dies die behütete Normalität –, oder das Schlechte sich als das Erhoffte verkleidet, der trügerische Schein den Sieg davonträgt.

So dachten in den 1970er Jahren die kritischen Beobachter der rasanten Produktivkraftentwicklung innerhalb des Kapitalismus und versuchten die Umbrüche, die mehr Selbständigkeit der Arbeitenden, mehr Qualifikation, mehr Mitentscheidung verlangten, z.B. mit Worten wie »Scheinsozialismus« oder »Management-Sozialismus« zu begreifen (Nichols 1975). Nichols sieht damals durchaus den revolutionären Charakter der neuen Anforderungen, der aber zugunsten von mehr Profit integrierbar war – mangels einer entsprechenden Politik der kollektiven Arbeiter oder, wie Cressey und Maclnnes (1980) herausarbeiten, weil es den Unternehmern gelingt, ihre Lösungen in quasi sozialistischen Begriffen, z.B. als Partizipation akzeptabel zu machen. Burawoy (1978) behauptet sogar, die Arbeiterinteressen an Zukunft überschnitten sich mit den Kapitalinteressen, Mehrwert zu gewinnen, sodass das antagonistische Erleben politisch erst entwickelt werden müsse als Engagement für die Gesamtgesellschaft. Zur Diskussion stehen eine Reihe von neuen Formen in der Arbeit, die traditionell unter sozialistischem Vorzeichen angestrebt worden waren. Sie beziehen sich im Wesentlichen auf den Abbau von Hierarchie und Formen kollektiver Selbstbestimmungskompetenz, die sich ausdehnt auf Qualifikation und Zeiteinteilung. Die Wirkung dieser von der Entwicklung der Produktivkräfte her in Bewegung geratenen Strukturen besteht in einem Ineinander von Attraktion und Integration. Das Attraktive äußert sich in Zielen, Perspektiven, Forderungen, die als utopische am Horizont des zu Erkämpfenden, mithin als Fortschritt erhofft waren. Das Kapital erweist sich als starker Moloch, der sich diese als sprengend gedachten Dimensionen einverleibt. Zu begreifen ist nicht nur dieser Vorgang, sondern weit schwieriger, wie strategisch zu handeln ist, wenn die einstigen Ziele zu Mitteln der Profitproduktion werden und zur Befriedung der entstandenen Krisen und Unruhen genutzt werden können. Dies ist nach den Umbrüchen vom Fordismus zur mikroelektronischen Produktionsweise innerhalb des neoliberalen Projekts zu analysieren. Betrachten wir also die Wölfe im

Schafspelz und fragen zugleich, ob die Annahme, dass es sich um Schein, Täuschung, Verkleidung handle, tragfähig ist.

Auch Ernst Bloch arbeitet mit Begriffen wie Betrug, Verkleidung, Tarnung, Schein, um die Indienstnahme von Sprache und Symbolik der Arbeiterbewegung durch den Nazismus zu begreifen. Sein Begriff »Entwendungen aus der Kommune« (1933, 70ff.) empfiehlt so, genuin sozialistische oder gar kommunistische Praxen, Gehalte, Vorstellungen anzunehmen, die »wirklichen Bedürfnissen entsprechen« (70) und die aus ihrem Zusammenhang gestohlen und in fremde Dienste genommen sind. Das Projekt Automation und Qualifikation (PAQ 1981) hat diese Begriffssprache übernommen und entsprechend Arbeitsformen, die als »sozialistisch« gedacht waren – die Brigade, der Wettbewerb, das Neuererwesen –, in kapitalistischen Betrieben untersucht. Ihr Begriffsvorschlag »gesellschaftlicher Schein von Unternehmerstrategien« bleibt im Bann der Täuschungsmetaphorik. Dabei gelingt es, eine ganze Reihe von neueren Managementstrategien als widersprüchliche Weisen zu entdecken, neue Produktionskonzepte zu installieren; Denkwerkzeug jedoch bleibt, dass etwas dem Kapitalismus nicht Gehörendes hörig gemacht wird. Eine solche Abbildungsweise tut sich schwer, die Bewegungsweise kapitalistischer Entwicklung als eine Dynamik mit Übergängen zu begreifen.

Anders Rosa Luxemburg. Sie nimmt – Marx folgend – an, dass der Kapitalismus die Produktivkräfte entwickelt, die über ihn hinausreichen, dass er dafür aber Altes (Lebensweisen, Formen, Gebräuche, ganze Völker) zerstört und noch für diese Zerstörung selbst die neuen Produktivkräfte einsetzt. Das Neue tritt bei ihr also auf in der Form einer Destruktivkraft (GW 1,1 283ff.). Das ist keine Verkleidung oder Täuschung, sondern Praxisform in bestimmten Verhältnissen. Entsprechend braucht es Menschen, die einen Umsturz herbeiführen. Die Perspektive heißt: Sozialismus oder Barbarei.

Marx' Metaphorik legt die Analysewerkzeuge wie folgt zurecht. Er fordert auf, die »Bildungselemente einer neuen und die Umwälzungsmomente der alten Gesellschaft« (MEW 23, 526) als Produkte der Antagonismen der kapitalistischen Produktionsweise zu entdecken. Das ist weder Diebstahl noch Schein, sondern Einschreibung in eine widersprüchliche Bewegung der Veränderung und Erneuerung. Das Neue wird in alten Verhältnissen produziert und ist entsprechend geformt – es trägt, um im Bild zu bleiben, die Geburtsmale und zeigt zugleich Abstoßungskräfte. Das Neue/Fortschritt kündigt sich an als Kampf, als Schmerz, als Bruch, als Abschied, als Krise. Es wird unverträglich mit der alten Hülle, in der es gerade noch geborgen und gemacht war. Dies bezeichnet den Widerspruch von Produktivkräften und Produktionsverhältnissen. Im Widerspruch braucht es Akteure, die in der entstandenen Krise neuen Verhältnissen zum Durchbruch verhelfen. Es gibt keinen automatischen Fortschrittsweg. Und in Bezug auf unseren Gegenstand, die Entwicklung der kapitalistisch organisierten Arbeit heißt es: Im Ergebnis verliert die unmittelbare Arbeit ihre zentrale Rolle und setzt die Bedeutung des Wertgesetzes herab, woraus völlig neue Formen von »Reichtum« resultieren. Nun erscheint der »Diebstahl an fremder Arbeitszeit, worauf der jetzige Reichtum beruht, [als] miserable Grundlage gegen diese neuentwickelte, durch die große Industrie selbst geschaffne« (MEW 42, 601).

Es gibt weder ein einfaches geradliniges Fortschrittskonzept noch das eines zunehmenden Rückschritts. Die Sache ist komplizierter: Die Menschen bringen ihre Geschichte unter bestimmten Verhältnissen von Herrschaft und Ausbeutung voran. Auf diesem Wege entwickeln sie Produktivkräfte, die unentbehrlich sind, um die Menschheit auf ein Niveau zu bringen, auf dem sie einigermaßen über die Verausgabung und Entfaltung ihrer Lebenskräfte bestimmen kann; die Früchte dieses Fortschritts werden jeweils von den Herrschenden der verschiedenen Produktionsweisen angeeignet, sodass die Lage der Arbeitenden u. U. schlechter werden kann (nicht muss). Unter Herrschaftsbedingungen ist es allerdings nicht möglich, dass alle zu gleichen Teilen an den Früchten partizipieren. Wenn die Entwicklung so weit vorangetrieben ist, dass die bewährten Herrschaftsformen unpassend werden, gibt es eine Reihe von Verwerfungen, Verschärfungen, Krisen, Polarisierungen, Hoffnungen und ihre Pervertierungen. Solche Krisen sind eine Chance zum Handeln. In einer solchen Krise finden wir uns seit geraumer Zeit, seit dem Ende des Fordismus, also seit den 1970er Jahren, und in Bezug auf die neoliberale Regulierung seit den 1990er Jahren, in der Frage der Arbeit.

So werden die Verschiebungen in der Diskussion um die Zukunft der Arbeit im Folgenden keinesfalls naiv als Dimensionen von Fortschritt betrachtet, den es zu unterstützen und voranzutreiben gälte. Sie sind vielmehr als Zeichen von Unverträglichkeiten zu begreifen, als Versuche, ein lebbares Gleichgewicht unter Beibehaltung der Rahmenverhältnisse zu finden, dabei möglichst viel Widerstand zu vereinnahmen oder präventiv umzulenken in Form einer Art passiven Revolution. Bei alledem interessieren sie als Veränderung unserer Handlungsbedingungen, die nicht zuletzt daraus resultiert, dass eine ganze Reihe radikaler Forderungen etwa aus der Frauenbewegung auf der Seite offizieller Vorschläge erscheint.

Krise um Arbeit. Club of Rome 1998

Nach dem aufsehenerregenden Bericht über die *Grenzen des Wachstums* (1972), den Bänden *Mit der Natur rechnen* (1995) und *Faktor 4* (1995) hat der Club of Rome 1998 einen politischen Vorschlag zur Arbeitsproblematik vorgelegt. Das Buch enthält außer dem Vorwort von Ernst Ulrich von Weizsäcker ein Geleitwort des Aufsichtsratsvorsitzenden der Robert Bosch GmbH Bierisch und eine Vorbemerkung des Exekutivkomitees des Club of Rome. Als Motto spricht Sir Karl Popper über die Dringlichkeit, das »Problem der Vollbeschäftigung« »optimistisch« anzugehen. So eingeführt strahlt das Buch Bedeutung aus und Segen von oben. Versprochen werden: eine systematische Behandlung der Arbeitslosigkeitskrise und die Vision einer neuen Arbeitsgesellschaft (von Weizsäcker), ein arbeitsethisches Fundament (Bierisch), eine eingehende Analyse der moralischen, gesellschaftlichen, kulturellen und wirtschaftlichen Aspekte der Arbeit (Exekutivkomitee). Wer mit entsprechenden Erwartungen das Buch durcharbeitet, muss enttäuscht werden. Keiner der hier vorgestellten Gedanken und Vorschläge, Analysen und Berichte ist in irgendeiner Weise »neu«. Im Gegenteil wurden die einzelnen Punkte zur Veränderung von Arbeit und Arbeitsbegriff seit mehr als 20 Jahren geradezu mit Redundanz diskutiert, wenn auch nicht im Mainstream. So u.a. von Andre Gorz, vor allem aber, soweit es die Hausarbeit betrifft, in der Frauenbewegung, unter vielen anderen bei Rifkin, aber auch in den jüngeren Diskussionen um Eigenarbeit (vgl. etwa Scherhorn 1995, 1998; Möller 1997).

Im Folgenden geht es besonders um die Stichworte, die aus den politischen Diskursen »von unten« in das neoliberale Konzept des Berichts eingebaut werden. Die Begründungen, die historischen Exkurse lasse ich weg, weil sie zumeist nur Ideologisches zu bieten haben. Immerhin haben sich die Autoren die Mühe einer Historisierung gemacht und ebnen damit wiederum dem Einsatz historischer Argumentation einen Weg.

Es geht um die weltweit wachsende Arbeitslosigkeit, die im Geleitwort folgendermaßen umrissen wird: In Deutschland verloren die Landwirtschaft und das produzierende Gewerbe in den letzten sieben Jahren 4,5 Millionen Arbeitsplätze, die ein Zuwachs an 1,5 Millionen Arbeitsplätzen im Dienstleistungssektor nicht auszugleichen vermochte. In der OECD wuchs die Zahl der Arbeitslosen auf 36 Millionen oder 7,5 Prozent der Erwerbsbevölkerung. Diese Entwicklung hält an. Ergänzen wir: Nach Zahlen des Sachverständigenrats 1997 steigt zwar die Zahl der Erwerbstätigen insbesondre zwischen 1950 und 1965 ein wenig, stärker noch aber steigt die Erwerbsbevölkerung, sodass seit 1980 die Zahl der Arbeitslosen dramatisch wächst, um nach kurzer Pause von 1985 bis 1989 schnell weiter zu steigen. Das Statistische Jahrbuch zeigt seit den sechziger Jahren ein kontinuierliches Wachstum an Sachkapital der deutschen Wirtschaft bei stets schrumpfendem Bedarf an Arbeiterinnen und Arbeitern. Dies also ist die Ausgangslage.

Im Zentrum steht der Vorschlag einer Ausdehnung des Arbeitsbegriffs auf alle »produktiven Tätigkeiten im erweiterten Sinn« (u.a. 14 u. 211). Dafür soll im Gegenzug der jetzige Arbeitsbegriff auf den der Beschäftigung verengt werden, womit das, was wir als »Krise der Arbeitsgesellschaft« zu denken gewohnt sind (seit 1982, seit dem Soziologentag, auf dem Dahrendorf, Offe et al. diesem Sprachgebrauch zum Zuge verhalfen), weniger dramatisch wird. Für den Umbau des Arbeitsbegriffs wird konstatiert: »Letztlich ist es unsere Produktion im weitesten Sinne, nicht allein der Prozess der industriellen Erzeugung materieller Güter, über die wir uns definieren: wir sind, was wir produzieren.« (26)

Der historische Exkurs zurück in die Agrarwirtschaft soll den hohen Anteil an Eigenproduktion dort zeigen und verdeutlichen, dass die Konzentration auf Güterproduktion und Erwerbsarbeit nur eine Übergangsphase war, die den Wohlstand der Nationen (Smith ist Kronzeuge) schnell und wirksam, aber einseitig voranbrachte. Das Fazit: Die Konzentration auf bezahlte Arbeit in der Güterproduktion gehört einer vergangenen Epoche an. Jetzt geht es darum, die Dimensionen menschlicher Produktivität und Kreativität, die »identitätsstiftend« sind, zum Einsatz zu bringen, um »eine völlig andere Organisation von Arbeit« (212) voranzutreiben.

Diese Stoßrichtung wird eingangs von Weizsäcker emphatisch zusammengefasst: Die Reduktion menschlicher Arbeit auf einen ökonomischen Produktionsfaktor verursache Schäden und sei eine Herabwürdigung. Arbeitslosigkeit bedeute so nicht nur Abnahme von materiellem Wohlstand, sondern beraube den Menschen auch der Möglichkeit von Selbstverwirklichung und aktiver Teilnahme an Gesellschaft. Indem die Autoren als zentrale Dimensionen von Lohnarbeit die Teilhabe am gesellschaftlichen Wohlstand, Identität oder Selbstverwirklichung und die Frage der Partizipation an Gesellschaft aufnehmen, kommen sie erst gar nicht auf die Idee, das Lob der Arbeitslosigkeit als möglicher Muße zu singen und – wie das auch anderswo politisch diskutiert wird – die Frage einer existenziellen Krise mit Verweis auf ein Existenzminimum beiseitezuschieben. Es geht darum, die derzeitige Entwicklung, die auf eine Massenarbeitslosigkeit zusteuert, welche mehr als ein Drittel der Bevölkerung umfassen wird, als äußerst bedrohlich wahrzunehmen und ihre Lösung daher sofort anzugehen.

Die Autoren nehmen Forderungen aus dreißig Jahren Frauenbewegung auf: Anerkennung der Hausarbeit als Arbeit. Sie ergänzen: Anerkennung überhaupt der unzähligen ehrenamtlich verrichteten Tätigkeiten durch ihren Einschluss in den Arbeitsbegriff. Sie schlagen für die Zukunft im Prinzip eine Dreiteilung des Verständnisses von Arbeit als produktiver Tätigkeit vor. Die herkömmlich entlohnten Tätigkeiten sollen auf ca. 20 Stunden pro Woche reduziert werden (212); hinzu kommen solche Tätigkeiten, die man auch am Markt berechnen und kaufen könnte, die aber herkömmlich nicht bezahlt geleistet werden[7], sondern »freiwillig« oder »wohltätig« (37) sind,

7 »Monetarisiert bezieht sich auf Systeme, in denen eine Form des Austauschs entweder mit Geld (monetisiert) oder nicht (nichtmonetisiert) stattfindet, jedoch mit einem impliziten Bezugsrahmen. Nicht-monetarisiert bezieht sich auf Systeme, in denen keinerlei Austausch stattfindet: im wesentlichen Systeme der Eigenproduktion.« (37, Fn.)

wie Kinderbetreuung, Haushaltstätigkeiten, viele ehrenamtliche Tätigkeiten – sie werden zu 70 Prozent von Frauen getan und bilden, laut Berechnung des Familienministeriums von 1994, ein Drittel des Sozialprodukts in Deutschland (150). Schließlich gibt es Tätigkeiten, die gewöhnlich nicht als Tauschwerte ausgedrückt werden – die Autoren nennen Tätigkeiten des »Eigenkonsums« und der »Eigenproduktion« wie Reparaturen, Selbstbehandlung, Bildung (151) und behaupten, dass diese Tätigkeiten in »unserer Dienstleistungsgesellschaft« dauernd zunehmen. Als Beispiel führen sie etwa die Selbstbedienung in der Distribution und am Geldautomaten an, »wo vormals monetisierte Systeme abgeschafft werden« (151) und neue Typen entstünden wie der *Prosument* (nach Toffler zusammengesetzt aus Produzent und Konsument). Sie resümieren, »dass jede Strategie für die Entwicklung von Beschäftigung und produktiven Tätigkeiten alle drei Formen der Produktion parallel fördern muss« (145). Die Unterscheidung in diese Tätigkeitsarten dient dem Nachweis, dass eine Gesellschaft, die allein auf Tausch basiert – mit Geld als Vermittler und einer Berechnung der Verausgabung von Zeit –, immer weniger überlebensfähig ist. Freilich werden die Nutznießer nicht genannt, sodass man den Eindruck einer eher schicksalhaften Bewegung hat.

Diese Ausgangsbestimmungen legen nahe, dass ein Umbau auch eine kulturelle Tat ist, die eingreift in die Werthaltungen und Gewohnheiten der Menschen. Die Autoren bezeichnen dies munter als »kulturelles Abenteuer« (26).

Die Lohnarbeitszeitverkürzung soll flankiert werden durch ein Grundeinkommen und eine negative Einkommensteuer (179). Beides soll gewährleisten, dass niemand in Armut leben muss, aber im Ganzen geht es darum, »Arbeit zu subventionieren, nicht Untätigkeit« (181). Die Argumentation entspricht der in den USA und in England als Entwicklung vom »welfare-state« zum »workfare-state« propagierten. Alle sollen über ein Mindestmaß an Geld verfügen als Einkommen für produktive Arbeit und als Grundeinkommen für Ernährung, Kleidung, Unterkunft, Gesundheit. Unmittelbare Abhängigkeiten sollen dadurch überwunden werden: zwischen Männern und Frauen, Arbeitnehmern und Arbeitgebern, Arbeitslosen und Arbeitslosenämtern usw. (176).

Die Vorschläge scheinen zumindest für ein so entwickeltes industrielles Land wie die BRD nicht vollkommen illusionär, wenn man z.B. bedenkt, dass die strategische Seite des Problems, die Arbeitslosigkeit, den Fiskus jährlich ca. 38000 DM pro Kopf kostet. Dieses Geld wollen die Autoren für die Subventionierung von Arbeit verwendet wissen.

Von Kapital oder Profit und Markt als gesellschaftlicher Regelungsinstanz ist in dem Bericht nirgends die Rede, jedoch werden einigermaßen realistisch die Folgen betrachtet, die der zunehmende Reichtum in Gestalt der wachsenden Produktivität der Arbeit unter kapitalistischen Verhältnissen für die Produzierenden hat: dass sie nämlich zu großen Teilen arbeitslos werden. Dies soll das »Paradox des Paradieses« zeigen:

> »Das Paradies ist ein Ort, wo die Technologie so weit fortgeschritten ist, dass es möglich ist, alle materiellen Waren praktisch ohne jegliche Kosten herzustellen. Der Haken an der Sache ist, dass in einer solchen Situation niemand bezahlt werden könnte, mit dem Ergebnis, dass unser Produktionsparadies eher wie eine gesellschaftliche Hölle – kein Geldeinkommen und hundert Prozent Arbeitslosigkeit – aussähe.« (96)

Auch der Raubbau an der Natur wird in die Bestandsaufnahme einbezogen: Es müsse ein Weg gefunden werden, »den Wert der Mitgift und des Erbes der Natur« für uns festzustellen (139f.). Am Ende kommen die Autoren zu dem Schluss, den Maßstab für Wohlstand zu ändern, ihn nicht mehr als Summe aller monetären Kosten zu fassen, sondern Kriterien wie die Kaufkraft (gemäß dem Jahresbericht der Weltbank zum Wohlstand der Völker) und solche der »Menschheitsentwicklung« (deren Indizes vom United Nations Development Programme unter Hineinnahme bestimmter nichtbezahlter Tätigkeiten entwickelt wurden) zur Grundlage zu machen (257f.). Sie empfehlen, Tätigkeiten ohne Bezahlung anders zu stimulieren sowie die Überwachung des allgemeinen Wohlstands wie des Wechsels von Tätigkeiten zwischen den bezahlten und anderen Teilen der Wirtschaft (264). Sozialpolitik müsse so gestaltet werden, dass alle das Recht haben, produktiv tätig zu sein (249). Ziel ist eine Vollbeschäftigung (in der neuen Dreiteilung), in der ein Minimum an Erwerbsarbeit vereinbart sei (249).

Linke Einwände können sich auf die Vagheit der einzelnen Bestimmungen richten; so wird z.B. nicht deutlich, ob jetzt alle die Halbierung der Erwerbsarbeit mitmachen sollen oder gar müssen und wie mit den vorherigen Löhnen umgegangen wird (dazu 242ff.); man kann aus den Vorschlägen nicht errechnen, wie hoch die jeweiligen Verdienste tatsächlich sind und wie weitere Polarisierung zu verhindern ist. Warum hier nicht strategisch und fordernd konstruktiv eingreifen statt zu klagen, dies bedeute eine Verschlechterung: Pflichtarbeit für die Armen, zu geringes Grundeinkommen für die vielen, Armut, Polarisierung und ein Verlust an Perspektive. Der Vorwurf gewinnt in dem Maße an Plausibilität, wie man sich das Gesamtprojekt nur als kapitalistische Überlebensstrategie denkt und nicht vom Standpunkt eines veränderten krisenhaften Kraftfeldes spricht, in dem wir als Handelnde vorkommen und ein politisches Projekt überhaupt erst Konturen und Hegemonie gewinnen muss. Vorläufig sehen wir eine Reihe von für uns bislang positiven Bestimmungen – radikale Verkürzung der Arbeitszeit, Einbeziehung aller Arbeiten in den Arbeitsbegriff, Ansprüche an Arbeit, dass man sich mit ihr überhaupt identifizieren kann – als Material für eine Lösung der »Krise der Arbeitsgesellschaft« von oben.

Betrachten wir die Phänomene mit marxschem Blick als »Elemente der neuen Gesellschaft« in den Fesseln der alten und zugleich als »Umwälzungsfermente«, als Dimensionen, die unser politisches Handeln bestimmen. Warum nicht eine Halbierung der Erwerbsarbeitszeit für alle mit einem Ausgleich, der ein Leben ermöglicht, in dem »Ernährung, Kleidung, Wohnen, Gesundheit« gesichert sind, und dies selbstverständlich ergänzen um Bildung und Politikkompetenz sowie Entfaltung von Fähigkeiten? Warum nicht endlich die vielen Mogelpackungen an ehrenamtlichen und unbezahlten Arbeiten vor allem von Frauen aufnehmen in den Fundus gesellschaftlich notwendiger Arbeit und die Herausforderung, die ein solches Unterfangen im Ernst für die Kapitalverwertungsstrukturen bedeutet, offensiv mitartikulieren?

Die Autoren sehen eine Überwachung des »Wohlstands« vor und ebenso eine, die den Wechsel in den Tätigkeitsarten einmahnt. Vorbilder sind der *Human Development Report* und Sozialpolitik. Ließe sich solches nicht für eine sozial gerechtere Gesellschaft ausarbeiten und erringen, statt Kontrolle zu befürchten, wo es jetzt unter dem Mantel der Freiheit äußerst ungerecht zugeht?

Es handelt sich zweifellos nicht um eine Neuauflage des *Bündnisses für Arbeit*, wie es derzeit zwischen Gewerkschaften, Regierung und Wirtschaft verhandelt wird. Vielleicht aber ist es näher an den Forderungen der Frauen und also auch näher an einer guten Gesellschaft, in der gerechter und demokratischer gelebt werden könnte?

Feministische Fragen

Ich prüfe im Folgenden unter feministischem Gesichtspunkt und setze dabei implizit voraus, dass die herkömmliche Weise, u. U. etwas mehr Lohn für die gebliebenen, zumeist männlichen Arbeiter zu erringen und im Übrigen die Gesamtentwicklung auf eine Katastrophe zutreiben zu lassen, kein Projekt ist, das irgendwo Frauenunterstützung verdient, aus ihm mithin kein Fortschritt zu gewinnen ist.

Ich habe vor 15 Jahren zum ersten Mal und seither kontinuierlich versucht, drei wichtige aktuelle Problematiken zu bündeln: den Rückgang an Erwerbsarbeit, die einseitige Verteilung der mit Familienarbeit/Reproduktionsarbeit benennbaren Bereiche und die Notwendigkeit einer politischen Gestaltung der Gesellschaft, die Einbeziehung aller als gesellschaftliche-politische-kulturelle Menschen. Meine Idee war eine Dreiteilung in Erwerbsarbeit, Reproduktionsarbeit und kulturelle/politische Arbeit. Als politische Losung inmitten der »Krise der Arbeitsgesellschaft« formulierte ich: Wir haben nicht zu wenig, sondern zu viel Arbeit (Haug 1985, 1986, 1986b). Später habe ich dies als Menschenrechte einzufordern versucht: Recht auf Arbeit (verstanden als Lohnarbeit), verpflichtendes Recht auf Arbeit an Zukunft – Sorge für Leben und Natur – und Recht auf Politik als Gesellschaftsgestaltung, und in allen Fällen ein Recht, alle diese Bereiche sich lernend anzueignen (u.a. Haug 1996). Daher bin ich auf der einen Seite erleichtert, dass mit dem Bericht an den Club of Rome solche Fragen offensichtlich geradezu im Mainstream Platz genommen haben, und gleichzeitig verwirrt, wie ähnlich und wie anders sie hier klingen.

Auf den ersten Blick ist die Beliebigkeit auffällig, mit der der Arbeitsbegriff beim Club of Rome erweitert und ergänzt ist. Während ich versucht hatte, meine Erweiterungsvorschläge an der gesellschaftlich notwendigen Arbeit und ihrer Verteilung zu orientieren, wird im Bericht alles aufgenommen, was Menschen überhaupt tun könnten. Maßstab ist die eigene Organisation des individuellen Arbeitslebens und die Aufnahme von möglichst viel nichtbezahlter Arbeit in die Lebensplanung. Diese Beliebigkeit fordert geradezu dazu heraus, sich moralisch zu erheben und das eine oder andere – etwa den Vorsitz in einem Kegelverein – für nicht so wichtig zu halten, weil ihm der Bezug auf das gesellschaftlich Notwendige fehlt. Diese Dimension, welche an Zukunft zu orientieren ist – also die Sorge für die nächste Generation ebenso einschließen muss wie die für die außermenschliche Natur – und an Gerechtigkeit – also auch die Völker in den Dritten Welten betrifft –, verschwindet im Club-of-Rome-Vorschlag im Markt der Möglichkeiten. Was geschieht, wenn man sie nachträgt?

Die Beliebigkeit betrifft alle einzelnen Bestimmungen. Sie ist gewonnen durch gezielte Weglassungen. So sind unter »nichtmonetisierten Tätigkeiten« »freiwillige oder wohltätige Arbeiten« (37) zur Aufwertung vorgeschlagen. Indem Absicht und guter Wille der solcherart Tätigen die Definition bestimmen, verschwindet der Sinn, den diese Tätigkeiten für Gesellschaft haben oder haben könnten. Im weiteren Begriff der »nichtmonetarisierten Tätigkeiten« – worunter auch alle unbezahlte Kinderbetreuung, Haushaltstätigkeiten etc. fallen – verschwindet der Skandal, dass die Gesellschaft es sich leistet, die Frage der Zukunft ins Abseits des »außerökonomischen Sektors« geschoben zu haben.

Beide – die nichtmonetisierten wie die nichtmonetarisierten Tätigkeiten – sollen auf einem Satellitenkonto (150) ebenso bilanziert werden, wie das Bruttosozialprodukt den Wohlstand einer Nation ausweist. Dieser Vorschlag ist nicht nur von der Hand zu weisen, jedoch problematisch. Einerseits werden politische Argumentationen für die Anerkennung und Aufwertung von Hausarbeit gestärkt, wenn man auf den »Wert« der unbezahlten Arbeit in diesen Bereichen verweisen kann. Andererseits gerät durch die »Erhebung« zeitintensiver Reproduktionsarbeit in den Rang von

Lohnarbeit eine der Hauptproblematiken unseres Zivilisationsmodells aus dem Blick: dass die Lebensmittelproduktion im weiteren Sinn, die nach Profitgesichtspunkten reguliert ist, sich über das Leben erhoben hat, als sei dies nicht Ziel, sondern bestenfalls ein Absatzmarkt. Für die Frage der Diskussion und Durchsetzung solcher Vorschläge wie dem des Satellitenkontos bedeutet dies im Übrigen, dass wirkliche Zustimmung aus der Bevölkerung problematisch wird. Dem gesunden Menschenverstand scheint es eher ein Anschlag auf die Menschlichkeit, wenn man etwa vorrechnet, was das Aufziehen eines Kindes nach Tariflohn kosten würde, und fragt, ob dieses Produkt »Kind« dann auf irgendeinem Markt verkaufbar wäre, ob die investierte Arbeit sich also gelohnt habe. Befürchtet wird nicht nur von konservativer Seite, dass auf diese Weise nun auch »Liebestätigkeiten« entseelt würden, wenn man sie in Geld umrechnet. Die Nichtbezahlung von zeitintensiver Arbeit am Lebendigen ist nicht nur Gewohnheit und hat Tradition, sie ist nicht nur grundlegend für die Unterdrückung und Marginalisierung von Frauen, sie ist auch ein Hoffnungsposten in diesem Zivilisationsmodell, wo ansonsten nur zählt, was sich bezahlt macht, und durchfällt, was sich am Markt nicht bewähren kann.

Aber es geht im Bericht nicht nur dieser entscheidende Zusammenhang verloren. In der Leichtigkeit, mit der er die dominante Stellung der Lohnarbeit verabschiedet, wird die Rechnung gewissermaßen ohne den Wirt, ohne die Herren der Gesellschaft gemacht. In der Argumentation der Autoren taucht Lohnarbeit irgendwann in der Entwicklung der Arbeit (»plötzlich«, 90) auf; ihre Zeit scheint abgelaufen. Kein Gedanke wird verschwendet an die doppelte Verkehrung, welche die Form der Lohnarbeit anzeigt: dass hier auf gesellschaftlicher Stufenleiter privat gearbeitet wird, von Menschen, die frei genug sind, dies zu tun, und zugleich keine andere Möglichkeit haben, als ihre Arbeitskraft zu verkaufen, und dass dieser Zusammenhang die Entwicklung vorantreibt von Krise zu Krise, weil die Erzielung von Profit die Wirtschaftsweise regelt.

Damit wird fraglich, ob der Vorschlag tatsächlich hegemoniefähig ist, ob er also auf eine Massenzustimmung und eine Durchschlagskraft im Politischen rechnen kann. Vorläufig scheint es mir, als ob die eben aufgeführten Schwächen der Beliebigkeit und Gleichgültigkeit, die auf jede ethische Wertung verzichten und keinen Zwang auf individuelle Lebensweisen auszuüben scheinen, gerade die Stärken sind, die eine allgemeine Zustimmung hervorbringen können. Dies wird abgesichert durch das Versprechen eines existenzsichernden Einkommens, so vage dies auch im Einzelnen bleibt. Prüfen wir diesen Vorschlag für unsere reichen industriell entwickelten Gesellschaften, für die gleichwohl die »Krise der Arbeitsgesellschaft« ein brennendes Problem ist. Hier klingt die Vergewisserung von Selbstverwirklichung in Eigenarbeit oder im Hobby nicht gar so zynisch. Jedoch wird offensichtlich, dass »Selbstverwirklichung« als ganz individuelle Handlung gedacht ist, losgelöst von anderen und von Gesellschaft im Großen. Vereinzelt wählt jeder, ob er sich eher im Garten, im Kegelverein oder bei der Altenpflege verwirklicht. Er macht einen Lebensplan, wie er ein Menü zusammenstellt. Der gesellschaftliche Zusammenhalt wird ins Imaginäre geschoben.

Fazit

Die Ausgangsfrage war: Gibt es in der Entwicklung, für die der neue Bericht an den Club of Rome ein Indikator ist, einen Terrainwechsel, durch den unsere bisherigen perspektivischen Vorschläge und Kampfpunkte so einbezogen sind, dass eine linke Politik handeln muss und auf andere Weise als bisher auch kann? Die Frage kann bejaht werden. Das Ziel dieses Berichts ist nicht eine gute Gesellschaft, aber die drei Hauptachsen – die Halbierung der Erwerbsarbeitszeit, die Erweiterung des Arbeitsbegriffs, die Garantie eines existenzsichernden Einkommens und damit das Recht auf Arbeit und Leben in Gesellschaft – eröffnen neue Möglichkeiten, die wichtigen Fragen in großer Öffentlichkeit zu diskutieren. Sie sind ein Anfang, wie er in dieser Weise bislang nur in eher linken und vor allem feministischen Vorstellungen überlegt wurde. Dass diese Vorstellungen Mainstream werden, ist sicher auch eine Waffe gegen derzeitige gewerkschaftliche Diskussion und Vorschläge. Da die Autoren Realentwicklung aufnehmen und Lösungen vorschlagen, wo die Bedrohung schon offensichtlich ist – etwa bei Jugendlichen, Frauen, Alten –, wäre zynisch, wer hier bloß Ungenügen anmerkte. Wir müssen aus solchen Vorschlägen von oben eine Stärke von unten machen und das Projekt einer guten Gesellschaft unter Nutzung dieser Widersprüche vorantreiben.

»Schaffen wir einen neuen Menschentyp«. Von Ford zu Hartz

Revolution – dieses einmal kämpferische, mit Hoffnung und Schrecken besetzte Wort wurde längst weichgeklopft, breitgetreten, ins Beliebige verformt. Es kann ein neues Waschmittel ankündigen oder jede andere Ware bis hin zu Regierungshandeln: Ist die diskutierte Rentenreform nicht auch eine Revolution? Peter Hartz, ehemaliger Vorsitzender der gleichnamigen Kommission in der rot-grünen Regierung, legte in einem 2001 publizierten Buch den projektierten Arbeitsplätzen diesen Namen an: *Job-Revolution*. Obwohl das Buch im Verlag der FAZ erschien und von dort genügend Publicity bekam, sind die Vorhersagen, Methoden, Ziele kaum öffentlich diskutiert[8]. Da aber das Vorhaben weiterhin Grundlage von Regierungspolitik ist, legen wir es hier auf den Prüfstein. Das Buch spricht ganz offensichtlich im Zeitgeist. Es betreibt die ganz und gar ruchlose Verwandlung aller Worte in Waren, die im ständigen Ausverkauf noch um Marktvorherrschaft streiten. Das beginnt ja sogleich im Titel, den nicht zu beachten die Sache ins Halbbewusste schiebt. Revolution, gerade noch eine Metapher für Ausbruch und Aufbruch, Gewalt gegen zu lange ertragenes Unrecht, Blutbad und endlich Gerechtigkeit – in Begleitung eines Jobs rutscht die Auflehnung in die Niederungen von Arbeitssuche und Kräfteverbrauch, in die Verschiebung des Lebens auf die Zeit danach. Bei Hartz ist das Gegenteil gemeint. Die Verbindung von Job und Revolution veredelt den Job, er ist die Form, in der Arbeit unaufhörlich im Aufbruch ist, der Einzelne sich neu erfindet, Unternehmer ist. Die versprochene revolutionäre Dynamik setzt sich fort in Ausstattung, Kapitelüberschriften, farbig hervorgehobenen Versprechen und Tabellen noch und noch. Ohne Zweifel finden wir uns im Bereich der Werbung, des Buhlens um Kundschaft, die um ihr Begehren noch nicht weiß.

Der Autor ist seit 1976 Arbeitsdirektor im Personalmanagement, ab 1993 Vorstandsmitglied der Volkswagen AG, auch hier Arbeitsdirektor. Er übernahm den Vorsitz in der nach ihm benannten Kommission im August 2002. Er spricht von oben und vom Standpunkt der Wirtschaft über Arbeitsplätze und ihre Vermehrung – insofern ist von vornherein klar, dass es sich weder um ein wissenschaftliches Sachbuch noch um ein Gutachten handelt, gleichwohl bringt die Lektüre eine doppelte Überraschung. Das Buch

8 Das Buch erschien vor der Gründung der Hartz-Kommission, bildet gewissermaßen den Fähigkeitsnachweis, auf dessen Grundlage Hartz zum Leiter der Kommission berufen werden konnte. Einiges von seiner Rhetorik ging in den Kommissionsbericht ein, einiges in die Agenda 2010. Die »Ich-AG« etwa ist inzwischen als Unwort des Jahres 2002 bekannt, was allerdings wiederum nicht als Zeichen klaren Erwachens, sondern selbst noch in der Negation als bloßes Medienereignis zu werten ist.

kommt aus der unverhüllten, Sprache missbrauchenden, redundanten und schreienden Werbung nicht heraus, und dennoch ist dies der Grundstein, das Zeugnis, die Legitimation und fachkundige Beratung für die Arbeitsmarktpolitik der Bundesregierung Deutschland: das Hartzmodell. Insofern lesen wir das Buch nicht nur als Vorschlag für Arbeitsmarktpolitik, sondern auch als Aufbruch in eine neue politische Kultur.

Das Fernsehen hat seine Zuschauer erzogen. Ein Film in einem Privatsender etwa wird von den sich stets wiederholenden Werbestücken unterbrochen, in denen einem suggestiv durch Farbenreichtum, Anmut, Exotik, Atmosphäre wie in einem Reiseprospekt und kurze Handlungsgags der Genuss einer bestimmten Kaffeemarke, eines Haarwaschmittels oder einer Fertignahrung geboten wird. Die untermalende Musik mischt sich mit den strahlenden Augen der schönen und jungen Menschen in der Werbehandlung – all dies ist lange schon Brauch und schon vielfach analysiert. Neu ist, dass es immer die gleichen Stücke sind, die durch solch einen Film ziehen wie ein Nummerngirl, sodass man in eine Art Trance gerät und das beleidigte und überdrüssige Bewusstsein anfangen muss, diese kleinen Handlungsstücke selbsttätig in den Film zu verweben und das Ganze als Unterhaltung zu verbrauchen, deren Informationen sich vielleicht zu Kaufentscheidungen sedimentieren. Dies ist Vorbild und Muster für unsere neue politische Kultur, wie sie im Buch von Peter Hartz vorgeführt ist.

Prüfen wir die Konstruktion eines solchen rhetorischen ›Nummerngirls‹, das mit besonderer Suggestivkraft Zustimmung organisiert: die Berechnung der Arbeitszeiten. Man kennt die Rede von der Zwei-Drittel-Gesellschaft als Drohung einer strukturellen Arbeitslosigkeit und Aussonderung eines Drittels der Bevölkerung aus aktiver Teilhabe. Hartz rechnet mit der damit verbundenen Angsthaltung und baut auf ihr die Legitimation für seine Vorschläge. Aber er dreht den Spieß um: Wir leben in einer 10-Prozent-Gesellschaft. »Der Anteil der Lebensarbeitszeit am Leben ist bereits unter 10 Prozent gesunken« (20). Kein Wunder, wenn das System in Krise ist. Der Trick dieser überraschenden Berechnung steckt im Wort »Leben«. Hartz konzipiert den Menschen als eine Maschine, die rund um die Uhr und ihr ganzes Leben arbeiten könnte. Dann begibt er sich an die Berechnung der Stillstandszeiten und kann erkennen, dass diese Maschine nicht ausgelastet ist.

> »40 volle Jahre im Beruf mit durchschnittlich 1.400 Stunden effektiver Jahresarbeitszeit bei 80 Jahren Lebenserwartung (mal 8.760 Stunden pro Jahr) sind gerade einmal 8 Prozent des Lebens.« (20)

Auf dieser Grundlage, die fortan durch das gesamte Buch geistert, kann Hartz Zumutbarkeiten diktieren, alternative Nutzung vorschlagen, Bescheidenheit und Anspruchslosigkeit anmahnen. Bei 8 Prozent kann sich keine Arbeiterklasse mehr denken, keine Gewerkschaft auftrumpfen. Arbeit ist zur Nebensache geworden. Gegenargumente werden durch Unterbieten erstickt:

> »Zusammenfassend lässt sich kalkulieren, dass ein durchschnittlicher Arbeitnehmer faktisch nicht mehr als 5 % seines Lebens für den eigenen Lebensunterhalt und den seiner Familie arbeitet« (48).

Der Boden ist bereitet, das ganz Andere zu wollen. Hartz arbeitet mit den Gefühlen derer, die Veränderung vorhatten. Er übernimmt die Hoffnungsworte der sozialen Bewegungen und fügt aus ihnen das neue Angebot des »Unternehmers« zusammen, der ein jeder durch Wortzauber fortan sein kann:

> »Arbeitszeitsouveränität – das Ende der Arbeitszeiterfassung ist der erste Schritt zu einer neuen Mündigkeit: Zeiten selbst organisieren, statt Auftrag und Aufgabe abzuarbeiten. Vertrauensarbeit ist der zweite Schritt: Ziele setzen und Erfolg abfordern, statt Details zu planen. Die Revolution beginnt mit dem dritten Schritt: Arbeit wird neu definiert: Sie umfasst wieder ein ganzheitliches Stück Leben: lernen, produzieren, kommunizieren. Etwas bewegen! [...] Die zukünftige Arbeit bekommt den Motivator: ›Beweg etwas – du kannst es!‹ Der Unternehmer vor Ort nimmt das Schicksal seiner Beschäftigung mit in die Hand. [...] Diese Neudefinition der Arbeit wird ein beherrschendes Thema der Zukunft. « (21)

Gramsci nennt solches Vorgehen eine »passive Revolution«. Die Utopie wird ins Diesseits geholt und erscheint genau dort, wo es uns an den Kragen geht. Diese Verwandlung, bei Hartz »Flucht nach vorn« genannt, verlangt Sportsgeist. Es gilt, die »Unbequemlichkeit der Zukunft sportlich auszuhalten« (25).

Trotz seiner 5-bis-10-Prozent-Diagnose schließt sich Hartz nicht so ohne weiteres dem Chor der Verabschieder der Arbeitsgesellschaft an. Das Problem ist komplizierter. Was verschwunden ist, zumindest weitgehend, sei die Kopplung von Arbeit und Ausbeutung (ebd.). Und insofern die ›neue Arbeit‹ also ein begehrtes Gut ist, können von den Arbeitsplätzen her Forderungen gestellt werden. Dies scheint auf der einen Seite angemessen, ist aber zugleich der Beginn der Einsetzung der Arbeitsplätze als eigentliche Subjekte der Verhältnisse, denen sich die Arbeitenden unterzuordnen haben. Das ist das zweite Nummerngirl, das durch das gesamte Buch zieht: die Rede vom »Arbeitsplatz, der einen Kunden hat«. »Im erfolgreichen Unternehmen sitzt der Kunde im Bewusstsein mit am Tisch – von der Produktdefinition bis zur Tarifverhandlung.« (U.a. 30) – Ich komme darauf zurück.

Mit diesen Voraussetzungen stellt sich Hartz das zu lösende Problem des Arbeitsmarktes als Effekt des Umbruchs der Produktionsweise: Ohne Umschweife sieht er die Vergangenheit als Taylorismus-Fordismus mit den entsprechenden Produktivkräften. Ihm ist man nun entkommen, ebenso wie der Lohnarbeit überhaupt und dem Kapitalismus.

> »[Jetzt] ist der ganze Mensch gefragt, mit seinen individuellen Möglichkeiten, seiner Offenheit, seinem Talent und seiner Leidenschaft, zu lernen, zu entdecken, etwas zu entwickeln und weiterzugeben. Es lebe der kreative Unterschied. Wir lassen den Taylorismus hinter uns.« (16)

Unter dem Titel »Fortschritt durch Mündigkeit« inszeniert Hartz geradezu eine Orgie an Zukunftsversprechen, in denen sich Befreiungshoffnungen unlösbar mit Werbesprüchen vermählen und dies zugleich als eine Art Lebensgefühl vorgestellt wird, untermalt mit Sprachfetzen der Jugendkulturen. Das »Selbst« tritt in beliebigen Verbindungen (mit -organisation, -disposition, -ständigkeit usw.) in den Vordergrund, bis es zum Herrn der Schöpfung mutiert, wenigstens in Worten:

> »die Welt wird komponierbar: Gene und Moleküle liefern das Design für die übernächste Produktgeneration. Bio- und Nanotechnologien erweitern die Revolution der Informationstechnologie zu einer neuen technischen Plattform für zukünftige Gesellschaften. Janus grüßt den Fortschritt. Am Ende von E-Business und E-Commerce steht die weltweite Vernetzung der Wirtschaft – ein sehr viele Lebensvorgänge begleitendes Econet. Die Informationstechnologie wird unausweichlich, sich im Internet zu bewegen zur vierten Kulturfertigkeit [...] Feuer für jede Fantasie. (16f.)

Die Einstimmung in den Aufbruch wird weiter mit der Anrufung im Allgemeinen positiv besetzter Worte und Vorstellungen organisiert – Mitbestimmung, Familie, Zuhause, Vertrauen, Kompetenz, Souveränität (überall im Buch, u.a. 87) –, die darum die erhoffte Wirkung erzielen können und zugleich schal werden, unbrauchbar, bis man selbst sprachlos wird. Hartz thematisiert solchen Verlust als Realentwicklung. Mitbestimmung etwa ist für ihn zur »realen Utopie« geworden, was meine: »Die Wirklichkeit hat die Vorstellung noch ›getoppt‹« (105), denn Mitbestimmung (samt Betriebsrat usw.) braucht es nicht mehr, weil jeder selbst bestimmt. Hartz arbeitet weiter an der Umwertung der Werte. Der Weg nach vorn verlangt den Rückzug in dem, was bislang für Wert erachtet wurde. »Betriebsräte werden gewählt, Manager ernannt, Unternehmer geboren« (107). Auch in dieser Allgemeinheit wird so für jeden der Weg frei, Unternehmer zu werden.

Kritik am Hartzmodell richtet sich gegen den weiteren Abbau des Sozialstaats, Privatisierungen, Streichungen im Sozial- und Gesundheitswesen und gegen die Aufforderung, sich im Niedriglohnbereich einzufinden. So fasst etwa Hans-Jürgen Urban beim Vorstand der IG-Metall die »Essentials« zusammen: den Versuch, die Arbeitslosenzahl zu halbieren durch Zumutbarkeitsregelungen, Leiharbeitsunternehmen, Ich-AGs und Minijobs und Verwandlung der Arbeitsämter in »Job-Centers« (vgl. Forum Wissenschaft

1/03, 40ff.). Christian Brütt sieht die Hartzvorschläge als eine bestimmte hegemoniale Deutung der arbeitsmarktpolitischen Probleme und verweist auf die Nähe zum US-Modell des »workfare«, mit der »Rückkopplung der Arbeitskraft an das Marktrisiko« und eine Art »negativer Anreizpolitik« (vgl. *Das Argument* 247, 559–568, hier insbes. 563ff.). Der im Frühjahr 2003 über das Internet ergangene »Aufruf von Wissenschaftlerinnen und Wissenschaftlern« warnt vor der »Devise ›Weniger Sozialstaat = mehr Beschäftigung‹« und bezeichnet die Agenda 2010 (deren Vorschläge Programm der Hartzkommission sind) als »Verletzung der Prinzipien sozialer Gerechtigkeit« und »Gefährdung der Substanz des Sozialstaats«. Kritisiert werden das Armutsrisiko, die Niedriglohnökonomie, Veränderungen in der Sozialversicherung und im Gesundheitswesen.

Die nachvollziehbare und gerechtfertigte Kritik steht in einem eigentümlichen Missverhältnis zum Hartz-Ton der schmetternden Werbung und Indienstnahme von Veränderungshoffnung. Offenbar geht es um mehr und um anderes auch. Prüfen wir also, in welchem Umbruch Hartz sich verortet und wie er seine Aufgabe darin bestimmt. Es geht Hartz zweifellos darum, dem Fordismus/Taylorismus wirklich zu entwachsen mit allen Voraussetzungen, insbesondere den subjektiven, also mit den Persönlichkeiten der Arbeitenden. Die Hochtechnologie hat die Arbeitsweise radikal verändert, nun muss auch die Lebensweise folgen, mit allen Haltungen, Werten, Gewohnheiten. Hier muss kulturelle Politik ansetzen.

An dieser Stelle ist es weiterführend, sich auf die Analysen Antonio Gramscis zu besinnen, der genau diese Fragestellung für den Fordismus verfolgte (vgl. dazu F. Haug 1998). Er analysiert das fordistische Modell der Einführung von Massenproduktion am Fließband – die Möglichkeit und Einsetzung von Hausfrauen, die über Disziplin, Gesundheit, Erziehung wachen und für die monotone Verausgabung von Kraft einen Ausgleich in Freizeit und Familie schaffen, die dazugehörigen Strategien der Unternehmer (Inspektion von Konsum, Moral und Hygiene in den Arbeiterhaushalten) sowie die puritanistischen, mit Pioniermoral überhöhten Regierungskampagnen einschließlich des Alkoholverbots – als

> »die größte [bisher da gewesene] kollektive Anstrengung, mit unerhörter Geschwindigkeit und einer in der Geschichte nie da gewesenen Zielbewusstheit einen neuen Arbeiter- und Menschentypus zu schaffen« (H. 4, § 52, 529).

Mit ähnlicher Zielbewusstheit sehen wir im Umbruch zur hochtechnologischen Produktionsweise Peter Hartz am Werk. Besichtigen wir die Scharnierstellen seines Projekts und folgen dabei methodisch Gramsci: Im widersprüchlichen Zusammenhang von Arbeits- und Lebensweise sind die Möglichkeiten der Herausbildung neuer Arbeiter- und Menschentypen folgendermaßen zu studieren: 1. als subjektive Tat; 2. als bestimmt durch

Arbeitsweise (Entwicklung der Produktivkräfte) und 3. durch Produktionsverhältnisse als ideologische Veranstaltung durch industrielle Apparate (Schule bis Betrieb); 4. schließlich als staatliche Kampagnen, in denen neue Erfordernisse unter Aufnahme von Tradition und herkömmlicher Sitte verdichtet werden zu quasi weltanschaulichen Systemen (Beispiel Puritanismus). Der Stoff, um den gerungen wird, ist die Psychophysis der Menschen, motivierte Verausgabung auf dem geforderten Niveau und subjektive Zustimmung. Das schließt alle Fragen der Haltung zum Körper und zur Seele ein.

Die neue Produktionsweise, für die Hartz nach Lösungen sucht, braucht den Massenarbeiter nicht mehr. Die Zustimmung, die jetzt organisiert wird, lässt sich zusammenfassen in der Anrufung, »Unternehmer« zu sein. Daher hören sich viele seiner Formulierungen auch so an, als spräche er nur für eine Elite im Arbeitsvolk. Aber sein Projekt ist ehrgeiziger und zwiespältiger. Es ist zugleich ein Arbeitsbeschaffungsprogramm für diejenigen, die ausgemustert werden oder es bereits sind: So geht der Appell, sich endlich selbst zu versorgen, mit der Geste einher, so werde Gesellschaftsgestaltung für die Einzelnen möglich. Und es ist ein Vorschlag an die Regierung, dass sie ihre Kampagnen in den Dienst der Wirtschaft stelle und dies als Arbeitsmarktpolitik ausgebe.

Welches ist der neue von Hartz angezielte Arbeiter/Menschentyp? Die Bestimmung erfolgt zunächst in Form einer Drohung:

> »Die Job-Revolution [...] wird keine betuliche Entwicklung, die Job-Inhaber aus geschützten Positionen überleben könnten. Dramatisch wird sie für jeden, dessen persönliche Lerngeschwindigkeit und Beschäftigungsfähigkeit mit der Dynamik [...] nicht mehr Schritt hält.« (10)

Die Worte lassen wenig Zweifel: es ist eine Frage auf Gedeih und Verderb. Im Zentrum steht wie eine Art Rettungsanker ein neues Wort: *Beschäftigungsfähigkeit*. Als innere Tugend und verantwortliche Potenz taucht auf, dass man am Markt verkäuflich ist, dass Unternehmen einen einstellen, dass man also einen Arbeitsplatz findet. Das ist, in dieser Radikalität gesprochen, neu. Es ist das Diktat, sein Leben selbstbestimmt so auszurichten, dass man zu jeder Zeit und an jedem Ort auf jede Dauer einsetzbar wird wie eine Maschine, die zudem über zusätzliche ›menschliche‹ Emotionen verfügt. Geplant ist mit anderen Worten eine Art ›Super-Fordismus‹, aus dem die gesellschaftlichen (wohlfahrtsstaatlichen) Sicherungen herausgeschraubt sind. Das hat mit den bekannten Formen von Berufsausbildung und entsprechendem Abschluss nichts mehr zu tun. So heißt es kurz und bündig: »Der Wandel hat die Berufswelt abgehängt. Kein Berufsabschluss garantiert noch Beschäftigungsfähigkeit.« (70)

Der Unterordnung der Einzelnen unter ihre Einstellbarkeit, also ihrer neuen Verwandlung in Waren, folgt, dass die Lebendigkeit der Subjektivität in die Außenwelt des Verkaufs gelangt. Dies wird mit dem für das Amalgam von Politik und Werbung angemessenen Können klar und wirksam ausgesprochen.

> »Die Elektronik-Kompetenz wird zu einem entscheidenden Wertschöpfungstreiber der Branche. Ein anderer Zukunftstrend ist die Schaffung moderner Kundenwelten. Die neue Autostadt [...] bietet Mobilität als Erlebnis, lässt Werte und Wissen sinnlich erfahrbar werden – ohne Auto. Die Automobilmanufaktur Dresden integriert den Käufer in die Vollendung seines persönlichen Fahrzeugs. Das Spitzenprodukt soll zum Event werden. Sich ihn zu gönnen, lässt vielleicht das Geld vergessen.« (35)

Ein ebenfalls aus der Werbung stammendes sprachliches Mittel ist das Wort-Bombardement. Neue Worte oder Worte in ungewöhnlichen Kontexten prasseln so schnell hernieder, dass es ganz ausgeschlossen ist, darüber nachzudenken. Ein Entkommen bietet, einfach mitzumachen. Da gibt es Jobfamilien, Kreativnetze, eine Klusterbildung von Kompetenz und Engagement als Kerne mit Anziehungskraft, Lerninseln, Handlungskorridore, Vorsorgekapitale und ein Feuerwerk neuer Jobs usw. usf. Der neue Menschentyp, der in alledem geformt wird, benötigt

> »eine neue Job-Moral, in der sich die Menschen nicht nur als Inhaber ihrer Arbeitskraft verstehen (sozusagen als shareholder ihrer Human Assets), sondern die Verantwortung für ihre Beschäftigungsfähigkeit übernehmen, also sich als ›workholder‹, als Bewahrer und aktive Entwickler ihrer Chancen und Arbeitsplätze verhalten« (41).

Immer deutlicher wird, dass es der je Einzelne ist, der die Misere des Arbeitsmarktes verschuldet hat und entsprechend auch als Einzelner die Lösung vorantreibt, der die Fäden zieht und ziehen muss, will er nicht einfach untergehen. An dieser Stelle ist es an der Zeit, sich an eines der oben vorgeführten Nummerngirls zu erinnern, das mit dem Zeitkonto. Erinnern wir also, dass die Einzelnen ja nur knapp 10 Prozent ihrer Lebenszeit als Arbeitszeit verbringen, so folgt: »Diese verkürzte Zeit kann gerannt, gerackert und auf Biegen und Brechen geleistet werden.« (51) Mit »entsprechender Einstellung und flexiblen Einsatzmodellen ließe sich eine Jahresnutzung von 6000 bis 7000 Stunden erreichen« (ebd.), womit man dann auch die Maschinen und Anlagen viel wirtschaftlicher nutze.

Was wäre die neue politische Kultur, wenn sie die nachwachsende Generation nicht erreichte? Hartz streut entsprechend Anbiederungsworte wie »hipp«, »Flexigesetz«, »fuzzy world« in seine Sätze, wohl um die Zumutbarkeit der neuen Menschenform für die Jugend zu erleichtern. Die *Zumutbarkeit* ist das zweite Geheimnis der Hartzvorschläge, sie ist das Bindeglied, welches das Sprechen über die Elite der Hightech-Welt mit dem niederen

Fußvolk verbindet. Keiner kann mehr die »Nibelungentreue der Solidargemeinschaft erwarten« (51), sodass gilt:

> »Zumutbar wird vieles in der 10-Prozent-Gesellschaft. Das Potenzial zur Senkung der Lohnnebenkosten und zur Verminderung der Arbeitslosigkeit ist noch nicht gehoben.« (Ebd.)

Man erwartet, dass an dieser Stelle die bekannte Regierungsrede von der Zumutbarkeit der Niedriglohn-Jobs kommt und möchte die langen Ausführungen schon überspringen. Aber Hartz geht tiefer: Bei der Schaffung des neuen Menschentyps, bei der Organisation von Zustimmung wird ausgearbeitet, was Zumutbarkeit heißt, sodass es die Einzelnen wirklich an der Wurzel ergreift und sie umkrempelt. Zunächst gilt es also, die Zumutbarkeit selbst aus dem Außenverhältnis des Marktes zu einer inneren subjektiven Tugend zu machen.

> »Zumutbarkeit gehört zu den zentralen Begriffen für die Gesellschaftspolitik der Zukunft. Jeder kann bei sich anfangen und nach seinen Möglichkeiten beitragen – überbrücken, strecken, befristen und auf der Zeitachse gestalten, neue Maßstäbe, Bewertungen und Überschriften finden. Wichtig ist, dass wir verstärkt über veränderte Erwartungen sprechen.« (52)

Auf dem Prokrustesbett der Selbstformung bleibt die Frage, was eigentlich Zumutbarkeit ist. Hartz klärt auf: Sie ist

> »die Rückseite des Leistungsprinzips. Wenn der Erfolg da ist, muss nach Leistung und Anteil bemessen werden. Setzt der Misserfolg ein, gilt die Regel der Zumutbarkeit« (ebd.).

Es ist wie beim »Großen und Kleinen Klaus« aus Andersens Märchen: Auf dem steinigen Acker mit dem mageren Pferd bringt der Kleine keine Leistung, während sie dem Großen mit einem Stall voller Gäule auf dem fetten Acker gelingt. Im Märchen geht die Sache makaber gut aus, aber auch in der Wirklichkeit lässt sich etwas machen, belehrt Hartz. Pech ist eine Praxis. Wenn man in misslicher Lage die Erwartungen ans Ziel herunter- und zugleich die an sich selber hochschraubt, kann es gelingen. Die »Spielräume« sind groß.

Zumutbarkeit und Beschäftigbarkeit liegen auf einer Ebene, gehören zusammen wie eineiige Zwillinge. Sie »sind die Eckpfeiler jeder Zukunftsgestaltung unserer Sozialsysteme« (52). Hartz lässt uns denken, dass diese beiden Pfeiler im Prinzip oder im Allgemeinen einander die Waage halten, nur derzeit gerieten sie ins Ungleichgewicht: »Während die Zumutbarkeit wächst, schrumpft die Beschäftigbarkeit.« (Ebd.) Solcherart sind die beiden, die wir als Eigenschaften und Haltungen der Einzelnen wahrzunehmen gelernt haben, neutral beobachtbar wie Gestirne am Himmel. Neues Verhalten, wiederum der Einzelnen, ist gefordert, um die Waagschale auf der hochschwingenden Seite zu belasten. So offenbart sich Zumutbarkeit jetzt auch als Aufruf an Lernhaltung und -praxen und wiederum als Ausleseprinzip.

> »Lernkurven werden steiler, Qualifikationen verfallen schneller, Anreize greifen seltener, Physis und Psyche halten irgendwann nicht mehr mit.« (Ebd.)

Und gegen die Wahrnehmung fehlender Lehrstellen lehrt Hartz:

> »Ein Teil des Nachwuchses findet erst gar keinen Anschluss – seine Grundgeschwindigkeit bleibt unter der Schwelle zum Take-off.« (Ebd.)

Die Worte zeigen eine fast grenzenlose Fähigkeit, sich mit beliebigen Bedeutungen aufzuladen. Zumutbarkeit mutiert schließlich zur Anforderung an selbstbestimmtes Lernen, um den Anschluss an die neue Zeit zu halten.

> »Zumutbar ist es, sich selbst Sprachen anzueignen, IT-fit zu werden, sich im Internet bewegen zu lernen, fachlichen Anschluss zu halten, mobil zu bleiben und den Blick für Perspektiven zu schärfen« (ebd.),

sonst ist man »Analphabet«. Und so erklärt sich die wachsende Arbeitslosigkeit:

> »Durch Zumutbarkeit und Beschäftigbarkeit verliert die 10-Prozent-Gesellschaft an ihren Rändern diejenigen, die sich im Hochleistungssystem der letzten 10 Prozent Arbeit nicht mehr halten – halten können oder wollen.« (Ebd.)

Die Formel ist einfach, politisch korrekt gesprochen finden wir uns auf dem nächsten Losungswort des neoliberalen Hartzmodells und zugleich in neuer Zeichensetzung: »Unternehmer(in) sein, kann jede(r)« (55), denn das »Hochleistungssystem« kann nur funktionieren, wenn »Mitarbeiter zu Mit-Unternehmern werden« (53). Das Eigentümliche an solchen Aussagen ist, dass sie so richtig wie verlogen sind. Man könnte den Gegensatz von Unternehmern und Arbeitenden auch dadurch auflösen, dass alle Unternehmer werden. Zudem, was wäre die »Assoziation der freien Produzenten« (Marx) anderes als ein Verbund selbstbestimmter unternehmender Einzelner, die sich zur Bewältigung der gesellschaftlichen Produktion zusammentun? So arbeitet Hartz mit dem Schein, die Gesellschaft würde endlich ihren Mitgliedern übergeben, »Rücknahme der Arbeit in die Gesellschaft« (45), geht aber großzügig darüber hinweg, dass sie in der Hauptsache schon verteilt ist, sodass die neuen Unternehmer sich in den übrig gebliebenen Arbeiten wiederfinden, die keinen Gewinn bringen. Dies vor allem jeder allein: keine Assoziation freier Produzenten also. Stattdessen: »Umwertung der Werte« (45). Hartz nimmt eben die Hoffnungen aus diesem sozialistischen Projekt und schneidert sie passend für die einzelne »Unternehmerin«, die in ihrem Wohnzimmer bügelt und für die Erstausstattung eine Anschubfinanzierung bekam.

»Arbeit als betrieblich verfasste Organisation von Tätigkeiten unter fremdem Dispositionsrecht, mit fremden Arbeitsmitteln und in fremden Arbeitsräumen hat als Grundfigur für die Jobs der Zukunft mehr und mehr ausgedient.« (Ebd.)

Der neue Unternehmer der Gegenwart bestimmt sich durch »emotionale Qualität«, die mit »der Individualität und Emotionalität des Einzelnen untrennbar verbunden ist« (55). Hartz preist das neue Unternehmer-Leitbild an wie den Aufbruch in fast vergessene Hoffnung. Im Verkaufssalon, der wie ein elegantes Reisebüro vorzustellen ist, klingen von weither Lieder aus der Arbeiterbewegung, modern umgetextet:

»Wer treibt die neuen Jobs, wer schlägt aus ihnen langfristiges Beschäftigungs- und Einkommenskapital? Ich, du, Sie, wir. Wir sind die Value Driver der Zukunft. Wir suchen die Zukunft der Arbeit, und dies wird eine Abenteuerreise.« (56)[9]

Hartz zeigt kulturelles Kapital und holt weit aus, um bis zum »global village der Telekommunikation« (56) zu gelangen. Von Goethe geht es über die Handelscompagnien, gigantische Reichtümer immer weiter im Fortschritt (der übrigens niemals Subjekte hat, schon gar keine Arbeitenden) bis zur »dritten Dimension der Zukunft – Qualität«; »hinter dem Tauschwert und der Funktionalität«, »jenseits der begrenzten Zweckrationalität« zeigt sich jetzt »Emotionalität [...]. Emotion wird zu Kapital« (56f.).

»Wer bisher Gültiges, Geglaubtes, Erlebtes, Machbares, Wahrnehmbares, Gefühltes oder Denkbares noch einmal überschreiten kann – der schafft einen neuen Wert, erzeugt Qualität als ultimatives Entertainment.« (57)

Es gibt in diesem Text u.a. drei Posten, die – und das erweist sich als Strategie der neuen politischen Kultur – unaufhörlich miteinander verschmelzen, dabei wie ein Chamäleon Farbe und Gestalt wechselnd und anpassend. So verbinden sich 1. die Unternehmen mit den darin Arbeitenden, 2. Produktion mit Verkauf und 3. in allen Gruppen die Gewinner und Erfolgreichen, die selbst sehen können, wo sie bleiben, mit den Ausgesonderten, die sich auf andere Weise überlassen bleiben. Hartz wählt Beispiele, Sprache und Perspektive, in denen jeweils alle sich angesprochen fühlen sollen und in denen der Wechsel von Produktion zu Verkauf Programm ist. Es geht letztlich um

9 Zur Erinnerung: In einem der frühesten und revolutionärsten Lieder der Sozialdemokratie, »Die Arbeitsmänner«, heißt es in der Dichtung von 1870 (Most): »Wer schafft das Gold zutage/ Wer hämmert Erz und Stein?/ Wer webet Tuch und Seide?/ Wer bauet Korn und Wein?/ Wer gibt den Reichen all ihr Brot/ und lebt dabei in bittrer Not?/ Das sind die Arbeitsmänner,/ das Proletariat« usw. Das Lied endet mit der Strophe: »Ihr habt die Macht in Händen,/ wenn ihr nur einig seid! Dann haltet fest zusammen, dann seid ihr bald befreit ...« (aus Lammel 1980, 100f.)

> »die Differenz zu allem Vorhandenen als Wahrnehmungskitzel unter Haut und Hirn. Bei diesem Kampf um neue Kunden öffnet sich der Horizont bis zum Abgrund: Hohes und Rohes droht [...]. Das Menschliche und Allzumenschliche liefern den Schlüssel zum Erfolg« (ebd.).

Der neue Menschentyp, der all dies vollbringt, ist »fit, fähig, flexibel und jetzt auch noch fantastisch – wir sind auf dem Weg vom atmenden zum eventiven Unternehmen« (59). Schließlich wechselt Hartz von der Werbung in postmoderne Sozialtheorie oder umgekehrt:

> »Die Jobs der Zukunft leben von der Inszenierung. Des feinen Unterschieds wegen: Design, Farbe, Haptik, Geruch und Ton sollen die Sinne fesseln, Erlebnisse den Kunden an das Unternehmen binden. Dies Individuelle und Authentische vermitteln nur Mitunternehmer und Mitunternehmerinnen den Kunden.« (Ebd.)

Die »Schlüsselkompetenz« des neuen Menschen »heißt Sensibilität, weil sie allein für die notwendige emotionale Qualität sorgt. Sie wird High Touch genannt« (66). Die Sprache der neuen politischen Kultur des Imperiums ist durchsetzt von Anglizismen. Das scheint im globalen Maßstab zum einen natürlich und verleiht den Sätzen zum anderen eine obskure Bedeutungshaftigkeit, die wie eine Sperre die Inhalte zudeckt. Sie tut dies mittels ungefähren Fingerzeigen, Anklängen an etwas, das man weiß oder wissen müsste, und verschmilzt diese zu einer Losung, über die man nicht nachdenken kann, weil sie ein inneres Geheimnis ist. »High Touch« z.B. erinnert an Hightech und gewinnt damit ganz ohne Begründung und Analyse sogleich Plausibilität und Zeitgemäßheit, das passende Gefühl zur Produktionsweise. Unpassend ist, wer um den Namen noch nicht weiß, er gerät in den Verdacht, die gesuchte Emotionalität nicht zu besitzen, und tut gut daran, beim nächsten Bewerbungsgespräch die verlangten Wortsignale auszustoßen.

Die Werbesprache bedient sich gerne des Stabreims. So prägt auch Hartz immer wieder Bündel von Zuschreibungen, die allesamt mit dem gleichen Buchstaben beginnen und dann als Kürzel gesprochen werden können, die 4 F (fit, fähig, flexibel, fantastisch), die 3 W (Wollen, Wissen, Werte, 72) oder die 4 M. Letzteres bezeichnet das neue Menschenprofil: »Mehrfachqualifiziert, mobil, mitgestaltend und menschlich« (73). Der neue Menschentyp ist auf jeden Fall ein Single, er ist ein Individuum, kein Teil eines Kollektivs, »denn nur als Individuum erfindet und empfindet der Mensch Qualität« (65).

Hartz würzt seine Rede nicht nur mit Jugend-Slang, übernimmt nicht nur die Sprache der Linken und verdreht sie, er setzt auch auf Zustimmung unter ›Alternativen‹, für die »ganzheitlich« ein Zielwort ist. »Das ganzheitliche, sinnhafte Grundelement des Arbeitsvollzugs« – solche Beschwörungen finden sich immer wieder als Versprechen, Schluss zu machen mit

Entfremdung. Beim Zuhören oder Lesen darf man niemals vergessen, sich bei alledem die Büglerin im Wohnzimmer vorzustellen.

Während die Frage, ob man eine Beschäftigung findet oder nicht, als Eigenschaft des Individuums erscheint, verschwimmen auch dessen Grenzen z.B. in die Eigenschaften eines Autos und springen dann unvermittelt in den Profit. Der »Mitarbeiter« muss sich für den Kunden begeistern.

> »Der Kundenwert wächst so über das blanke Kosten-Nutzen-Kalkül hinaus. Beim Auto z.B. gilt es, die emotionalen, eventiven Mehr-Werte – Fahrspaß, Erlebnis durch Mobilität, Statusgewinn, Sorglosigkeit durch Sicherheit und Perfektion, Fahrdynamik im Verkehrsfluss, gutes Gewissen durch Umweltbeachtung, Wertbeständigkeit durch Markenimage – unternehmerisch zu neuen Wertschöpfungspotenzialen zu steigern.« (66)

Hartz nennt dies Amalgam von Mitarbeiter, Werbung und Unternehmen »Verhaltenskultur« (66). Das zugehörige »mündig-mutige« Individuum ähnelt unvermittelt Faust:

> »Nur wer nach den Sternen greift und dabei die inneren Kräfte der Fantasie anfacht, vermag sich zu halten. Die Fähigkeit, neue Qualitäten zu entwickeln, hält uns nah an der Utopie [...]. Es ist die Chance, im Job zu Hause zu sein.« (67)

Das Modell von Hartz ist nicht nur eine Verschmelzung von Werbung und Politik bzw. Politik als *advertising*. Im selben Zug wird staatliche Politik unter die Anforderungen der Wirtschaft gestellt. Dies auf doppelte Weise: Es geht einmal darum, die Gewinner zu Hochleistungen anzuspornen, zum anderen aber auch darum, die Verlierer von Unruhen abzuhalten, sie irgendwie unterzubringen, da man sich ihrer nicht einfach entledigen kann. Letzteres geschieht, indem die Unteren im Namen der Oberen angerufen werden, als ob für alle Gleiches gelte. Und in der Tat geht es auch darum, die Restgesellschaft, das, was nicht bereits profitlich verteilt ist, in die Obhut der Restmenschen zu geben, als seien sie ebenfalls Unternehmer. Dabei strahlt Hartz ein Versprechen auf Zukunft (ein sehr häufig verwendetes Wort) aus, die es für die meisten nicht gibt.

In diesem Hochgeschwindigkeitszug, als den wir uns die Gesellschaft vorstellen sollen, bleibt die Frage nach den Geschlechterverhältnissen bzw. danach, wie die Geschlechter eingespannt werden in die Reproduktion dieser Gesellschaft, seltsam leer. Wir erinnern an Gramscis Analyse der fordistischen Produktionsweise und der Stellung der Hausfrauen im Gesamtgefüge, an den männlichen Ernährer und weibliche Abhängigkeit von seinem Lohn. Bei Hartz ist die Entwicklung zumeist geschlechtlich neutral gehalten. Bis auf wenige Ausnahmen handelt er von Menschen im Allgemeinen. Aber es gibt ein Extrakapitel zu Frauen – zwei Seiten sprechen darüber, dass die »Hälfte der Zukunft den Frauen« (59f.) gehört. Hier erlahmt seine gewohnte Wortgewandtheit. Außer allgemein »Frauenförderung« zu erwähnen und einen »Girls Day« zu planen, an dem die Töchter mit in den Betrieb dürfen, empfiehlt er noch Selbstverteidigungslehrgänge, »Frauenkooperations-Seminare« sowie ein »Gleichstellungsaudit« gegen sexuelle Belästigung und begründet:

> »[Im] Erfolg von morgen [...] die Hälfte der Menschheit übergehen zu wollen, halbiert die unternehmerische Energie und zerstört die Wurzel unternehmerischer Verhaltenskultur – das persönliche Engagement, Initiative mit Herz und Hirn« (60f.).

Dies alles trifft jedoch die Frauenproblematik, welche mit der Weise zu tun hat, wie in einer Gesellschaft die Reproduktion von Menschen stattfindet und eingeplant ist, nur peripher. Waren Frauen im alten fordistischen Modell zuständig für die psychophysische Balance – für Freizeit, Gesundheit, Ernährung, Erziehung –, sind sie bei Hartz doppelt freigesetzt. Sie sind die Abhängigkeit vom Ernährer ebenso los wie diesen selbst. Jede kann sich gleichberechtigt in die Hochleistungsgesellschaft begeben und versuchen, die genannten Aufgaben an die Gesellschaft zu delegieren, die sie unter Privatisierungspraxen und Sozialstaatsabbau an sie zurückschickt, sodass sich in der Bewerbung ums Olympiateam sehr viele Behinderte finden, am Start mit Einkaufstüten und Babys im Arm. Kinder im alten Sinn tauchen kurz als Aufgabe auf, die mittels Training zu lösen ist, mit einer Anleitung, »wie werdende Eltern ihr individuelles ›work & life balance‹-Modell gestalten können« (60f.). Wieder geht es um Vereinbarkeit von Erwerbs- und Familienarbeit wie lange schon, diesmal als partnerschaftliches Konfliktmodell – da ist nichts, in das sich Gesellschaft einmischen müsste. Es ist offensichtlich, dass nur eine Minderheit von Frauen zu den Gewinnern zählen wird, während die Mehrzahl in Armut lebt, wie dies schon jetzt für die ›Alleinernährenden‹ der Fall ist. Die Zahlen im Mikrozensus von 2002 weisen Anteile von 68 Prozent, 70 Prozent und 80 Prozent Frauen bei Teilzeitarbeit, Niedriglohn-Jobs und Armut aus. Die doppelt freien Mütter bilden den Sockel der Armut. Dies geht natürlich nicht aufs Konto von Hartz, sondern entspricht einem Gesellschaftsmodell, in dem Natur als Steinbruch genutzt wird, in dem also die vorhandenen Ressourcen verbraucht werden, bis nichts bleibt. Frauen tragen durch ihren ›Naturanteil‹ an der Reproduktion die Effekte neoliberaler Revolutionierung von Gesellschaft mehr, haben mehr Grund gegen Hartz und seinen »neuen Menschentyp«, der auch die Agenda 2010 bestimmt, zu streiten.

Gegen Hartz wird häufig eingewandt, er propagiere alte Familienwerte. Dies ist nur sehr bedingt richtig. Er benutzt vielmehr die mit Familie verbundenen Gefühle, um sein Projekt der »Job-Revolution« zu untermauern. Insofern kann auch sein Familiendiskurs als Studienobjekt für die Verschiebung von Sprache, Wörtern aus dem Gewohnten ins Profitunterworfene dienen. Es geht ihm darum, aus dem »beruflichen Umfeld ein Zuhause« zu machen, »die Heimat der Job-Familie« (78). »Job-Familien [...] jagen der Zukunft voran« (72). Es gibt »Job-Eltern«, das sind Vorbilder in der Arbeit, »Job-Kids« (74), das sind die Lehrlinge. »Job-Familien sollen schon vom Wortsinn unterstreichen, dass ganz andere Bindungsformen nötig sind.« (75) »Im Zeitalter der Jobfamilien« werden Universitäten und Sozialleistungen »virtuell«. Auch ziehen »die Familienmitglieder neue Nachwuchskräfte an. In einer Job-Familie zu arbeiten, der die Zukunft gehört, macht Spaß« (78f.). Jeder hat »im Familien-Konzept [...] einen persönlichen Entwicklungsplan« (79).

Die Vorschläge der Hartzkommission gingen im Großen und Ganzen in die Agenda 2010 der Regierung ein, aber eigentümlicherweise nichts von Hartz' Vision vom neuen Menschen. Da dieser aber das notwendige Fundament ist, auf dem die ganze Umgestaltung der Gesellschaft ruht, bleiben die Regierungspläne so bürokratisch leer, wie der Protest dagegen aus der defensiven Klage nicht herauskommt. Man sieht nur mehr die Kürzung von Renten, von Gesundheitsversorgung, von Bildung, von Sozialausgaben, von Arbeitslosengeld usw. Wie wäre es dagegen, sich in den Kampf um den neuen Menschen einzumischen? Wie wir uns als Menschen denken und imaginieren, wohin wir wollen, wer wir sind, dazu könnte man ein buntes Volksbegehren entfachen, streiten, mobilisieren, Stücke schreiben und Straßentheater aufführen, gar Charlie Chaplins *Modern Times* als *Postmoderne Zeiten* neu drehen. »Rennen, rackern, rasen«, »fit, fähig, flexibel, fantastisch« – ist dies der Traum, den wir für unsere Zukunft hegen?

Reproduktionsarbeit

Das Merkwürdige ist, dass Reproduktionsarbeit weit weniger als Erwerbsarbeit unmittelbarer Gegenstand meiner politischen und wissenschaftlichen Forschungsarbeit wurde. Und doch gab es überhaupt keine Veröffentlichung, in der sie nicht irgendwo eine Rolle spielte. Indem sie nicht im Zentrum stand, stellte sie aber auch in Frage, ob es weiterführend sei, ein Zentrum anzunehmen. Das beginnt hier mit dem ersten Text, der sich autobiographisch-politisch die Frage nach der historischen Verortung der Frauenpolitik stellt, die wir betrieben haben. Man spürt die Notwendigkeit, einen Anker in der Geschichte zu finden, die Suche nach einem Vorbild, als das unsere Frauengruppe fast natürlich keine Hausfrau wählte – wo kämen die je als Vorbild vor –, aber eine Mutter, *Pelagea* (nach Brecht und Gorki). Aber diese sprengt alle gewöhnlichen Vorstellungen von Müttern, sie wird im Laufe der Handlung Revolutionärin, und auf diese Weise kommen alle großen Fragen nach Partei, Revolution und Staat vor. In diesem Aufsatz erfährt man, wie die Gruppe die eigenen Erfahrungen nicht wichtig fand und sie schließlich doch zur Grundlage weiterer Forschung und Politik machte; er zeigt auf diese Weise auch, wie die persönlichen Fragen zusammenhängen mit der Politik im Großen. Man erfährt, wie das Nachdenken über die Frau im Hause zur Frage nach der Macht im Staat wird, aber auch, dass diese Erkenntnis nicht praktisch werden kann ohne Selbstkritik und Selbstveränderung jeder Einzelnen. In einer Zeit, in der die Frage, was Feminismus sein könnte, wieder aktuell geworden ist, ist dieser Text eine notwendige Grundlage. – Der Beitrag zu Knabenspielen als Menschheitsarbeit stieß in die damalige feministische Debatte wie in ein Wespennest. Zunächst veröffentlicht in einer Diskussionszeitschrift, erhielt er eine geradezu niederdrückende Menge an zerreißenden Kritiken, die schwer nachzuvollziehen sind, wenn man ihn heute studiert. Offenbar wurde sein Grundimpuls durchaus verstanden, nämlich die gesamte Denkstruktur zum Verhältnis von Kapitalismus und Patriarchat, also auch die theoretischen Grundlagen des akademischen Feminismus umzustürzen und an die Stelle eine Theorie der Geschlechterverhältnisse zu setzen, die Letztere als Produktionsverhältnisse begreift. Man liest in den einzelnen Formulierungen noch leichtes Zögern. Ich habe das Thema nicht mehr losgelassen, sondern weiter daran gearbeitet und es zehn Jahre später in einem grundlegenden historisch-kritischen Beitrag veröffentlicht (vgl. HKWF 2003, 436–497; eine Kurzfassung folgt am Schluss dieses Buches). Die Vier-in-einem-Perspektive taucht hier als eine Art visionärer Horizont und noch etwas unfertig als Leitfaden praktischer Politik auf. – Der Beitrag zur Neuen Mitte scheint veraltet, da er über Schröder und Blair spricht, ist jedoch hochaktuell. Im Zentrum stehen die Familienvorstellungen des Blair-Beraters Giddens; aus ihnen werden scharfe Maßstäbe für eine sozialistische Politik entwickelt, an denen auch die Auffassungen von Oskar Lafontaine und Gregor Gysi gemessen werden. Keine der Fragen an sie ist überholt. – Der vierte Text scheint die Ebene der großen Politik zu verlassen, um sich in die Niederungen alltäglicher Erfahrungen zu begeben. Er ist ein Experiment, indem er ganz persönliche Erlebnisse mit sozialpolitischen Analysen im Großen in den Umbrüchen des Gesundheitswesens verknüpft. In dieser Weise ist er auch ein Vorschlag an alle, selbst so zu verfahren, um in schwierigen Situationen handlungsfähig zu bleiben. Schwäche wird als Analysemittel benutzt und so Erfahrung mit Kritik der politischen Ökonomie verbunden und Politik mit dieser.

Wie Pelagea Wlassowa Feministin wurde

Ich stelle mir die Frage: Warum haben wir, Frauen aus dem »Aktionsrat zur Befreiung der Frau« (den wir umbenannt hatten in »Sozialistischer Frauenbund West-Berlin«), uns *Pelagea Wlassowa* für unsere Zeitschrift und damit als Leitbild für uns selbst ausgesucht? Schließlich ist das Stück von Bertolt Brecht, in dem sie Hauptfigur ist, zu den Hochzeiten des Stalinismus geschrieben (1930–32). Auf der Grundlage eines Romans von Maxim Gorki, der während der Weltwirtschaftskrise spielt, berichtet es von einer Revolution. Was hatte das mit uns und unserer Lage in der sozialdemokratisch regierten Bundesrepublik zu tun? So merkwürdig das heute scheint, wenn man dieses Stück wieder liest, so höre ich doch zugleich hinter eigenem Staunen noch das Echo der Worte, die wir damals (1970) auf uns bezogen, mit denen wir uns ohne Zweifel gemeint und aufgerufen fühlten.

Lob des Lernens zum Beispiel mit der Botschaft: »Du musst alles wissen, du musst die Führung übernehmen« – wir schrieben diesen Satz leicht geändert in »Alle sollen alles wissen« auf ein Plakat und trugen ihn zur Empörung der Ordnungshüter von der damaligen Westberliner Schwesterpartei der SED auf einer 1. Mai-Demonstration.

Oder dass über das *Fleisch in der Suppe nicht in der Küche* entschieden wird, sodass uns ganz folgerichtig schien, »dass wir den ganzen Staat von oben nach unten umkehren« müssen.

In solchen Sätzen, Liedern, von Hanns Eisler vertont, lernten wir früh die später abstrakter gesprochenen Lehren vom Zusammenhang von Öffentlichem und Privatem, vom Persönlichen, das politisch ist.

Oder im Lied, wo gegen den Hunger ein Stück Brot, gegen die Kälte ein Flicken erkämpft wird und die Arbeiter rufen: »Wo ist der Brotlaib, wo ist der ganze Rock?«, bis sie schließlich die »Macht im Staat« fordern. Wir hungerten nicht und froren nicht, aber solche Haltungen lasen wir als Aufrufe gegen die Bescheidenheit und entzifferten sie für uns als revolutionäre Radikalität gegen kleinliche sozialreformerische Kämpfe – kurz, wir fühlten uns ausgedrückt.

Vor allem war da die *Mutter*, eine einfache Frau, die lernt, die Vernunft einsetzt, die ein »Maulwurf der Revolution« ist.

Im großen Einverständnis übersahen wir, dass dies auch eine Revolutionslehre ist, die Umsturz von oben denkt, angeleitet durch eine – *die* – Partei, eine Avantgarde, die weiß, wohin es geht, eine Lehre, die uneingeschränkt auf die Vernunft der einen setzt, um die Unvernunft der anderen zu überwinden.

Das ist nicht ganz richtig erinnert, dass wir dies alles übersahen, vielleicht besser, dass wir es bejahten, ohne es wirklich in jede Richtung zu durchdenken.

Wir dachten über uns nicht in Begriffen wie *Avantgarde* oder Führung, aber wir waren überzeugt, dass wir Teil einer Lernbewegung waren, angetreten, um so viel Wissen zu erwerben, dass wir gleich einer Partei oder gar mit einer imaginären Partei alle Frauen zum Umsturz der Verhältnisse bewegen könnten. Wir benutzten sogar solche Begriffe wie *Partei* und *Massen*, aber das war zur damaligen, vom studentischen Slang geprägten Zeit üblich.

Als Teil einer schnell wachsenden Bewegung, die wir zugleich mitbewegten und die sich von uns entfernte, versuchten wir das parteiliche Avantgarde-Modell bewegungsmäßig umzubauen, ohne es preiszugeben. Wir erfanden die Organisation als Durchlauferhitzer. Bei uns war man Mitglied, wir erarbeiteten ein Statut, zahlten Beiträge, gaben uns Ziele und suchten nach den besten Wegen dorthin; wir trafen uns über mehr als ein Jahrzehnt zur gleichen Zeit – mittwochs um 21 Uhr, da konnten die Kinder vorher ins Bett gebracht werden – und wir schufen ein kompliziertes Modell, nach dem wir der Tendenz nach hätten wachsen können, bis die ganze weibliche Stadt bei uns war, ohne dabei den Anspruch nach Bildung, Schulung, Lernen aufzugeben – d. h. wir organisierten uns in Schulungsgruppen. Dass wir dennoch immer etwa gleich viele – nicht mehr als 100 – blieben, dass jeweils ebenso viele gingen, wie Neue kamen, irritierte uns nicht genug – für diesen Prozess brauchten wir das Bild vom Durchlauferhitzer und erklärten die Bewegung, für die wir zusammenkamen, einfach als größer, übergreifender.

Kürzlich wurde ich von Cristina Perincioli (vgl. 1999) mit folgendem Satz aus unserem Statut konfrontiert: »Wir organisieren uns zunächst als Frauen separat, um in theoretischer Arbeit die Ansatzpunkte zur spezifischen Frauenagitation herauszufinden. Wir sehen dies als Voraussetzung, um unter Führung der Kommunistischen Partei unsere Aufgaben im Klassenkampf zu übernehmen.«[10] Die Anklage in Perinciolis Frage, die zugleich unsere Verurteilung war, wurde mir spontan zum abwehrenden Schrecken. Ich erinnerte mich nicht und hielt solche Sätze einfach für erfunden. Ich konnte das natürlich nachlesen. Und da stand es wahrhaftig zusammen mit all den anderen Sätzen über die Isolation der Hausfrau, den Glauben an die Emanzipation durch Teilnahme am »Produktionsprozess«, die so viele richtige Elemente enthielten, wie sie verkürzt und daher auch nicht richtig waren. Heute höre ich in den zitierten Sätzen in erster Linie eine demütige Unterstellungshaltung, und dies, nachdem wir damals erst angefangen hatten, aus gewohnter Bescheidenheit hervorzutreten. Das Ganze wurde noch

10 *Pelagea* 2, 1971.

schlimmer, wenn ich mir die damalige Kommunistische Partei in Erinnerung rief, von der mir heute hauptsächlich der Eindruck geblieben ist, dass sie grau, kleinlich, bürokratisch und vor allem in keiner Weise von der Leidenschaft getragen war, die ich doch für uns im Gedächtnis hatte. Diese Unvereinbarkeit und die neuerliche Lektüre der *Mutter* von Brecht und die Erinnerung an die Lieder, die wir mitgesungen hatten, brachten mich auch zum Lied über die Partei. Der Kontext: Die Mutter ist krank, der Lehrer rät ihr, im Bett zu bleiben, da sie ohnehin wenig ausrichten könne. Da kommen die Arbeiter und singen:

Steh auf, die Partei ist in Gefahr! – Du bist krank, aber die Partei stirbt. – Du bist schwach, du musst uns helfen! – Steh auf, die Partei ist in Gefahr! – Du hast gezweifelt an uns – Zweifle nicht länger: – Wir sind am Ende. – […] Steh auf, die Partei ist in Gefahr! – Steh schnell auf! – Du bist krank, aber wir brauchen dich. – Stirb nicht, du musst uns helfen. – Bleibe nicht weg, wir gehen in den Kampf. – Steh auf, die Partei ist in Gefahr, steh auf!

Natürlich können wir solche Passagen ansehen und für unpassend, verfehlt, auch einer bestimmten Position zugehörig halten, die Revolution von oben, gelenkt durch die Partei, denkt; und doch, dies erneut lesend, wusste ich auch wieder, dass und warum wir solches geschrieben hatten wie den zitierten Satz aus dem Statut. Wir hatten gar nicht an die Westberliner Kommunistische Partei gedacht, sondern an diese literarische, an dieses Wort, das für uns Hoffnung war, dass es auf uns ankäme und wir gebraucht würden in einem großen Kollektiv, das wir noch nicht kannten. Im Grunde spricht hier auch Brecht, sosehr er über die Partei zu sprechen scheint, über dieselbe als eine Existenzweise des Aufbruchs der Massen, keinesfalls als bürokratische Führung und Verwaltung. Gleichwohl war dies auch eine Illusion von uns, aber eine, wie sie in Befreiungsbewegungen überall auf der Welt vorkommt.

Dass wir also Parteinähe im Statut formulierten, obwohl wir in der Wirklichkeit keiner nahestanden, dass wir so energisch auf Organisation bestanden, Schulung für das Wichtigste hielten und an unserer Vernunft arbeiteten, brachte uns bald in Konflikte mit den bewegten Frauen, die das Wort »autonom« für sich reklamierten. Da wir zwar den damaligen rivalisierenden studentischen »Arbeiterorganisationen« ein schmackhafter Bissen waren, den sie sich einverleiben wollten, wir uns aber vielleicht nicht als Einzelne, doch als Gemeinschaft unabhängig fühlten, haben wir den Hauptvorwurf, wir seien nicht autonom, nie wirklich verstanden, ich zumindest nicht.

Vielleicht könnte ich ihn aufs Denken beziehen: Sollte er meinen, dass wir uns im Denken nicht wirklich auf freien autonomen Bahnen bewegten? Obwohl ich mir überhaupt nicht vorstellen kann, dass man sich ganz außerhalb von Geschichte stellen und ganz autonom denken kann, ergäbe ein solcher Vorwurf einen bestimmten Sinn, unter dem ich den folgenden Lernprozess abbilden möchte.

Ich kann natürlich nur einen kleinen Ausschnitt berichten. Modellhaft nehme ich die Geschichte der »Schulungsgruppe 6«, die zugleich ganz einmalig und wiederum ganz exemplarisch dafür stehen kann, was damals mit uns geschah.

Lernen, um zu wissen

Wenn genügend Neue ins Plenum kamen, bildeten wir neue Schulungsgruppen, die sich jeweils einer Schulungsleiterin – das war eine Frau, die schon mindestens ein Jahr bei uns war und in einer Schulungsgruppe gelernt hatte –, zugesellten. Ich war eine solche Leiterin und bot also ein Thema an, in diesem Fall »Bildung und Lernen«, und zu mir kamen diejenigen, die dazu Lust hatten oder mich mochten. So ein Thema ergab sich aus praktischen Problemen, damals z. B. aus der geringen Qualifikation von Mädchen, die zahlreich nicht einmal einen Hauptschulabschluss machten. Unsere Idee war, innerhalb eines Jahres so viel Wissen zur geschlechtsspezifischen Bildung und zum Lernen zu erarbeiten, dass wir öffentlich auftreten und Mädchen überzeugen könnten, wie wichtig Lernen und Abschlüsse für ihre Position in der Gesellschaft waren. Das heißt auch, dass wir dem Trugschluss aufsaßen, dass eine bessere Ausbildung Frauen zur Gleichberechtigung verhelfen könnte; zudem nahmen wir an, dass auch die Entscheidung fürs Lernen von uns veränderbar war und dass diese Veränderungskompetenz wiederum durch Wissenserwerb erreichbar sei.

Ich erstellte eine Literaturliste; wir trafen uns abends, einmal pro Woche; wir erarbeiteten die Texte und aßen und tranken, bevor wir auseinandergingen, und taten das mit wachsendem Vergnügen. Bald kamen wir an den Wochenenden auch außerhalb Berlins zusammen, d.h. wir lebten einen wachsenden Teil von Zeit gemeinsam, wir verreisten (schon *Pelagea 3* schmückt auf der Umschlagseite ein Foto von uns, wie wir in Bikinis im hohen Gras fern von Berlin im Kreis sitzen, lesen, schreiben, diskutieren); wir feierten Geburtstage, kochten gemeinsam und durchstreiften die Berliner Kneipen bei Nacht, was zu der damaligen Zeit für Frauen als anstößig galt. Wir organisierten Konferenzen, Demonstrationen, kurz, wir wuchsen als Gruppe, die aus ganz unterschiedlichen Frauen bestand, was Alter, Beruf, Ausbildung anging, so zusammen, dass wir bald, weil wir so einig und begeistert waren, in der Politik des Frauenbundes bestimmend waren. Aber schon kam die Zeit, nach der wir uns gemäß dem Statut trennen mussten, jede eine neue »Keimzelle« werden würde. Obwohl wir uns auch verantwortlich für den Gesamtverein fühlten, begannen wir ernsthaft und vernünftig, eine Regelverletzung zu erdenken und zu begründen, um uns nicht zu trennen. Wir kamen nicht auf die Idee zu behaupten, dass wir vielleicht noch nicht genug gelernt hätten, das hätte ja das gesamte Konzept von Schulung als Schneeballsystem in Frage gestellt; wir erfanden stattdessen eine neue »notwendige Aufgabe«, die nur wir als Gruppe erledigen konnten: Wir wollten ein Buch darüber schreiben, wie wir als Gruppe gelernt hatten; ein Buch für die Frauenbewegung, das ihr das Lernen so leicht und vergnüglich machen sollte, wie wir es erfahren hatten. Dafür veranschlagten wir ein weiteres gemeinsames Jahr.

Mit diesem hoffnungsvollen Auftrag, wiederum etwas zu erarbeiten, das wir an solche, die wir weniger wissend dachten, weitergeben wollten, uns also schon im Vorhinein nützlich fühlend, setzten wir uns ans Werk. Zunächst schrieben wir Zusammenfassungen zu all den Aufsätzen und Büchern, die wir gelesen hatten, und verfassten so eine Art Studienbuch, das, ohne Umschweife gesprochen, total langweilig und zudem bürokratisch geschrieben war. Nichts von der Leidenschaft, die uns beim Lernen beseelt hatte, nichts von der Stärke, die die Gemeinsamkeit vermittelt hatte. Darüber hinaus handelte unser Buch gar nicht vom Lernen, nicht von den Frauen, die solches erfahren hatten, sondern von dem, was wir gelesen hatten, zum Beispiel von Jägern und Treibern, vom Staat und vom Wirtschaftswachstum, vom Tier-Mensch-Übergangsfeld. Wir hatten schon 80 Seiten geschrieben und noch war keine einzige Frau irgendwo aufgetaucht. Wir hatten uns selbst auf jeden Fall vergessen. Das war in der ersten Hälfte der siebziger Jahre; damals war uns schon bewusst, dass die Frauen in der Bewegung, für die wir dieses Buch schreiben wollten, es wegen des schreienden Frauenmangels darin keinesfalls lesen würden.

Wir legten das bisher Geschriebene beiseite und versuchten, uns zu besinnen, wie wir eigentlich zusammen gelernt hatten. Die Erinnerung, obwohl noch ganz frisch, wollte sich nicht verlebendigen. So gaben wir uns die Aufgabe, je einzeln aufzuschreiben, was uns bei der Frage des gemeinsamen Lernens einfiel, kleine Geschichten, jähe Erlebnisse, Lust am Lernen, Lernerfolg oder auch Mühe und Unlust. Das Lesen dieser Alltagstexte stürzte uns in den nächsten Schock. Während alle Frauen in der Gruppe ganz unabhängig von ihrem Bildungshintergrund inzwischen in der Lage waren, ein wissenschaftliches Buch oder einen Aufsatz in klaren Worten zusammenzufassen, waren die Geschichten aus dem eigenen Leben äußerst schlecht geschrieben; sie waren zumeist sprachlos in Bezug auf Gefühl und Vernunft. Und was für uns das Schlimmste war: Sie erwiesen sich mit all ihren Klischees als tief verwurzelt in eben den gesellschaftlichen Verhältnissen, in den Werten und Ideologien, die wir überwinden wollten. Sie sprachen gewissermaßen mitten aus einem ideologischen Common Sense, waren verankert in der herrschenden Kultur und doch von uns geschrieben, die wir uns klug und geschult gedacht hatten, fähig, andere zu belehren.

Kurz, wir hatten ungeprüft angenommen, dass wir über die Verhältnisse erhaben wären und anderen, weniger Glücklichen, helfen müssten, sich ebenfalls zu erheben.

Aus diesem schweren Schock, uns selbst als Kinder dieser Verhältnisse zu erfahren, zogen wir eine Reihe von wichtigen und schwierigen Lehren, die rückblickend unser Aufbruch in den Feminismus waren, wenn auch in eigener Form.

Ich skizziere knapp: Natürlich hatten wir zu unserer Zeit, da wir noch ›alles wussten‹, die Praxis der Selbsterfahrungsgruppen, die zu Beginn der neuen Frauenbewegung standen, mit äußerstem Misstrauen gesehen und für uns selbst niemals in Betracht gezogen. Wir wollten uns nicht selbst erfahren. Jetzt, da wir einen Bruch erfuhren zwischen dem, was wir über uns glaubten, und dem, wie wir uns schrieben, wurde es notwendig, unsere Erfahrungen und wie sie von uns gedeutet wurden, selbst zum Gegenstand von Forschung zu machen. Wir rückten also Erfahrung ins Zentrum unserer Erkundungen, das war der Beginn von *Erinnerungsarbeit.* Wir wurden so etwas wie eine Selbsterfahrungsgruppe, die allerdings die Art, wie diese Gruppen vorgingen, verschob. Wir begriffen, dass wir selbst diejenigen waren, an denen wir studieren konnten, was Frauwerden in dieser Gesellschaft bedeutet und wie wir das gemacht hatten. Wir erkannten, dass wir wie alle anderen waren, was uns zwar unserer Hauptabsicht beraubte, die ich jetzt das »Fackelträger-Syndrom« nennen will, nämlich anderen den Weg zu weisen, wohin es gehen sollte, uns aber dafür unversehens ein riesiges empirisches Forschungsfeld ins Haus lieferte: uns selbst als Frauen wie alle anderen, widerständig, einverstanden, brüchig und entschlossen. Wenn wir uns selbst als Teil dieser gesellschaftlichen Verhältnisse dachten, die wir als irgendwie uns äußerliche und von uns unabhängige Strukturen zu kritisieren gelernt hatten, mussten wir uns als Persönlichkeiten wahrnehmen, welche ebendiese Gesellschaft reproduzierten, in die wir mit Herz und Verstand, mit Gefühl und Vernunft verstrickt waren.

Es war schwierig, unsere Politik zu ändern, aber es war faszinierend, uns plötzlich selbst als Forschungsfeld zu entdecken und andere Frauen im ganzen Land und auch im Ausland zu gewinnen, ebenso zu verfahren, um möglichst vielfältig die in den Wissenschaften vernachlässigte Frage der Frauensozialisation oder besser: Frauenvergesellschaftung zu erkunden. Wiederum war es unerhört schwierig, uns selbst zu ändern, mit unseren Gefühlen zu arbeiten ebenso wie mit der Weise, wie wir spontan Alltag dachten und wie wir eine Verbindung zwischen Gefühlen und Haltungen und Alltagsleben vermuteten.

In Bewegung kam ebenso eine mit dem Glauben an die Machbarkeit von Veränderung durch Wissen zusammengehende Harmlosigkeit in Bezug auf Sprache. Als aus den USA Sprachpolitik und damit der Verdacht, Sprache wäre Werkzeug und Träger von Herrschaft, in die westdeutsche Frauenbewegung kam, hatte ich einen selbstbewussten, hochnäsig-kämpferischen Artikel dagegen geschrieben, den ich »Verteidigung der Frauenbewegung gegen den Feminismus« nannte. Das war 1973. Umstandslos hatte ich mir die Politik mit etwas so Luftigem wie Sprache als eine Art Schwächung der harten Kämpfe ums Materielle gedacht. Jetzt mussten wir erkennen, dass mit und in Sprache nicht nur Politik gemacht werden musste, sondern dass sie selbst die ganze Zeit Politik mit uns machte, durch uns hindurch sprach, sodass sie uns unterwarf in bestimmte Denkweisen, die sie vorgab, die wir durchbrechen mussten, sollten wir jemals den Zusammenhang unserer eigenen Persönlichkeiten mit den herrschenden Verhältnissen begreifen. Jetzt klagten wir Sprache nicht nur an, sondern wir begannen Spracharbeit als Arbeit mit uns selbst.

Diese doppelte Erfahrung änderte unsere Politik auf mehrfache Weise. Wir konnten uns nicht mehr als Frauengruppe denken, die anderen den Weg weisen konnte, und wir konnten unser eigenes Lernen nicht mehr als vorübergehende Anstrengung, als kompensatorisch auffassen, bis wir genauso geeignet waren für Politik, wie wir die Männer dachten. Erst jetzt wurde ganz deutlich, dass wir uns auch als unvollständige Männer wahrgenommen hatten, was in Themen vom gleichen Lohn, gleicher Ausbildung, Arbeitsschutz usw. sich ausdrückte. Es dämmerte uns, warum uns selbst diese Politik zwar notwendig, aber auch langweilig schien und warum wir selbst dazu beigetragen hatten, sie als Vorstufen zur eigentlichen Politik, die später auch für uns kommen würde, wahrzunehmen. Die Themen, die wir jetzt aufsuchten, waren Weiblichkeit, Liebe, Sexualisierung, endlich das Verhältnis von Vernunft und Gefühl und Lernen, aber jetzt nicht von anderen, sondern als weibliche Praxis von uns in dieser Gesellschaft.

Diese Lernbewegungen waren eine umfassende Wendung in den Feminismus, allerdings bei gleichzeitigem Versuch, eine ganze Reihe von damals gebräuchlichen Formen für uns zu verschieben, so u.a. die Opferdiskurse, die am besten mit dem Satz »Wir werden nicht als Frauen geboren, sondern dazu gemacht« zusammengefasst werden können, den die Frauenbewegung, schlecht übersetzt aus Simone de Beauvoirs Diktum »On ne naît pas femme, on le devient«, auf ihre Fahnen geschrieben hatte. Ich verwandelte dies in die These, dass wir es selbst sind, die uns machen – wenn auch in bestimmten Strukturen und Verhältnissen –, und so auch diejenigen sind, die sich verändern und befreien können – und dass diese Selbstveränderung eine revolutionäre Tat ist.

Diese verschiebende Bewegung brachte uns fast natürlich eine Art Ausschließung aus den damaligen Arbeiterorganisationen, auch wenn wir gar nicht dort Mitglied waren. Kurz, wir wurden »Feind Kleinbürgerin Nr. 1«. Diese Auseinandersetzungen beschäftigten uns noch als Gruppe, gemeinsam erarbeiteten wir in mehreren Jahren unter großen Krisen und auch voll Lust zwei Bücher: *Erziehung zur Weiblichkeit*[11] und *Sexualisierung der Körper* (1983), welches im Angelsächsischen ein Klassiker wurde und bei uns vier Auflagen erlebte.

Irgendwann beendete die Gruppe S6 als Gruppe ihre Arbeit, die, so glaube ich sagen zu können, für alle eine Erschütterung und Veränderung war, die bis in die Lebensweisen hineinwirkte. Viele zogen mit Frauen zusammen oder blieben in einer Wohngemeinschaft, einige brachen auf in ganz ungewöhnliche Alternativen, wie z.B. von der Lehrerin zur Clownin, einige machten weiter Frauenpolitik.

Für mich begann die Zeit der Reisen in alle Welt und – nach einigen weiteren Forschungen zu Themen wie Angst, Moral, Widerstand, Identität, Leistung, Filmerfahrungen – eine spiralförmige Bewegung zurück zu den Themen des Anfangs, die mir damals so langweilig erschienen waren, weil mir dazu nichts einfiel: Arbeit, Produktionsverhältnisse, Ökonomie. Denn jetzt erst erkannte ich, dass das Patriarchat so etwas wie lebendige Hefe in den Produktionsverhältnissen ist, dass Arbeit nicht nur ein Verteilungsproblem, dass die Zustimmung zu Krieg strukturell in den Geschlechterverhältnissen verankert ist, dass Zeit eine Dimension ist, in der Frauenunterwerfung festgeschrieben wird und deren Vernutzung die Plätze zuweist, die über das Leben von Menschen bestimmen. Immer deutlicher wird heute, in der schonungslosen Härte des neoliberalen Projekts, dass eine gute und menschliche Gesellschaft nicht möglich ist, wenn nicht die grundlegenden Geschlechterverhältnisse aufgebrochen sind, sich umwälzen – das gilt für die Fragen der Arbeit, der Ökologie, der Dritten Welten.

In der Problematik der Geschlechterverhältnisse sind die Fragen einer lebbaren Zukunft als Widerspruch enthalten. Zu wenig wird geschehen, wenn wir Frauen uns nicht auf den Weg machen, denn zu groß sind noch die Privilegien der Männer, ihre Seilschaften, ihre tradierten Macht-Selbstverständlichkeiten, die sie nicht nötigen, wahrhaft radikal zu sein.

11 So heißt der 1991 in 4. Auflage erschienene, überarbeitete und aktualisierte Band von 1980, der damals unter dem Titel *Frauenformen. Alltagsgeschichten und Entwurf einer Theorie weiblicher Sozialisation* erschien.

Knabenspiele und Menschheitsarbeit

Prolog

Was mich nach dem Fall der Berliner Mauer unter anderem verwirrte, war, dass ich die Frauen aus den staatssozialistischen Ländern nicht verstand. Die Schnelligkeit der Geschichte ließ wenig Platz zum Denken; die Gefühle fanden sich in allerlei Widerstreit, der zum Teil bis heute anhält.

Da war Hoffnung zunächst. Wir, d.h. die Reste der Frauenbewegung, erführen jetzt eine unerhörte Stärkung durch die Energie der freigelassenen DDR-Frauen – endlich auf der gleichen Seite. In dieser Hoffnung war Verzweiflung überwunden. Alte Gefühle, geboren aus der langen Zeit, in der wir sozialistischen Feministinnen die Lasten vielfach trugen. Schließlich galten die Frauen aus der DDR als jene Schreckensvorbilder, deretwegen man uns ins Unrecht setzen konnte. Sie stellten das dar, was wir wollten und doch zugleich nicht; und dort, wo sie es nicht taten, wurden wir ihretwegen als Frauen mit dystopischer Perspektive gescholten. Dies ist es, das ihr wollt! Und es war dies doch auch nicht. Der antikommunistische Diskurs von vier Jahrzehnten ließ uns verkehrte Räume. Wir wollten Berufstätigkeit für Frauen und genügend Vorsorge für Kinder, wir wollten ein Land, in dem die Gleichheit der Geschlechter selbstverständlich war, und zugleich wollten wir anderes, etwas weniger Graues und Kleinbürgerliches als die DDR.

Vielleicht können wir vom heutigen Standpunkt aus sagen, wir wollten eine Frauenbefreiung, in der Frauen klug und schön, klar denkend und phantasievoll – kurz: lebendig, lebenslustig und sinnlich, tatenfroh und gemeinschaftlich sein konnten, und wir wussten in der antikommunistischen Schere, die sich ja auch gegen dieses unser Frauenbild richtete, nicht, was genau in der DDR verfehlt wurde. Wir hofften, mit dem Fall der Mauer könnten solche Dimensionen unserer Perspektive in unseren Schwestern entgrenzt werden. Ich führe nicht aus, wie sehr diese Hoffnungen einerseits durch die real existierenden Frauen, andererseits durch die heftigen Nöte, in die diese sofort gerieten, als die BRD mit ihrer Kolonisierung begann, begraben wurden. Das ist allgemein bekannt und häufig diskutiert.

Ich habe in der Folge versucht, das, was ich einen verbreiteten Mangel an Feminismus unter den Frauen der DDR, auf den wir nicht vorbereitet waren, nennen möchte, so zu bearbeiten, dass ich mich auf die Analyse des sozialistischen Patriarchats konzentrierte. Wie genau gehörte Frauenunterdrückung zu den Grundlagen des östlichen Sozialismus? Die wenigen Antworten, die ich fand[12], brachten mich erneut dazu, darüber nachzudenken, wie eigentlich überhaupt Frauenunterdrückung mit den unterschiedlichen Produktionsverhältnissen verbunden ist. Jetzt, da der Kapitalismus weltweit die einzige Alternative zu sein scheint, kommt es mir noch dringlicher vor, uns dieser Frage zuzuwenden: nämlich zu erkunden, wie kapitalistisches Patriarchat sich reproduziert. Dies als Grundlage für strategische Überlegungen unserer Politik heute.

Heimat

Ich beginne mit einer Skizze über einen Roman, der mich beeindruckt hat.

Marge Piercy, eine Frau, die die stockigen fünfziger Jahre ebenso wie die aufbrechenden sechziger, die Hoffnungen der siebziger und die Restauration in den Krisen der achtziger Jahre offenbar in den USA in ähnlichen Aufbrüchen und Bewegungen verbrachte wie ich, schreibt in ihrem Roman *Fly away home*, dessen Titel man vielleicht am treffendsten mit »Geh fort, such Heimat« übersetzen könnte, über Geschlechterverhältnisse als eine Art von Produktion zwischen den Geschlechtern. Zunächst begegnen wir einer gutaussehenden, glücklichen, erfolgreichen Frau in mittleren Jahren aus dem amerikanischen Mittelstand. Sie kommt von einer Fernsehsendung, in der sie wie gewöhnlich ihre Kochrezepte kunstfertig vorstellte, und ist auf dem Heimflug zu ihrer Familie (Ehemann und zwei halbwegs erwachsene Töchter). Immer wieder sagt sie sich, wie glücklich sie sei, welch wunderbare Familie sie habe im Gegensatz etwa zu ihrer Mutter, die sich für die Familie verbrauchte, von ihrem Ehemann beherrschen und betrügen ließ und stets unglücklich war. Sie selbst hat nach oben geheiratet. Seither geht es unaufhaltsam aufwärts, z.B. in immer größere Eigenheime. Über viele Seiten werden wir mit dem Familienglück vertraut gemacht. Gute Laune und fröhliches Umsorgen werden uns so lange vorgeführt, bis die unendliche Nichtigkeit, Langeweile, Öde und Verlogenheit dieser Idylle uns als eine Art Lese- und Wortschmerz überwältigt. Da kommt wie ein Blitz aus heitrem Himmel der Entschluss des Ehemannes: Er überreicht der Familie eine Menge teurer Weihnachtsgeschenke und den Trennungsantrag. Das Tempo des Romans ändert sich. Aus der anfänglichen Verzweiflung der Ehefrau wird der Selbstzweifel: Was hat die andere mir voraus? Was hat sie, das ich nicht habe? Der fieberhafte Eifer wird doppelt gelenkt. Die Suche nach der anderen Frau, deren Entdeckung nichts Besonderes erbringt, wird zur Suche nach den Taten des Mannes, der umso fremder wird, je mehr sie sich ihm nähert. Sie muss erkennen, dass sie sich tatsächlich nie für ihn

12 Seit dieser Beitrag verfasst wurde, gibt es eine sorgfältige Aufarbeitung des Themas durch Ursula Schröter und Renate Ulrich (2005), das zur Lektüre empfohlen wird.

interessiert hat – wie er ihr also richtig vorwarf –, nicht für das, was er – ein erfolgreicher Anwalt – außerhalb des gemeinsamen Hauses tat. Auf der Suche nach Geldausgaben für die Geliebte findet sie unerhörte Kontenbewegungen, die sie sich nicht erklären kann. Die ursprüngliche Eifersucht wird von ihr überführt in ein Interesse an der Welt. Die Frau tritt aus dem privaten Geschlechterverhältnis und beginnt, Geschlechterverhältnisse als Verhältnisse der Produktion im Großen zu begreifen, als System, das die gesamte Gesellschaft durchdringt.

Piercy arbeitet mit der Doppeldeutigkeit der Worte. In anderen, die der Mann auch betrog – Mieter, die er mit allen Mitteln vor die Tür setzte –, findet sie Bündnispartner, mit deren Hilfe sie übelste Grundstücksspekulationen – bis hin zu in Kauf genommenen Morden – aufdeckt. In seinen Geschäften wird er ihr immer unvertrauter, aber sie erkennt sich selbst als eine, die mit ihrem Hunger nach der abgeschirmten Sicherheit und Harmonie ihres Heims jene schreckliche Außenwelt voller Berechnung und Gemeinheit mitproduziert hat. Im weiteren Roman ändert sie alles: ihr Verhältnis zu sich und anderen und zur Welt; die Form ihres Lebens – in ihrer neuen Wohnung, die viel kleiner ist, als ihr Haus es war, gehen pro Tag mehr als dreißig Personen ein und aus – und die Gewichtung ihrer Taten. Sie nimmt ihren Beruf ernst, und im Gegensatz zu früher zählt sie auch, was er einbringt, weil sie darauf angewiesen ist; ja selbst ihr wohlerzogenes temperiertes Ich wandelt sich in eine gewöhnlichere, heftigere und leidenschaftliche Person. Sie lernt, selbst Gewalt zu üben, wo es nötig ist.

Vielfältigkeit

Ich habe diese Romanskizze an den Anfang gestellt, weil sie den vielschichtigen Zusammenhang, in dem Frauenunterdrückung produziert und reproduziert wird, fast lehrbuchhaft verdichtet. Frauenunterdrückung lässt sich nur begreifen als Tat beider beteiligter Geschlechter in der Art, wie sie ihr Leben produzieren – also in Geschlechterverhältnissen als Produktionsverhältnissen. Sie durchziehen die gesamte Gesellschaft; sie sind zugleich gewordene Struktur als auch tägliche Praxis. Sie sind stets in Bewegung und umkämpft. Sie sind voller Widersprüche und Ungleichzeitigkeiten. Sie werden selbst immer wieder produziert. Ihre Basis ist die Arbeitsteilung bei der Produktion von Leben und Lebensmitteln. Im Laufe der Geschichte heftet sich an die verschiedenen Tätigkeiten soziale Bedeutung, die mit den Personen verwächst. Ein Netz kultureller Selbstverständlichkeiten verknüpft die Produktions-/Geschlechterverhältnisse als Herrschaftsverhältnisse mit ihren überlieferten Über- und Unterordnungen. Frauenunterdrückung wird ein Feld der Politik, der Ökonomie, der Moral, der Kultur und ist in allen Bereichen getragen von allen beteiligten Personen und nur durch sie veränderbar. Und umgekehrt: In keinem der genannten Bereiche sind Freiheit, Selbstbestimmung, Demokratie, individuelle Entwicklung und Entfaltung, ja das Überleben von Welt und Menschen selbst auch nur denkbar, ohne dass das weibliche Geschlecht volle Menschlichkeit erstritten hat.

Nachdem ich viele Jahre damit zugebracht habe, Dynamik und Stagnation, Widerstand und Einverstand in den verschiedenen Bereichen von feministischem Standpunkt durchzuarbeiten, war ich jetzt versucht, die Einzelforschungen so zusammenzubringen, dass endlich eine Theorie der Geschlechterverhältnisse wenigstens skizzenhaft formulierbar wäre. Den Gesamtzusammenhang einmal kritisch erarbeitet, sollte es leichter fallen, die notwendigen Detailanalysen voranzutreiben. Aber wenngleich der Berg feministischer Forschung wächst und wächst, scheint mir das Unterfangen immer noch verfrüht. Zu viel notwendiges Wissen findet sich auf den Kehrseiten abendländischen Denkens, gewissermaßen als unsichtbarer Teil der Münzen, mit denen wir zu handeln gewohnt sind. Entsprechend fehlt häufig ein gemeinsames Selbstverständnis, auf das zu bauen und von dem aus zu sprechen und weiterzudenken wäre. Daher begnüge ich mich mit einem Versuch, die einzelnen Bereiche, in denen Geschlechterverhältnisse bis heute wesentlich als Herrschaftsverhältnisse wirksam sind, abzuschreiten.[13]

Kapitalistisches Patriarchat als Zivilisationsmodell

Obwohl der Zusammenbruch der sozialistischen Länder auch die Analysefähigkeit in Bezug auf den Kapitalismus als Wirtschaftssystem zerrüttet zu haben scheint, möchte ich weder den langen Streit wieder aufnehmen, inwieweit Frauenunterdrückung mit Kapitalstrukturen zusammenhängt, noch mich auseinandersetzen mit der Frage, ob es ausreichend sei, den Begriff Patriarchat für das spezifische Herrschaftsverhältnis zu benutzen, in dem Frauen ihre Leben verbringen. Das Wissen, dass Frauenunterdrückung weit älter ist als Kapitalismus, ist seit mindestens einem Jahrzehnt zum Allgemeinwissen geworden; umgekehrt ist noch wenig Analysekraft auf die Frage verwendet, wie Verhältnisse mit offensichtlicher Männerherrschaft begrifflich gefasst werden können, wenn das Wort Patriarchat zu eingeengt scheint auf die Macht der Väter über die Familie. In der Zusammenstellung *kapitalistisches Patriarchat* sind die Dominanzen schon benannt, wenn auch nicht begründet. Es handelt sich bei unseren westlichen Gesellschaften um Systeme, in denen Männerherrschaft sich spezifisch und erfolgreich verbunden hat mit einer Wirtschaftsweise, die wir kapitalistisch nennen. (Entsprechend müsste man für die Frage nach der Spezifik des sozialistischen

13 In vielen Fällen formuliere ich thesenhaft, was ich an anderer Stelle sorgfältiger ausgeführt habe, und gebe den entsprechenden Text im Literaturverzeichnis an.

Patriarchats vorgehen, wobei der Ausgang uns lehrt, dass hier die Verbindung nicht so erfolgreich war.) Die Kritik solcher Ökonomie muss es also immer mit beidem zu tun haben: mit der Frage der Geschlechterverhältnisse und zugleich und damit verbunden mit der von Arbeit und Klassen, Wachstum und Ressourcen, Markt und Leistung, Profit und Ausbeutung. Diesen Gesamtzusammenhang möchte ich mit dem Begriff des Zivilisationsmodells bezeichnen.

Ich habe diesen Begriff an die Stelle gerückt, in der in marxistischem Kontext üblicherweise von »Produktionsweise« gesprochen wird. Ich wollte damit zwei Dimensionen Raum geben, die nach meinem Dafürhalten im Begriff Produktionsweise lange Zeit geradezu systematisch »vergessen« wurden.[14] Der Frauenbewegung ist es kaum gelungen, den Bereich der menschlichen »Reproduktion«, vor allem der Haus- und Familienarbeit, in die Theorie der »Produktionsweise« wirksam einzuschreiben. Diese Dimensionen gesellschaftlicher Gesamtarbeit blieben eine, wenn auch inzwischen geduldete, Spezialität von Frauenforscherinnen. Ferner handelt es sich in dieser Über- und Unterordnung von Tätigkeiten auch um eine politische Frage, nicht nur um eine ökonomische des rationellen Produzierens: Dies zeigen die »stellvertretenden« Männerbünde in den industrialisierten kapitalistischen Ländern, die daran arbeiten, diese Produktionsweise funktionsfähig zu halten.

Es war lehrreich, die Diskussionen um die Frauenquote in Politik, Wirtschaft, Wissenschaft in den Medien der BRD zu verfolgen[15]. In der Abwehr des weiblichen Anspruchs auf Machtteilung trat offen zutage, wie sehr das gesamte Zivilisationsmodell durchwoben ist von der Selbstverständlichkeit männlicher Besetzung entscheidender Denk-, Handlungs-, Planungszentralen zum einen und der gleichzeitigen Besetzung einiger für unverzichtbar gehaltener »Menschlichkeiten« mit weiblicher Anwesenheit. Letzteres wurde besonders betont, um zu verhindern, dass Frauen in männliche Domänen Einlass finden, selbst wenn wohlmeinende Männer dies heute schon für richtig halten. Die Problematik im Rahmen eines Zivilisationsmodells anzuvisieren, umfasst dagegen von vornherein die Ebenen von Arbeits- und Lebensweise und von Politik sowie die entsprechenden kulturellen Instanzen, die das Ganze mit Sinn legitimieren. Kritik in zivilisatorischer Perspektive zielt nicht bloß auf ein Modell, wie produziert werden soll, sondern zugleich auf Lebensweise, Kultur und Politik.

14 In seiner theoretischen Skizze benutzt Marx den Begriff Produktionsweise zunächst im Zusammenhang mit Lebensweise; im gleichen Kontext folgen Bemerkungen zur »patriarchalen Betriebsweise« der gesellschaftlichen Arbeit und zur Herrschaft in der Familie. Vgl. Deutsche Ideologie, MEW 3, 21f.

15 Vgl. dazu den Beitrag über die Frauenquote in diesem Buch.

Der Begriff scheint mir mithin geeignet, in der Analyse der Produktionen von Leben und Lebensmitteln den Prozess der Zivilisation mit allen kulturellen Dimensionen und legitimierenden Verästelungen als spezifischen Entwicklungsprozess, als wirkliches Dasein zu denken und zu begreifen und zugleich dabei nicht stehen bleiben zu müssen, sondern auch ein anderes Modell von Zivilisation für denkbar, lebbar, machbar und vor allem für notwendig zu erachten.

Das Geheimnis

Wir können nicht davon ausgehen, dass aus ideologischen Rechtfertigungssystemen Gesellschaftsstruktur zu erklären ist, aber umgekehrt können wir im Spiegel des Bedeutungshimmels Notwendigkeiten aus irdischem Funktionieren entziffern. In der symbolischen Ordnung, in ihrer Überlieferung in Literatur und Sozialtheorie entdecken wir ein Gemeinwesen, das durch antagonistische Gegensätze bestimmt ist. Die Spannungen ziehen sich durch: Herrschaft und Unterwerfung, Geist und Natur, Subjekt und Objekt – in solchen Gegensätzen sind die Verhältnisse von Mann und Weib ebenso eingespannt wie die Vorstellungen vom Gemeinwesen selbst. Am Horizont treten die Mitglieder der Gesellschaft langsam als Einzelne hervor.

Sowohl in der Literatur als auch in den sich entwickelnden Sozialtheorien werden mit dem Prozess der Industrialisierung folgende Themen bestimmend: Identität durch Konkurrenz, die Überwindung des Todes durch ewigen Ruhm, die Beherrschung der Natur. Sie alle lassen sich ebenso unschwer als treibende Momente noch unseres heutigen Gesellschaftsmodells erkennen. Legitimierende Versicherung finden wir im »kulturellen Erbe« über Jahrhunderte.

Ich werde im Folgenden an einem beinahe beliebigen Kunstwerk mit Dauer – Mozart/Schikaneders *Zauberflöte* – exemplarisch einige Thesen formulieren, die mir als Vorschlag für weitere Materialanalysen geeignet scheinen. Text und Musik dieser Oper lehren ein einfaches Modell von Zivilisation, welches trotz seiner Schlichtheit einen Schlüssel liefern kann zum Selbstverständnis bürgerlicher Gesellschaften bis heute. In den Moralvorstellungen der Freimaurer finden wir das Bürgertum mit seinen Möglichkeiten und Leistungen. Am Anfang steht die Unterwerfung der Frauen und damit die Erhöhung der Männer. Dieser Doppelzug braucht für seine allgemeine Anerkennung eine Reihe von Tugenden, deren höchste das »Eingeweihtsein« ist. Die Eingeweihten regieren, schweigen, denken, handeln. Sie sind mutig, tapfer und opferbereit bis zum Tode. Sie sind fähig, von konkretem Leiden zu abstrahieren, Tränen zu ignorieren, um ihren Weg weiterzugehen. Leidenschaften, Alltagssorgen und -bedürfnisse, Schmerz und Leid dürfen sie nicht berühren.

»Die als Mitglieder einer Loge aufgenommenen Personen müssen gute und aufrichtige Männer sein, von freier Geburt, in reifem und gesetztem Alter, keine Leibeigenen, keine Frauen, keine sittenlosen und übel beleumundeten Menschen, sondern nur solche von gutem Ruf«,

zitiert Marcard (in *Die Zeit* vom 8.11.1991) aus einem alten Statut. Die nötige Abkehr vom Alltäglichen, die als erforderlich gilt für die Errichtung des »humanen Weltgebäudes«, ist zugleich die erforderliche Abstraktion als männliche Tugend, Grundlage der Ordnung. Solche hohe Stufe erreichen nicht alle Männer. Den Eingeweihten gegenüber findet sich das einfache Volk, welches für seine Unterwerfung zur Belohnung die Tugenden der Oberen nicht leben muss. So ist die Gesellschaft gespalten in vier Hauptgruppen: die eingeweihten regierenden, planenden Männer und ihre Frauen (man versteht sogleich, warum bis heute Männer niemals zu alt sind fürs Politikmachen, während eine alte Frau in jedem Fall eine überflüssige Belastung für die Gesellschaft darstellt) und die Männer des übrigen Volkes und ihre Frauen. Immer beruht das Modell auf der Unterwerfung der Frauen, jedoch sind die Frauen der Eingeweihten anders einbezogen als die des uneingeweihten Volkes. Während Erstere noch die hohen Tugenden ihrer Männer ahnungsvoll achten und an deren Verdiensten partizipieren[16], denken die Unteren nur noch an die Anzahl der Kinder, erschöpft sich ihr Aufbegehren im Wunsch, auch Mädchen zu bekommen (in der *Zauberflöte* etwa Papagena). Für beide ist das Mittel der Unterwerfung die Liebe zum Mann, der für sie dadurch zum Zweck des Daseins wird. Durch die Liebe treten sie in die männliche Ordnung ein.

Sarastro, der weise Meister, sagt:

»Ein Mann muss eure Herzen leiten,
Denn ohne ihn pflegt jedes Weib
Aus seinem Wirkungskreis zu schreiten.«

Umgekehrt belehrt ein Priester den auserwählten Tamino:

»Ein Weib hat also Dich berückt?
Ein Weib thut wenig, plaudert viel.
Du, Jüngling, glaubst dem Zungenspiel?
O legte doch Sarastro klar
Die Absicht seiner Handlung dar.«

16 In einer Debatte um den §218 mit Jutta Ditfurth Anfang Oktober 1992 wurde dieser Zusammenhang frappierend deutlich. Einige Frauen vertraten den Standpunkt der Kirche gegen weibliche Selbstbestimmung. Die Querfragen des Moderators, wie denn Frauen, die von Männern vertreten werden, diese Bevormundung in Bezug auf ihre Körper erführen, schlugen sie mit der Einführung des göttlichen Prinzips aus dem Felde. Gott selbst war es, der durch die Kirchenoberen sprach und daher alle seine Schäfchen in Freiheit setzte, unabhängig vom Geschlecht.

In solchen doppelt bestimmten Unterwerfungs-/Erhöhungsmodellen reproduziert sich abendländisches Zivilisationsdenken seit Aristoteles. Die Figuren sind unschwer auf der historischen Bühne zu erkennen bis heute. Solche Arbeits- und Sozialteilung und ihre Legitimation als eine Hierarchie von Männertugenden und Weiblichkeitsbestimmung erweist sich als ein fruchtbarer Boden für die Gesellschaft, welche die Produktion um der Produktion willen und die Unterwerfung und Beherrschung der Natur als allgemeingültiges Prinzip durchsetzte und zugleich nichts für alle gemeinsam gültig sein ließ. Es erwies sich als eine glückliche Verbindung. Gleichheit ohne Gleichheit, Freiheit ohne Freiheit, Brüderlichkeit ohne Schwestern – mit solchen Werten betreten die neuen Bürger kulturell und häuslich abgesichert die Bühne des heraufkommenden Industrialismus.

»Bedeutungsvoll schmunzelnd und geschäftseifrig«, wie Marx dies treffend ausdrückte, schreitet der »ehemalige Geldbesitzer« als Kapitalist voran; »scheu, widerstrebsam, wie jemand, der seine eigne Haut zu Markt getragen und nun nichts anderes zu erwarten hat als die – Gerberei«, folgt der Arbeitskraftbesitzer als Arbeiter (*Das Kapital*, MEW 23, 191).

Freilich blickt Marx hier einseitig auf die Stätte der – wie wir es heute nennen – außerhäuslichen Erwerbsarbeit, sonst hätte er (wie Hartsock dies ergänzend nachträgt) sehen müssen, dass der Zug an dieser Stelle nicht zu Ende ist, denn hinter dem Arbeiter steht abseits, niedergedrückt von Einkaufstüten, Windeln und einem Baby im Arm, seine Frau (Hartsock 1983, 234); und, so müssen wir zusätzlich ergänzen, auch hinter dem schmunzelnden Geldbesitzer steht als kulturelle Schöpfung seine Frau, deren körperliches Dasein ihn seine eigene Körperlichkeit so weit vergessen lassen kann, dass seine Organisation von Wachstum und Profit gleichgültig gegen das Leben wird. In der symbolischen Ordnung, die das ganze Zivilisationsmodell legitimiert, sind es die Frauen der »Eingeweihten«, die den strategischen Ort als achtbare Gefäße besetzen, während dort, wo Einkaufstüten, Windeln und Babys genannt werden müssten, nicht Verkehrung, Erhöhung, Verdinglichung, sondern einfach Totenstille herrscht.

Weil es bei der kontroversen Rezeption meines Textes Missverständnisse über den Stellenwert der *Zauberflöten*-Interpretation gab, möchte ich hier ergänzend nachtragen: Es ging mir mit dem Beispiel der *Zauberflöte* keineswegs darum, eine feministisch gültige, neue und alles Bisherige ersetzende Interpretation und Analyse dieses Werkes zu leisten. Vielmehr schien mir dieses »kulturelle Erbe« auf einiges Echo bei vielen Menschen rechnen zu können und daher vorzüglich geeignet, einen theoretischen Gedanken zu »illustrieren«. Nämlich den der vierfachen Bewegung, der gleichzeitigen Artikulation von Frauenunterdrückung, Rassen- und Klassenherrschaft und der Abtrennung des Politischen als einer Art Männerbund.[17] Ich hatte nicht die Illusion, dieser Beleg sei ausreichend, irgendeine These empirisch abzusichern. Sondern ich halte solche Exkurse in die Literatur für hilfreich, wofern einem daran gelegen ist, mehr als nur einen kleinen Kreis von »Eingeweihten« für begreifende Theoriearbeit zu gewinnen. Als Feministin lege ich meine Arbeit so an, dass Anknüpfen und Weiterdenken Folge meiner Vorschläge sein soll. Das gilt ebenso für andere hier eingebaute »Illustrationen« wie die Skizze des Romans von Marge Piercy. Hier ging es darum, Geschlechterverhältnisse als Produktion zu zeigen. Das Piercy-Beispiel sollte ein Doppeltes leisten: das einfach Nachvollziehbare jenes schwierigen Gedankens über die Geschlechterverhältnisse als solche, die die gesamte Gesellschaft durchziehen und nicht bloß einen Ort haben, vorführen und zugleich die Komplizenschaft der Akteurinnen sichtbar machen. Im Fall der *Zauberflöte* geht es allerdings noch um ein weiteres Moment – nennen wir es Spurensuche oder feministisches Querlesen. Gemeint ist ein Verfahren, bekannte und lange als sicher gewusste »Werke« aus dem kulturellen Erbe noch einmal »gegen den Strich zu lesen« – das Vergessene hervorzuheben, neue Sichtweisen vorzuschlagen. Die »unreine« Forschungsweise von Feministinnen, die respektlos gegen bislang gültige Regeln verfahren, braucht noch Zeit, bis sie selbstsicher neue Standards setzen kann. Bis dahin gilt der Versuch.

Die Annehmlichkeiten des Marktes

Es ist an der Zeit, in diesen gesellschaftlich mächtigen Zusammenhang einen feministischen Standpunkt hineinzubringen, also aus dem Systemganzen des kapitalistischen Patriarchats hinauszutreten und es selbst als spezifische Produktionsverhältnisse zu erkennen, nicht als menschliche Gesellschaft schlechthin. Wir machen dafür einen Sprung nach vorn.

Seit dem Zusammenbruch der sozialistischen Länder sind wir gezwungen, uns noch intensiver mit dem Marktmodell zivilisatorischer Entwicklung auseinanderzusetzen. Weltweit scheint es das einzige Regulationssystem zu sein, welches die Ökonomie produktiv hält und mit ihr die Einzelnen zu lohnender Leistung anspornt. Nur wer sich am Markt bewährt, lebt angenehm. Soll heißen: Nur wer in angemessener gesellschaftlich durchschnittlicher Zeitspanne oder schneller seine Kräfte in produktives Tun umsetzt, um dann die solcherart gefertigten Werke auf den Markt zu bringen, wo sie andere Warenproduzenten als Käufer reizen, hat eine Chance, am gesellschaftlichen Reichtum zu partizipieren. Freilich geschieht dies heute nicht mehr in dieser historischen Form der Unmittelbarkeit. Der Arbeitsmarkt

17 Wobei die Artikulation der Rassen-Herrschaft in meinem Entwurf bislang noch wenig ausgeführt ist.

vermittelt dazwischen; die Kapitale lenken die Kraftströme auf die günstigen Felder. Das Grundaxiom bleibt: Leistungsfähigkeit und -willigkeit, stets rationeller, wirtschaftlicher, effektiver, produktiver Zeit zu verausgaben, bestimmen das Zivilisationsmodell, in dem wir leben, seine Regelsysteme und seine Entwicklung und damit ebenso die Handlungsmaximen der Einzelnen, soweit sie nicht durchs Netz fallen. Die Maxime ist: Beherrschung der Natur, Entwicklung der Produktivkräfte, Wettlauf.

Was aber geschieht mit all den Tätigkeiten, Bereichen, Notwendigkeiten, die solchem Kalkül nicht unterworfen werden können? Es ist ja ohne weiteres ersichtlich, dass fast alles, was die lebendigen Menschen direkt betrifft, ihre Hege und Pflege ebenso wie der Umgang mit der Natur, nach einer solchen Zeitsparlogik und ihrer Berechnung nicht oder doch nur mit außerordentlich hohen Kosten regulierbar ist. In der Liebe, in der Zärtlichkeit, in Erzählungen und beim Zuhören, beim Lernen und Lehren einen Zeitraffer einzusetzen muss Mangel produzieren, nicht etwa marktgängige Produkte oder unsterbliche Werke. Brecht ironisiert die allgemeine Heuchelei und Perversion, die in die menschlichen Beziehungen kommen, wenn Profit, Marktgängigkeit und Menschlichkeit sich mischen, in seinem Mahagonny-Lied: Die Seeleute stehen vor dem Bordell in einer Schlange, dazu wird schmalzig gesungen:

»Liebe ist doch an Zeit nicht gebunden«, dann im Arbeitsrhythmus: »Johnny, mach schnell, denn es geht um Sekunden.«

Der Zusammenstoß zweier Zeitlogiken geht für beide Geschlechter auf Kosten von Lebensqualität. Gesamtgesellschaftlich wird diese Koexistenz von Zeitmodellen allerdings durch die vorhergehende Unterwerfung von Frauen lebbar gemacht. Das soll heißen, dass alle Tätigkeiten, die nicht durch Zeiteinsparung produktiver erledigt werden können, entweder vernachlässigt oder einer gesellschaftlichen »Randgruppe« überlassen werden: Frauen.

Diese Struktur, in der der gesellschaftlich dominante Bereich stets weiter entwickelt und nach Profitgesichtspunkten organisiert ist (das Marktmodell), wird unaufhörlich ideologisch legitimiert. Hier geht es nicht nur um Literatur, ewige Werte, Moral; wir beobachten und erfahren diese ideologischen Kämpfe z.B. auch als Streit darum, was als Arbeit geachtet wird; was überhaupt als gesellschaftlich notwendige Tätigkeit in den Blick gerät; und umgekehrt, wie im Gegensatz zur tatsächlichen Mächtigkeit von Lohnarbeit gegenüber der Hausarbeit abstrakte moralische Zeugnisse verteilt werden, die das eine als schnöde Tätigkeit gegen Geld, das andere als Dienst um der Liebe willen auszeichnen. Beide Bereiche sind mit Versuchungen umstellt. Wer möchte nicht genug Geld haben, um auf dem Markt der Wunscherfüllungen sich bedienen zu können, mal ganz abgesehen von der Bedeutung und den gesellschaftlichen Möglichkeiten, die man als Erwerbstätige(r) im Gegensatz zur liebenden Reproduktionsarbeiterin hat? Wer möchte nicht umgekehrt in Bereichen tätig sein, in denen nicht jede Regung nach ihrer Marktgängigkeit geprüft wird? Hier sind neben den geschlechtsspezifischen Zuschreibungen weitere Trennungsriegel notwendig. Da sich für die meisten Menschen die Wahl, entweder gegen Geld oder »aus Liebe« tätig zu sein, nicht als Alternative stellt, sondern Frauen in großer Anzahl mit beiden Anforderungen konfrontiert sind, bedarf es der zusätzlichen Stärkung, dass sie der einen oder anderen Versuchung nicht auf Kosten des jeweils anderen Bereichs anheimfallen. Solche Stärkung, die elastisch genug sein muss, an einem Tag Gegensätzliches für gleich bedeutsam zu erklären, am nächsten das eine dem anderen voranzustellen und dies im fliegenden Wechsel, finden wir auf allen gesellschaftlichen Ebenen: nach innen gewendet als weibliche Sozialisation, abgesichert durch Moral und Werte; nach außen durch die tatsächliche Unerreichbarkeit befriedigender und gut bezahlter Arbeitsplätze für Frauen und ihre Ergänzung, die schreienden Notwendigkeiten unerledigter Haus- und Reproduktionsarbeiten.

Betrachten wir unser Gesellschaftssystem von einem feministischen Standpunkt, so finden wir Frauen in einem spezifischen Widerspruch. Sie agieren in einem wertemäßig abgesicherten Legitimationssystem, das für sie zugleich gültig ist, soweit sie sich allgemein als Menschen erfahren, und ungültig, wo es um sie als weibliche Gesellschaftsmitglieder geht. Dass sie sich nicht immer als Menschen gebärden und die herrschenden Werte tatsächlich als allgemeingültig missverstehen, muss ebenfalls kunstvoll abgesichert werden. Tatsächlich gewinnen wir von unserem feministischen Standpunkt einen weiteren Einblick in eine ganze Reihe von sonst nur schwer verständlichen Verrechtlichungen in der bürgerlichen Gesellschaft. Die zahlreichen eigentümlichen Gesetze, die die Fragen von Leben, Körper und ihrer privaten Organisation (Abtreibung, Familie, Ehe und deren Scheidung, Prostitution, Homosexualität, Sorge für Kinder, Renten etc.) regeln sollen, sind im Grunde nur verstehbar, wenn wir uns vergegenwärtigen, dass im Übrigen die gesamte Gesellschaft nach Prinzipien von Markt und Profit geregelt ist und dies als allgemein menschliches Handeln Gültigkeit haben soll. Eine Reihe von Gesetzen greift dort ein, wo solche Prinzipien nicht ausreichen oder gar entgegengesetzt wirken. Im Streit um den Paragraphen 218 etwa wird solches ganz offenkundig. In der polemischen Fragestellung, ob man für Leben oder Mord/Tod sich entscheide, wird völlig verdeckt, dass diese gesamte Frage als gesellschaftlich zu regulierende überhaupt nur deswegen auftritt, weil dieser Komplex der Reproduktion der Menschheit im Modell patriarchalisch-kapitalistischer Zivilisation selbst gar nicht vorgesehen ist und deshalb Frauen gezwungen werden müssen qua Gesetz, sich solcher Fragen privat und unter Einsatz ihres Körpers und

Lebens anzunehmen. Das Gesetz baut also der Versuchung vor, sich nach den gesellschaftlich herrschenden Maximen von Produktivität, Leistung, Lohn und Profit zu verhalten und daher Kinder als Zeitvergeudung, als nicht lohnend, ineffektiv und also als Lebensraub zu betrachten.

Ein solches Zivilisationsmodell benötigt als eine Grundlage die Unterwerfung der Frauen. Ihre Einstufung als bloße Natur macht es möglich, die eigene männliche Natur als überwindbar zu denken und sich in der Folge zum Herrscher über Natur überhaupt aufzuschwingen. Im Denken von Produktion um ihrer selbst willen, von stetem Wachstum und Profit ist alle Natur als Steinbruch aufgefasst, der gewinnbringend auszubeuten ist. Dies gilt sowohl für weibliche Natur wie für außermenschliche Natur überhaupt. Männliche Natur wird dabei zu abstrakter Kraft, Arbeitskraft zum Beispiel. Diese Anordnung geht nicht zuletzt auf Kosten von Menschheitsentwicklung.

Karl Marx hat den denkwürdigen Satz formuliert: »Ökonomie der Zeit, darin löst sich schließlich alle Ökonomie auf.« (*Grundrisse*, 89; MEW 42, 105) Diese Auffassung findet bei ihm folgende Durchführung: Immer schon musste es die Menschen beschäftigen, Zeit, die sie zur Reproduktion ihrer selbst brauchen (notwendige Arbeitszeit), zu verkürzen, sei es, um überhaupt zu überleben, sei es, um besser zu leben. Die Entwicklung der Produktivkräfte zielt auf und bewirkt Einsparung von gesellschaftlich notwendiger Arbeit (heute durch Maschinisierung, Rationalisierung, Automatisierung), wobei sich auch das Niveau dessen, was als gesellschaftlich notwendig gilt, erhöht. Wenn solche Entwicklung nicht für die unmittelbar Produzierenden zu Buche schlägt, so der Herrschaftsverhältnisse wegen. Der Möglichkeit nach aber gilt, dass die Entwicklung der Produktivkräfte die Menschen zunehmend freisetzt, Herrschaft abzubauen und die Entwicklung ihrer selbst in eigne Hände zu nehmen. Die Entwicklung der menschlichen Bedürfnisse wird analog und als Resultat der Entwicklung der Produktivkräfte und des Reichtums gedacht. Beide Bewegungen sind im Fluss.

Es ist auf dieser Ebene einsehbar, warum die kapitalistische Produktionsweise, welche die Menschheit »in die Produktion um der Produktion willen« treibt und der Akkumulation unterwirft, trotz aller Krisen gedeiht, warum eine, wenn auch nur teilweise, Aussetzung dieser Entwicklungsprinzipien zu so etwas wie einer allgemeinen »Staatsbummelei« führen kann. Ich untersuche an dieser Stelle nicht, wie staatliches Handeln auch im Kapitalismus die alleinige Regelung nach Profitgesichtspunkten durchbricht. Meine Fragen an den hier skizzierten Theorierahmen gehen in zwei andere Richtungen. Zum einen bleibt der Stachel, dass »Haus-« und »Familienarbeit« als strategische Dimension in der weiteren Analyse bei Marx nicht nur »vergessen« sind, sondern dass auch zehn Jahre hartnäckiger feministischer

Arbeit[18] nur unwesentlich dazu geführt haben, diesen Teil der gesellschaftlichen Gesamtarbeit anders denn als bloßen Zusatz, also grundlegend in einen allgemein akzeptierten Theorieentwurf einzubeziehen. Ich frage mich zudem, warum sich gerade im Kapitalismus Frauenunterdrückung stets reproduziert, obwohl doch als allgemeine Einsicht gelten kann, dass die Kapitalgesetze »gleichmachend« sind, dass es vom Profitstandpunkt gesehen also gleichgültig ist, wes Geschlechts die Arbeitenden sind.

Die entgegenstehende »partei-marxistische« Auffassung, dass »das Kapital« Frauenunterdrücker Nummer 1 sei, die zu Beginn der neuen Frauenbewegung und bis Mitte der achtziger Jahre gegen feministische Versuche, Patriarchat zu begreifen, gewandt wurde, trug lange dazu bei, die Frauenfrage für nebensächlich (»Nebenwiderspruch«), für vorübergehend oder, wie ein Hamburger Kollege einmal zu mir sagte, für eine »Oberflächenturbulenz« zu halten, und rief in der Frauenbewegung einen solchen Zorn hervor, dass die drängende Frage, in welcher Weise Produktionsweise und Frauenunterdrückung zusammenhängen, ins Abseits geschoben wurde. Sie wurde kurz und heftig wieder aufgenommen als Theoriestreit, als Kritik an der marxschen Wertlehre. Marx habe versäumt, so wurde argumentiert, den Mehrwert schaffenden Teil der Frauenarbeit einzubeziehen. Selbst wenn man zugrunde legt, dass im männlichen Ernährerlohn der Unterhalt der Frauen mit abgedeckt ist, sei noch nicht einbegriffen, dass auch Frauen mehr Werte schaffen, als sie zu ihrer eigenen Reproduktion verbrauchen, wenn sie die Ware »männliche Arbeitskraft« mit herstellen. Mit dem Schwinden des Ansehens von Marx in feministischer Theorietradition verschwand auch diese Debatte.

Der von mir neuerlich herausgearbeitete und zur Diskussion gestellte Aspekt dieser Problematik hebt die Existenz »zweier Zeitlogiken« hervor. Ich knüpfe dabei an verschiedene Theorietraditionen an. Ein Ausgangspunkt war die »Akkumulationstheorie« Rosa Luxemburgs, ihr Hinweis, Kapitalismus benötige zu seiner erweiterten Reproduktion ein »Hinterland«, welches selbst nicht nach Kapitalgesetzen reguliert sei. Raub, Diebstahl, ungerechte Aneignung seien daher permanente Bestandteile kapitalistischer Produktionsweise und nicht bloß – wie Marx dachte – ihrer Entstehungsphase, der sogenannten »ursprünglichen Akkumulation«. Demnach seien Kolonialismus und Imperialismus notwendige Strategien wachsender Kapitalismen und ein (gewalttätig-katastrophisches) Ende angesichts der Endlichkeit der Erde vorhersehbar. Der Gedanke wurde von Eva Senghaas-Knobloch (1976), Claudia von Werlhof (1978), Maria Mies

18 Ich zitiere hier die Vielzahl der Texte zur Hausarbeitsfrage nicht, sondern setze sie als bekannt voraus. Sie sind diskutiert und nachgewiesen in Haug/Hauser 1984 und Dietrich 1984; die Debatte ist neuerlich aufgehoben in Vogel 2003.

(u.a. 1980), Veronika Bennholdt-Thomsen (1981) und später von Christel Neusüß (1985) aufgenommen und umformuliert in die These zweier miteinander verschränkter Verhältnisse: Das Verhältnis der Ersten zur Dritten Welt sei wie das Verhältnis der Männer zu den Frauen zu denken. Die Ausbeutung von Frauen und Dritten Welten sei Grundlage des »männlichen Kapitalismus«. Ausweg und also einzuschlagende Strategie sei die notwendige Rückdrehung des Rads der Geschichte: die Rückkehr zur allgemeinen Subsistenzproduktion.

Problematisch an dieser These scheint mir nicht nur, dass die ihr entsprechende Strategie noch weniger realisierbar ist als alle Träume von sozialistischer Demokratie; sondern zugleich habe ich den Eindruck, dass in der Vorstellung von der bloßen »Mehrarbeit« von Frauen, die sich in den Diskussionen um »Doppelbelastung« und minutiösen Zeitberechnungen niederschlägt, wie viele Stunden welches Haushaltsmitglied bei welcher Arbeit tatsächlich verbringt, Wesentliches übersehen wird. Alle meine Untersuchungen stießen mich immer wieder auf *Widersprüche*, nicht einfach auf ein Mehr oder Weniger, ein Zuviel oder Zuwenig, auf doppelte oder halbe Arbeit.

In meinem »weniger feministischen« Forschungsleben habe ich seit mehr als zwanzig Jahren Veränderungen in der Arbeitswelt studiert und in die Diskussion um die Entwicklung der Automation eingegriffen. Da ging es zunächst – in den siebziger Jahren – um die Frage, ob der Kapitalismus überhaupt noch nennenswert Produktivkräfte entwickeln könne, da die notwendigen Forschungsmittel für Einzelkapitale zu hoch seien, mithin auf gesamtgesellschaftliche Finanzierung gebaut werden müsse. Später, als in allen entwickelten kapitalistischen Industrienationen die Arbeitenden längst mit den Folgen der mikroelektronischen Revolution rangen, sprach man im linken Mainstream von Verelendung und Dequalifizierung. Fast zehn Jahre nach heftigem öffentlichem Streit um Möglichkeiten und Chancen für die Entwicklung der Arbeit und damit der Arbeitenden – eine Frontstellung, welche unsere Forschungsgruppe (Projekt Automation und Qualifikation 1975–1987) verhärtete gegen die Katastrophen, die die neue Produktionsweise ebenfalls für die von ihr Betroffenen mit sich bringt –, begab sich auch die Hauptrichtung der Industriesoziologie (unter der Führung von Horst Kern und Michael Schumann, 1984) auf den Pfad, neue Produktionskonzepte, ein Ende alter Arbeitsteilungen, Entwicklungsmöglichkeiten für Produzenten zu entdecken. Nicht die Einsparung von Arbeit – die Ersetzung lebendiger Arbeit durch Maschinen, soweit unter Kostengesichtspunkten möglich – sollte mehr als Leitlinie profitorientierten Handelns gelten, sondern die Entwicklung des Arbeitenden, seine Motivation, Qualifikation, sein Denken und seine Phantasie. Die Diskussion dauert immer noch an.

Die plötzliche Erleichterung an dieser Front setzte Energie frei für andere notwendige Überlegungen. Sie wandten sich zunächst Schwierigkeiten zu, auf die wir bei der Diskussion unserer Forschung mit betroffenen Arbeiterinnen gestoßen waren. Vielleicht kann man vereinfacht sagen, dass die Produzentinnen uns auf die Bedeutung von Arbeitskultur stießen als eine Dimension von Selbstverteidigung, welche zu den neuen Bedingungen in Widerspruch gerieten, ganz unabhängig davon, ob allgemein die Arbeitsbedingungen sich verbesserten oder nicht. Nicht zuletzt einige Studien aus dem *Centre for Contemporary Cultural Studies* in Birmingham regten uns dazu an, dem Wirken von Geschlechterverhältnissen zunächst in den Arbeitsverhältnissen, dann in Arbeits- und Lebensweise überhaupt nachzugehen und somit die arbeitsteilig getrennten Zweige der Frauenforschung und der Arbeitsforschung zusammenzubringen. Umgekehrt wurde deutlich, wie sehr auch die Untersuchungen zur Entwicklung der Produktivkräfte – etwa die neuere von Kern und Schumann zum »Ende der Arbeitsteilung« – die Dimensionen der Geschlechterverhältnisse und mit ihnen die des Sozialen und des Politischen außer Acht lassen.

Ich habe in einer Kritik an Kern/Schumann (1985) einen ersten Versuch gemacht, mich dem Modell der zwei Zeitlogiken von einer politischen Seite her anzunähern. In die damalige Diskussion um die Verkürzung der Arbeitszeit (die 35-Stunden-Woche stand auf der Tagesordnung) habe ich die Dimensionen des Sozialen (Reproduktion der Menschen und ihre Entwicklung) und des Politischen (Erwerb und Praxis der Kompetenzen, in die Anordnung und die Regulierung der Lebensbedingungen einzugreifen) als Dimensionen von Zeit nachgetragen. Die Losung »vier Stunden Erwerbsarbeit für alle, vier Stunden kulturelle Reproduktionsarbeit, vier Stunden Politikarbeit« war zugleich mein Versuch, die Debatte um die zeitliche Doppelbelastung in der Hausarbeit in eine Frage widersprüchlicher Zeitlogiken zu verschieben. Das Modell sollte die Forderung nach einer radikaleren Verkürzung der Erwerbsarbeitszeit verbinden mit einem Wissen darum, dass in der Tat eine Verlängerung der Arbeitszeit (mit einem anders, weiter gefassten Arbeitsbegriff) dennoch die Folge sein müsste, wenn Menschen in der Lage sein sollen, über die Bedingungen ihres Handelns und über ihre Entwicklung mit zu verfügen.

Oskar Negt drang im gleichen Kontext darauf, Zeit nicht nur als etwas Quantitatives aufzufassen, da Verfügung über Zeit über Entwicklungsräume entscheidet, die Zeitfrage an die Herrschaftsfrage rührt. Negts Buch (1984) beeindruckt nicht nur wegen der produktiven Art, mit der Marx aktualisiert und mit gegenwärtigen alltäglichen Kämpfen verknüpft wird, sondern vor allem, weil er das Augenmerk darauf richtet, das banale Ringen um Minuten, bei denen niemand weiß, für was sie genutzt werden sollen, zu übersetzen in die Frage nach Zeit als Lebenszeit. Aber auch bei Negt ist da trotz aller utopischen Dimensionen und streitbaren Momente wieder diese seltsame Stille, wo es um die Aufnahme jener Momente aus weiblichem Alltag hätte gehen müssen, um die die Frauenbewegung schon so lange streitet, und das, obwohl Negt Fragen einer anderen »Zeitlogik«, derjenigen der Muße, durchaus kennt (vgl. meine Kritik und seine Antwort 1987).

In Umarbeitung der genannten Theoreme versuche ich dagegen, im Ansatz einen Zusammenhang von Produktionsweise und Frauenunterdrückung zu fassen. Wenn der allgemeine Antrieb kapitalistischer Produktionsweise der Profit ist, so treibt das Profitstreben Produktivität voran und damit gesellschaftlichen Reichtum in Warenform. Produktivitätssteigerung verkürzt gesellschaftlich notwendige Arbeitszeit. Als Arbeit gilt dabei, was in der gesellschaftlich anerkannten Form der Lohnarbeit verrichtet wird. Der größte Teil der für das Überleben von Menschen notwendigen Tätigkeiten, die von ihrer Qualität her nicht der Logik der Zeiteinsparung folgen können (dies trifft u.a. auf fast alle Tätigkeiten der Pflege der heranwachsenden Menschen zu), wird »ausgelagert«: Das heißt, auf der ideologisch/kulturellen Ebene zählen sie nicht als »Arbeit«; auf der Ebene der Organisation von Arbeiten heißt dies, dass sie nicht in der üblichen gesellschaftlich anerkannten Lohnform entgolten werden; auf der Ebene der »Gleichheit« der Menschen, dass sie von »Ungleichen« getan werden müssen oder ungetan bleiben. Die schon vor dem Kapitalismus vorhandene Frauenunterdrückung hat die Auftreffstruktur für eine solche Organisation gesellschaftlicher Gesamtarbeit geboten. Zugleich herrschte, diese Überdeterminierung verlangend, die Fiktion, die ganze Gesellschaft sei von gleichen und freien Menschen nach den gleichen Prinzipien von Leistung, Wachstum, Zeiteinsparung und Profit geregelt. Das Problem, dass Menschen sich zugleich frei entscheiden und Unfreiheit wählen, ist so auf den Ebenen von Lohnarbeit und Frauenunterdrückung gleichzeitig in eine lebbare Form gebracht. Insofern können wir davon ausgehen, dass es einen stringenten Zusammenhang zwischen kapitalistischer Produktionsweise und Frauenunterdrückung gibt, dass also Kapitalismus zu seiner Aufrechterhaltung des kontinuierlichen Einsatzes tätiger Menschen bedarf, die nach anderen Logiken von Zeit und in anderen Formen als denen des Lohns tätig sind. (Abstrakt lassen sich Modelle denken, in denen nicht Frauen, sondern andere Gruppen diese Rolle übernehmen[19], doch verkennen solche Spekulationen, dass sich auf Basis der biologischen Ungleichheit der Geschlechter und der historisch »archaischen« Unterwerfung des weiblichen Geschlechts

19 Vgl. etwa Margaret Atwoods *Report der Magd* (1987). Diese Vision einer zukünftigen Gesellschaft teilt die Menschen in ganz andere Gruppen von Versklavten und Herrschenden ein; zur Regulierung muss sie dann allerdings nicht parlamentarisch verfassten Kapitalismus mit seinen bürgerlichen Freiheiten vorsehen, sondern eine Art faschistischer Militärdiktatur.

»Freiheit, Gleichheit und Brüderlichkeit« vergleichsweise umstandslos aufrechterhalten lassen, als seien sie allgemeingültige und realisierte Werte.) – Die patriarchale Struktur wird vervollkommnet durch die Notwendigkeit, das Zueinander solcher unterschiedlicher Zeitlogiken und Tätigkeiten im Gesellschaftsganzen politisch zu regeln, was der Logik der Sache nach Männerbünde voraussetzt. Daher die enormen Schwierigkeiten, Frauen in politische Entscheidungsgremien einzuschließen.[20]

Freilich sind die Kapitalismen selbst durchsetzt von staatlichen Eingriffen, die die einseitige Durchsetzung der Zeitsparlogik abmildern. Aber die Tatsache, dass es auch kapitalistisch betriebene Altenheime, Krankenhäuser etc. gibt, setzt nicht den Verdacht außer Kraft, dass die massive Privatisierung solcher Bereiche zu Lasten der sozialen Qualitäten geht, die, funktionieren diese Institutionen erst einmal profitorientiert, entweder schwinden oder nur noch einer besonders zahlungsfähigen Klientel zugänglich sind. Die Unterscheidung zeitlogischer Sphären stellt die Kritik an solcher Politik in einen weiteren Horizont. Sie eröffnet die Möglichkeit, Über- und Unterordnung der verschiedenen Tätigkeitsbereiche (und der in ihnen tätigen Personen) und ihre kulturell-moralische Legitimierung in ihren Wirkungsweisen zu untersuchen. Geschlechterverhältnisse werden als eine Art Webwerk begriffen, welches keinen bestimmten Ort hat, sondern alle Orte durchzieht. Prüfen wir die Kodierung dieses sozialen »Gewebes«, scheint es mir unabweisbar, Zusammenhänge, Funktionsweisen, Praxisformen, wechselseitige Verstärkungsverhältnisse und Handeln und Verhalten in diesen Verhältnissen zu untersuchen.

Marx schreibt, dass die Menschen in der Entwicklung der Produktivkräfte zugleich ihre Bedürfnisse und also ihre eigene Entwicklung vorantreiben.[21] Problematisch daran scheint mir im Kontext meiner Überlegungen zu den zwei Zeitlogiken der naheliegende Gedanke, dass mithin die

20 Wiewohl allgemein davon ausgegangen wird, dass auch die untergegangenen Staatssozialismen Patriarchate waren, ist es einigermaßen aufklärend zu sehen, wie die Kapitalisierung dieser Gesellschaften bzw. die versuchten Übergänge zu einer Marktökonomie die dort lebenden Frauen aus den Parlamenten verdrängt haben. In Polen sank die Anzahl der Parlamentarierinnen auf die Hälfte; in Rumänien fiel der Prozentsatz von 34,3 auf 3,5 Prozent, in der Tschechoslowakei von 29,5 auf 6 Prozent, in Bulgarien von 21 auf 8,5 Prozent, in Ungarn von 20,9 auf 7 Prozent und in der Ex-DDR von 32,2 auf 20,5 Prozent. Die Zahlen beziehen sich auf die Wahlen von 1990 oder 1991 (nach Watson 1993).

21 Vgl. u.a. MEW 3, 28f, 31, 43, 54, 71; MEW 23, 120, 185, 535: »In den Kulturanfängen sind die erworbnen Produktivkräfte der Arbeit gering, aber so sind die Bedürfnisse, die sich mit und an den Mitteln ihrer Befriedigung entwickeln.« – Marx denkt dies keineswegs durchweg; wo er sich auf »disponible Zeit« bezieht, vertritt er die Auffassung, dass die »Entwicklung der vollen Produktivkräfte der einzelnen, daher auch der Gesellschaft« (MEW 42, 603) erst jenseits der notwendigen Arbeitszeit (als »Schöpfung von Nicht-Arbeitszeit«) möglich sei, es also darauf ankomme, notwendige Arbeitszeit zu verkürzen.

Entwicklung »der Menschheit« dieser Logik einzusparender Zeit folgt, dass Bedürfnisentwicklung sich einem Lebensbezug verdanken soll, der – positiv gesprochen – beständig darüber nachdenkt, wie etwas rationeller zu gestalten wäre. Die bisherige Geschichte der Menschheit scheint dieser Auffassung zumindest in Teilen Recht zu geben. Vieles spricht aber dafür, dass die Effekte von »Entwicklung« auch Destruktion sind. Es geht darum, extensive Zeitverausgabung verlangende Tätigkeiten sichtbar zu machen und ihre subalterne Stellung in den gesellschaftlichen Verhältnissen zu kritisieren. Darüber hinaus geht es um eine Perspektive, in der statt Über- und Unterordnung solcher nach unterschiedlichen Zeitlogiken durchgeführten Tätigkeiten eine Regulierung der gesellschaftlichen Gesamtarbeit ausgehandelt werden kann, die nach sozialen, ökologischen, kulturellen Maßstäben verträglich ist mit dem Überleben von Menschen und außermenschlicher Natur. Ich denke hier nicht sozialromantisch, dass auf Entwicklung der Produktivkräfte verzichtet werden kann und Menschheit dennoch auf »menschliche Weise« im Weltmaßstab überlebensfähig ist, ich halte also nicht sehr viel von den Vorstellungen, Technik sei männlich und also von Frauen abzulehnen; auch nehme ich umgekehrt nicht an, dass eine denkbare Dominanz der zeitextensiven Tätigkeiten des »Hegens und Pflegens« allein die Probleme, die unsere Produktionsverhältnisse schufen, zu lösen imstande wäre, wie dies in einigen feministischen Utopien erträumt wird. Allerdings muss die strukturell mit Frauenunterdrückung zusammenhängende Vorherrschaft des Gewinnerhöhungsmotivs (mit den Effekten von Rationalisierung und Arbeitszeiteinsparung) beschränkt werden zugunsten von »Lebensqualitätszielen«.

Um die Fruchtbarkeit einer solchen theoretischen Skizze zu testen, habe ich einige meiner bisherigen Arbeiten, die mich zur Ausformulierung des Theorierahmens führten, schärfer zu fassen versucht. Das gilt für die Themen Moral, Quote, Leistung, Sexualität und Krieg. Der erneute Durchgang hat den doppelten Sinn, sowohl eigene Arbeiten zuzuspitzen, als auch den Nachweis zu führen, dass Geschlechterverhältnisse in der Tat keinen spezifischen Ort haben, sondern die gesamte Gesellschaft durchziehen. Natürlich kommt keiner der skizzierten Bereiche bei dieser Wiederaufnahme in einer Weise und Ausführlichkeit vor, die für sich selbst stehen konnte: Hinweise mussten genügen, wo die Ausarbeitung nachzulesen ist.

Moral, Sexualität und Krieg

Betreten wir das weite Feld der symbolischen Ordnung um Leben und Tod. So bemerkenswert verschieden die Praxen der Geschlechter auch und gerade in diesen Bereichen sind – Frauen bringen das Leben, unterliegen aber dem Tötungsverbot, umgekehrt Männer (vgl. die Debatten und Praxen um Soldatinnen im Krieg) –, so aufschlussreich sind die symbolischen Artikulationen. Dort, wo es um nichts weniger geht als um so materielle Fragen wie Sein oder Nichtsein, toben die immateriellen Kämpfe um Bedeutungen am heftigsten.

Beginnen wir mit dem an Schule, Kirche, Erziehung schlechthin erinnernden Bereich der Moral. Sie ist die Form, in der handlungsleitende Werte die einzelnen Menschen gesellschaftsverträglich halten, soweit dies nicht Gesetze tun. Himmlisch lehrt sie die Unterscheidung von Gut und Böse und macht so, dass jede(r) Einzelne das Sittengesetz in sich trägt. Soweit Interessen gegeneinanderstehen, wird herrschende Moral uns heißen, das »Oben« anzuerkennen und auf Durchsetzung des »Unteren« zu verzichten. Solche kritische Betrachtung sieht allerdings auf Herrschaftsverhältnisse, als seien sie allein durch ökonomische Interessen bestimmt. Eine Einbeziehung der Geschlechterverhältnisse zeigt erwartete und zugleich auch unerwartete Verschiebungen. Schon ein kurzer Blick in alltägliche Wertformen offenbart: Die universalistisch daherkommende Moral mischt nicht nur die gegensätzlichen ökonomischen Interessen, sie ruft auch die beiden Geschlechter in ihren spezifisch verschiedenen Praxisbereichen zur Ordnung. Tugend, Anstand, Ehre, Schande, Betrug, Tapferkeit usw., sie alle bedeuten für die Geschlechter je Verschiedenes, verweisen auf die Bereiche des Ökonomischen und Politischen auf der männlichen Seite, auf Körper und Sexualität auf der weiblichen (vgl. dazu meinen Beitrag zur zweigeschlechtlichen Moral 1986, in: F. Haug 1990).

Diese »moralische« Orientierung des weiblichen Geschlechts – in unseren westlichen Kulturen zumindest – auf Körper und Sexualität ist umso bemerkenswerter, wenn wir uns dem Bereich der Sexualität nicht einfach bloß als Raum menschlicher Fortpflanzung, sondern der Konstruktion und Bedeutung des Sexuellen in der Reproduktion von Gesellschaft, also unseres kapitalistischen Patriarchats zuwenden. Nancy Hartsock (1983) hat zu Recht darauf verwiesen, dass es unsinnig ist, die Geschlechter selbst als sozial konstruiert anzunehmen, ebenso den Bereich der Sexualität, nicht aber das, was als spezifisch männliche oder weibliche Sexualität gilt. Erst eine solche Historisierung erlaubt es uns, die Aggressivität und Gewalttätigkeit männlicher Sexualität in ihrer Funktion für den Gesellschaftszusammenhang und als Basis auch für Sozialtheorie in befreiender Absicht zur Kenntnis zu nehmen. Feministische Kritik von Natur- und Sozialphilosophie hat lange schon die falsche Verallgemeinerung des Männlichen zum Menschlichen und die damit ebenso fälschliche Besonderung des Weiblichen als Natur kritisch herausgearbeitet. Der Mensch ist nicht nur männlich gedacht; in seiner Männlichkeit entsprechen ihm auch ebenso sozial konstruierte und dennoch für die Lebenspraxen wie für die Theoriebildung wirksame Züge eines defizitären Wesens.

Männliche Sexualität z.B. wird als aggressiv, gewaltsam, einsam und gleichwohl oder deswegen als ein Subjekthaftes angenommen, dem komplementär ein zum Objekt oder bloßen Körper (oder gar nur einem Teil desselben) verfügbar gemachtes Weibliches entspricht. Männliche Sexualität muss von einem eisernen Willen in Schach gehalten werden; ihm kommt daher das Primat an Menschlichkeit zu; während weibliche Sexualität als stete Bereitschaft, ja Gier unterstellt wird, die gleichwohl als bloß Daseiendes keines eigenen Willens bedarf. In diesem Spannungsverhältnis entsteht das Weib als Nicht-Mensch und Körper, der Geistmann als Mensch und Körperüberwinder/-unterwerfer. Solche Konstruktion bestimmt das Natur/Geist-Verhältnis in der abendländischen Philosophie ebenso wie die symbolische Ordnung, die Kriege subjektiv legitimiert, individuelle Kriegsbereitschaft ermöglicht. Die Körper von Weib und Kindern zu schützen, zieht der Mann hinaus in den Krieg, wo er die Körper der Frauen seiner Feinde als rechtmäßige Beute für sich beanspruchen kann. Die »Männlichkeit« des Krieges bedarf der friedfertigen willen- und geistlosen Frauen zu Hause wie draußen. Der Kriegsheld muss sterben wollen wegen des Ruhmes seiner Tapferkeit; zu Hause rühmen den Mann seine unsterblichen Werke. Immer aber geht es darum, den Tod zu überwinden, indem der Körper zuvor schon aus dem Leben gedacht wird. Umgekehrt Frauen: Konstruiert als bloße Körper, als Natur, finden sie sich auch in der Wirklichkeit in unzähligen natur- und körpernahen Praxen. Ihnen obliegt die Sorge für die Menschen – für die Reproduktion der Menschheit wie für die Einzelnen. Es liegt in der herrschenden Konstruktion der Geschlechterverhältnisse, dass alle diese Taten als gesellschaftlich minderwertig gesehen, vergessen und aus der Theoriegeschichte ebenso ausgeblendet sind. In der Sexualisierung des Weibes, die man sich als einen kulturellen Prozess auch selbsttätiger Vergesellschaftung vorstellen muss, ist die Unterwerfung unter den Mann und zugleich gesellschaftliche Marginalisierung eingeschrieben. Der Mann dagegen betritt die Bühne als Wille und Geist, der seine Körperlichkeit als Todesmöglichkeit bekämpft.[22] Er ist Held und werktätig; Natur

22 In unserer Untersuchung über die Angst von Frauen (Haug/Hauser 1991) stießen wir ein weiteres Mal auf den bemerkenswerten Umstand, dass (männliche) Theorien über Angst davon ausgehen, dass die Sterblichkeit der Menschen, also die Todesangst, eine geradezu menschheitsbewegende Befindlichkeit sei. In unseren eigenen empirischen Materialien sahen wir Frauen am meisten geängstigt in Geschlechterverhältnissen, aber auch in Arbeitsteilungen und den dazugehörigen Normalitätserwartungen und in widersprüchlichen politischen Verfügungen; ihre Ängste, ohnmächtig zu sein, waren so groß, dass der Tod demgegenüber als kleines Übel, wenn nicht gar Rettung schien. – In der oben diskutierten *Zauberflöte* wird die Toleranz gegenüber Frauen auch folgerichtig in diesen Zusammenhang des Verhältnisses zum Tode gerückt: »Ein Weib, das Macht und Tod nicht scheut, ist würdig und wird eingeweiht.«

muss schaffend unterworfen und beherrscht werden; er ist stets im Wettbewerb mit anderen. Der Gedanke des Wettbewerbs als Unterscheidung und Identitätsstiftung bestimmt auch die Vorstellungen vom Gemeinwesen in der Geschichte der abendländischen Sozialtheorie.

Man mag zur Psychoanalyse ein skeptisches Verhältnis haben; sicher aber bleibt unbestritten, dass zumindest in unseren westlichen Kulturen die beiden Geschlechter in höchst unterschiedlichen Verhältnissen geschlechtliche Identität finden können. Das Mädchen, das sich als gleichgeschlechtlich mit der Mutter feststellt, findet sich in einer Vielzahl von alltäglichen sinnstiftenden Praxen, die zu seinem Leben gehören. Es wird sich widerständig oder einverständig zu diesen Praxen verhalten. Der Junge, der sich als männlich wie der Vater entdeckt, findet diesen als praxisferne Form, als abstrakte Figur. (Der Vater ist nicht zu Hause, wo er arbeitet, und wo er zu Hause ist, arbeitet er nicht.) Die Identifikation muss als Sprung aus dem Alltag, gegen die gewohnten Körperpraxen erfolgen. Vieles von diesem Vorgang findet sich als »menschliche« Entwicklungsfigur in psychologischen Theorien.

Die verschiedenen Denkmuster und sozialen Konstruktionen sind niedergeschrieben in Literatur und Theorie über Jahrhunderte. Das heißt nicht, dass sie bloßes Papier sind; sie bestimmen auch die Praxen der Geschlechter, ja, was als soziale Konstruktion behauptet wird, wird tatsächlich Wunsch und Begehren Einzelner. Das betrifft beide Geschlechter, die Herrschenden wie die Unterworfenen, eben weil jene Artikulation, die vom Mensch=Mann ausgeht, die herrschende und alle Kultur bestimmende ist. Die Geschichte des weiblichen Menschen bedarf noch eigener Praxis wie theoretischer Artikulation, welche, da sie vom Standpunkt der Unterworfenen ausgeht, der Möglichkeit nach über die Begrenzung des männlich Allgemeinen hinausgehen, wirkliche Allgemeinheit beanspruchen kann. Dafür muss Feminismus wissenschaftlich sein.

Ich fasse die bisherigen Argumente zusammen: Als kapitalistisches Patriarchat bezeichnen wir ein Zivilisationsmodell, in dem sozial konstruierte Männlichkeit mit ihren Formen der Effektivierung, der Konkurrenz, des Wettlaufs gegen den Tod durch die Schaffung ewiger Werke, der Abstraktion vom Lebendig-Körperlich-Alltäglichen sich verbunden haben mit der Regulationsform von Markt und Profit. Diese Gesellschaftsform muss einhergehen mit Frauenunterdrückung und -marginalisierung ebenso wie mit einer Unterwerfung der körperlich Arbeitenden und einer gleichzeitigen Marginalisierung und Vernachlässigung der Bereiche des Sozialen, der Menschheitsentwicklung, des Ökologischen als Verhältnis zur Natur.

Stellvertretung und Quote

Karl Marx hatte auch den unerhörten Gedanken, dass »der wirkliche individuelle Mensch den abstrakten Staatsbürger in sich zurücknimmt«; angezielt war eine Perspektive, in der die Spaltung der Gesellschaft in Regierende und Regierte mit der entsprechenden Unterwerfung und Inkompetenz der Regierten zu verändern sei in größtmögliche kollektive Selbstbestimmung, gerade indem Individualität sich ausbildet. Es ist wichtig, sich solches zu vergegenwärtigen angesichts des Zusammenbruchs von Sozialismen, die im direkten Gegensatz zu solchen Hoffnungen Staatlichkeit geradezu total ausbildeten. In unserem Zusammenhang ist allerdings der bei der berechtigten Kritik am Befehlsadministrativen immer noch übersehene Zusammenhang zu den Geschlechterverhältnissen in den Vordergrund zu rücken. Die »Ver-Anderung« der Frauen zu Gefäßen, Natur, Körpern, Objekten etc., denen gegenüber wahres Menschsein als männliches Eingeweihtsein und Werktätigkeit sich herausbilden konnte, verweist auf den Zusammenhang von Frauenunterwerfung und Stellvertretung, auf das Regieren als eigenes Geschäft, und zwar als eines von Männern. Es ist daher bei einer Analyse jener Staatssozialismen und der Rolle von Partei und Führung auch notwendig, die Frage der Geschlechterverhältnisse grundlegend einzubeziehen. Und es überrascht nicht, dass eine der wenigen Personen in der Arbeiterbewegung, welche sah, dass ein Sozialismus mit einer Partei, die sich selbst als bevormundende Führung begriff, überhaupt kein Sozialismus sein konnte, Rosa Luxemburg, eine Frau war. Die Vorstellungen von Führung und Leitung der »Dummen« und »Unreifen« durch einige Auserwählte durchsetzen die gesamte politische Kultur unserer Gesellschaften.

Wir konnten diesen Paternalismus gut studieren, als die Kämpfe um die Frauenquote noch aktuell waren, d. h. als die unerhörten Probleme, welche die Kapitalisierung der ehemaligen DDR-Wirtschaft aufwirft, noch nicht gänzlich auf Kosten einer Entwicklung der Menschheit zu lösen versucht wurden, d. h. bevor die Frage der »Menschlichkeit« der Frauen wieder in der Tagesordnung nach unten und zugleich nach oben in den Himmel einer moralischen Kategorie geworfen wurde. In der Abwehr der Selbstverständlichkeit, dass das weibliche Geschlecht auf allen Stufen der Gesellschaft ebenso vertreten sein solle wie das männliche und dass insbesondere die Entscheidungspositionen in Politik, Wirtschaft und Wissenschaft paritätisch zu besetzen seien, zeigte sich, welche anderen Selbstverständlichkeiten durch solches Gleichheitsverlangen erschüttert wurden. Wie schon beim Bericht über die Freimaurerideale in Mozarts *Zauberflöte* angedeutet, wird beim Versuch, eine Gleichstellung der Geschlechter durchzusetzen, offenbar, dass die Tugenden und Werte der westlichen Welt – wie Gleichheit selbst, aber auch Freiheit, natürlich Brüderlichkeit – auf der Unterwerfung der Frauen gründen. Dass die behauptete Gleichheit gelebt werden kann, setzt voraus, dass andere als die Gleichen die ungleiche Arbeit tun. Es beginnt bei der Gleichstellungsdebatte tatsächlich mit dem Vorwurf, der Gleichheitsgrundsatz werde verletzt, wenn Frauen gleichgestellt würden. Das ist so widersinnig wie einleuchtend. Frauen müssen als Geschlecht »bevorzugt« werden, wenn Gleichstellung angezielt werden soll. Dass dies als unerhörter Angriff empfunden und gesprochen werden kann, liegt daran, dass die Mechanismen bisheriger Benachteiligung unsichtbar gemacht wurden. Soweit alle Menschlichkeit als soziale Männlichkeit ausgerufen wird, müssen Frauen darin versagen. Das ist besonders deutlich bei der Frage der Leistung, die bekanntlich unsere westliche Welt bestimmt und die den Platz in der Gesellschaft und seine Annehmlichkeiten in die freie Wahl der Einzelnen stellen soll. Da sie also selbstbestimmter Regulator ist, wäre die Quote zugunsten von Frauen ein Verstoß gegen Tüchtigkeit und Freiheit.

Ein massenhafter Einzug von Frauen in den Bereich des Politischen bringt im Grunde unsere symbolische Ordnung und ihre praktische Wirksamkeit ebenso sehr in Erschütterung wie es ihre Verwandlung in Soldatinnen oder in Kirchenobere tut. In den Bereichen aber, wo wirklich Leistung eine wichtige Rolle spielt, in den produktiven Sektoren der Wirtschaft z. B., ist das, was als Leistung definiert wird, die Produktivität der Arbeit (Kraft und Zeit), so durchsichtig männlich – unter Absehung von natürlicher Reproduktion – definiert, dass Frauen wiederum versagen müssen. Schließlich obliegt ihr, dass »er« so funktionieren kann. Die männliche Leistung baut mithin auf Unsichtbarkeit und Nichtberechnung weiblichen Tuns. Letzteres nennen wir nicht Leistung. Eine einfache Ernennung würde das Spannungsverhältnis kaum entlasten. Denn mit ihm einher geht ja eine allgemeine gesellschaftliche materielle Geringschätzung und immaterielle Erhöhung weiblichen Tuns, die mit weiblicher Zustimmung rechnen können. Frauen bezeichnen und erfahren ihre eigenen Taten nicht als Leistung. Es kann kaum darum gehen, alle gesellschaftlichen Tätigkeiten dem gleichen Prinzip zu unterwerfen. Vielmehr wären die Maßstäbe aus den verschiedenen Bereichen in eine Anordnung zu bringen, welche die Entwicklung menschlicher Gesellschaft erlaubt: ökonomisch, ökologisch, sozial.

Es muss kaum extra betont werden, dass eine Quote, welche Frauen in größerem, ja den Männern gleichem Umfang in alle Positionen bringt, das hohe Prinzip der Brüderlichkeit ganz und gar ausschließt. Indem Männer sich auf Frauen immer als auf Sexualkörper zu beziehen gewohnt sind, können sie diese ja nicht nur nicht als Gleiche erkennen; auch die Beziehungen von Mann zu Mann, die brüderlichen, bleiben davon nicht unberührt.

Und dass Freiheit sich schließlich auf Selbstbestimmung in einer Weise bezieht, dass zu ihrer Wahrnehmung man schon eingeweiht sein muss, dazugehören und die Regeln kennen und auf andere anwenden, verwirrt sich mit der Zumutung der Quote für Frauen zu einem systemwidrigen Verlangen nach Zwangswirtschaft.

Das Netz

Die wenigen Bereichsdurchquerungen haben gezeigt, dass die alten Streite um Ursprung und Ort von Frauenunterdrückung notwendig zu hilflosen Strategien der Befreiung führen mussten. Es kann nicht darum gehen, ob »das Kapital« »die Frauen« am meisten unterdrückt und daher mit seiner Abschaffung sich Frauenbefreiung von selbst ergäbe oder ob es Männerherrschaft allein sei und daher mit deren Bekämpfung befreites Land zu erreichen wäre. Es geht nicht um die Verortung von Frauenunterdrückung entweder in der Familie oder in der Erwerbsarbeit oder in der Politik. Es geht um nichts weniger als um das Ganze. Ich habe zu zeigen versucht, dass kapitalistisches Patriarchat eine Produktionsweise ist, deren Regulationsprinzipien auf Frauenunterwerfung gründen. Die herrschende Ökonomie mit Tausch, Markt, Profit, Wachstum setzt auf eine umfassende Ausbeutung nicht nur erwerbstätiger Arbeitskraft, sondern ebenso anderer (Dritter) Welten, die nicht nach den gleichen Prinzipien produzieren, und auf Vernachlässigung der Sorge um Leben und ihre Überantwortung an Menschen, die dies aus Liebe, aus »Menschlichkeit« tun und daher nicht als »Gleiche« behandelt werden können. Ebenso ist die symbolische Ordnung, sind die Bereiche von Kunst und Wissenschaft, ist das gesamte Zivilisationsmodell durchdrungen und legitimiert durch solche Geschlechterverhältnisse als Produktionsverhältnisse. Das betrifft auch die Subjekte selbst als Persönlichkeiten. Frauen können daher in diesen Verhältnissen nirgends einfach als Menschen auftreten. Sie finden sich nicht in wechselnden Verhältnissen einmal mit, einmal ohne Herrschaft und Unterwerfung, je nachdem, ob es sich um kulturelle, politische, ökonomische, familiäre Bereiche handelt. Immer und überall leben sie in Geschlechterverhältnissen. Es gilt daher, das Leben auf allen Ebenen zu verändern, um es menschlich zu gestalten.

Die Neue Mitte – Bewegungsmöglichkeiten im Neoliberalismus

Seit 1997 haben in verschiedenen europäischen Ländern sozialdemokratische Parteien nach einer mehr als zehnjährigen Oppositionszeit die Regierung übernommen. Ihre Politik wird unter der Frage besichtigt, wie sie in den Neoliberalismus eingreift und was dieser aus ihr macht. Grundlage der Analyse sind das Buch des Vordenkers der britischen Sozialdemokraten Anthony Giddens (deutsch 1999), das unter dem Namen Schröder/Blair-Papier in die Diskussion gekommene Manifest der deutschen und britischen Sozialdemokraten und die Antwort aus der PDS von Gregor Gysi; einbezogen wird auch das im Oktober 1999 erschienene Buch von Oskar Lafontaine. Hintergrund ist zugleich die Politik Bill Clintons, ohne den das Agieren der sozialdemokratischen Parteien Europas kaum verständlich wäre.[23] Sowohl die Thesen von Schröder/Blair als auch die von Gysi sind als eine Politik zu analysieren, die in den Widersprüchen des globalen Neoliberalismus »sozial« und »demokratisch« Zukunft gewinnen will.

Abschied von der Sozialdemokratie

Kaum an der Regierung, haben die Sozialdemokratien insbesondere Deutschlands und Englands klargemacht, dass sie besser als die Konservativen in der Lage sind, dem Neoliberalismus zum Zuge zu verhelfen. Als erste Vorbedingung sagten sie sich von einigen alten fesselnden Dimensionen los.

Für mehr Bewegungsfreiheit möchte sich z.B. Anthony Giddens von folgenden Altlasten befreien: von Karl Marx; von dem Anspruch, »linke« Politik betreiben zu wollen, und vom Sozialismus, der sich aber auch von selbst erledigt habe; von der alten Version des Wohlfahrtsstaates und vom alten Verständnis von Gleichheit und Staatseinmischung.

Schröder/Blair, die solche Gedanken ins Pragmatische übersetzen, wollen das Etikett »links« beibehalten, füllen es jedoch neu: Links sein heißt zunächst Befreiung von »ideologischen Einengungen«, die Aufgabe, Unternehmen prosperieren zu lassen, in Humankapital zu investieren für »eine wissensgestützte Wirtschaft der Zukunft«; »Einsehen, dass es keine lebenslangen Arbeitsplätze mehr geben wird«; schließlich auch umweltpolitische Verantwortung übernehmen, primär durch Förderung neuer Technologien,

23 Einen lesenswerten Bericht zu Clintons »Drittem Weg« findet man bei Faux (1999).

die weniger Ressourcen brauchen und angeblich Arbeitsplätze schaffen. Links sein inseriert sich als mehr Leistung, Effizienz, Wettbewerb.

Mit solchen Metamorphosen und Rekonstruktionen empfehlen sich die Hauptvertreter europäischer Sozialdemokratie als »Neue Mitte«, als »Dritter Weg«, als wahrhaft »Soziale Demokratie«.

Das Schicksal des Arbeiterbewegungssozialismus und das sozialdemokratische Projekt

Während die kapitalistischen Länder im globalisierten Neoliberalismus wie mit unsichtbarer Gewalt auseinandergerissen werden in einen Teil, der immer ärmer wird, ungebraucht, Abfall, und einen, der strahlender und reicher wird – in einem Land wie Mexiko, das zu den ärmsten der Welt gehört, mit ungeheurem Massenelend, hausen zugleich die 14 reichsten Männer der Welt –, formiert sich eine »Neue Mitte«, bereit, solches Auseinanderdriften zu stützen und zu fördern. Aber was könnte eine Mitte in einem Spannungsfeld sein, das auf die Besetzung von Rändern zutreibt? Ist Hegemonie unter neoliberalen Bedingungen überhaupt aus der Mitte zu gewinnen, oder war nicht gerade die Vorstellung eines soliden Mittelfeldes Kern fordistischer Wohlstandsmehrung? Kurz, jagen die Sozialdemokraten der westlichen Welt nicht einer Schimäre nach, die sich vor ihren Augen und mit ihrer Hilfe verflüchtigt, während sie selbst mit zerrissen werden? – Die Kommunalwahlen in der BRD und die Europawahl 1998 scheinen dieses Bild zu bestätigen. Bis zu 15% der Wählerstimmen verloren die Sozialdemokraten an die Ränder. Die Mitte, als deren kraftvolle Vertreter sie sich strahlend behaupteten, schrumpft.

Machen wir uns auf die Suche nach einem inhaltlichen Projekt, welches die Sozialdemokraten von den Konservativen trennen könnte und welches die Perspektive einer »guten Gesellschaft«, als die wir das sozialistische Projekt hier bezeichnen wollen, zumindest diskutierbar macht. Ich beginne im Bereich der Politikberatung und gehe dann zu den Programmen der Politiker über.

Anthony Giddens

Zunächst zur Methode seines politischen Schreibens: Giddens versucht Hegemonieverhältnisse zugunsten der blairschen Sozialdemokratie zu verschieben. Dafür betreibt er, was man heute »diskursive Politik« nennt. Er ruft die festsitzenden Werte, die Vorurteile, die Gewohnheiten auf und verschiebt sie in ihrer Bedeutung hin zur gewünschten Veränderungsbereitschaft. So erscheint der Neoliberalismus als die Stunde der gewendeten Sozialdemokratie, weil sie anders als der konservative Flügel nicht in dem

Widerspruch gefangen sei, einerseits für freie Marktwirtschaft zu plädieren, andererseits in Sachen Familie, Moral, Nation fundamentalistische Einmischungspolitik zu verfolgen. Wer etwas Altes abbauen und durch Neues ersetzen will, muss sozialdemokratisch vorgehen. Damit »befreit« Giddens den Begriff des Sozialdemokratischen, der europaweit voller behäbiger negativer Konnotationen steckt. Exemplarisch dafür ist das Zusammendenken von Sozialdemokratie mit *Wohlfahrt.* Dies, so beweist Giddens, sei historisch falsch, weil Wohlfahrt ein bismarcksches Produkt zur Befriedung der Arbeiter war. Und Wohlfahrt sei zudem konnotiert mit Not, Krankheit, Unwissenheit, Elend, Faulheit und Krieg. Dabei geht es ihm nicht darum, die Sozialdemokratie gegen Wohlfahrt zu richten, sondern vielmehr den Begriff und die Erwartungen an ihn umzugestalten. Auch dies geschieht sprachlich. Wohlfahrt soll im Kontext von Eigenleistung artikuliert werden. Es soll einsichtig werden, dass »Beratung manchmal hilfreicher als direkte finanzielle Unterstützung« ist (137).

Arbeitslosigkeit wird umgebaut in Zeit für Qualifikation. *Risiko* ist nicht Gefahr, sondern Lebenselixier:

> »Effektiver Umgang mit Risiken bedeutet, die dispositive und belebende Seite des Risikos aufzugreifen und die Ressourcen zur Verfügung zu stellen, um Risiken eingehen zu können« (136).

Der Umkehr in der gefühlsmäßigen Besetzung des Begriffs folgt als Anwendung eine Aufweichung der Zielstruktur. Als Risiko wird gleichermaßen bezeichnet, einen neuen Arbeitsplatz anzunehmen oder ein neues Unternehmen zu gründen.

Dem Ringen um die Besetzung der Begriffe in den Köpfen und Herzen der Menschen folgt die Vorstellung des eigenen Projekts in Bezug auf die alten, jetzt für eine erneuerte Sozialdemokratie gewendeten Werte. Immer geht es darum, den gewohnten und von konservativer Seite gestützten Wert nicht etwa konfrontativ auszuhebeln, sondern ihn verändernd zu übernehmen. So die *Familie.* Giddens lässt keinen Zweifel, dass er und die »Neue Mitte« die Familie für die elementare Grundeinheit der Gesellschaft halten. Er formuliert zugleich um: »Die Familie ist die grundlegende Einheit der Zivilgesellschaft« (106). Diese kleine Änderung macht es möglich, Familie nicht einfach als Versorgungseinheit zu sehen, sondern als Teil von Demokratie. Familie wird die Form, in der sich Gesellschaft generationsübergreifend als Zivilgesellschaft reproduziert. Mit dieser Bestimmung will er für die Krise der Familie eine Lösung suchen, die sich mit Zukunft verbindet und die konservativen Fallen vermeidet. Die Phänomene: Die Familie, in der uns am ehesten gegenwärtigen Form als Elternpaar mit Kind, ist prekär, vom Zerfall bedroht. Die Daten: hohe Scheidungsraten, wachsende Zahlen alleinerziehender Mütter, viele von ihnen in großer Armut, 50 % der Kinder wachsen bereits nicht mehr mit ihren leiblichen Eltern auf. Immer weniger Paare heiraten. Zu diesen problematischen Erscheinungen kommen positive, die gleichfalls die Familie alter Form zersetzen: die zunehmende Gleichheit zwischen den Geschlechtern, erfahrbar als »Vordringen von Frauen auf den Arbeitsmarkt«; geänderte sexuelle Erwartungen und Verhaltensformen und ein neues Verhältnis von Arbeit und Zuhause (107). Gegen solche Phänomene versuchen die Konservativen mobilzumachen. Sie propagieren den Familienerhalt, wo die reale Zersetzung eine andere Sprache spricht; Vaterlosigkeit halten sie für den Grund von Kriminalität, Teenager-Schwangerschaften, Kindesmissbrauch, Gewalt gegen Frauen. Sie plädieren daher für eine Verschärfung der Scheidungsgesetze, wenngleich das Schicksal der in zerrütteten Beziehungen Lebenden voraussehbar schlecht ist. Sie propagieren monogame Heterosexualität und ächten homosexuelle Lösungen, wenngleich die Praxis längst anders entschieden hat. Sie sind zudem gegen soziale Unterstützung von Alleinerziehenden.

Giddens konfrontiert die konservative Familienideologie mit der Realentwicklung. Er verweist zugleich darauf, dass die alte Familie auf der Ungleichheit der Frauen beruhte, sie daher bei zunehmender Gleichheit ihre Grundlage verlieren müsse. Auch sind Kinder kein ökonomischer Nutzen mehr, sondern bedeuten erhebliche Kosten. Gerade in den traditionellen Familien gab es zudem Missbrauch und Gewalt. Auch in der Frage der Familie schreibt Giddens die Neuordnung als eine Terrainverschiebung. Auf der als elementar und bedeutsam verkündeten Leerstelle Familie gilt es nicht alte Bestände zu retten und zu bewahren, sondern aus Gegenwärtigem Zukunft neu zu gestalten, und zwar mit selbstbestimmter Initiative von unten. Dies geschieht, indem die Familienaufgabe auf die Frage der Qualität des Generationenvertrags reduziert und entsprechend entideologisiert wird. Wie soll die kommende Generation groß werden und wie die Elterngeneration altern? Ein nochmaliger Blick auf die vorhandenen Praxen zeigt: Es ist derzeit schlecht geregelt. Kinder wachsen nicht geschützt und behütet auf; die sie meist versorgenden Mütter sind arm. Daher ist auch die Frage der Alleinerziehung nicht moralisch, sondern vom Standpunkt der Beteiligten zu problematisieren. Giddens schlägt für die neue Sozialdemokratie in allen Streitpunkten die progressivste Lösung vor: Scheidungsgesetze sollten nicht verschärft, sondern im Gegenteil erleichtert werden; homosexuelle Paare sollten als Paare leben dürfen und selbstverständlich Kinder großziehen können. Müttern sollte die Berufstätigkeit erleichtert werden, und Vätern sollte der Zugang zu Kindern nicht verwehrt werden, im Gegenteil sollten sie heftig in die Verantwortung gezogen werden. Unter dem Strich bleibt, jeder sollte ohne Staatseinmischung leben, wie er oder sie will; aber in der Frage der Kinder braucht es Verpflichtung und Verantwortung. Giddens' Vorschlag ist ein Elternschaftsvertrag, der von Ehe- oder Familiengründung unabhängig wäre.

> »Eine vertragliche Verpflichtung gegenüber einem Kind könnte also von der Ehe getrennt und von beiden Eltern rechtsverbindlich eingegangen werden, wobei unverheiratete und verheiratete Väter die gleichen Rechte und Pflichten hätten« (113).

Das untergräbt Idee und Praxis des Begriffs »Alleinerziehende«. Neue Begriffe wie Elternarbeit, Kinderfürsorge werden ins Spiel gebracht. Die Loslösung des Paares aus konventionellen Vorstellungen und Bindungen soll die Befestigung einer unbedingten Verpflichtung auf mögliche Kinder erlauben. Elternschaftsverträge sollen sich auf Fragen des Wohnens, der Pflege, der Schularbeiten – kurz, der Gesamtverantwortung in der Zeit erstrecken. Diese Inszenierung begreift Giddens als Leben der Zivilgesellschaft. Ziel ist, die Familie zu demokratisieren wie die Gesellschaft. Das schließt das Mitspracherecht der Kinder ein; Konsensregelungen werden übliche Kommunikationsformen. Es bedeutet, dass Familie auch gelernt werden muss. Kriterien für die demokratische Familie sind: Gleichberechtigung bei Emotionen und Sexualität; wechselseitige Rechte und Verpflichtungen in Beziehungen; Erziehung als gemeinsame Aufgabe; lebenslange Elternschaftsverträge; erworbene Autorität gegenüber Kindern; Pflichten der Kinder gegenüber den Eltern; die in das soziale Umfeld eingebettete Familie (114), die sich in Gesellschaft hineinbegibt und nicht abschließt, also »Inklusion« statt »Exklusion«. Die Familie wird »Quelle sozialen Zusammenhalts« (116). Giddens schlussfolgert: Die Demokratie in der Gesellschaft ähnelt der in der Familie mit ihren Kriterien formale Gleichheit, individuelle Rechte, gewaltfreie öffentliche Diskussion der Probleme und Entscheidungsbefugnisse (111). Der Staat stütze die eigenen Grundlagen, indem er das Gleichgewicht von Verantwortung und Selbstbestimmung propagiere. Flexibilität und Anpassungsbereitschaft würden nicht nur am Arbeitsplatz gefordert, sondern auch in der Familie und in Eheverhältnissen.

Die Politik um Familie ist exemplarisch für Giddens' Projekt des *Dritten Wegs*. Statt Reformen der alten Strukturen auszuarbeiten, löst er die alten Formen aus ihrem Funktionsrahmen und überführt sie in ein Feld, in dem sie zugleich einen anderen, mehr subjekthaften Status bekommen und der Staat finanziell entlastet wird. Das Umdenken stößt sich nicht mehr an kleinlichen Berechnungen, etwa an der Höhe des staatlich gewährten Kindergeldes, sondern kann sogleich beginnen, den neuen Raum Familie als Zivilgesellschaft selbstverantwortlich zu füllen.

Das eröffnet einen Diskursraum, in dem generell über *Bildung* als Anliegen der sozialen Demokratie gesprochen werden kann. Unter Bildung wird nicht die kurzatmige, direkt auf Beruf und Wirtschaft bezogene verstanden, sondern eine stabile Grundvoraussetzung für sich ändernde Verhältnisse, das lebenslange Lernen demokratisch eingriffsfähiger Bürger. Giddens verspricht, an »alten sozialdemokratischen Werten« wie Gleichheit und Gerechtigkeit festzuhalten, verschiebt aber auch diese sogleich. Da der Staat positive »Wohlfahrt« leiste, könne gerecht nur heißen, dass ein jeder die Chance bekommt, nicht vom Staat abhängig zu sein (ein zentraler Begriff ist hier der der Unehrenhaftigkeit). Stattdessen hat jeder ein Anrecht auf Selbstbewusstsein und eben Bildung, um gesellschaftliche Verantwortung überhaupt wahrnehmen zu können.

In diesem Kontext ist auch der gängige neoliberale Diskurs um Arbeitslosigkeit verschoben. Nicht die Deregulierung der Arbeitsmärkte könne Abhilfe schaffen (hier zeigt er in einem Ländervergleich, dass es keine positive Korrelation zwischen Deregulierung und sinkender Arbeitslosigkeit gibt), sondern Arbeitslosigkeit hänge zusammen mit unbegrenzten Sozialleistungen und schlechter Ausbildung. Daher heiße »Dritter Weg« Investition in Humankapital, Beförderung von Risikoverhalten. Das Fazit lautet, nicht die große Wirtschaft und nicht der Staat könnten Arbeitslosigkeit mindern, sondern nur die Eigeninitiative. Wohlfahrt betreffe alle, nicht nur die Notleidenden, sodass die »kosmopolitische Erwerbsgesellschaft« durch Selbstbestimmung, Initiative und das daraus angeblich resultierende Wohlergehen ausgezeichnet ist (149).

Von klärender phantasievoller Kälte ist auch Giddens' »Befreiung« der weitgehend zähen *Rentenreformpolitik*. Er verschiebt die Problematik sofort von der Kostenfrage auf die Rente beziehenden Subjekte. Seine vorausgeschickte schonungslose Besichtigung der Alterspyramide und der Staatskassen hat das Ergebnis: Bei immer mehr Alten kann die versprochene Rentenerwartung gar nicht garantiert werden. Hier stünden die Staaten vor dem Ruin. Für England beispielsweise gelte:

> »Ein Mann, der 1998 50 ist und den Arbeitsmarkt mit 65 verlässt, wird eine Rente erhalten, die etwa 10% des durchschnittlichen männlichen Einkommens entspricht« (138f.).

Giddens hält die bislang diskutierten kombinierten Modelle von öffentlichen, beruflichen, privaten Rententöpfen für unbrauchbar. Er verschiebt das Thema in die Frage nach der Bedeutung von Alter. Dabei diskutiert er: den vielfachen Willen zur Weiterarbeit, den möglichen gesellschaftlichen Nutzen der Einbeziehung von Alten, deren Möglichkeiten, ihre Selbstbestimmung. Alter wird als eine neue Form von Risiko[24] bezeichnet, auf die

24 In seinem Beitrag zu Giddens und Bourdieu hebt Callinicos (1999) zu Recht kritisch hervor, dass Giddens durch die Ausdehnung des Risikobegriffs vom Mensch-Natur-Eingriff auf die Finanzmärkte einer Naturalisierung der Letzteren den Weg bereitet; auf der anderen Seite vermag er an der diskursiven Politik Giddens' keine weiteren Stärken zu entdecken, ja im Vorschlag, das Rentenalter abzuschaffen, sieht er keine Realproblematik, sondern nur mehr Wortzauber am Werk.

die alte Politik sozialer Sicherheit nicht eingestellt sei. Rente sei ein bürokratischer Zwang. Sie schaffe Abhängigkeit, konnotiere Untauglichkeit, zerstöre Selbstachtung. Sein Fazit: Das Rentenalter ist abzuschaffen. Die Kompetenzen der Alten sollen gesellschaftlich genutzt werden. Es soll ihnen Freiheit eingeräumt werden, selbst zu bestimmen, wann sie eine Rentenzeit für sich planen, die wiederum auch vom biologischen Alter nicht mehr abhängen sollte. Man könne eine Rente in der Jugend zu Bildungszwecken benötigen, im mittleren Alter wegen anderer Pläne, für Kinderzeiten oder was immer. Voraussetzung sei ein Rentenfonds, in den alle einzahlen. Alter sei so kein Ghetto mehr. Alter dürfe nicht »Rechte ohne Pflichten« bedeuten, sondern den fortgesetzten Versuch, »nützlich zu sein« (141).

Dieses ambivalente Prinzip der Verlagerung gesellschaftlich problematisch gewordener Fragen in die Verantwortung, die Selbstbestimmung, die Initiative der Einzelnen, charakterisiert den »Dritten Weg«. Es baut die Fragen von individueller Teilhabe, sozialer Gerechtigkeit und Gleichheit ein und löst sie auf eine den Staat und seinen Haushalt wenig belastende Weise. Was billiger für den Staat ist, kann auch befriedigender für Einzelne sein, ein Beitrag zu Freiheit und Demokratie. Wiewohl häufig an der Grenze zur zynischen Preisgabe, wo man seine Vorschläge auch als Abschaffung der Arbeitslosenhilfe oder der Rente lesen muss, sieht Giddens allenthalben Ausnahmeregelungen vor, die allerdings nur akuter Not wehren, nicht auf Dauer gestellt werden sollen. Durch derartige Züge ist das Projekt auch ein Sprung nach vorn und so zu diskutieren. Allerdings scheint es alle wesentlichen Fragen von Gesellschaft in eine ungenannte Grauzone zu verlagern, unterhalb deren die Einzelnen sich einrichten sollen. So fehlen die Thematiken der gesamtgesellschaftlichen Produktion, der Produktionsverhältnisse, also der Kapitale, ihrer Strategien, ihrer Profite, die Frage der Finanzmärkte, die internationale Arbeitsteilung, Ausbeutung, Massenelend, Hunger und Kriege. Die angestrebte neue soziale Demokratie wirkt insofern auch ein wenig wie eine demokratische Kindergesellschaft, die von den Welthaien der Politik und Wirtschaft noch nichts zu wissen braucht.

Was also meint »Dritter Weg«? In den Worten von Giddens bezeichnet er das neue Projekt nach dem Ende von Sozialismus und dem Ende der Alternative von links oder rechts als neue Lösung für die Fragen der Gerechtigkeit, der Selbstbestimmung, des Verhältnisses von Individuum und Gesellschaft (81). Das Motto »Keine Rechte ohne Pflichten« ist eine Losung, die den Spannungsbogen zwischen gesellschaftlicher Solidarität und zunehmender Individualisierung aushalten soll. Keine Entscheidung ohne demokratisches Verfahren, weder in der Familie noch im Staat, der Nation oder der Regierung – und selbst in dieser Reihung fehlen die Wirtschaftsmächte.

Schröder und Blair

Kommt man von den einigermaßen konsistenten und phantasievollen Ausführungen Giddens' auf die Ebene ihrer politischen Übersetzung durch Schröder und Blair, wird es seltsam leer. Nur einige wenige Formeln scheinen vom Gesamtentwurf geblieben, so im Wesentlichen die Rede von den Rechten und Pflichten.

Die Thesen sind so weitgehend bekannt und auch von allen Seiten kritisiert, dass es an dieser Stelle genügt, einige wenige Punkte zu erinnern. Zunächst wird nicht an der Bedeutung der Worte gearbeitet, keine politische Strategie ihrer Verschiebung entworfen, werden keine neuen Verbindungen geknüpft. So ist es auch kein »modernes politisches Papier«, das um Hegemonie bemüht ist, sondern es beschränkt sich auf die Verkündung von Forderungen und Vorhaben, die man auch aus christdemokratischen Programmen oder denen der Liberalen kennt. An die Stelle sorgfältiger Bedeutungsarbeit treten Schlagworte, die sich allesamt anhören wie Wahlplakate, etwa »Wirtschaftliche Dynamisierung, Freisetzung von Kreativität und Innovation usw.«.

Die Einzelnen, die bei Giddens im zentralen Feld der werbenden Eingriffe waren, tauchen im Schröder/Blair-Papier eher selten auf, und wenn, dann im negativen Kontext von Kosten, Mittelmäßigkeit, Ignoranz. Dagegen stehen leuchtend die Werte der Sozialdemokraten: Leistung, Erfolg, Unternehmergeist, Eigenverantwortung und Gemeinsinn. Die Liste kann in jedem Wahlprogramm jeder Partei stehen außer in dem einer sozialistischen, die noch etwas zu erkämpfen hat und nicht bloß Sieger mit trainierten Ellenbogen besingen will.

Eines der Hauptprobleme der Thesen ist, dass die Autoren die Widersprüche des Neoliberalismus, also die Dimensionen, die ihn auch zustimmungsfähig machen, in keinem Punkt aufnehmen, sondern paternalistisch-sozialdemokratisch im Verkündungston bleiben, sich dabei aber zugleich den Wirtschaftsinteressen anschmiegen, sodass schließlich alle Selbstbestimmungsdimensionen, die das liberale Modell auszeichnen, zu von oben aufgedrückten Pflichten verkommen. Der Einzelne ist noch gar nicht ausgemacht, schon wird er zur Pflicht gerufen: Er hat Verantwortung für »Familie, Nachbarschaft und Gesellschaft«. Diese könne nicht an den Staat delegiert werden. Die Verpflichtung bleibt Drohgebärde, weil Verantwortung für Gesellschaft im Großen gar nicht gemeint ist, Nachbarschaften und ihre Obligationen kaum noch existieren und Familie eben grundlegend im Umbruch ist. Unsinnigerweise setzt also die Anrufung zur Verantwortung auf bereits geräumte Posten. So geht es weiter. Mangelnde Verantwortung gegenüber Nachbarn führe zu steigender Kriminalität und Vandalismus.[25]

25 Wegen der starken Verbreitung als Manuskript/Flugschrift per Internet wurde in den

Das Papier folgt durchweg der Methode, das, was hätte problematisiert werden müssen – Familie, Nachbarn oder lokale Gruppen, Gesellschaft –, an die Einzelnen abzuschieben. Von Giddens wäre immerhin zu lernen gewesen, solche Orte auch als zu gestaltende zu politisieren. Ohne Zensur gehen die Hauptposten neoliberaler Politik – das Bekenntnis zum Wettbewerb, zum Markt, zu Wachstum, zu Produktivität, zum »Spiel der Marktkräfte«, zum wirtschaftlichen Erfolg – in die Thesen ein. Redundant wird angekündigt: Liberalisierung des Welthandels, Abschied von dem wirtschaftsfeindlichen Ziel, »Unternehmer hoch besteuern zu wollen«. Der Übereifer, »in der Mitte zu stehen«, drängt Kapital und Arbeit eng zusammen – beide sollen weniger Steuerlasten tragen. Solche unglaubwürdigen Formeln stiften immerhin dazu an nachzudenken, wer sonst noch für die Staatsausgaben aufkommen kann. Auch in Bezug auf die Politik zur Arbeitslosigkeit unterscheidet sich das Schröder/Blair-Papier auf fragwürdige Weise von den Ideen des Theoretikers im Hintergrund. Zwar werden Arbeitslose ebenfalls als Menschen gedacht, denen zu mehr Qualifikation verholfen werden soll, aber diese soll nicht eine verbesserte allgemeine Ausbildung, sondern »das zur Verfügung stehende Arbeitskräfteangebot« vermehren. Der Standpunkt von oben, von Unternehmertum und Staat, ist dermaßen selbstverständlich, dass es nicht einmal auffällt, wenn die Einzelnen derart zur Verfügungsmasse schrumpfen, die besser verwendet werden kann. Auch das bei Giddens geforderte »lebenslange Lernen« ist herunterbuchstabiert zur Qualifikationssteigerung und Ausschöpfung der Fähigkeiten für die vorhandenen Arbeitsplätze.

Das »in der Mitte sein« konkretisiert sich darin, es den Unternehmern recht zu machen, nicht Gesellschaft neu zu denken, sondern nur die Stellung der Sozialdemokratie in ihr.

Generell figuriert die »dynamische Arbeitsplätze schaffende Wirtschaft« als ein zentrales Supersubjekt, das wie ein Gott von oben den Segen verteilt, statt dass umgekehrt von den Menschen in Gesellschaft ausgegangen würde, geprüft, wie sie ihr Leben produzieren, wie sie arbeiten und das Leben genießen können. Die Fixierung auf eine »Wirtschaft«, die Arbeitsplätze schafft, macht eine Gesellschaft undenkbar, in der Zeit auch anders verbracht werden könnte als in Lohnarbeit.

Auch Schröder/Blair möchten auf die Initiative der vielen Einzelnen setzen, nur gelingt ihnen auch hier keine auch nur annähernd basisdemokratische Lösung. Sie denken sich viele »neue Unternehmer« als selbständig Tätige. Dazu fallen ihnen Ärzte, Anwälte und Handwerker ein, die doch schon lange selbständig tätig sind, und modern fügen sie noch Unternehmensberater,

Schröder/Blair- wie in den Gysi-Thesen auf die Seitenangabe bei den Zitaten verzichtet, weil es keinen allgemeinen paginierten Bezugstext gibt.

Kulturschaffende und Sportler hinzu, die sie aus dem Fernsehen kennen. Alle sollen Steuererleichterungen gewährt bekommen und geringere Lohnnebenkosten für ihr Personal haben. Diese ärgerlichen Einseitigkeiten lassen sich auf allen Ebenen durchbuchstabieren. Z.B. gab es bei Giddens keine Arbeitslosen mehr, weil sie in seinem Projekt allesamt Gesellschaft umgestalteten. Diese Vorstellung wird bei Schröder/Blair reduziert auf den Gedanken, dass sie einfach kein Geld mehr bekommen. Und ganz im Fahrwasser der Mainstream-Vorschläge soll jeder Arbeitslose gezwungen werden, jede Arbeit anzunehmen, da sie ein Übergang in die Beschäftigung sein könne. Dies als Vorbereitung für die Akzeptanz eines Niedriglohnsektors.

Anders als bei Giddens heißen die modernen Sozialdemokraten bei Schröder/Blair allerdings weiter »wir Linken«. Links soll von Ideologischem gereinigt werden und in Zukunft im Wortfeld »aufrichtig und pragmatisch« angesiedelt sein. Inhaltlich bedeutet also links sein, wie oben zitiert, »Unternehmen prosperieren« zu lassen und für eine Wissensgesellschaft auszubilden. Kurz, die Worte benehmen sich wie Verwandlungskünstler gewissenloser Art, sodass auch Sprechen und Schweigen das Gleiche scheint. Fast alle erwähnten konkreten Posten sind so fern von einem sozialdemokratischen Projekt, dass nur in kurzer Aufzählung an sie zu erinnern ist. Z.B. sollen die Lohnnebenkosten gesenkt werden, indem der Staat dafür die Umweltsteuereinnahmen ausgibt, als gäbe es an der Umwelt nichts zu finanzieren. Staatliche Kontrollen sollen gewährleisten, dass keiner zu Unrecht Erwerbsunfähigkeitsrente bezieht, dabei kein Wort zu den Milliarden verschobener Unternehmersteuern. Hinter »gemeinsamen Zielen in der Sozial- und Arbeitsmarktpolitik« verbergen sich Anstrengungen gegen Betrug und Verschwendung.[26] Nicht einmal die Diskussion des Entwurfes ist als demokratische Veranstaltung geplant. Der Text, von den Autoren »eine Vielfalt unserer Ideen« genannt, soll von »Ministern« besprochen, von »politischer Führung« europaweit diskutiert werden, »Fachleute und Vordenker« sollen sich seiner in Diskussionsrunden annehmen. Die neuen Sozialdemokraten kamen durch telekratische Wahlkampagnen an die Regierung. Darin scheint sich ihr Programm zu erschöpfen:

> »Wir wollen eine Gesellschaft, die erfolgreiche Unternehmer ebenso positiv bestätigt wie erfolgreiche Künstler und Fußballspieler«.

26 Freilich wurde dieses antisozialdemokratische Gesicht, das Schröder/Blair hier zeigen, nicht nur – auch in den eigenen Reihen – heftig kritisiert, es wurde auch mit einem Schlag durch das unverhoffte Eintreten Schröders für den Baukonzern Holzmann (im Dezember 1999) auf eine andere Ebene gebracht, was Schröder Popularität zurückgewinnen ließ und ihn zugleich heftiger Kritik der herrschenden Presse aussetzte. In diesem Punkt wirft die alte Sozialdemokratie ihren Schatten weiter. Die FAZ nennt den schröderschen Einsatz würdig eines Lafontaine, was durchaus negativ gemeint ist.

Ziehen wir eine erste Bilanz: Es scheint relativ klar, dass die neue Problematik im Weltmaßstab paradox ist. Das neoliberale Projekt arbeitet sich ohne Rücksicht auf die Menschen über den Globus voran, kann aber auf mehrfache Weise nicht ohne die Menschen gemacht werden. Nicht nur braucht es auf Warenangebote auch Nachfrage, sondern die Gesamtkonstruktion benötigt auch flexible, gut ausgebildete Gesellschaftsmitglieder, die bereit sind, die Gestaltung der Gesellschaft voranzutreiben. Sie müssen sich vom alten Lohnarbeiter und Staatssubalternen radikal unterscheiden. Sie dürfen keine Ansprüche an Staat oder Wirtschaft haben, müssen dafür aber umso höhere an sich selbst stellen, bescheiden um jeden Posten ringend und ausgreifend mobil den jeweiligen Möglichkeiten über die Welt folgend. Die Verwandlung der alten Lohnarbeiter- und Angestelltengesellschaft in ein Freigehege von Kleinunternehmern erscheint umso dringlicher, als die gesellschaftliche Gesamtarbeit so produktiv ist, dass nur mehr ein geringerer Teil der ehemaligen Produzenten für diesen Sektor gebraucht wird (ca. 20%). Der soziale Aufruhr, der dadurch droht, kann nur entschärft werden, wenn die vielen Einzelnen sich selbst an die Aufgabe der zweckmäßigen Umgestaltung von Gesellschaft und ihrer selbst machen.

Diese Lage wird von den neuen Sozialdemokraten à la Giddens als Demokratisierung, Verlagerung von oben nach unten aufgegriffen. Bei Schröder/Blair allerdings bleibt wenig Gestaltungsraum für die Menschen. Um welchen Preis soll den Mitgliedern der Gesellschaft diese zur Gestaltung übergeben werden? Während bei den deutschen und englischen Politikern Gesellschaft relativ bedingungslos an die Wirtschaft überantwortet wurde[27], nimmt Giddens die Frage der Demokratisierung ernster, drückt sich jedoch vor dem Problem, wie den verschiedenen Formen von Kapital, die die Gesellschaft von oben aussaugen, diese wieder abgerungen werden kann. An diesem Punkt aber wären die Chancen des neoliberalen Projekts (Demokratie und Gesellschaftsumgestaltung) anzusiedeln und an dieser Leerstelle zur realen Macht die Bruchlinien und Möglichkeiten für ein besseres, nennen wir es sozialistisches Projekt zu studieren.

Oskar Lafontaine

Als *links* bezeichnet Oskar Lafontaine seine Abrechnung mit der schröderschen Sozialdemokratie. Und tatsächlich lässt er in seinen Worten keinen Zweifel aufkommen, dass er eine sozialdemokratische Politik um den Brennpunkt »sozialer Gerechtigkeit« reorganisieren möchte und dafür eine Strategie gegen neoliberales Wirtschaften verfolgen wollte – »[d]en

27 Eine in diesem Sinne schonungslose Abrechnung mit dem Schröder-Blair-Papier mit belegenden Zahlen findet man bei Grahl (1999).

Aufstand gegen den neoliberalen Mainstream zu wagen, das war der Kern meiner Arbeit als Parteivorsitzender der SPD« (307) –, dass er den Standpunkt der Arbeit nach wie vor für zentral hält und dass er den unter Mitwirkung der Bundesrepublik geführten Nato-Krieg gegen Jugoslawien als verbrecherisch verurteilt. Er spart nicht mit Insider-Informationen über die ersten 100 Tage rot-grüner Regierung, die zum einen seinen Rücktritt erklären können, zum anderen aber auch eine Rückkehr endgültig verunmöglichen. Gibt es in dieser Weise aus diplomatischen Gründen kein lafontainesches Projekt für eine andere Sozialdemokratie als die der Neuen Mitte, sucht man es auch in der Sache ohne großen Erfolg. Im Einzelnen geht es um eine falsche Personalpolitik, um treuloses Hinter-verschlossenen-Türen-Mauscheln, um den falschen Zeitpunkt, um den Verrat an den Versprechen aus dem Wahlkampf.[28] Als harter Kern bleibt die Anklage an Schröder, die Regierung an die Unternehmer ausgeliefert und die Liaison Deutschland-Frankreich aufgegeben zu haben, sowie an die Grünen, ihr Rückgrat verloren zu haben, eine Kriegspolitik zu betreiben und auf ein liberalistisches Projekt umzuschwenken. Sympathisch ist, wie stark Lafontaine an sozialdemokratischen Werten als »Markenzeichen der SPD« (107) festhält, aber der Versuch, ein linkes Projekt gegen den globalen Neoliberalismus zu entwerfen, wird nur in den Umrissen, in denen dies zum Wahlkampf gehörte, erkennbar – so in der Erinnerung an die

> »steuerliche Entlastung für Arbeitnehmer und Familien, eine konjunkturgerechte Finanzpolitik mit einer Verstetigung öffentlicher Zukunftsinvestitionen auf möglichst hohem Niveau und einer Verdoppelung der Zukunftsinvestitionen für Bildung, Forschung und Wissenschaft« (1999, 113)

und an die Versprechen, Ausbildungsplätze für Jugendliche zu schaffen, die Zuzahlung zu Arzneimitteln wieder zurückzunehmen, eine »politische Kultur [...] mit einem Mehr an Demokratie und politischer Beteiligung« (295) zu schaffen usw. Wenngleich es einige Bemerkungen zum Verhältnis von Globalisierung und der »Offensive des Neoliberalismus« (291) und zur Begünstigung seines »ideologischen Auftrumpfens« durch den Zusammenbruch der »Realsozialismen« gibt, stellt sich Lafontaine nirgends dem Problem, dass die Versprechen etwa von mehr Demokratie und politischer Beteiligung eben die Trumpfkarten neoliberaler Politik sind.

28 Helga Grebing (1999) weist die Entgegensetzung von Lafontaine als Traditionalisten und Schröder als Modernisierer als Mediengerede zurück. Sie hält beide für unfähig, eine Politik für eine neue Sozialdemokratie zu entwerfen, die den gesellschaftlichen Veränderungen angemessen ist.

Gregor Gysi

Auf der Suche nach den Möglichkeiten einer links-sozialen Politik, die sich in den Widersprüchen des neoliberalen Projekts bewegen kann, sind daher die unter dem Namen »Gysi-Papier« verbreiteten Thesen zur »Modernität von Gerechtigkeit« von besonderem Interesse.

Verpasstes. Bedauerlich, aber vermutlich politisch notwendig ist, dass es sich tatsächlich um eine Antwort auf den recht dürftigen Text von Schröder und Blair handelt und keine Auseinandersetzung mit dem Grundlagentext von Giddens erfolgt. Insofern konnte dessen große Stärke nicht als eigene Strategie angeeignet und umgebaut werden: der Kampf um Hegemonie auch als Kampf um Bedeutungen. Die einzelnen Begriffe hängen ja mit bestimmten Haltungen und Gefühlen zusammen, daher müsste erstes politisches Gebot sein, sie auseinanderzunehmen und einzeln in andere gewünschte Kontexte zu setzen. Dringlich gewesen wäre dies u.a. für die Begriffe Kapitalismus und Sozialismus, Wettbewerb und Markt, modern, Gerechtigkeit und Demokratie, aber auch für die vielfach verwendeten Worte »Chance« und »neu«. Stattdessen werden die einzelnen Begriffe benutzt, als wären sie handliche Werkzeuge, zumeist wird Einverständnis einfach vorausgesetzt.

Gleichstellung der Frauen. Die Hauptachsen, auf denen sich moderner Sozialismus bewegen soll, seien »Entwicklungspotenziale freisetzen« und »Gleichstellung der Geschlechter«. Da Letzteres als Losung inzwischen so abgegriffen ist, dass es sich vermutlich nicht einmal mehr populistisch verwenden lässt, käme es jetzt darauf an, die Dynamik eines solchen Vorgangs (Gleichstellung) in seinem Zusammenhang mit dem zerstörerischen Kapitalismus zu analysieren und mit einer gezielten Politik zu antworten. Im Entwurf von Giddens war von Gleichstellung auch die Rede, dies aber im Modus des längst Erreichten; Schröder/Blair beschränkten sich auf die vollmundige Behauptung, sie seien Vorreiter auf diesem Feld. Prüfen wir also, wie anders im Gysi-Papier verfahren wird: Unter dem Stichwort »neuer Gesellschaftsvertrag« – der im Übrigen ebenfalls nicht diskursstrategisch aufgearbeitet ist – wird die »Überwindung aller Hemmnisse, die der Selbstbestimmung von Frauen und der Gleichstellung der Geschlechter entgegenstehen«, gefordert, also bedauerlicherweise einfach eine Goodwill-Erklärung gegeben. Immerhin wird die Abschaffung der Unterbezahlung von Frauen verlangt, damit sie nicht aus ökonomischen Gründen an ihre Partner gefesselt sind. Vorbildlich tauchen in den einzelnen Sätzen immer Männer und Frauen bzw. weibliche und männliche Endungen bei den Akteuren und Akteurinnen auf. Schließlich wird noch versprochen, es bei Gleichstellungspolitik nicht bewenden zu lassen, sondern »die emanzipatorischen Kämpfe der Frauen als eine der großen Bewegungen für gesellschaftlichen

Wandel« anzusehen und im Zuge des Abbaus aller Herrschaftsstrukturen auch die der Männer über Frauen aufzubrechen.

Da die Thesen in vielen Details sehr ausführlich geschrieben sind, hätte man erwartet, dass die zentralen Achsen sorgfältig ausgearbeitet sind. Dies hätte u.a. bedeuten können, dass statt der »Herrschaft von Männern über Frauen«, was sich personal und direkt anhört, Frauenunterdrückung oder der Zusammenhang von Kapitalismus und Patriarchat in einer Strukturanalyse thematisiert worden wäre. Schließlich steht Frauenunterdrückung in funktionalem Zusammenhang in einer Produktionsweise, in der ein Teil gesellschaftlicher Gesamtarbeit profitlich organisiert ist und damit ein anderer größerer Teil aus dem Zentrum gesellschaftlichen Interesses an die Peripherie der Umsonstarbeit rückt. Unglücklicherweise betrifft dies die Reproduktion der Gattung und damit die gesamte Lebensweise, soweit sie sich nicht in der Erwerbsarbeit abspielt. Man muss damit rechnen, dass Frauen zur notwendigen Übernahme solcher Aufgaben sozialisiert werden und sie daher selber auch wollen, die »Hemmnisse gegen ihre Befreiung« also auch in sich tragen. Man muss ferner damit rechnen, dass die Herauslösung von Frauen aus den unterworfenen Positionen die Gesellschaft weiter der Verrohung preisgeben würde und daher ebenfalls keine ungeteilte Zustimmung finden kann. Diese Konstellation erfährt einen Veränderungsdruck durch die Entwicklung der Produktivkräfte der Arbeit, die zum einen massenhaft Arbeitslosigkeit hervorbringen, zum anderen eine Änderung in den Arbeitsanforderungen, die eine andere, nicht geschlechtstypische Besetzung der verbleibenden Arbeitsplätze zulassen. – Diese Entwicklung wird im Gysi-Papier gestreift, allerdings hauptsächlich mit der Befürchtung, sich emanzipierende Frauen hielten sich andere Frauen als Dienstboten, eine Befürchtung, die wohl kaum als massenhafter Trend charakterisiert werden und eine Analyse der Entwicklung der Gesamtarbeit ersetzen kann. Zudem fehlt, dass sich in Karriere bewegende Männer sich Hausfrauen als Dienstboten halten, sodass erneut der schwarze Peter der allgemeinen Arbeitsteilung den Frauen zugeschoben wird.

Arbeit. Die Erschütterungen im Arbeitsgefüge schlagen sich nieder in der aktuellen Diskussion des Arbeitsbegriffs, wie sie bis weit in die Reihen traditioneller Politik geführt wird[29]. Es geht in den unterschiedlichen Entwürfen zur Zukunft der Arbeit im Großen und Ganzen darum, von der Fixierung auf Erwerbsarbeit wegzukommen und einen Konsens für eine andere Zusammensetzung von Arbeitsbiographien zu erreichen, der auch finanziell für die Arbeitslosenkassen erträglich wäre. Das Gelände ist ent-

29 Vgl. etwa Giarini und Liedtke für den Club of Rome, 1998, vgl. auch das Kapitel »Arbeitspolitische Terrainverschiebungen« in diesem Buch; Kommission für Zukunftsfragen der Freistaaten Bayern und Sachsen, 1997.

sprechend umkämpft; es enthält ebenso viele Möglichkeiten wie einfachen Betrug von oben. Die Schlagworte sind: mehr Eigenarbeit, mehr ehrenamtliche Arbeit, mehr Gemeinwohlarbeit für alle und Verkürzung der Erwerbsarbeitszeit. Bei Schröder/Blair wurde diese Bewegung kaum aufgegriffen und, wo sie sich aufdrängte, sogleich ins Abseits gezogen durch die allgemeine Forderung nach einem Niedriglohnsektor, dem Zwang, jede Arbeit anzunehmen, Wegfall der Arbeitslosenunterstützung usw.

Im Gysi-Papier wird sie erwartungsgemäß anders diskutiert. Die bekannten Schlagworte – Verkürzung der Arbeitszeit, Flexibilisierung, inhaltliche Anreicherung der Erwerbsarbeit, Verbindung mit freiwilliger schöpferischer Eigenarbeit – werden gekoppelt an die »Rückgewinnung der Gestaltungshoheit über die gemeinschaftlichen Angelegenheiten in den Kommunen und Regionen«, Entwicklung von sozialen und kulturellen Projekten, die der weiteren »Kommerzialisierung der sozialen Beziehungen« und der Reduktion des Lebens auf »materiellen Konsum« entgegenarbeiten. Es ist diese Kopplung der Arbeitsbiographien an die gesellschaftliche Gestaltung, mit dem Recht auf Arbeit für alle, die das Gysi-Papier von den sozialdemokratischen Entwürfen nachhaltig unterscheidet. Dieser Punkt wäre auszubauen und auf jeden Fall mit den Regelungen im Gesellschaftsganzen zu verbinden; er scheint mir zudem durchaus auf breiter Basis zustimmungsfähig zu sein.

Tatsächlich wird bei genauem Studieren eine Reihe von Punkten für ein sozialistisches Projekt erkennbar, das angesichts der zerstörerischen Effekte des neoliberalen Kapitalismus anziehend ist und das es verdient hätte, stärker kontrastiert zu werden. Damit meine ich alle Vorschläge, die sich auf die Notwendigkeit beziehen, die Wirtschaftsentwicklung zu gestalten. Dies geschieht in einer Reihe von Einzelvorschlägen – so, wenn Steuerpolitik den bislang für die Wirtschaft kostenlosen Naturverbrauch einbeziehen soll; wenn umweltbelastende Güter und Technologien ersetzt werden sollen; wenn das notwendige Arbeitsquantum für die Produktion im alten Sinn errechnet wird und die »Verschiebung« der Arbeit nicht einfach als Erweiterung des Dienstleistungssektors akzeptiert wird, sondern inhaltliche Bestimmungen folgen, die »humanorientiert« sind, etwa in den Bereichen Bildung, Gesundheit, Erziehung, Pflege, wissenschaftliche Betätigung und Sport.

Gemessen an den Thesen von Schröder/Blair sind die Differenzen groß, da ja die Menschen in diesem sozialdemokratischen Entwurf kaum eine Rolle spielten; gemessen allerdings am Projekt von Giddens müsste nachgearbeitet werden. Ansätze herauszuarbeiten erscheint hier als besonders wichtig, da sie in den Thesen häufig in der Menge der von vielen Gruppierungen getragenen Politik unterzugehen drohen. Sie beziehen sich auf die Anstrengung, die Abschottung zu durchbrechen, die Leben und Arbeit der Einzelnen von gesamtgesellschaftlicher Wirtschaft und Politik trennen, als wäre es für sie nicht von Belang, was in Sachen Krieg und Frieden, Produktion und Profit, Ausbeutung der Dritten Welten, Ressourcenverbrauch, Forschung und Technologie, Gesetzgebung usw. geschieht. Solche Versuche gilt es kohärent auszubauen und zusammenzufassen zu einem realpolitischen, gleichwohl revolutionären Entwurf. – In den Erklärungen etwa von Jospin[30], aber auch vom Geschäftsführer der PDS, Bartsch, geht es auf gewundene Weise darum, alle »revolutionären« Worte und Gedanken abzulegen und gleichwohl dem herrschenden Kapitalismus entgegenzutreten. Die Zauberformel »Wir wollen den Kapitalismus überwinden, aber auf reformerische Weise« drückt sich um die Auseinandersetzung von Reform versus Revolution, die eine lange Geschichte hat. Dabei wäre es bei ein wenig Luxemburg-Lektüre nicht schwierig, eine Realpolitik, also eine Politik, die mit den Mitteln parlamentarischer Demokratie möglich ist, zu entwerfen und gleichwohl auf eine sozialistische Perspektive nicht zu verzichten. Es gälte jeweils die einzelnen Schritte nicht unter das Verdikt reformistisch oder revolutionär zu bringen, als wären diese beiden Essenzen mit unverrückbarem Gehalt, sondern alle Politik unter die Zielsetzung zu stellen, die Menschen selbstbestimmter und handlungsfähiger zu machen. Dabei wäre auch der Begriff Sozialismus aus essenzialistischen, womöglich negativen Bestimmungen zu reißen und in seine ursprünglich gemeinte, heute überaus aktuelle Bedeutung zu stellen, nach der dies eine Gesellschaft meint, die die Bedürfnisse, Praxen und Möglichkeiten der assoziierten Produzenten bündelt.

Solche Vorschläge finden sich zerstreut im Gysi-Papier – etwa, wo die Frage der Freizeit mit der der Freizeitindustrie kritisch verknüpft ist, wo die brüchigen Erwerbsbiographien an ein Grundeinkommen und dieses wiederum an Gemeinschaftsverpflichtungen gekoppelt wird; wo die Frage, was Reichtum im Leben ist, umgebaut wird in eine Frage der Nutzung von Zeit im Gesamtarbeitsvolumen der Gesellschaft, und wo statt von Massenkonsum von Lebensqualität als Möglichkeit, menschliche Beziehungen zu genießen, die Rede ist; wo Modelle von Trägerschaften für neue Projekte nicht einfach bei staatlichen Kleinkrediten oder Steuerstreichung stehen bleiben, sondern zusätzlich kommunale Kontrolle für soziale und ökologisch orientierte Projekte vorgesehen ist; schließlich, wo auch die Unternehmen unter kommunaler Kontrolle gedacht werden in ihrem Beitrag zu regionalen ökonomischen Netzwerken und alle Förderung von Wirtschaft durch demokratisch verfasste Fördergesellschaften mit paritätischer Mitbestimmung kontrolliert werden soll.

30 Veröffentlicht unter dem Titel »Meine Sozialdemokratie« zuerst in der englischen Labour-Zeitschrift *Pamphlet*, nachgedruckt in *Libération*, November 1999.

Die Unterscheidung vom sozialdemokratischen Modell betrifft auch Standards auf den Weltmärkten, die soziale und politische Menschenrechte ebenso einschließen sollen wie Ökologie, Produktqualität und Regulierung der Finanzmärkte zum Abbau von Spekulationen. Freilich sind die Sozialdemokraten auch untereinander uneins. So ist etwa die Regelung des internationalen Kapitalverkehrs und die Bankenkontrolle ein Programmpunkt, den Oskar Lafontaine ebenfalls vorsieht. Spezifisch ist dagegen der Vorschlag, ökologische Ressourcen in Gemeineigentum (von Gemeinschaften, Nationen, Weltbevölkerung) zu überführen, während die Besteuerung und Bezahlung des Verbrauchs von Naturressourcen im Wuppertaler Institut für Klima und Umwelt seit langem diskutiert wird – hier hätte ein Bezug hergestellt werden müssen (vgl. u.a. Scherhorn 1995, 1998). Ohne Bezug werden auch die frühen Vorschläge der Grünen beerbt, durch Förderung von Alternativen wie dem Ausbau des öffentlichen Verkehrs das Verhalten Einzelner weniger umweltschädlich zu gestalten usw.

Wenn man nicht hauptsächlich auf der Suche nach »Fehlern« ist, findet man in den Thesen eine ganze Reihe von Vorschlägen, welche die Handlungsfähigkeit der Einzelnen erhöhen können; sie sind allerdings verstreut und hätten Zuspitzung verdient. So plagt sich die Argumentation um eine bedarfsorientierte soziale Grundsicherung mit den vielen bisherigen Formen und Lösungen ab und endet schließlich bei einer sanften Umverteilung von oben nach unten – eine Lösung, die vermutlich keine vorhandenen Probleme lösen wird und die Radikalität von Giddens nicht in ihre Überlegungen einbezieht und strategisch auch nicht klar anders vorgeht.

Anders als die Sozialdemokraten einschließlich ihres »Denkers« Giddens, aber wiederum gleich wie Lafontaine spricht das Gysi-Papier jedoch eine klare Sprache in Bezug auf Kriege und ihre Verursachung durch den Neoliberalismus. Menschenrechte bleiben so nicht bloße Worte, sondern werden mit Forderungen nach einer Reduktion und einem Verbot von Rüstungsproduktion sowie der Wiederherstellung des Gewaltmonopols der UNO verbunden. Freilich gilt auch hier, wie bei der Forderung nach Friedenserziehung, dass diese Begriffe – Menschenrechte und Frieden – durch ihren Missbrauch im Dienste von Zerstörung und Imperialismus ihre Bedeutung dramatisch geändert haben. Sie sind, wie beim Jugoslawienkrieg studierbar, von hoffnungsbesetzten Zielen zu Mitteln der Kriegslegitimierung geworden. So muss selbst bei so existenziellen materiellen Fragen zunächst um die Bedeutung der Worte gekämpft werden.

* * *

Ein wenig verunsichert durch die vielen Kritiken an den Thesen von Schröder/Blair und von Gysi, die je auf verschiedenen Ebenen bemüht sind, den Autoren und Texten Fehler, Abweichung und Verrat vorzuwerfen, beende ich diese Analyse mit einer retrospektiven Leseanleitung. Ich wollte nicht – umgekehrt zu solchen Kritikern – die Autoren reinwaschen, Giddens etwa als eine Art politischen Leuchtturm darstellen und Gefolgschaft empfehlen. Vom Standpunkt der Suche nach befreienden Bewegungsmöglichkeiten in neoliberalen Dominanzverhältnissen ging es vielmehr darum, Widersprüche innerhalb dieser aufzuzeigen und unterschiedliche Politiken so zu studieren, dass aus ihnen gelernt werden kann. Der vorantreibende Widerspruch ist bestimmt durch eine doppelte Freisetzung, die anders als zu Zeiten der ersten Industrialisierung mehr Selbstbestimmung, mehr Gestaltung von Gesellschaft erzwingt, radikaler alte fesselnde Formen zerstört und die zugleich eine radikale Freisetzung von sozialen Eingebundenheiten, den gesellschaftlichen Errungenschaften von mehr als 100 Jahren in den industrialisierten Ländern vorantreibt. Die »Freiheit« der transnationalen Kapitale setzt ebenso deren Zerstörungskräfte frei und entrückt ihre Taten in eine für die Einzelnen undurchdringliche Sphäre, aus der sie gleichwohl von Krise zu Krise auf sie herabstürzen und ihre Leben zersetzen. Unter diesen widersprüchlichen Verhältnissen erhalten Bedeutungskämpfe im Politischen eine elementare Wichtigkeit. Sie wurden vorgeführt, um gleichzeitig über sie zu informieren, da solcherart unsere politische Sprache in einer Weise entwendet wird, dass wir uns bald nicht mehr verständigen können, und doch sollte von ihnen auch in befreiender Absicht gelernt werden, den Kampf um Begriffe ebenfalls aufzunehmen. Hinter all diesen Bemühungen steckt die Hoffnung, dass es gerade wegen der widersprüchlichen Freisetzung in den Vereinnahmungen und Heraussetzungen möglich ist, Boden für Alternativen zu gewinnen, und vor allem, dass dies bei Strafe des Untergangs notwendig ist.

Patientin im neoliberalen Krankenhaus

Die Krise im Gesundheitsbereich kündigt sich zuallererst als eine Art Erdrutsch in der gewohnten Versorgung an. Zwar lagen deren Mängel lange schon auf der Hand, wie ebenso lange schon Kritik geübt und auf Veränderung gedrungen wurde. Aber dies kommt unter der Lawine jetzt eben nicht zum Zuge, sondern droht so gänzlich erstickt zu werden, dass schon das Denken bisherigen Reformverlangens als Wahn schnellstens beiseitegeschoben werden muss. Hoffnungen auf bessere Versorgung der Patienten, weniger Überstunden von Ärzten und Pflegenden, eine bessere Ausstattung der Krankenhäuser, eine Reduzierung der Krankenkassenbeiträge und schließlich die Konzentration auf eine allgemeine Basisversorgung aller, die vor allem präventiv vorgeht, verschieben sich unter den allgegenwärtigen Kürzungen, Einsparungen, Verknappungen, Privatisierungen, Schließungen ganzer Versorgungskomplexe zu einer großen Fluchtbewegung mit dem Stoßgebet: »Heiliger St. Florian, verschon dies Haus, zünd andere an.«[31] Unter den Trümmern des Abbaus im Gesundheitswesen vermodern die Hoffnungen ganzer Generationen von Arbeitenden im Gesundheitsbereich. Die neoliberale Wende, die Orientierung am Markt, hat zuletzt auch die therapeutischen und Pflegebereiche erfasst, die zuvor vom eigenen Anspruch her nicht oder wenigstens kaum als Warenbeziehungen verstanden wurden.[32] Eine besondere Schärfe kommt in die Arzt-Patient-Beziehung durch die Einführung der vom Patienten zu zahlenden Gebühr pro Besuch. Damit die Einzelnen den Arzt nicht etwa als barmherzigen Heiler oder gar Seelsorger missverstehen, wird man direkt zur Kasse gebeten wie bei einem Einkauf im Warenhaus. Voller Triumph wird berichtet, dass die Häufigkeit der Arztbesuche schon in den ersten vier Monaten nach Einführung der Gebühr um ca. 10 Prozent zurückgegangen ist. Ungesagt bleibt, ob die Menschen gesünder wurden, ob nur ›unnötige‹ Besuche wegen der Kosten unterblieben oder ob die Einzelnen jetzt erst später den Arzt aufsuchen werden, wenn die Folgen unter Umständen schlimmer und teurer sind.

31 Eine exemplarische Einsicht ermöglicht das Studium des Kampfes um das Universitätsklinikum Benjamin Franklin in Berlin-Steglitz und schließlich der Restrukturierungsplan für die Berliner Universitätskliniken von 2002.

32 Es sei an dieser Stelle nicht diskutiert, dass die Aussetzung von Tauschbeziehungen durchaus nicht alle Gesundheitsarbeiter in gleicher Weise betraf – so selbstverständlich nicht die Arzneimittelhersteller, aber auch die Ärzte in sehr viel geringerem Maße als das Pflegepersonal (vgl. Wulff 1971).

Außensicht – Der Patient als Kunde

Im Ab- und Aufschwung des Gesundheitswesens tritt allerdings einer der Akteure seltsam gestärkt hervor: der Patient im Krankenhaus[33]. Aufgestiegen vom Objekt und Opfer in den Subjektstatus von Selbstverantwortung, atmet der neue Patient die freie Luft der selbstbestimmten Aktivität. Krankenhaus, das bedeutet nicht länger Beaufsichtigung, Kontrolle, Verwahrung, Paternalismus. Der neue Patient wird Gast in einer Art Hotel, in dem ihm die vorherigen Überwacher ebenso zu Diensten sind, wie die allmächtigen Ärzte demütig auf seine Nachfrage nach ihnen zu hoffen scheinen. So wenigstens liest sich das Inserat, das den Patienten in das neue Arrangement verführt. Dass er krank ist, spielt daneben keine so große Rolle, denn er kann ja lernen, seine Krankheit als ein Begehren aufzufassen, das er durch Wahrnehmung der angebotenen Dienste befriedigt. Folgen wir dem Kunden und König in die inzwischen marktangemessen gestalteten Flure bis in sein Zimmer und an sein Bett.

Innensicht34

Szene 1: »Diese Tablette wirkt sofort!«, erklärt die Schwester im Ton zwischen Drohung und Trost. »Nein«, entgegne ich und versuche, die Enttäuschung in meine Stimme zu bringen, die ich empfinde, »ich bekam sie ja schon gestern Abend, und sie hat nichts gebracht.« – »Sie haben sie nicht schon gestern Abend bekommen«, herrscht mich die Schwester jetzt schon ungeduldig an. »Doch«, wehre ich mich, »dies ist meine zweite.« Die Schwester wird jetzt zornig, ist aber großzügig genug, noch einmal auf ihr Patientenblatt zu sehen. »Hier steht es doch! Die Tablette wurde erst heute Morgen angesetzt!« – »Aber ich schwöre, ich habe sie gestern Abend von der diensthabenden Stationsärztin bekommen.« Defensiv schlage ich einen Rechtfertigungston an, der sich selbst für mich schulmädchenhaft und also unangemessen anhört. Ich signalisiere zudem Bedeutung durch locker eingestreute Namen und Titel und merke es. Meine Worte klingen dennoch kleinlaut. Die Schwester dreht sich energisch um und verlässt schnell das Zimmer. Die Schritte verlieren sich, und die zufallende Tür erstickt meine gestammelten hilflosen Erklärungen, dass und wie ich doch am Abend vorher an die Tablette gekommen war, die nicht half. Ich habe mich geküm-

33 Es lohnt sich, darüber nachzudenken, dass die vereinheitlichende politisch korrekte Benutzung der Wörter, die mich hier zwängen von Patient und Patientin zu reden, die gemeinte Aussage, das Pathos der Neuordnung einer ganzen Akteursgruppe, weitgehend lächerlich machen und also zerstören würde.

34 Die folgende Darstellung folgt eigener Erfahrung im von oben revolutionierten Universitätsklinikum Benjamin Franklin.

mert, und es ist mir nicht zum Nutzen geraten. Die Einmischung gegen die bekannte Tablette bescherte mir noch mehr Verlassenheit, als ich sie ohnehin in dieser Krankenhausausgeliefertheit empfinde.

Fast unbemerkt haben sich in diese Szene schon Dimensionen des Neuen eingeschlichen: eine beinah heimliche Verschwörung zwischen der Patientin und der Ärztin am Abend, welche, die Schwestern übergehend, etwas tut, das sie für nützlich hält, dies ohne Nachweis und Bericht, das heißt ohne einen bestimmten Instanzenweg einzuhalten. Aber auch die Schwester befindet sich schon auf dem Weg ins Neuland, denn sie kommt nach diesen Äußerungen von Unmut und Unglauben einfach nicht wieder – soll doch die Patientin selber sehen, wie sie jetzt zurechtkommt. Die Chance, die Tablette zu erhalten, ist vertan.

Szene 2: Jetzt sind es schon zwei Tage, seit man den Operationskatheter aus mir, aus meiner Blase entfernte, und immer noch will es mir nicht gelingen, mehr als einige wenige Tropfen aus mir herauszupressen. Langsam steigt Panik in mir hoch. Ich suche in meinem Gedächtnis nach Fallgeschichten, in denen schon einmal jemand an übervoller zugenähter Blase geplatzt ist. Es wollen sich keine einstellen. Als zwei Ärzte eintreten, bin ich inzwischen so mürbe, dass ich nicht wie sonst die Visite mit launigen Sprüchen zu unterhalten suche, sondern das Gespräch tatsächlich auf meinen Körper lenke. Obwohl mich niemand danach gefragt hat, höre ich mich verlegen den Satz sprechen: »Ich kann kein Wasser lassen – vielmehr nur wenig, nur ein Rinnsal«, stottere ich hinterher und versuche, die Frage unauffällig zu machen.

Der Oberarzt legt mir begütigend eine Hand auf den Arm, dann auf die Schulter. Diese Geste, die ich in meinem gewöhnlichen Leben als zudringlich zurückweisen würde, hat in diesem Zusammenhang den merkwürdigen Effekt, mich zu trösten. Wenigstens in dem Teil meiner Person, der sich von meiner Alltagsperson abzuspalten beginnt und kindlich nach Schutz und Hilfe sucht. Dankbar und erleichtert höre ich seine Worte, dass ich nämlich Geduld haben müsse, dass nach einer solchen Operation eben alles in Unordnung sei und später einfach wieder in Ordnung komme.

Beschämt, dass ich wegen nichts ein Aufheben gemacht habe, aber auch unsäglich erleichtert sinke ich zurück ins Bett – alles wird mit der Zeit.

Bis zum Mittag habe ich mich in einen Zustand mittlerer Hysterie hineingesteigert. Ich beobachte, dass ich es tue, und kann nichts dagegen unternehmen. Ich humpele unaufhörlich ins Bad und versuche, etwas Wasser aus mir herauszupressen. Wie eine lecke Dachrinne betätigt sich mein Körper; kleinlich spart er auf, was ich großzügig oben in ihn hineinschütte. Es kommt mir vor, es wäre besser, ihm nichts mehr zu trinken zu geben. Endlich ist Nachmittag.

Erst als die Tür für die zweite Visite aufgeht, merke ich, dass ich genug

Mut gesammelt habe, um einen neuerlichen Vorstoß zu wagen. Diesmal versuche ich es mit Autorität und wechsle daher das Pronomen. »*Wir* müssen etwas tun. Ich trinke mindestens viermal so viel, als wieder herauskommt, vielleicht mehr.« In diesem demokratischen Konsilargespräch, in dem ich an der Seite des Doktors Maßnahmen zu ergreifen vorschlage, kann er nicht mehr auf die väterliche Beruhigungsgeste zurückgreifen. Er versucht es zu meinem Erstaunen auch gar nicht, sondern wendet sich sofort zur einzigen Schwester, die stumm und unauffällig hinter ihm steht: »Wir müssen eine Restharnbestimmung machen – mit Ultraschall.« Ich schrecke ein wenig zurück vor dem Erfolg meiner angemaßten und doch ganz inkompetenten Autorität. Sollte es jetzt doch etwas Ernsteres sein und nicht abzuwarten mit Geduld? Oder habe ich etwas herbeigerufen, das ich besser vermieden hätte? Immerhin, Ultraschall ist weder ein Katheter noch Röntgen und, soviel ich weiß, harmlos und schmerzlos. Aber wieso Restharn, wo die Hauptsache noch gar nicht da war? Ich atme zögernd aus; unsicher-zufrieden, ob ich meinen Körper und damit mein Schicksal in richtiger Weise in die Hand genommen habe, lege mich zurück und warte.

Nach etwa vier Stunden, durchbrochen von schweißüberströmten Versuchen meinerseits, durch irgendwelche Verrenkungen dem Leib etwas Flüssigkeit abzuringen, kommt eine mir ganz unbekannte Schwester – aber das will nicht viel sagen, schließlich arbeitet man hier im Dreischichtbetrieb und dann jeweils zu dritt, und ich bin erst einige Tage hier. Sie blickt mich kurz an, nickt und sagt: »Ich komme Sie jetzt katheterisieren.« – »Nein!«, rufe ich entsetzt, denn ich bin jetzt fest davon überzeugt, dass ein solcher Rückfall in die Zeit direkt nach der Operation vermutlich den mühsamen Aufbauprozess zunichtemachen, das kleine Rinnsal gänzlich zum Versiegen bringen muss. Die Schwester sieht mich an, zuckt die Achseln und wendet sich zur Tür. Verschwindet. Ich warte. Die Tür geht wieder auf – Betten machen, Fieber messen, Blutdruck, Puls, Essen – es ist ein ständiges Kommen und Gehen. Ich beginne, daran zu zweifeln, ob der Professor wirklich Ultraschall gesagt hat. Fast habe ich den Klang noch im Ohr, aber vielleicht ist es Wunschdenken. Ich traue mich nicht, noch einmal nachzufragen, möchte nicht aufdringlich sein, nicht zu viel Aufheben machen, und vielleicht ist es ja auch nicht so wichtig. Ja, es muss eigentlich unwichtig sein, da ja niemand mehr kommt.

Und obwohl es mir inzwischen nicht mehr so schwerfällt, selbstverständlich über Harnabgang, Stuhlgang, Scheidennähte und was immer auftritt zu sprechen, ja obwohl es mir inzwischen sogar gelingt, ohne äußerste Anspannung mich nackt und mit gespreizten Beinen den Schwestern und Ärzten zu präsentieren, bleibt da die ständige Hoffnung, es müsse die Aufmerksamkeit nicht dorthin gelenkt werden, sondern ich könnte etwa, wenn schon über meinen Körper, dann über etwas weniger Peinliches sprechen, über Krebs zum Beispiel, der wenigstens weiter oben war. Ich rufe mir die Stimme der Beruhigung zurück, dass Geduld ausreiche. Außerdem weiß ich ja nicht wirklich, ob es nötig, gut oder übertrieben ist, mich überhaupt um das Wasserlassen zu kümmern, schließlich hatte mich ja tatsächlich niemand danach gefragt, was musste ich mich also einmischen?

Die Beschwichtigung will keine Dauerwirkung haben. Darunter meldet sich in immer kürzeren Abständen rastlos die Frage nach der Blase und ihrer unablässigen Füllung ohne nennenswerten Abfluss. Hat man nicht doch schon einmal gehört, dass Blasen platzen? Müsste ich aber dafür nicht eigentlich einen stets stärkeren Druck spüren, bevor so etwas geschieht? Gibt es einen Zeitpunkt, an dem es zu spät ist? Vergeblich suche ich in meiner Erinnerung nach alternativen Blasengeschichten, die mir erzählt wurden, aus denen ich Beruhigung ziehen könnte, und finde keine. Es wird Abend und ich kann mich nicht mehr auf mein Buch konzentrieren. Sollte, müsste ich etwas tun? Und falls ja, was?

Da geht die Tür auf und zu Besuch kommt die Ärztin, die vor nunmehr sieben Monaten auf dieser gleichen Station bei der Krebsoperation für mich zuständig war. Wir begrüßen uns freudig, und es ist klar, dass alles – Politik, das Wetter, die Weiterbildung, die Krankenhausreform – Gesprächsgegenstand sein könnte, nicht aber mein Körper oder mein derzeitiger Zustand, denn schließlich gehört sie nicht zur Station, hat also auch ein Recht, nicht stets im Dienst zu sein und überhaupt. Vor meinem geistigen Auge ziehen ganz kurz diese mir überaus peinlichen Szenen vorbei, in denen irgendjemand, zumeist eine Frau, kaum dass offenbar wird, der Gesprächspartner habe etwas mit Medizin zu tun, mit lauter Stimme sämtliche Krankheiten, Operationen, Befindlichkeiten bekannt gibt und so die gesamte Szene aus einem möglichen menschlichen Gespräch, ja vielleicht sogar aus einer sinnlichen Nähe, in eine Anatomielehrstunde verwandelt, in der man sich Körperöffnungen und nicht funktionierende Teile vorstellen muss statt Personen, mit denen man gemeinsam ein Projekt haben könnte. Gerade weil mir der Impuls, jeden Wissenden um Rat zu fragen, wo ich unwissend bin, auch nicht fremd ist, versuche ich mich positiv zu unterscheiden. Ich werde das nicht tun, ich möchte zu dieser Ärztin, mit der mich fast so etwas wie eine leichte Freundschaft verbindet, nicht ein banales Arzt-Patient-Verhältnis haben, was in diesem Fall zudem eine Verständigung über Ausscheidungen und deren Unmöglichkeit wäre. Nach dieser überlegenen Entscheidung, die die Situation klärt, ergreife ich das Wort und höre mich zu meinem Entsetzen klar, wenn auch betont mit etwas knappen und nüchternen Worten eine Klage über die Behinderung beim Wasserlassen und den nicht erfolgten Ultraschall sprechen. Ich bin so erschrocken über mich, dass ich nicht erkennen kann, ob sie befremdet ist oder ablehnend oder zugewandt. Aber sie sagt ohne Zögern: »Das können wir doch schnell jetzt machen«, erhebt sich und wir wandern auf die entsprechende Station, schreiten lustig aus wie verschworene Backfische, wobei sogar mein Humpeln gewollter Teil eines Spiels zu sein scheint. Auf der Ultraschallstation ist schon alles verlassen, die Türen zu, da hätte ich lange warten können. Aber sie hat einen Schlüssel, schaltet das Gerät an, streicht eine Art Gelee auf meinen Bauch und fährt mit dem Ball hin und her, bis das beste Bild auf dem Bildschirm erscheint. Natürlich mehr als drei viertel voll, zeigt sich die Blase deutlich und dunkel vorhanden. Ich fühle eine Art Triumph, weil damit klar ist, dass ich mich zu Recht gesorgt habe und weder eine Querulantin noch eingebildet krank bin. Wir wandern zurück und sie bespricht mit mir ein Medikament und die Notwendigkeit sicherzustellen, dass bei so viel Restharn keine Infektion aufgetreten ist. Letzteres dauert ein wenig, und mir vergeht der Triumph, als diese Frage mit Ja beantwortet werden muss – »ein dicker Befund« – und wieder einmal Antibiotika angesetzt werden.

Unter allen Problemen schält sich aber nun das Wichtigste heraus: Wie erklären wir dem Oberarzt diese Einmischung der Ärztin von einer anderen Station? Das »wir« stärkt mich, und ich bin bereit zu lügen, erfinde, dass sie mich in Schmerzen gekrümmt vorgefunden habe und Erste Hilfe leisten musste. Sie ist sehr jung, so wischt sie solche Jugendstreiche schnell beiseite: »Ich werde es ihm einfach sagen.« Die Selbstverständlichkeit des Sich-Kümmerns macht, dass ich mich ausgeliefert fühle, sobald ich daran denke, dass sie am nächsten Tag für eine Woche verreist. Ich nehme ihr das Versprechen ab, dass sie einen weiteren Arzt, der bei der Operation dabei war, für mich zuständig macht, ihn verpflichtet, ein Auge auf mich zu haben, und so gehe ich doch schließlich gestärkt und mit dem Bewusstsein, nun schon auf dem Wege rasanter Besserung zu sein, ins Bett und schlafe erstmals vier Stunden hintereinander.

Am nächsten Tag erscheint der Oberarzt und runzelt sogleich seine Stirn. So inseriert er Besorgnis, dass ich so viel »Restharn« habe. Ich habe Angst und bin daher ohne Widerstand, als er einen Katheter befiehlt und dem ansonsten unsichtbaren, hinter ihm gehenden eigentlichen Stationsarzt, der jetzt neun Tage nach der Operation noch nicht ein einziges Mal nach mir gesehen hat, erklärt, dass die diensthabende Nachtärztin die Sache am Abend zuvor in die Hand genommen habe, und kritisch in meine Richtung bemerkt, dass da jetzt endlich etwas geschehen müsse. Diese Orientierung auf den Stationsarzt als möglichen Schuldigen kann mich nicht ganz von meiner Mitwirkung an der Schuld, ungebührlich krank zu sein, befreien. Ich habe tatsächlich ein schlechtes Gewissen bzw. zwei: eines, weil ich nicht ordentlich funktioniere, ein anderes, weil ich mich selbständig gemacht hatte, also auch nicht wirklich als Patientin in Ordnung bin. Ich habe versucht, den Erwartungen des Oberarztes zu genügen und geduldig zu sein, wo er Geduld empfahl. Ich musste meinen Körper in seine Hände geben, also muss ich ihm eigentlich folgen, damit er mir diesen Körper wieder so überlässt, dass ich nicht dauernd auf ihn achten muss, gewissermaßen von ihm wieder entlastet bin. Aber wie kann ich seinen Erwartungen folgen, wenn er sie nicht ausspricht – und wenn doch, ich sie nicht mit meinem Körperempfinden in Gleichklang bringen kann? Patientin sein, so dachte ich, heißt doch auch Aufgabe von selbstbestimmter Aktivität zumindest in allen Punkten, die meinen Körper betreffen, und insofern Gehorsam, Anerkennung von fremder Autorität.

Aber langsam lerne ich, dass diese Einstellung zu mir als Patientin einer alten Krankenhausordnung angehört. Die von mir lange verinnerlichte Vorstellung besagte, dass ich als Patientin nichts zu sagen habe und stattdessen weißgekleidete (zumeist) Männer über mir stehen und über meinen Körper sprechen, als hätte meine Seele ihn längst verlassen und vor allem, als sei es nicht wichtig, was ich davon weiß, sondern ich einzig Anordnungen folgen, Pillen schlucken, Spritzen ertragen, Nacktheiten ausstellen, Katheter, Klistiere oder sonst etwas in mich eindringen lassen müsse und ansonsten abzuwarten und anzunehmen hätte, dass alles in guten Händen sei, also Vertrauen zu haben.

Auf tritt stattdessen das mündige Patientensubjekt – verantwortlich, selbstbewusst. Schließlich ist es Eigentümer seines Körpers, ja es ist für ihn zuständig, hat das integrierte Wissen über ihn, befindet sich in der Position eines Managers, einer oder eine, die ihren Körper als Unternehmen führt.

Ich treffe den leitenden Oberarzt auf der Treppe, gerade als ich mit dem eigenmächtig geborgten Arzt von der anderen Station ein nächstes Mal zum Ultraschall gehe – übrigens wieder mit einem sehr entmutigenden, ja noch schlechteren Ergebnis für mich, was mich allerdings nicht in dem Maße stört, weil es meine Gabe ist in einem Geschäft, in dem auf der anderen Seite steht, dass ich Ausnahmebedingungen bekomme. Allerdings muss ich sie selbst organisieren. So bin ich wieder doppelt gefordert: als eine, die die in lauter Spezialzuständigkeiten auseinandergelegten Teile ihres Körpers selbstbewusst zusammenfügt und an die entsprechenden Stellen Fragen und später Auskünfte leitet, und als eine, die die dafür nötigen Symptome und Beschwerden in einem so ausreichendem Maße produziert, dass sie berechtigt ist, die einzelnen Stellen selbsttätig anzulaufen. Für beides brauche ich eine Kompetenz bzw. zwei, die ich nicht besitze. Die eine verlangt, dass ich einen medizinischen Schnellkurs absolviere, um die Zeichen richtig zu lesen, zuzuordnen und mich auf den Weg zu machen, die andere, dass ich die alte Subalternität vergesse und mich nicht länger schuldig fühle, nicht genug Schmerz zu erleiden, dem Tod nicht nahe genug zu sein, weil ich rechtfertigen können muss, dass ich um Hilfe suche. Diese doppelte Aufgabe verlangt von mir eine wesentliche Verwandlung. Der einzige Weg, sie zu erreichen, scheint eine Übung in Darstellung zu sein, Darstellung ohne Rechenschaft und Rückbezug auf etwas, das mich und meinen Körper, der erkrankt ist, wirklich betrifft. Ich muss kundig über meinen Körper sprechen und ihn lesen können, ohne wirkliche Kenntnisse zu besitzen, und ich muss die ausreichenden Symptome darstellen können, einen Eindruck vermitteln, der die einzelnen Experten aus dem Medizinbereich in Bewegung setzt. Da aber mein Körper wirklich krank ist, wird das Ganze zu einer Übung auf einem Seil. Diese Beweglichkeit ist wiederum doppelt nötig, denn das neoliberale Krankenhaus – das heißt eins, dem das Wasser bis zum Hals steht, was Stellen, Ressourcen, Finanzierung angeht – setzt als eine der Strategien den Patienten frei. Schluss mit Bevormundung, Kontrolle, Verfügung, aber Schluss auch mit der umfassenden Sorge – der erste Schritt heißt Vernachlässigung. In den Nischen dieser Entlassung müssen eigene Entwürfe, Spielräume, Bewegungen gestaltet werden – sie aber brauchen Kompetenz. Zugleich ist diese Kompetenz auch dringlich gefordert, um die vielen Lücken zu überbrücken, die die Räumung der Krankenhausstruktur von Ärzten und Pflegepersonal bedeuten. Niemand mehr, der den ganzen Patienten beaufsichtigt, heißt auch, niemand mehr, den es ganz kümmern würde oder könnte. Die Konsequenz ist, dass der Patient gefordert ist, sich die notwendige Pflege, Medikation, Termine, fachkundigen Rat selbst zusammenzustellen wie ein Menü auf einer Speisekarte. Er muss sich anstrengen, den Experten, auf die er trifft, einen Vorschlag abzuringen und ihn zu notieren – etwa ein Medikament –, was sonst keiner mehr tut, denn der Arzt kommt jetzt zumeist allein; der lange Schwarm von mitschreibenden Assistenten und Schwestern aus früheren Zeiten ist nur mehr blasse Erinnerung. So schreibt man als Patientin eilig auf, was man versteht, und überwacht, wenn möglich, die Einhaltung, bereit, einen Aufstand zu inszenieren, wenn es nicht klappt. Dafür braucht es den Eigensinn, der zumindest mir abgeht, sich Krankheit wirklich zuzugestehen, gegen vorherige Haltung sich ernst zu nehmen, den Mut, sich wichtig genug zu finden und den Weg zu verfolgen, allerdings auch das Vertrauen, dass der Rat gut war, und wiederum Kompetenz und Intuition, wenn es zwischen entgegengesetzten Ratschlägen, die wiederum unverbunden miteinander erteilt werden, auszuwählen gilt. Soll man den älteren Erfahreneren trauen oder eher den Jüngeren, die sich vielleicht in neuerer Forschung auskennen, oder einfach den Sympathischeren? Autorität wird abgebaut – zugunsten eigener Scheinautorität. Aus passiven Subalternen werden aktive Manager ihrer selbst, allerdings ohne einen Weg zu sich zu finden, was immer das sein mag.

Ich komme zu dem vorläufigen Schluss: Der neue neoliberale Patient braucht die Fähigkeiten eines Hochstaplers oder eines erfolgreichen Lottospielers, der zugleich weiß, dass sein Leben davon abhängt, dass er auf die richtige Zahl gesetzt hat.

Die Schwestern

Bisher konnte man den Eindruck gewinnen, die Schwestern seien entweder weitgehend verschwunden oder zumindest ganz auf wenige Handgriffe konzentriert, depersonalisiert. Tatsächlich hat sich das Schwesternverhalten nach meinen Erfahrungen radikal verändert. Autoritäre Fürsorge ist ganz offensichtlich der Darbietung von Handreichungen gewichen, die eilig in die Zeit gepresst werden. Es ist unübersehbar, dass die Schwestern keine Zeit haben, dass ihre Anzahl zu gering ist, dass sie in nach Leistung bemessenen Pflegeminuten schwierig neue Identität bestimmen.

Ich bin frisch operiert und erfahre die Schwestern zunächst als unfreundlich und höre, dass diese Station dafür berüchtigt ist. Insbesondere eine nicht ganz junge Schwester[35] wirkt auf mich dermaßen abweisend, dass ich versuchen muss, diese Haltung zu ergründen. Ich frage sie also beim Bettenmachen, eine Arbeit, die zwar nur Minuten dauert, aber lang genug, dass man, im Unterschied etwa zum Pulszählen oder Fieberthermometerablesen, überhaupt zwei bis drei Sätze unterbringen kann, wie sie eigentlich die Änderungen im Gesundheitssystem betreffen. Es hört sich ein bisschen wie eine soziologische Umfrage an, aber ich weiß nicht, wie ich sonst herausbekommen kann, warum sie so eisig ist, und außerdem habe ich mir tatsächlich vorgenommen, die Neoliberalisierung des Gesundheitssystems hier vor Ort mit allen Beteiligten zu studieren. Sie schweigt einen Moment, sieht mich, ohne eine Miene zu verziehen, an und sagt: »Ich komme später noch einmal wieder, dann erkläre ich es Ihnen.« Sehr spät, aller Tagesbetrieb ist schon eingestellt, erscheint die Schwester wieder, in der Hand eine Schüssel. Ich frage schnell: »Haben Sie denn jetzt noch Dienst, ich habe Sie doch schon am Morgen gesehen?« Und sie antwortet: »Nein, ich habe jetzt frei, deswegen kann ich ja länger kommen. Ich wollte Sie fragen, ob ich Ihnen die Füße waschen soll, weil Sie ja nicht aufstehen können.«

Dieses Angebot ist auf eine Weise unwahrscheinlich in der Gesamtszene, dass ich begeistert zustimme und mir erzählen lasse, woher sie kommt, dass sie alleinerziehende Mutter ist, der Sohn aber jetzt schon größer, dass das Zeitregime im Krankenhaus für eine Familie äußerst schwierig ist, dass sie das aber all die Jahre schaffen konnte, wohingegen sie die Verwandlung des Pflegebetriebs, was sie »Abschaffung der Pflege« nennt, hasst und froh ist, wenn sie irgendwann gehen kann.

Nach und nach gelingt es, freundliche Beziehungen zu mehreren Pflegern

35 Auffällig ist, dass die meisten Schwestern sehr jung sind, Schwesternschülerinnen, die billig zu haben sind. Ich erfahre, dass die Anzahl der Schülerinnen so groß ist, dass der größere Teil keine Aussicht hat, jemals eine Stelle als Schwester zu bekommen. Da sie für nichts anderes ausgebildet sind, könnte man sagen, dass sie am Markt vorbeiqualifiziert werden oder ihre Ausbildung nichts wert ist.

und Schwestern aufzubauen, ich bin dafür lange genug da. Ich erfrage ihre Wünsche etwa in Bezug auf Lektüre und versorge sie mit Büchern. Ich erfahre so, dass das, was früher Schwestern an Mitmenschlichkeit oder Mitgeschöpflichkeit zugesprochen und abverlangt wurde, nicht ganz verschwunden ist – es hat sich in die Nischen ihrer Freizeit geschoben. Mitmenschlichkeit ist mithin erfahrbar als Verlängerung ihrer Arbeitszeit. – Ich weiß nicht, wie lange das schon so ist, aber auf jeder Station gibt es schwule Pfleger, die allgemein besonders beliebt sind und zwar auch bei den Patientinnen und Patienten, die sich im gewöhnlichen Alltag vermutlich an ihrer Ausgrenzung und Herabsetzung beteiligen würden. Für das Privileg, nicht abgelehnt und verhöhnt zu werden, versorgt ein ehemaliger Lehrer auf meiner Station zum Beispiel die Patienten mit einem äußerst liebevollen Extra-Aufwand. Er hält das Essen warm, wenn man bei irgendeiner Untersuchung aufgehalten wurde, und serviert es, als wäre es aus einem Grand Hotel. Er diskutiert die Medikamente, die man erhält, und kommt immer noch einmal am Abend herein, um zu sehen, ob alles in Ordnung ist. So wären es nicht nur die Nischen der Freizeit, sondern auch die der gewöhnlichen Diskriminierung, die als Stätten von Menschlichkeit der neoliberalen Durchrationalisierung standhalten.

Produktivkraftentwicklung und Bürokratie

Natürlich bedeutet die neue Freilassung einen Funktionsverlust für die eingesessene Bürokratie. Das ist auch notwendig, da die Stelleneinsparung allererst dort ansetzt, sich selbst als neue Freiheit, Dezentralisierung, neue Verantwortung behauptend. Aber das Gewohnte lässt sich nicht so ohne weiteres abstreifen wie ein altes Kleid. In den von ihren Funktionsträgern verlassenen Posten reckt sich skelettartig die alte Bürokratie. Auf die Knochen abgemagerte Glieder halten den Apparat notdürftig zusammen – ganz auf alte Weise. Das bedeutet: Wo früher eine Anweisung von oben nach unten gegeben wurde, sei es, um eine Röntgenaufnahme oder einen Ultraschall in diagnostische Kontrolle einzubeziehen, werden jetzt von den erschöpften Restbeständen an Personal zunächst Anträge und Papiere geschrieben. Sie stapeln sich vor den von ihren Vollstreckern verlassenen Büros und werden wie im alten Beamtenstaat Stück um Stück abgearbeitet. Das heißt: warten.

Der mündige Patient versucht etwa zwei Tage nach der Order »Ultraschall« sich nach dem verloren gegangenen Termin zu erkundigen. Tatsächlich bekomme ich zum Beispiel die Auskunft: Was am Mittwoch für die Krebskontrolle verlangt wurde, kann leider bis Freitagabend nicht geleistet werden; aber es gibt ein Terminversprechen für den Dienstag drauf, also fast eine Woche Warten auf einen kleinen Ultraschall innerhalb eines großen Universitätskrankenhauses. Ich kann nicht einfach die Station wechseln und mir diese lächerliche Aufnahme woanders beschaffen. Da benötige ich Konsilarbögen, genaue Abrechnungen, Unterschriften, Beschreibungen, von Ärzten unterzeichnet, sonst übernimmt keiner die entstehenden Kosten, die sich auf diese Weise unsichtbar hinter den Verwaltungsakten aufhäufen und, daselbst so zwar nötig gemacht, aber nicht vorgesehen, auf die überstrapazierten Mediziner heruntergeladen werden. Schon ist ein Ärztealltag im neoliberalen Krankenhaus wie der eines Professors in einer ebenso neoliberal umstrukturierten Universität zu wenigstens einem Drittel bestimmt durch Berichte, die nicht der wechselseitigen Information und Kommunikation dienen, sondern dem Nachweis der Berechtigung von Kosten. Wer da nicht mitmacht, schädigt doppelt, denn er entzieht dem Krankenhaus »Leistung«. Das heißt nicht notwendig, dass seine Hilfe auch den Patienten entzogen sein muss, wohl aber deren Erstattung durch die ebenso verdünnten und zugleich aufgeblasenen Krankenkassen.

Ich gehöre zu den privilegierten Menschen auf dem Gesundheitsfeld, ich bin in einer Privatkasse versichert. Leider habe ich einander überlagernde kostspielige Krankheiten wie Krebs, ein Augen-, ein Blasen- und ein Knochenleiden, die diverse Operationen nötig machen. Zwischen den großen, eindeutigen Rechnungen für Medikamente, für diagnostische Kontrollen, für Operationen und Ärzte, die in jedem Monat mehrere Tausend DM, später Euro ausmachen, findet sich in der letzten Erstattungsanforderung eine Rechnung eines Professors der Neurologie für drei Konsultationen (in Klammern die entsprechende Nummer für die Kassenbuchführung) in Höhe von je 6,20 DM, zusammen 18,60 DM. Die Abrechnung erstreckt sich über einen Zeitraum von fünf Monaten. Ich bekomme diese Rechnung von der Kasse zurückgeschickt; Porto, Umschlag und die Arbeitszeit der Sachbearbeiterin für diesen Vorgang belaufen sich sicher schnell auf das Doppelte der Rechnung, auf der sich Kreise und Ausrufungszeichen finden und die Bemerkung »mehr detailliert« und »2000 und 2001 getrennt«. Beiliegend findet sich auch ein persönlicher Brief, der mich auffordert, den Professor zu bitten, die Rechnung neu und besser begründet auszustellen. Jetzt ist also meine Arbeit und Lebenszeit als Gesundheitsunternehmerin gefordert (nicht gerechnet Papier, Umschlag, Porto, die ja schon bei einmaligem Vorgang mehr als 10 Prozent der Gesamtrechnung ausmachen), einem Klinikprofessor, dessen totale Überforderung mit Bürokram ich schon erfahren habe, wie einem Schuljungen zu befehlen, mir eine neue Rechnung zu schreiben, vielmehr zwei für die verschiedenen Jahre, bzw. schreiben zu lassen. Die Sekretärin, Papier, Umschlag, Porto, die jetzt zum x-ten Mal anfallen, denn auch die auf der Rechnung dokumentierten Leistungen waren, wie man an der geringen Summe von 6,20 DM pro Stück ersehen kann, per Brief an mich ausgestellte Rezepte, geschrieben, unterschrieben, eingetütet, per Post gesandt. Rechnen wir knapp, so belaufen sich die allein auf der Verwaltungs- und Transportseite angefallenen Kosten, auf deren Guthabenseite die 18,60 DM stehen könnten, inzwischen auf mehr als das Fünffache, was allerdings nirgends auftauchen kann, da diese gesamte Angelegenheit entweder »privatisiert« ist, in diesem Fall also mich betrifft und mein Leben, das solcherart vernutzt wird, oder das obere Medizinpersonal, dessen Überstunden aus Einsparungsgründen nicht mehr bezahlt werden können – schließlich fährt das Klinikum bei ständigem Stellenabbau und Schließung und Privatisierung einzelner Abteilungen mit einem Minus von immer noch ca. einer Milliarde im Jahr, ohne dass Atempausen blieben, um auf Abhilfe zu sinnen, sodass auch diese Leben verbraucht werden im Übermaß.

Ich kann diesen Brief aber nicht schreiben, weil ich die darin enthaltene Unmäßigkeit und Sinnlosigkeit nicht mittragen will. Leichter fällt es mir, diese Sache auf sich beruhen zu lassen, also die Rechnung nicht wieder zur Erstattung vorzulegen – aber der Fall wurmt mich, die Disproportionalität will mich nicht ruhen lassen. Schließlich hat die neoliberale Freisetzung in den Status der Unternehmerin ihres Körpers auch sein Gutes: Ich muss mich aktivieren. So schreibe ich an den für mich zuständigen Beauftragten der Kasse und bitte um seine Intervention. Das entspricht zwar noch weitgehend dem alten Stellvertreterdenken, aber schließlich muss auch ich mich erst in die neue Identität hineinfinden. Die Schilderung des Falles umfasst eine ganze Schreibmaschinenseite, denn ich muss die Unangemessenheit herausarbeiten und daher zusätzliche Informationen geben. Ich brauche also mehr als eine halbe Stunde und die Druckerfarbe – die für diesen Umfang immerhin etwa 15 Pfennig ausmacht, da sich die Computerfirmen auf diese Weise profitlich sanieren –, Papier, Umschlag, Porto. Der Beauftragte, sicher zwei Gehaltsklassen höher als die Sachbearbeiterin, die mir die Rechnung schickte, ruft gleich nach Erhalt meines Schreibens an. Ich bin leider zu der Zeit nicht zu Hause. Er soll sich wortreich entschuldigt und erklärt haben, dass dies ein Problem des Computerprogramms sei, das einfach die Rechnungseingaben nicht akzeptiert, wenn ein Mindestmaß an Informationen unterschritten sei. Der Computer, der einiges an Personal ersetzt hat, ist neutral gegen die Höhe der Summe. Aber der Fehler sei gewesen, mich damit zu behelligen. Die Kasse wird sich selbstverständlich selbst an den Professor zwecks detaillierter Rechnungsstellung wenden.

Da ich mich schäme und irgendwie schuldig fühle, erzähle ich dem Professor die Geschichte bei meinem nächsten Krankenhausaufenthalt und seiner nächsten Visite. Aber meine Erzählung hat jetzt nur noch die Funktion, mich von möglicher Schuld zu befreien. Zwischen Computer, Kasse, Sachbearbeitung und Sekretariat sehe ich für mich keine Eingriffsmöglichkeiten mehr. Allerdings dämmert mir, dass diejenigen, die bei der Kasse eingestellt sind, um den Computer mit Daten zu versorgen, ganz ohne Qualifikation gelassen sein müssen, sonst wären sie nicht darauf angewiesen, dass die nötige Verschlüsselung der ärztlichen Leistungen von den Ärzten selbst durchgeführt werden muss, sondern könnten, zumindest bei so kleinen Beträgen und der ja summarisch gegebenen Ziffer für die Leistungsart, großzügig darauf schließen, dass die anderen Leistungen analog waren, und dies einfach eingeben. Das Versagen an dieser Stelle muss zurückgreifen auf die Qualitäten der Inkompetenz-Kompensation, wie sie im kleinen Privathaushalt eingeübt werden – nämlich eine Rechnung, die nicht Punkt um Punkt dem Gewohnten entspricht, als unverständlich zurückzugeben und auf Neuausstellung zu drängen.

Das Kompetenz-Paradox

Drei Monate nach den vorhergehenden Erlebnissen bin ich erneut Patientin im neoliberal vorangeschrittenen Krankenhaus. Nachdem ich halbwegs aus der Narkose aufgewacht bin – dies nach einem, wie man mir vorher beteuert hat, ganz kurzen Eingriff von etwa 10 Minuten, aus dem ich nach höchstens drei bis vier Tagen wieder genesen in meine üblichen Tätigkeiten entlassen werden könne –, ist es schwierig bis unmöglich, die genaue Diagnose und Wirksamkeit des Getanen herauszubekommen, vor allem nicht, warum diese Operation entgegen der Ankündigung fast zwei Stunden währte und an die Einlösung des Versprechens, ich könne mein nächstes Seminar noch in der gleichen Woche durchführen, überhaupt nicht zu denken ist. Aber das sind alte Schwierigkeiten aus der alten Verfasstheit. Eine Krähe hackt der anderen kein Auge aus und wie viel weniger noch sich selbst. Aber der neue Alltag der neoliberalen Subjektivität schreitet voran – auch in diesem Fall. So erfahre ich am Ende doch, dass die erste Operation derart misslungen war, dass es in dieser zweiten nicht mehr einfach darum ging, »einen Faden zu kappen«, also die Sache rückgängig zu machen, sondern dass dieser Faden in den Harnleiter hineingewachsen war, sodass dieser »Schicht um Schicht« abgetragen, der Faden entfernt, der Harnleiter wieder zusammengeflickt werden musste. Das dauerte lange Zeit, war wirklich kunstvolle Arbeit, und jetzt heißt es hoffen, dass keine lebenslange Inkontinenz die Folge ist.

Solche Probleme und Unfälle sind nichts Neues, das erst mit der Neoliberalisierung des Krankenhauses aufkam. Neu ist die Position des Patienten in alledem. Zum Beispiel durfte ich mitsprechen bei der Wahl der Narkose in diesem Fall. Vor jeder Operation steht die Beratung mit dem Anästhesisten. Der klärt auf, was wie gemacht wird und warum und welche möglichen Folgen zu erwarten sind. Dieser Teil ist gewöhnlich nur als Sadismus erfahrbar, weil aus Gründen des Schutzes vor Schadensersatzklagen man nicht nur vorher sein Einverständnis zu der »Körperverletzung«

schriftlich geben muss; zur Sicherheit werden zudem so schreckliche Folgen als Möglichkeit vorgestellt, dass es eigentlich widersinnig ist, die Unterschrift zu leisten. Wieder gilt, dass, wenn man wirklich krank ist, man sich das dennoch gar nicht aussuchen kann. In meinem »kundenfreundlich« fortgeschrittenen Fall geht es anders zu. Als der Narkosearzt von mir erfährt, dass nur ein vor drei Monaten neu gelegter Faden gekappt werden soll, sagt er fröhlich, dann genüge ja eine »kleine Maske«. Es hört sich nett, vertrauenerweckend an. Aber ich erinnere, dass der operierende Arzt von einer Spinalnarkose gesprochen hat – zu meinem Entsetzen, denn zur Lektüre von Christa Wolfs (1999) Erfahrung mit dieser Narkose, mit der haargenauen Beobachtung des geschärften Bewusstseins bei den einzelnen chirurgischen Taten, die man nur hört, ahnt, denkt, nicht als Schmerz fühlt, bei denen man aber dabei ist – zu dieser Lektüre also kommt eigene Erfahrung mit diesem halbtoten Körper, der, oben beweglich, von der Taille an eine ganz und gar tote Masse, ein Gebirge an Zusatz an sich hängen hat, das gerade in seiner Leblosigkeit und Starre ein großer Schrecken ist, eine Angst, es könne so bleiben, auf ewig eingemauert – schließlich gehört die Warnung eben davor zur voroperativen Beratung. Die lange Dauer, bis ein erstes Gefühl in einen Fuß kommt, die Unmöglichkeit, vorher ein Signal abzuschicken, erlebt mit der Angst, dass man querschnittsgelähmt daraus hervorgeht. Mit diesen Erfahrungen also versuche ich den Anästhesisten in seiner freundlichen »kleinen Maske« zu bestärken und erwähne die Notwendigkeit, dass er den Operationsarzt überzeuge. Er ruft zu meinem Glück sofort dort an und fragt: »Welche Narkose möchten Sie?« Der andere antwortet, für mich, die ich neben dem Anästhesisten sitze, hörbar: »Eine Spinalnarkose«, und legt wieder auf. Und wir sind genau da, wo ich uns wusste. Lächelnd sagt der Anästhesist: »Es wird eine Spinalnarkose«, und ich rufe beklommen und zugleich empört und merke auch, dass ich in einen Seminarton verfalle, statt mich aufs Patientinsein zu beschränken: »Aber Sie haben doch gar nicht argumentiert, nichts gefragt, nichts gesagt!« Umständlich setzt er sich zurecht und versucht, mir lang und länger zu erklären, wie sehr der Operateur bei der Operation meine Mitarbeit brauche – ich kenne den Text schon vom letzten Mal. Ich bestehe noch immer darauf, dass nur ein Faden gekappt werde und keine Mitarbeit von mir nötig sei. Erstaunt, als höre er es zum ersten Mal, wirft der Anästhesist ein, dass ja dann eine »kleine Maske« das Richtige sei; sie hört sich für mich jetzt immer mehr wie das Zubehör zu einem Frühlingsfest an. Wir drehen uns im Kreis. Schließlich verbleiben wir, dass die Frage der angemessenen Narkose in letzter Minute gewissermaßen in einem Round Table entschieden wird, wenn alle beisammen sind und ich auf der Bahre mitreden kann. Aber am Nachmittag – man wird ja einen ganzen Tag vor der Operation auf Abruf gehalten, befragt, angewiesen, untersucht usw. – treffe ich die Operateure zufällig auf der Treppe und frage, schon etwas in Panik, unvermittelt, aber fast kollegial: »Warum haben Sie für eine Spinalnarkose entschieden?« Ich erhalte die unsinnige Gegenfrage, ob ich den Anästhesisten schon gesprochen habe. »Ich war doch dort, als Sie ihm am Telefon die Spinalnarkose nannten«, antworte ich – wie immer schon wieder ein bisschen schuldbewusst und zugleich hysterisch, irgendwo muss da ein Versagen meinerseits stecken oder zumindest eine Anmaßung, die mir nicht zusteht, die mir vor allem, da ich ja in Wirklichkeit keine Ahnung habe, auch schaden kann. Die beiden Operateure sehen sich an. »Warum wollten wir eine Spinalnarkose? Nehmen wir doch eine kleine Maske.« So einfach für sie, so wichtig für mich.

Und weiter geht es darum, in die neue Patientenform hineinzuwachsen. Wie die vorigen Male – es gibt da jetzt schon eine Art Gewöhnung für mich – bekomme ich eine Braunüle, eine auf Dauer gelegte Spritze, in die beliebig Infusionen bei plötzlichem Bedarf gehängt werden können. Gemessen an allem ist das eigentlich nicht der Rede wert, aber gemessen an meinem Empfinden ist es einfach schmerzhaft, in einer Vene auf der Handoberfläche eine Nadel zu haben. Ich bekomme zwei Infusionen mit Flüssigkeit, dann wird das Ganze abgeklemmt, und nur die Nadel in meiner Hand bleibt übrig, spitz, macht die Hand brennend, gereizt und verletzlich, auch weil ich mit der vergrößerten Hand zusätzlich überall anstoße. Ich stehe das einen Tag durch. Am nächsten Tag frage ich die Schwester, wen ich fragen könne, warum diese Nadel weiterhin in meiner Hand stecken bleibe. »Mich«, sagt sie fröhlich, »Sie müssen einfach nur sagen, dass Sie sie loswerden wollen.« Sprach's, und wenig später kündet ein harmloser kleiner Verband von einer Einrichtung, die ich vielleicht tagelang hätte erleiden können, wenn ich nicht gefragt hätte.

Lesen wir die kleinen Begebenheiten nicht einfach als unglückliche Zufälle, sondern als notwendige Effekte eines Umbruchs, der entscheidende Subjektwechsel formiert.

Der Patient als Unternehmer seiner selbst steht vor mehreren ungelösten Fragen. Bearbeitet werden muss das Verhältnis zum Körper, zum Sterben, zu Macht und kompetenter Autorität. Scham und Schuld markieren zudem die Bereiche von Moral, Intimität, Sittlichkeit, die im neuen Patientenmodell großzügig übersprungen werden, als könnten die »alten Menschen« über Nacht sich häuten, um diese Manager ihrer Körper zu werden. In der Zumutung steht auch das Verhältnis von Geist und Körper als hierarchisch gewohntes in Frage. Ein Unternehmer, der in Ware-Geld-Beziehungen über die beste Bedarfsdeckung für sich verhandelt, benutzt dafür seinen Kopf. In diesem Moment hat er keinen Körper, der daher in einem Anzug verborgen unauffällig als Kopfträger dabei ist. Wie kann er sich als Manager seiner Gesundheit die Blöße geben, entblößt eben diesen Körper zur Schau zu stellen, der doch dann seine Autorität in der Verhandlung gänzlich untergräbt? Der leidende Körper kann nicht selbst das neue Subjekt sein, müsste es aber. So findet sich der neue Patient in einer neuen Verkehrung. Er streift die Verdinglichung des vormaligen Objektseins ab und bringt als selbstbestimmtes Subjekt seinen eigenen Körper als Einsatz in die neuen Warenbeziehungen. Dafür muss er ihn zugleich von sich trennen und selbstbewusst als eignes Ich behaupten. Solange er weder unsterblich ist, noch weiß, was mit ihm geschieht, oder wie ihm am besten zu helfen ist, kann er den neuen Subjektstatus nur spielen und sich dabei einbilden, seine Krankheit sei ebenso nur Spiel und gespielt seien auch Leben und Tod.

Die Entwicklung schreitet voran. Seit Ende des Jahres 2002 diskutieren die Krankenkassen, ob der Patient nicht in noch ganz anderer Weise für sich verantwortlich gemacht werden solle und entsprechend die Ausgaben im Gesundheitswesen vermindert werden könnten. Es gibt eine Reihe von Verhaltensweisen, wie das Rauchen, das Trinken, zu viel zu essen, die krank machen können, deren Vermeidung den Versicherten zugutegehalten werden könnte durch Kürzung ihrer Beiträge. Wäre es nicht an der Zeit, die Konsequenz daraus zu ziehen, dass fremdbestimmte Arbeit wie auch Arbeitslosigkeit ebenso krank machen wie die Unmöglichkeit, die gesellschaftlichen Verhältnisse mitzugestalten, in denen man gleichwohl lebt?

Ich komme zu dem vorläufigen Resultat: Das neoliberale Gesundheitswesen setzt unter anderem folgende Mutanten als Akteure auf den Plan:

1. den Patienten als Hochstapler, ständig in Gefahr, sich dabei das Genick zu brechen. Alteingesessene fachliche Arbeitsteilung muss er ebenso überwinden wie die überkommenen störenden Gefühle von Scham und die Sitten, die Intimität umgrenzen. Dabei hilft es, den Körper zu negieren, indem er gleichzeitig zum Zentrum aller Verhaltensweisen wird. Schmerz, Leid und Tod werden zum Medium, um die Verhältnisse zwischen Therapeuten und Patienten in berechenbare Ware-Geld-Beziehungen zu verwandeln. Die Erniedrigung, die der Patient unter paternalistischem Krankenhausregime ehemals erfuhr, kann er wenden zur Erhöhung seiner selbst in einen König und versuchen, die vormals ärztlichen Befehlshaber ihrerseits zu entmachten. Dies aber kann wiederum gar nicht in seinem Interesse sein.

2. den Arzt als Buchhalter, der kleinlich berechnend sein Handeln als Gebührenordnungspositionen in der Zeit denkt und entsprechend dokumentiert. Was ihm vom ärztlichen Ethos blieb, muss er heimlich wie ein Betrüger dem Kranken zugutekommen lassen, denn eigentlich darf er nur mehr tun, was sich bezahlt macht. Jede zusätzliche Minute ist Diebstahl an der Krankenhausbilanz. Aber die Rechenschaft, die er jetzt vor sich ablegen muss, zwingt ihn auch, die Illusionen seines bisherigen Handelns wenigstens vor sich selbst offenzulegen, die Arzt-Patient-Beziehung eben in der Tat auch als Ware-Geld-Beziehung zu lesen und Nachlässigkeit, Zeitverschwendung nicht als Therapie zu verklären.

3. die Schwestern und Pfleger als Dienstleister im Dreischichtbetrieb, in der Zahl vermindert und aufgerieben zwischen alter Loyalität gegenüber Ärzten und dem Versuch, die neue Selbstbestimmung, die auch sie erfahren, umzusetzen in eigenwillige Handlungen, ohne dabei zu stürzen. Die bisherige Gestalt, die sich aus »Nächstenliebe« und »Barmherzigkeit« den Patienten opfert und daher wenig Entlohnung braucht und dennoch Tag und Nacht im Einsatz sein kann, wird in ihrer Glaubwürdigkeit und Lebbarkeit endgültig zerrissen. Die Berechnung, die auch ihrem Handeln abverlangt wird – Minute um Minute, bei gleichzeitiger Erhöhung ihrer Verantwortung und Ermäßigung ihrer Befehlsgewalt über den Patienten, der ja jetzt Kunde ist –, zwingt sie aus der familiären Schwester- und Muttergestalt in die unbarmherzigen Verhältnisse des Kosten-Nutzen-Kalküls. (Dies trifft natürlich auch das gesamte Pflegepersonal der privatisierten Versorgung.) Da ist Menschlichkeit gar nicht gefragt, auch nicht in der illusionären Form. Da die Entlohnung sich nicht kompensatorisch den üblichen Marktgesetzen anpasst, wird dieser Beruf vermutlich bald aussterben bzw. einstweilen mit Immigrantinnen aus armen Ländern und sonstigen Marginalisierten besetzt werden, bis aushandelbar wird, wie in der Freiheit des Marktes pflegend gehandelt werden kann und um welchen Preis.

4. schließlich die Krankenhausangestellten und die gesamte Bürokratie, die im Sparzwang der Versuchung, sich selbst wegzukürzen, durch zunehmende Verwandlung ihrer selbst in ein Computerprogramm zu begegnen suchen.

Normalisierung

Dass wir in der scharfen Wahrnehmung des Zukünftigen, das schon Gegenwart ist, stets Gefahr laufen, das Vergangene zu verklären, verlangt als Gegensteuerung, auch das ungleichzeitig Alte zur Kenntnis zu nehmen. Gehen wir nur einige Monate zurück und besichtigen das Wirken des paternalistischen Modells, wo es noch statthat.

Ich berichte also von einer anderen Operation und deren Einbettung nur sieben Monate früher.

Wenngleich Feministin der alten Generation, weiß auch ich inzwischen, dass es »Frauen« als solche nicht gibt, dass ich von »Differenz« sprechen muss und nicht suchen, was »ihnen« gemeinsam ist. Ja selbst in dieser Frage sind ja noch Unterstellungen, die zu denken als hinterwäldlerisch gilt. Unsanft aus meiner politisch-theoretischen Korrektheit gestoßen, lande ich in der Abteilung, die, »noch« Gemeinsamkeit unterstellend, *Frauen*klinik heißt. Diagnose Brustkrebs. Ich erhalte sogleich ein Bett und den Operationstermin am nächsten Morgen und die Patientinnenratgeber, durch deren Lektüre ich mich trösten und vorbereiten soll. Ich sauge die Informationen in mich hinein, wusste ich doch bisher gar nichts über diese Krankheit, die mich nun unvorbereitet ereilt, obwohl ich durchaus folgsam über Jahre zur Vorsorgeuntersuchung ging. Nachholende Bildung im Schock.

Brustkrebs, dieses Schicksal trifft 10 bis 15 Prozent aller Frauen. Ein Drittel stirbt in Deutschland daran. Das ist nicht einmal nach Rasse oder Klasse verschieden oder bestimmten Sexualpraxen geschuldet.

> »Brustkrebs ist eine Erkrankung, die wahrscheinlich schon so alt ist wie die Menschheit selber. [...] Bereits in den hippokratischen Schriften – 400 bis 100 nach Christi Geburt – galt die weibliche Brust als bevorzugter Ort schlecht heilender, bösartiger Geschwüre, die nach dem vielgliedrigen Krebstier benannt wurden.« (Delbrück 1998, 20)

Es ist insbesondere der US-amerikanischen Frauenbewegung zu verdanken, dass das Tabu über den Brustkrebs gebrochen werden konnte. Während bis in die siebziger Jahre noch so »radikal« operiert wurde, dass auch die Muskulatur entfernt wurde und die in die Vereinzelung zurückgeschickten Frauen weitgehend eingeschränkt ihrem Schicksal überlassen waren, gelang es durch Proteste und Veröffentlichungen aus der Frauenbewegung, zunächst die Aufmerksamkeit auf die Verbreitung des Brustkrebses und die weitgehend »mittelalterlichen« Therapiemethoden zu lenken. Tatsächlich ist es dieser Bewegung zu verdanken, dass mehr Forschungsgelder in die Brustkrebsforschung und vor allem die diagnostischen Verfahren gesteckt wurden und die Operations- und Therapiemethoden heute um einiges verbessert sind (vgl. Thor-Wiedemann/Wiedemann 1998).

Noch im tödlichen Schrecken erfolgt für mich Aufklärung: Man kann heute »brusterhaltend« operieren; aber natürlich nicht, wenn das »bösartige Geschwulst« sich schon auf beide Seiten ausgebreitet hat. Die radikale Entfernung hinterlässt eine Leerstelle. Sie zu füllen erbringt als erste Frage: »Was kann ich tun, um nach der Operation äußerlich nicht aufzufallen?« So heißt im Buch von Delbrück (1998) ein ganzes Kapitel.

Es geht um »Wiedereingliederung« in die Gesellschaft und um das Selbstwertgefühl als Frau. »Bin ich überhaupt noch Frau – ohne Busen?«, sollen sich die meisten Frauen fragen; und die vielen, ähnlich abgefassten, in der Klinik verteilten Ratgeber antworten zuversichtlich, dass das »Frau-Sein« nicht ausschließlich in den Brüsten gesteckt habe und daher auch nicht restlos entfernt werden konnte. Es wird sogar versprochen, dass auch nach Brustoperationen »ein sinnvolles Leben möglich sei« (Delbrück 1998, 167).

Nach der Operation beteiligen sich an der tröstlichen Normalisierung wohlmeinende Schwestern: »Sie haben ein Anrecht auf eine Prothese«; das ist zunächst ein Schaumgummi in Busenform, später ein Einbau aus Silikon, selbst Nippel lassen sich künstlich aufpflanzen. Das Recht bezieht sich auf die Bezahlung, für die also die gesellschaftliche Krankenversorgung zuständig ist; ich habe die Pflicht, öffentlich (natürlich nicht nackt) auszusehen, als ob ich eine Frau wäre. Und diese hat einen sichtbaren Busen – ob real oder fiktiv. Zuständig für meine gesellschaftliche Eingliederung ist der Sozialdienst. Seine Hauptaufgabe: der passende Busen. Eine freundliche Dame belehrt mich, dass ich Anrecht habe auf beides – die Schaumgummieinlage sofort und ein wenig später, wenn ich stark genug bin für einen erneuten Eingriff, den Silikonbusen. Sie breitet das Angebot vor mir aus: fleischfarbener Schaumstoff in der Größe eines Handballs, der nächste fast so groß wie eine Melone und dann noch das Miniformat, ein sanfter Hügel. Sie tippt auf den mittleren – immerhin noch die Marilyn-Monroe-Größe – und sieht mich fragend an. »Man muss sie natürlich an die verbliebene anpassen.« – »Es gibt keine verbliebene.« Sie erschrickt; sie hat etwas Falsches gesagt in dieser gefährlichen, von Tabus und Täuschungen schlüpfrigen Zone. »Wir können sie natürlich in Ihren Büstenhalter einpassen.« Ich will sie jetzt in ihrer selbstverständlichen Stützer-Rolle bei der Konstruktion unterworfener Weiblichkeit verunsichern. »Ich habe auch keinen Büstenhalter.« Sie sieht mich mit schwer entzifferbarer Bewegung an, und ich blicke zum ersten Mal auf ihren Busen. Er ist nicht nennenswert. »Flach wie ein Brett«, hätte man früher geringschätzig gesagt, oder trägt sie eine so verhüllende Kleidung, dass man ihr das »Frau-Sein« erst nackt ansieht, während es bei mir umgekehrt sein soll? – Jetzt endlich spricht sie wieder: »Sie können die Einlagen auch als Haftschalen bekommen.« Ich stehe auf, überlasse der nächsten Frau den Platz und gehe verwirrt, weil ich trotz sorgfältigen Studierens nicht wirklich gewusst habe, wie tief die Formierung von Frauen geht, wie sehr sie an sekundäre Geschlechtsmerkmale geheftet sind und wie stark der allseitige Druck ist, Normalität vorzutäuschen, mit all den Zerreißproben, welche die stets drohende Entdeckung der Schuld bedeutet, hier zu versagen. Ich gehe zurück auf die Station und möchte darüber sprechen. Es empfängt mich die freundliche Stationsschwester: »Hat es geklappt mit Ihren Prothesen?«

Abschließende Bemerkungen

Versuchen wir einen zusammenfassenden Blick: Es ist ja keineswegs so, dass wir mit diesen Berichten aus dem Alltag einer Kranken am Boden unserer Gesellschaft wären, dort wo Arbeitslosigkeit und die Jagd nach Sozialhilfe das Leben bestimmen, und schon gar nicht dort, wo Hunger und Sterben aus Armut die Regel sind. Die Schärfe und Genauigkeit des Blicks verdanken sich in unserem Fall einigen unvermuteten Brüchen, die auch den Mitgliedern der Mittelschicht die Möglichkeit eröffnen, unverhofft klarer auf die Umbrüche im Großen zu sehen. Der Abbau des Sozialstaats vertreibt die Einzelnen keineswegs aus dem Paradies wohligen Umsorgtseins, weil sie dort nicht waren. Allerdings lässt er unversöhnter hervortreten, dass im Kampf jedes gegen jeden (welches wohl als Synonym für den freien Markt gelesen werden kann) die meisten verlieren. Bis zu den entscheidenden Umbrüchen neoliberaler Globalisierung gab es einige Handlungsorientierungen, die als Tugenden nach innen genommen waren – wie Mitmenschlichkeit, Großmut, Liebe, Fürsorge usw. –, die zwar in allgemein unsolidarischer Gesellschaft auch auf Kosten derer gingen, die sie praktizierten, jedoch das Überleben der vielen einigermaßen absicherten, insbesondere der Kinder, der Kranken, der Behinderten, der Alten, also all derer, die nicht voll funktionsfähig waren. Solche »Arbeitsteilungen« schlagen sich nieder in den Sitten und Gebräuchen, in Gewohnheiten, Normen, Werten. Sie sind mit den Personen verwachsen. Aber der neue Mensch[36] ist Unternehmer, Manager. Er kann mit solchen Tugenden nichts anfangen. Kühl berechnet er am Markt seine Einsätze, kalkuliert Kosten und Gewinne, sorgt jeder mit Geld beizeiten für sich und niemanden sonst.

Es ist einsichtig, dass die Veränderungen im Gesundheitssystem nur ein Teil der Gesamtumbrüche sind und dass jede Bewegung hier Konsequenzen hat in allen anderen sozialen Bereichen. Menschen, so fragmentiert und konstruiert sie sein mögen, bleibt gleichwohl die Aufgabe, sich zusammenzunehmen und ihr Leben zu gestalten. So sie dies nicht tun können, etwa, weil sie in den Widersprüchen verloren gehen, überfallen die disparaten Anforderungen sie hinterrücks. Angst und Unsicherheit begleiten die Menschen im Aufbruch in die hochtechnologisch globalisierte Marktfreiheit. Jeder weiß, dass er sich keine Blöße geben darf, nicht stolpern, nicht krank werden, nicht alt. Aber die neuen Zeiten verlangen mehr: Es braucht eine unerhörte Kompetenz in allgemeiner Inkompetenz, um auch nur einem Bruchteil der Zumutungen und Anforderungen gerecht zu werden. Dies wurde exemplarisch deutlich am »befreiten« Patienten im neoliberalen Krankenhaus. Um solches nicht angstvoll, sondern auch als wirkliche Zunahme von Freiheit zu erfahren, muss die allgemeine Ausbildung schon in Schulen radikal geändert werden. Körperkunde als Grundlage allgemeiner Medizin, Lebensmittelkunde als Teil der Ernährungswissenschaften, Lebensführung als bekömmliches Zeitregime, Politik als Kunst, die einzelnen Bereiche zusammen zu denken, werden unentbehrlicher Kanon für eine Bildungsreform, die der neuen Zeit angemessen ist und die notwendige Voraussetzung für eine Gesundheitsreform sein muss, die nicht bloß ein Schreckgespenst bleibt.

36 Vgl. dazu meine Analyse zum Hartz-Modell in diesem Buch.

Kulturelle Entwicklung

Entfaltung aller individuellen Möglichkeiten – dies war die Leitvorstellung für den folgenden Bereich. Die Beiträge zeigen, wie die Einzelnen in den vorhandene Strukturen gefangen sind und wie Veränderung der Strukturen zugleich Selbstveränderung voraussetzt und umgekehrt nach sich zieht. Freie Entwicklung einer jeden – das geschieht für die Einzelnen in unlebbaren Widersprüchen auf Druck, als Ausbruch. Die Beiträge durchstreifen ganz unterschiedliche Felder: die Liebe der erste, Politikmüdigkeit der zweite. Dabei wird der innere Zusammenhang von Produktion und Reproduktion vielfältig durchbuchstabiert. Zugleich wird ein Einblick in die Schwierigkeit, Alltag zu begreifen und theoretisch zu vermitteln, gegeben. Der zweite Text basiert methodisch auf Erinnerungsarbeit, theoretisch auf Kritischer Psychologie. Da er Material vorführen muss, ist er der längste im Buch. Seine Lektüre erfordert Sich-Einlassen und Geduld. Obwohl schon 1985 verfasst, ist er in der Grundkonstellation erneut aktuell, weil er die widersprüchlichen Anforderungen an Frauen als Mütter und als in Lohnarbeit eingelassene Gesellschaftsmitglieder im Fundament kapitalistisch verfasster Gesellschaften untersucht und dabei Forschung vom Standpunkt der Subjekte betreibt. Er ist nützlich für die aktuelle Diskussion ums Erziehungsgeld. – Im dritten Text geht es um die Krisenhaftigkeit des Lernens, methodisch werden Lerntagebücher von Studierenden vorgestellt, ein Verfahren, das inzwischen vielfach übernommen wurde. Es handelt sich um meine Abschiedsvorlesung von der Universität, die zugleich Kritik an meiner Lehre beinhaltet und Bilanz zieht. – Im vierten Beitrag schließlich geht es um Literaturkritik in der Perspektive der Selbstveränderung auch der lesenden Subjekte. Der Aufsatz löste eine heftige Diskussion aus, da er gewohnte Verfahren, literaturkritisch zu verfahren, gegen den Strich bürstet und Materialanalyse an die Stelle deutender Interpretation setzt. Das Resultat ist verblüffend, es zeigt Arbeit an der Emanzipationsfähigkeit anstelle einer Verelendungsdiagnose.

Der Weg, der in die Welt, nicht ins Haus führt

1. »Als Riva noch ganz klein war, hatte sie schon einen unbändigen Willen. Selbst als Säugling schwoll sie vor Zorn, sie schrie sich krank oder sie hielt den Atem an, bis ich vor Sorge außer mir war. Mit zwei gewöhnte sie sich an, in höchster Lautstärke Nein zu sagen. Ich sehe sie immer noch in der Mitte des Hofes stehen und dieses eine Wort schreien, bis die Wände davon widerhallten, und dann verstummte sie und weigerte sich, auch nur einen Ton von sich zu geben.« (Piercy 1993, 99)

Damit ist vorskizziert, dass Rivas Weg in die Welt ein vielfältiger Widerstand wird. Von ihm erzählt Marge Piercy. Riva rebelliert gegen das Tochter-Sein mit der dazugehörigen liebenden und hassenden Unterwerfung, gegen bestimmtes Lernen, gegen das Zuhause, gegen die Erwartungen, als Frau Ehefrau und dann Mutter zu werden – »sie schuf keine Kanäle, durch die meine Wünsche und Befürchtungen sie erreichen konnten«, sagt die Mutter, und »manchmal frage ich mich, ob ich nicht einen frühen Fehler beging, der ihr die Liebe unwichtig machte, gleichgültig, wie freigebig sie ihr angeboten wurde« (273). Riva kämpft im Ganzen gegen die Formen, ein weibliches Mitglied einer Gesellschaft zu sein, in der Eigentum, zu dem auch Frauen gehören, Diebstahl und Ausbeutung ist und Leben zufälliges Moment in der Organisation von Profit. Sie wird Informationspiratin – eine der von den transnationalen Konzernen meistgesuchten Verbrecherinnen. Sie spioniert und verrät z.B. der Allgemeinheit, wie wichtige Medikamente zusammengesetzt sind, sodass aus ihnen in Zukunft kaum Extraprofite mehr zu schlagen sein werden.

2. So ist als großer Rahmen ein Spannungsverhältnis skizziert, in dem Frauenleben sich vielfältig zurechtrückt. Die verschiedenen Bewegungen verdichten sich zu Katastrophen, zu Glück und Unglück, Aufbegehren und Resignation. – Alexandra Kollontai (1872–1952), Aktivistin in der russischen Revolution von 1917/18, geht in die Geschichte ein als jemand, die sich für die ökonomische Unabhängigkeit der Frau einsetzte.[37] Das hört sich zwar notwendig, aber etwas leblos und blechern an. Lesen wir, was ihr dabei wesentlich ist: Auf den Spuren nach der »neuen Frau« in den literarischen Arbeiten aus der Revolutionszeit schreibt sie:

> »Die neue Frau lehnt sich nicht nur gegen die äußeren Ketten auf, sie protestiert ›gegen das Liebesgefängnis selbst‹, sie fürchtet sich vor den Fesseln, die die Liebe bei der unserer Zeit eigenen verkrüppelten Psychologie den Liebenden auferlegt.« (1977, 39)

37 Helmut Steiner hat das Verdienst, Biographie und Werk Alexandra Kollontais zugänglich zu machen. Vgl. u.a. Steiner 2004.

Und später: Sie ist »frei wie der Wind, einsam wie das Steppengras. Keinem ist sie teuer. Keiner wird sie schützen« (12). In ihr »gibt es eine Grenze der Anpassung an den Geliebten, und ihre atavistische Neigung zur Selbstverleugnung, zur Selbstentäußerung und Auflösung in der Liebe stößt sich an der schon entwickelten, bestimmten menschlichen Persönlichkeit« (20).

Wieder die Liebe als Brennpunkt von Revolte und Anpassung, als Sehnsucht, als Gefahr. Die Liebe ist offenbar etwas, das man begehrt und vor dem man sich hüten sollte wie vor dem Feuer: Versuchung zur Selbstauslöschung, Hindernis für die Möglichkeit, ein freier Mensch zu werden, und doch ein Versprechen auf Glück. Hat uns die Liebe, bevor wir uns der Gefahr bewusst werden? Oder werden wir in sie geworfen wie in ein Gefängnis, aus dem wir uns nicht ohne fremde Hilfe befreien können oder, weil es auch Rundumversorgung bedeutet, gar nicht wollen? Suchen wir die Liebe und finden dabei unser Unglück?

3. Solche Widersprüche sind Aufforderungen, sich auf Verarbeitungssuche zu begeben. Jede kennt vermutlich eine Menge der vielfältigen Ratgeber und vielleicht auch Theorien, die den weiblichen Weg in die Liebe begleiten. Versuchen wir uns zu erinnern, wie wir uns eigentlich selbst um dieses Feuer, das einen zu verzehren droht, bewegen lernten.

Aber so verständlich die Botschaften über die Liebe noch scheinen mögen, die Frage an die Erinnerung verirrt sich sogleich auf merkwürdige Abwege. Mein erstes Echo ist negativ: Schmerz. Die Erinnerung spricht davon, nicht geliebt worden zu sein oder zumindest nicht genug. Eifersucht auf Bruder oder Schwester um die Liebe der Mutter, Furcht in der Schule, die Freundin könne sich einer anderen zuwenden – aber schlimmer noch und drohend über allem früh schon die Angst, genau in diesem selbstverständlichen und natürlichen Punkt des Liebens zu versagen, nämlich selbst gar nicht wirklich lieben zu können. Die Liebe tritt in mein Leben als Mangel, aber mehr noch als mein eigenes Ungenügen. Die Freundin, mit der ich alles teile, will ich nicht wirklich so nah, aber ich leide darunter, dass andere in meiner Schulklasse sich so zusammentun, kaum noch einzeln auftreten, ständig Geheimnisse austauschen und Geschenke. Doch auf der Suche, es ihnen gleich zu tun, finde ich keine, die solche Abschließung von allen anderen für mich dringlich gemacht hätte. Kurz, keine gefiel mir genug. So richtete sich mein Verlangen auf jede Neue, die in die Klasse kam – das geschah alle drei bis vier Monate –, ich begeisterte mich und suchte die Nähe herzustellen, die dem Verlangen entsprach. Nach wenigen Tagen wurde ich regelmäßig auf mich zurückgeworfen. Das Gefühl der ersten Stunde wollte nicht bleiben. Das Liebesobjekt versagte. Eine Unfähigkeit, die in steter Wiederholung auf mich zurückschlug. Hatte ich am Ende diese bei allen anderen angeborene Liebesfähigkeit, die eine Beziehung zur ausschließlichen macht und auf Dauer stellt, tatsächlich selber nicht? – In meiner Erinnerung befand ich mich in einem Zustand ständiger Entflammtheit, aus der nichts folgte als Hunger nach etwas, das ich nicht erreichen konnte.

Das wurde schlimmer, als das andere Geschlecht ins Spiel kam. Einige meiner Klassenkameradinnen – ich ging in ein Mädchengymnasium – begannen, eigene enge Gruppen auf dem Schulhof zu bilden, in denen erregt gesprochen und, sobald ich hinzutrat, bedeutungsvoll geschwiegen wurde. Irgendwie wusste ich, dass sie von Jungen sprachen und ich solchen Themen nicht genügen konnte. Es kam die Tanzstundenzeit, die ich als ein einziges Martyrium erinnere. Es gab die Erwartung, vor der ich kein Entrinnen sah, dass eine jede einen der Jungen aus dem benachbarten Gymnasium so für sich einnehmen musste, dass er ihr Partner für den Mittel- und den Abschlussball wurde. Das begann damit, dass Mädchen wie Jungen in je einer Reihe einander durch die Tanzfläche getrennt begegneten bzw. mustern konnten – bis die Jungen aufgefordert wurden, sich eine Partnerin zu suchen. So dem Leben nachgestellt, begann ein Kreuz- und Quergerenne um die Schönsten und diejenigen, die das meiste Prestige einbringen konnten; kurz, schon diese spontane Wahl erfolgte ordentlich nach Geld-Klassen, allenfalls durchbrochen bei herausragender Schönheit und Anmut, die allerdings auch der entsprechenden Kleidung bedurfte. Ich wurde spät gewählt, von einem, der offensichtlich keine Bessere mehr fand, was kein Wunder war, da auch er nichts für mich Begehrenswertes an sich hatte. Aber ich war froh, dass überhaupt jemand gekommen war, und nahm großzügig verlegen an, als hätte ich tatsächlich eine Wahl gehabt. Noch heute, da ich mehr als 50 Jahre zurückerinnere, fühle ich diese Scham, in meinem ersten Geschlechterwettbewerb nicht genügt zu haben, als eine Zurücksetzung, die mir ganz ohne mein Zutun widerfuhr. In einer Art Gegenwehr beschloss ich zunächst, das andere Geschlecht langweilig zu finden, und verwahrte mich gegen die nächtlichen Spaziergänge auf der ›Seufzerinsel‹, so genannt, weil dort angeblich ständig Liebesseufzer zu hören waren. Von da an gehörte ich zumindest dem inneren bestimmenden Kreis der Klasse noch weniger an, was ich für mich so zurechtlegte, dass ich die Zugehörigkeit auch gar nicht wollte, obwohl ich beständig hoffte, doch auch dort erwählt zu werden. Zugleich begründete ich meinen Ausschluss vor mir selbst mit äußerlicher Bedingung: Ich war Fahrschülerin, musste also jeweils vor der Zeit der Seufzer mit dem Zug nach Hause. Natürlich gab es auch im Zug Jungen, mit denen ich mich bedeutungsvoll zu schmücken versuchte. Ich erfand erste Geschichten über Beziehungen, die ich nicht hatte, und konnte so allmählich mein verlorenes Ansehen in der Klasse aufbessern.

Nach dem Abitur sollte ich eigentlich auf eine Handelsschule gehen, um Sekretärin zu werden, da meine Mutter als Alleinerziehende von vier Kindern ein Studium von allen nicht durchstehen zu können glaubte. »Du musst unbedingt zur Uni«, rieten meine Klassenkameradinnen dringlich, »wo sonst willst du den passenden Ehemann finden?« Der Vorwand schmeichelte mir irgendwie und konnte zugleich, wenn ich zustimmte, mich in die Normalität einschmuggeln und verdecken, dass ich eigentlich nicht wusste, was und wohin ich selbst wollte.

Die Universität ist auf den ersten Blick ein Marktplatz für Paarbildungen. Unentwegt zeigen sich die potenziellen Bräute und Bräutigame im Sommersemester, welches mein erstes war, in immer weniger Kleidung und immer klüger klingender Rede, drehen und wenden sich, bis es ans Ausprobieren geht. Verabredungen, heute ›Dates‹ geheißen, kann man aus allen möglichen Gründen treffen. Man muss nicht, wie in der Tanzstunde, warten, bis einer eine abholt; man kann auch als Frau sogleich selbst tätig werden. Aber was bedeutet das für die Liebe? Ich war, glaube ich, jetzt wieder ständig verliebt: in die Möglichkeit, frei zu tun, was ich wollte, ohne zu wissen, was das war; in die Wirklichkeit, die Nächte redend und nackt badend zu verbringen; in die Stadt, die unerhört bedrohliche und darum desto faszinierendere Geheimnisse barg – so führte mich eine meiner ersten Verabredungen mit einem ältlichen Studenten (er war mindestens 4 Semester höher), von dem ich nur erinnere, dass er Jura studierte, in eine Transvestitenbar, wo ich mich in alle verliebte außer in meinen Begleiter, den ich vorwiegend fürchtete, weil ich annahm, ich müsse ihm als Gegengabe zum durch ihn finanzierten Nachtbummel zu Willen sein, wobei mir der Umfang möglicher Handlungen auch hier ganz dunkel war, meine Phantasie über von mir als scheußlich ausgemalte Küsse sich nicht hinauswagte. – Ich war hingerissen von der Vielfalt an Seminaren und Vorlesungen und wie berauscht von den vielen Studenten, von denen meine Mutter mir geraten hatte, sie ganz wie meine Brüder zu behandeln. Mit ihnen aber ging es mir genauso wie einst mit den Freundinnen. Sie sehend stürzte ich mich in einen Überschwang von Gefühlen, die zwei bis drei Tage anhielten, meine Gedanken beherrschten, mich in eine stets trunkene Stimmung brachten, sodass ich in den Vorlesungen Konzentrationsschwierigkeiten hatte. Jedoch fiel jedes Gefühlsengagement binnen Kurzem, wenn der Reiz des Neuen verbraucht war, zusammen wie ein Ballon, dem man die Luft abgelassen hatte. Kurz, die gewöhnlichen jungen Männer ließen mich nach kurzer Zeit ungerührt. Das ging so eine Weile. Ich sammelte Freunde wie Briefmarken, ohne dass viel blieb. Nicht mal ein Album. Und es mehrte sich in mir erneut der Zweifel, ob ich am Ende krank sei? Liebesunfähig?

Denn Liebe, so wusste ich lange schon, war doch ein stets wildes Feuer, so brennend, dass daneben alles und alle anderen wie ein Nebending verschwanden.

Kurz, auf die Liebe, die Kollontai als Gefängnis notierte, traf ich zunächst als Mangel, dann als Sehnsucht, die unerfüllt blieb, während die Versprechungen ringsum wuchsen, sodass Schuldbewusstsein entstand und die

Notwendigkeit, über das als eigenen Fehler verspürte Versagen hinwegzutäuschen. Ich machte die Erfahrung, dass irgendwann der Druck steigt, das Leben möge in geregelte Bahnen kommen. Die allzu großen Hoffnungen müssen zurückgesteckt werden, Normalität ist angesagt auch in den Träumen. Die Heirat ist der öffentliche Beweis, dass man lieben kann.

4. Das Imaginäre: Wir ahnen den Boden, auf dem das Liebesverlangen in der bestimmten Form, nämlich ausgerichtet auf die Suche nach einem Mann und auf die Bildung einer Familie, unter eigner Beteiligung zugerichtet wird. Wegbereiter sind da u.a. Liebesromane, heute dieselben als Filme im Fernsehen. Wenig hat sich der Prinz, auf den gehofft wird, aus dem Märchen von Dornröschen herausentwickelt. Man wartet. Er soll kommen, wie eine Offenbarung. Am ersten Blick wird man ihn erkennen oder am ersten Kuss. Allerdings kommt eine weitere Spannung in die Vorstellungswelt, die wir das Imaginäre nennen. Aus der Männerwelt wird nicht nur auf Erweckung gehofft, es droht vor allem Gefahr, gegen die wiederum nur ein eigener Mann schützen kann. Das geht früh los, wenn vor dem »fremden Onkel« gewarnt werden muss, lange bevor wirklich von Sexualität gesprochen wird. Um die Realgestalten ranken sich Faszination und Erschrecken, dies umso stärker, je länger das Versteckspiel währt. Auf dieser Klaviatur spielen die populären Liebesromane, die zumindest bis vor kurzem junge Frauen massenhaft verschlangen. Janice Radway aus den USA hat in ihrer Untersuchung (1984) herausgefunden, dass Frauen aus den öffentlichen Bibliotheken bis zu vier Liebesromane in der Woche entliehen; das Muster, das offenbar süchtig macht, so arbeitet Tania Modleski heraus, ist im Grunde immer gleich. Die ›Heldin‹ ist in untergeordneter Stellung, am besten das Dienstmädchen – also Tag und Nacht potenziell verfügbar bzw. in Gefahr, durch ihn, der der Hausherr, der Ältere, der Reiche, jedenfalls der Übergeordnete und zumeist eben aus einer anderen Klasse ist, überwältigt zu werden. Er verfolgt die unerfahrene Unschuld und will sie gemäß seiner Erfahrenheit sich unterwerfen. So ist sie ebenso ständig in Gefahr, ihre Unschuld zu verlieren, wie auf der Hut, eben diese zu bewahren. Verfolgung und Flucht bestimmen die Erzählung bis zur Mitte. Jetzt ist der Herr mürbe. Er verliebt sich in sein potenzielles Opfer und macht ihr einen Heiratsantrag. Sie willigt sogleich ein, denn jetzt verwandeln sich Unterwerfung und Vergewaltigung in Liebe und Ehe. Ihre Standhaftigkeit hat sein tierisches Wesen in ein höheres verwandelt. Happy End. Modleski nimmt nicht an, dass eine Masse von Frauen so dumm ist, dieses immer gleiche Muster einfach gut zu finden und sich dareinzuwerfen. Sie arbeitet vielmehr heraus, dass die Leserinnen solcher Romane ihr Vergnügen und entsprechend auch die Formung eigenen Begehrens daraus beziehen, dass sie, anders als die Heldin im Buch, von vornherein wissen – eben weil sie das Muster schon kennen –, dass das merkwürdige, brutale und zynische Ver-

folgungsverhalten des Mannes keineswegs bloß rätselhaft und ablehnenswert ist, sondern eben das Zeichen kommender Liebe. Die Befriedigung bei solchen Romanen, so denkt Modleski, kommt aus Rachegedanken.

Der Mann soll erkennen, dass er die weibliche Heldin braucht und darunter leiden. Meist kommt es zu dieser Erkenntnis erst nach irgendwelchen dramatischen Ereignissen – die Heldin ist davongelaufen, will sich umbringen oder ist fast gestorben. Diese Rachephantasien haben zwei Seiten: Sie sind gleichzeitig Ausdruck realen Leidens von Frauen an den Lebensbedingungen in einer patriarchalen Gesellschaft und ein Protest dagegen (Haug/Hipfl 1995, 158; vgl. auch Christine Lehmann 2007).

Ausgestattet mit solchen Träumen bleibt wenig Rest und Substanz, das Leben für sich zu gewinnen. So erkennen wir schon nach diesen wenigen Zügen, dass es weniger die Liebe ist, die die Unterwerfung der Frauen auf Dauer stellt, wie Kollontai annimmt, als vielmehr das Liebesverlangen. Genährt von der Glut unvorstellbarer Erwartung und wachsender Triebe, bietet es wenig festen Grund für Widerstand. Es ist vielmehr ein Einfallstor für die von allen Seiten geflüsterten Versprechen. So wird das Imaginäre auf eine Weise gebaut, dass jedes Ungenügen, jeder Mangel den Selbstzweifel schürt oder aber einen Widerstand herausfordert, der wiederum das Wachstum unerfüllbarer Träume noch fördert.

> »Ich spreche nicht über die fleischlichen Freuden, obgleich über sie viel zu sagen wäre, noch über die Verliebtheit, über die weniger zu sagen ist«,

sagt Bertolt Brecht.

> »Mit diesen beiden Erscheinungen käme die Welt aus, aber die Liebe muss gesondert betrachtet werden, da sie eine Produktion ist. Sie verändert den Liebenden und den Geliebten, ob in guter oder in schlechter Weise. Schon von außen erscheinen Liebende wie Produzierende, und zwar solche einer hohen Ordnung. Sie zeigen die Passion und Unhinderbarkeit, sie sind weich, ohne schwach zu sein, sie sind immer auf der Suche nach freundlichen Handlungen, die sie begehen könnten (in der Vollendung nicht nur zum Geliebten selber). Sie bauen ihre Liebe und verleihen ihr etwas Historisches, als rechneten sie mit einer Geschichtsschreibung. [...] Es ist das Wesen der Liebe wie anderer großer Produktion, dass die Liebenden vieles ernst nehmen, was andere leichthin behandeln, die kleinsten Berührungen, die unmerklichsten Zwischentöne. Den Besten gelingt es, ihre Liebe völlig in Einklang mit anderen Produktionen zu bringen; dann wird ihre Freundlichkeit zu einer allgemeinen, ihre erfinderische Art zu einer vielen nützlichen, und sie unterstützen alles Produktive. (*Me-ti*, GW 12, Prosa 2, 571f.)

Schließen wir uns Brecht an, dass die Liebe gerade nichts ist, das einem einfach von außen zustößt, wie einen der Blitz trifft, sondern selbst eigene Tätigkeit, umfassend, geradezu eine Perspektive in einer anderen, eben auch durch Liebe zu gestaltenden Gesellschaft. Der Blick aus der neuen Hoffnung zurück auf die Frauen in unserem Stück findet sie zunächst einmal ankommen in der Ehe, dann ausgestattet mit Kindern. Das Liebesverlangen hat sie als erste Station in die Form der Hausfrau geführt.

5. Meine eigenen Erinnerungen daran sind allseitig widerspenstig und traurig. Als junge Ehefrau war ich in erster Linie Studentin. Wir hatten geheiratet, nicht der brechtschen großen Produktion wegen, sondern weil es damals noch mit erheblichen Schwierigkeiten, insbesondere moralischer Art, verbunden war, bei gemeinsamen Reisen ein Doppelzimmer zu bekommen, ohne verheiratet zu sein. Ich erinnere voller Panik, wie einmal ein Portier in einem schlichten Hotel in Italien das Wort ›matrimonial‹ in einer Frage an uns verwandte und ich aus dem Haus floh, weil ich glaubte, er hätte nach der Heiratsurkunde gefragt und nicht, was er tatsächlich wollte, sich erkundigt, ob wir zwei Betten oder ein Doppelbett wollten. Wir aber mussten mit sehr wenig Geld reisen und wollten auch wenig Probleme mit eigener Moral erfahren. Wir mochten uns zudem. Also heirateten wir.

Eine Studentenehe stellt ans Frausein wenige Anforderungen. Ich vernachlässigte sämtliche Hausfrauenpflichten und vertrat dies als politische Strategie. Das ging gut, bis eine Tochter auf die Welt kam. Einer musste Geld verdienen, man konnte nicht mehr einfach von der Hand in den Mund leben, und so setzte abgesprochen und dennoch wie natürlich die bekannte Arbeitsteilung ein. Die unglücklichsten Jahre meines Lebens verbrachte ich in einem Dorf unweit Köln, ohne Studienabschluss mit Kind, als Hausfrau allein wartend auf den heimkehrenden Mann. Ich war viele Menschen gewöhnt – jetzt gab es eine Hauswirtin mit großem Schnüffelinteresse, die ich fürchtete, weil ich ja auch stets bei einem Ungenügen ertappt werden konnte. Ab und an kam eine Nachbarin, fröhlich mit lauter Stimme, die mich aufforderte, die Fenster zu putzen, was sollten sonst die Nachbarn sagen?

Diese Zeit war für unsere Frage nach weiblichem Widerstand reich an lehrreichen Erfahrungen. Ich probierte die vielfältigen Formen zwei Jahre lang. Ich wurde krank. Wenn der Mann, den ich geheiratet hatte, sich abends verspätete, fand er mich im Nachthemd in klirrender Kälte auf einem nahe gelegenen Baugerüst. Ich wusste nicht genau, ob ich Lungenentzündung bekommen wollte oder einfach von oben nach ihm Ausschau hielt, bzw. ich wollte zunächst ihm entgegensehen, beschloss aber, je länger das Warten dauerte, auszuharren, um krank zu werden. Ich suchte das vorenthaltene Andere, das desto vager wurde, je mehr ich es vermisste, in der Flucht in eine andere Stadt. Ich versuchte, mich in andere Menschen zu verlieben. Ich verweigerte jede Hausarbeit. Ich begann schon morgens Alkohol zu trinken. Ich war 27 Jahre alt und hielt mein Leben für verpfuscht. Ich saß in der Falle. An einem Sonntag fragte mein Mann mich, was ich eigentlich so den ganzen Tag tue. Ohne Zögern antwortete ich: Ich lese Proust, *Auf der Suche nach der verlorenen Zeit*, und wusste, als ich es aussprach, dass ich das alles beenden musste. Aber wie?

Ich hatte keinen Studienabschluss, kein Geld, aber ein Kind. Seinetwegen saß ich in dieser Falle und darum liebte ich es umso verzweifelter und dachte es als ein Letztes, das mir eigen war. Es kam nicht in Frage, zurück zu meiner Mutter oder zu meinen Geschwistern zu gehen. So fand ich als Rettung die nächste Ehe, übergab mich von einem Mann dem nächsten, nahm das Kind mit. Alle praktizierten Widerstandsformen hatten mich geschwächt. Sie hatten vor allem mein Selbstwertgefühl auf einen Punkt nahe der Auslöschung gedrückt. Die Flucht in die neue alte Form der Ehe war beileibe kein Ziel, sondern erst der Anfang eines Lebens, an dem alle Schritte neu gelernt werden mussten, Maß genommen an den Aufgaben und auch neuer Widerstand erst sorgfältig angeeignet werden musste, damit er mir nützlich war. Hier half die Frauenbewegung.

6. Der glücklose Verlauf vieler junger Ehen, Scheidungsraten, die Abschließung der Hausfrauen von allem, was sie gelernt, gewollt, erträumt hatten, ist von den vielen Autorinnen der Weltliteratur vielfältig, aufrüttelnd, lehrreich aufgehoben.

Zornig schreibt Virginia Woolf über die Leere und Nichtigkeit weiblich eingesperrten Lebens zu Beginn des vorigen Jahrhunderts (*Die drei Guineen, Die Jahre*). Eindringlich erzählt Marge Piercy über die vergebliche Fixierung auf die Familie, selbst bei kleiner Berufstätigkeit der Frau, weil diese Fixierung sie die Augen vor der Welt verschließen lässt, sodass sie nicht einmal die Verbrechen ihres eigenen Mannes wahrnimmt, geschweige denn die Ungerechtigkeit in der Gesellschaft, in der sie selbstzufrieden lebt. Sie muss sich ändern, wenn sie überleben will. Widerstand richtet sich gegen sich selbst, gegen die Frauform als Zubehör eines Mannes oder einer Familie (*Fly away home*). In *Sehnsüchte* führt Piercy drei Frauen mit ihren zunächst getrennten Leben zusammen: die verstoßene Frau eines Geschäftsmannes, »mithelfende Familienangehörige«, die selbst nichts gelernt hat, und die er ablegen kann, als er genug Geld angehäuft hat, um sich eine Jüngere zu leisten; eine andere, ständig betrogene Frau eines Professors, die selbst auch lehrt und in ihrer Ehe auf das Alter wartet, weil sie hofft, dass dies ihn ruhig genug machen würde, nicht Studentinnen in Besitz zu nehmen, die, im Verhältnis zu ihr, Jahr um Jahr jünger werden; schließlich eine Studentin, die aus eigener Erfahrung erkannt hat, dass nicht eigenes Tun, sondern nur die Heirat sie aus der Armut führen kann. Die drei Leben werden so zusammengeführt, dass aus den unvollendeten Geschichten gemeinsam mögliches lebbares Leben erfunden und gestaltet werden kann. Der Weg geht in die Welt, nicht zurück ins Haus.

Doris Lessing schließlich lässt in ihrem Roman *Der Sommer vor der Dunkelheit* eine Frau um die vierzig, Kate, erkennen, dass ihre Familie sie nicht mehr braucht. Der Roman beginnt so:

> »Eine Frau stand auf der Stufe vor dem Hintereingang ihres Hauses, mit verschränkten Armen, und wartete.
> Nachdenklich? Sie hätte es nicht so genannt. Sie versuchte, sich über etwas klar zu werden, es bloßzulegen, damit sie es erkennen und benennen konnte; denn sie hatte schon eine ganze Weile Gedanken ›anprobiert‹ wie Kleider von der Stange. Worte und Redensarten, so abgedroschen wie Kinderreime, gingen ihr durch den Kopf; aus Gewohnheit hat man für die wichtigen Erfahrungen im Leben meist bestimmte feste Formeln parat, und sie sind ziemlich stereotyp. *Ach ja, die erste Liebe! ... Erwachsenwerden ist nicht leicht! ... Mein erstes Kind, wissen Sie ... Aber ich war verliebt! ... Die Ehe ist ein Kompromiss... Ich bin auch nicht mehr die Jüngste.* Natürlich hat die Wahl der einen statt der anderen Redensart nur selten etwas mit persönlichen Gefühlen zu tun, sondern eher etwas mit der eigenen Herkunft oder mit den Leuten, mit denen man zufällig gerade zusammen ist. Wie eine Frau wirklich über etwas denkt, muss man aus einem ihr unbewussten Lächeln schließen, daraus, wie ihre Mundwinkel leicht verbittert zucken, oder aus der Art, wie nach einem *Ich möchte nicht noch einmal Kind sein!* ein Seufzer ihren Lungen entrinnt. Diese Redensarten, die alle so wirken, als seien sie für eine besonders schlagkräftige Werbekampagne erfunden, haben eine solche Macht, dass wahrscheinlich viele Leute immer wieder sagen: *Die Jugend ist die beste Zeit unseres Lebens* oder *Die Liebe macht das ganze Leben einer Frau aus* – bis sie sich einmal im Spiegel sehen, wenn sie so etwas sagen, oder ein rascher Seitenblick ihnen verrät, welche Reaktion sich im Gesicht eines Freundes bei dieser Bemerkung spiegelt.
> Eine Frau stand auf der Stufe vor dem Hintereingang ihres Hauses, mit verschränkten Armen, und wartete darauf, dass das Wasser im Kessel kochte.« (1978, 7)

Die Frau versucht sich jetzt wirklich zu erinnern. Sie findet weiter abgegriffene Redensarten, wenig Erlebtes, bzw. wo Leben war, Angefangenes, Aufgegebenes, Verschobenes – sie verlässt das Haus und sucht alles: Liebe, sich, ihren möglichen Platz in der Gesellschaft und diese selbst.

7. In den Zeiten der Frauenbewegung, in den Jahren meines ersten Berufslebens – da war meine Tochter schon sechs – rätselte ich am Widerspruch Hausfrau. Ich suchte danach, wie es Frauen eigentlich gelingen konnte, sich in so widersprüchlichen Anforderungen – Menschen zu sein und sich zugleich ganz aufzugeben in die Sorge um Mann, Kind, Haushalt – zu bewegen und ich suchte nach den Blockaden, die sie hinderten, sich dagegen zu wehren. Aus eigener Erfahrung wusste ich, dass dieses Hausfrauenleben weder einfach Zwang ist noch bloß freie Wahl. Es wurde immer dringlicher, die Frauenwege sorgfältig zu erinnern, ihre Geschichte

zu verfolgen, um möglichen und erwartbaren Widerstand in lebbare Wirksamkeit zu lenken.

In einer der vielen Frauengruppen, in denen ich mein Leben ernsthaft besichtigte und also Erinnerungsgeschichten schrieb und bearbeitete (Andresen u. a. 1986), fanden wir ziemlich schnell heraus, dass alle landläufigen und also auch von uns geglaubten Mutmaßungen zur beharrenden Ein- und Unterordnung von Frauen nicht stimmten. Nicht Konfliktscheu, Kleinmut, Angst hinderten uns, solche Arbeitsteilung, wo einer auszieht, die andere das Haus als wesentliche Betätigungssphäre erfährt, schon vorweg aufzukündigen, sondern es war zumeist der Widerstand gegen Eltern und Familie, die zur Gründung eigener Familie führten, in der man alles anders machen wollte. Widerstand gegen fürsorgendes Mutterideal und gegen die eigene Mutter führte zu einer solchen Vernachlässigung aller Sorge für sich, dass schließlich aus purem Überlebenswillen die erneute Flucht in die Mutterrolle blieb. Das Eigenartigste war, dass gerade die Frauen unter uns, die souverän und selbstbewusst auftraten und daher nicht einfach bereit waren, sich einem Manne zu unterwerfen, ihre Energie auf die Gestaltung seines Lebensweges warfen, nicht am eigenen Lebensplan arbeiteten. Selbst hier noch sieht man Frauen tätig, die Strukturen, die sie beengen, mit zu stärken.

Paul Willis hat untersucht, warum Söhne von Hilfsarbeitern Hilfsarbeiter werden. Er kam im Wesentlichen zu dem Ergebnis, dass es der Widerstand gegen die Schule und ihre halbdurchschauten Ordnungen ist, der die Jungen schließlich zur Unterwerfung verurteilt. Die selbstschädigenden Widerstandsformen bei Mädchen zeigten spezifisch andere Subjektionsprozesse. Bei Bettina Heintz und Claudia Honegger (1981) z. B. werden Protestformen nicht nur als Stärkung der Unterwerfung in die gefragte Passform Frau vorgeführt – so wenn der Stilisierung der Frau als schwach, hysterisch, voller Migräne, unpässlich usw. mit einem Widerstand begegnet wird, der wiederum mit Krankheit als Fluchtmöglichkeit arbeitet und so das problematische Frauenbild noch verstärkt. Heintz und Honegger interessiert, wie die verschiedenen spontanen Widerstandsformen gegen unglückliches Leben in der zugewiesenen Geschlechtsrolle – etwa der Bürgerin im aufkommenden Kapitalismus – an der Festigung der Frauenrolle, an der Modernisierung mitarbeiteten. Sie gehen davon aus, dass Frauenleben mit der Gestalt der bürgerlichen Hausfrau als Perspektive, selbst wenn sie nicht der Wirklichkeit entspricht, die Frau also berufstätig ist, in folgendem Widerspruch auseinandergerissen ist:

»Die Aufteilung der Welt in ein Reich der Liebe und in eine Arena des Wettbewerbs findet ihre Entsprechung in jener strikten Scheidung der Geschlechter, die die Frau auf das Heim reduziert und dem Mann die Öffentlichkeit übergibt. Die bürgerliche Familie, die sich als ›arbeitsfreie‹ Sphäre reiner Mensch-

> lichkeit etabliert, bedarf einer Kultfigur, die sowohl ihre Produzentin wie auch ihr Symbol ist [...] Die Frau, einst begehrlich und lebendig, wird nun versittlicht und entsittlicht, zur ›guten Mutter‹ verformt [...] zurechtgeschnitten auf die Hälfte ihrer Person im privaten Binnenraum der Kleinfamilie.« (1981, 31)

> »Weibliche Identität konstituiert sich als ein Mangel: Erst in der Aufgabe ihres Selbst findet die Frau zu sich.« (Ebd., 33)

Solcherart auch im Widerspruch zu sich selbst gefangen, gingen Frauen daran, die Familie als Gegenwelt gegen herzlose Ökonomie und Rationalität zu schaffen und sie dabei nach rationellen Maßstäben durchzuökonomisieren – die Familie als Betrieb mit Ordnung, Sauberkeit, Reinlichkeitsdressur und Effizienz. Von hier, also aus der familiären Innenwelt der Sittlichkeit, gingen im Übrigen gesellschaftspolitische, von Frauen geführte Kampagnen, »moralische Kreuzzüge« gegen den sittlichen Verfall der Gesellschaft aus. Widerstand ist mithin nichts an sich Gutes, sein Ausgang nicht bloß begrüßenswert.

8. Die Psychologin Carol Gilligan, die den Bestseller *Die andere Stimme* (1982, dt.) schrieb, in dem sie im Wesentlichen zu beweisen sucht, dass Frauen eine andere Moral hätten, eine, die der Fürsorge gelte, als Männer, die Gerechtigkeit und Prinzipien auf ihren Fahnen trügen, Gilligan also kommt 10 Jahre nach dem genannten Buch zu der Auffassung, dass Frauen prinzipiell in dieser Gesellschaft gespalten seien – sie nennt es »dissoziiert«. Als heranwachsende Mädchen machen sie Erfahrungen, deren gesellschaftliche Interpretation anders ist, als ihnen praktisch einleuchtet. In der Adoleszenzkrise müssen sie entscheiden, ob sie wissen wollen, wie es wirklich ist, oder dazugehören und anerkannt werden. Allgemein gesprochen: Die gesellschaftlich gültigen Vorstellungen von einer guten Frau, einem guten Mädchen, einer guten Mutter, einer guten Beziehung usw. entsprechen nicht den eigenen Einsichten in soziale Zusammenhänge. So geraten Mädchen in den Zustand, dass sie nicht wissen wollen, was sie wissen. Oder anders: Sie müssen ihre Persönlichkeit aufgeben, um sie zu behalten. In solchen Paradoxien dissoziieren, fragmentieren sie sich. Gilligan sucht die Spuren wirklicher Erfahrung in den Erzählungen von Mädchen und kommt zu dem Ergebnis, dass Frauen sich in diese Gesellschaft nicht integrieren können, ohne sich zu verlieren. Revolte ist angesagt.

9. Wie Erwachsene Kinder gewöhnlich ansprechen, fragte auch ich einmal meine fünfjährige Nichte, was sie werden wolle. Anders als bei mir in dem Alter, war ihr Wunsch längst gefestigt: Tierärztin. Nur zwei Jahre später wollte sie Tierarzthelferin werden, Assistentin ihres Mannes, der Tierarzt wäre. Ich war nicht nur entsetzt, ich fühlte mich gegenüber solchem frühzeitigen Aufgeben auch überlegen. Ich hatte ja selbst studiert, wenn auch aufgegeben, als das Kind kam; ich hatte meinem Mann die Entwürfe für ein

Fernsehprogramm geschrieben, auf dessen Grundlage er endlich eine Stelle fand, die uns ernährte. Ich folgte ihm und war Ende zwanzig an der Stelle, wo ich allererst anfing, Stück um Stück mein Leben für mich zu gewinnen. Ich war schon vierzig, als ich mich das erste Mal weigerte, als mitreisende Gattin auf einen Kongress zu fahren. Der Entschluss, den ich durchhielt, brachte große Teilstrecken von Einsamkeit, wie Alexandra Kollontai prophezeite. Aber gerade in diesem Alleinsein, in selbstgewähltem Loslassen, in der Abschließung, schließlich in meinem eigenen Zimmer, das ich um diese Zeit bezog, begann ich, mich in die Welt zu bauen, als eigene Person, mit eigenen Bereichen, Gedanken, Plänen. Wieder brauchte ich Krankheit, Flucht, eine geliebte Freundin, um dies durchzusetzen. Was mir half, war eine universitäre Regelung, die gegen Frauen erfunden scheint. Es durften nämlich Ehepaare nicht an der gleichen Universität berufen werden. So baute ich ein zweites Zuhause jeweils an anderen Orten, reiste um die Welt und kam zurück. All dies kostete so viel Kraft, dass ich die Produktion der Liebe, die Brecht so unbekümmert an den Anfang setzt, erst begann, als ich schon Jahrzehnte wieder verheiratet war, als ich endlich fähig war, mein eigenes Leben zu gestalten. Auch dies ist eine Aufgabe, die täglich zu erfüllen ist. So wende ich schließlich Kollontais Anstrengung, die Frauen aus dem Liebesgefängnis zu befreien, in die Aufgabe, die Liebe so zu gestalten, dass das Gefängnis, das auch sie gefangen hält, abgerissen wird.

Zeit für mich. Über das Privatisieren

Noch sitzen wir in der Frauengruppe aufgeregt, wenn auch nach stundenlanger Sitzung etwas ermattet, beieinander. Jetzt geht es ans Verteilen der Aufgaben. Wer schreibt? Wer macht? Unruhige Lähmung beugt die Köpfe. Quälende Stille. Das war nicht immer so. Aber jetzt hebt eine trotzig die Stimme und spricht aus, was die meisten fühlen: Ich kann nicht mehr so viel übernehmen, *ich muss jetzt auch endlich mal etwas für mich selber tun.* Die Worte sind schmerzlich vertraut. In der Empörung über sie vermischen sich die Angst, mit aller Arbeit allein gelassen zu werden, und der Wunsch, selbst mehr Zeit für sich zu haben. Im widerständigen Einverständnis scheint uns eines jedenfalls ganz klar: Wir alle wissen, was das ist – Zeit für mich. Es klingt erholsam und damit freundlich, zugleich unfreundlich in seiner Selbstbehauptung gegen andere. Es ist jedenfalls nicht Zeit für uns, sondern Abzug am Gemeinsamen, eine stets einlösbare Rückfahrkarte zur Privatstation.

Ein solcher Rückzieher trifft nicht nur unsere Frauengruppe und darin möglicherweise alle; er ist sozusagen ein Zeichen der Zeit. Wir nennen ihn eine »zunehmende Privatisierung«, einen »Rückzug aus Politik und gesellschaftlichem Engagement«. Soweit wir uns ohnmächtig empören gegen solche »egoistische« Handlung und Haltung, sind wir doch nicht frei von der Anfechtung, selbst auch ein Stück in diese Richtung zu gehen. Was suchen wir an den Orten, wo wir »uns selbst« zu finden hoffen, und was verloren wir, wo wir »uns nicht hatten«? Ein erstes unsicheres Nachdenken über die Frage, was denn dieses »Ich – für mich« sein könnte, bringt eine Reihe von negativen Antworten. Wir wissen, was »nicht für mich« ist: z. B. früh aufzustehen, viel zu arbeiten ... Schon schwanken wir in der Festigkeit unserer Überzeugung: Schließlich kommt es darauf an, welche Arbeit es ist, für welche Taten wir früh aufstehen. Das Verlangen nach der Zeit für mich ist also eines nach der Qualität der Aktivitäten. Was aber nötigt uns dann zu diesem besonderen besitzanzeigenden Beiwort »für mich«, das wir an Stelle einer allgemeinen Bestimmung, wie z. B. »nützlich« oder »sinnvoll« oder »interessant«, als Charakterisierung für die gewünschten Tätigkeiten wählen?

Ergänzen wir den unausgesprochenen Gegensatz, den das »für mich« behauptet: Ich möchte Zeit für mich, statt nur »für andere« da zu sein. In dieser Entgegensetzung erkennen wir unmittelbar einen, wenn auch umstrittenen Sinn. Dass wir unsere Zeit für andere verwenden, erscheint uns zunächst moralisch notwendig, menschlich gut und als weibliche Bestimmung. Carol Gilligan machte aus solcher Haltung eine Inhaltsbestimmung für weibliche Moral. Frauen seien sozial, bindungsorientiert, pflegten Beziehungen und sorgten für Freundlichkeit (Gilligan 1984). Gerade hier setzt unser Widerstand ein und damit der Einverstand mit dem trotzigen »für mich«. Das »für andere« erkennen wir als Codewort für die Opferhaltung und den Verzicht auf eigenes Leben, die den Frauen allgemein als weibliche Tugend abverlangt werden und die ihre untergeordnete Stellung in der Gesellschaft bestimmen. Mütter und Ehefrauen sind gewissermaßen Synonyme für ein solches »für andere«. Frühzeitig sorgen ihre schemenhaften Gestalten für Vorbilder, nach denen wir uns auszurichten streben. In Schullesebüchern erfahren sie Verstärkung durch Wesen wie etwa Florence Nightingale, Engel der Gefangenen, die uns vorleben, wozu Frauen in der Lage sind. Gegen solche Zurichtung gewinnt der Wunsch, etwas »für mich« zu tun, widerständige Bedeutung gegen weibliche Rollenzumutung. Zugleich ist er Stoßseufzer gegen Überarbeitung. In beiden Fällen entdecken wir eine Entgegensetzung des »Ich« gegen eine fordernde Welt aus anderen und aus Aufgaben, in die das Ich nicht eingeschlossen zu sein scheint. Das Aufbegehren, das die Gruppe und die gemeinsamen Taten verlässt, um eine Person für sich sein zu lassen, kündigt so die Gemeinschaft des »wir«. Im »für uns« war das »für mich« aufgehoben. Indem es extra gefordert und eingeklagt wird, wird das »wir« zum »die anderen«, die dem »für mich« fremd sind bis zum feindlichen Gegensatz.

Wir entziffern bis jetzt drei Aspekte in dem gängigen Einklagen einer »Zeit für mich«:

- den eher kulturellen Stoßseufzer gegen eine Ausfüllung des Tages, die bis zur physischen Erschöpfung die Zeit für die eigene Wiederherstellung verschlingt;
- Widerstand gegen weibliche Aufopferung bis zum Protest gegen weibliche Unterordnung in Gesellschaft;
- Aufkündigung eines Kollektivs und Verwandlung seiner Mitglieder aus Mitstreitern in feindliche Mitmenschen, eben in »andere«. Diesen letzten Aspekt wollten wir mit dem Begriff »Privatisierung« fassen.

Die drei genannten Aspekte der ichbezogenen Haltung und Handlung sind sowohl unvergleichbar als auch zum Teil gegensätzlich: Der Widerstand, den wir entzifferten, wird begleitet von der Preisgabe des »wir«, welches Grundbedingung seines Erfolgs war. Und zugleich wissen wir noch keineswegs, was das eigentlich ist, dieses »ich für mich«. Die blockierende Anordnung seiner unterschiedlichen Dimensionen lassen den Verdacht aufkommen, dass im Aufbegehren eine Falle verborgen ist. Er wird verstärkt durch die Annahme, dass man so nicht leben kann, »ich für mich« und »jeder für sich«.

Wenngleich wir wissen, dass diese Neigung zum Privatisieren gegenwärtig viele Menschen beider Geschlechter trifft, nehmen wir an, dass der weibliche Rückzug, den wir zugleich als Widerstand gegen Weiblichkeit und als ihre Einlösung entziffern können, eine besondere Dynamik hat. Die Frauen haben erst angefangen, sich in kollektiven Widerstand zu begeben, in die Öffentlichkeit zu treten, eine Bewegung zu formieren. Bevor solcher Widerstand in die unendlichen Kanäle des Privaten zurückrinnt, erscheint es uns als dringlich, die Triebkräfte zu untersuchen, die solchen Rückzug als Widerstand speisen. Dabei ist offensichtlich, dass die politischen Verhältnisse und die ökonomische Krise die Resignation befördern und das Privatisieren begünstigen. Zugleich aber scheint uns auch, dass in der besonderen Weise, in der Frauen sich vergesellschaften, jene Fallstricke eingebaut werden, die solchen Rückzug bei Gegenwind empfehlen.

*Frauenunterdrückung – allgemeine Voranname*n

Üblicherweise wird die Herausbildung eines Verhaltensrepertoires und der dazugehörigen Selbstwahrnehmung mit dem Begriff der »Identität« zu fassen versucht. Wenn wir »weibliche Identität« untersuchen wollen, so denken wir ihr Werden zunächst als eine Art Wechselspiel zwischen gesellschaftlich vorfindlichen Strukturen und dem Bemühen, in ihnen handlungsfähig zu sein – bis zur Möglichkeit der Veränderung eben der Strukturen, in denen man sich arrangieren sollte. Solche Problemstellung bringt uns ins Spannungsfeld von zwei Disziplinen. Die »Grundfrage« der Soziologie nach dem Verhältnis von Individuum und Gesellschaft ist erweitert um die psychologische nach der Bauweise der Individuen selber. Dabei denken wir Individuum und Gesellschaft nicht als zunächst getrennt, um dann die Frage nach ihrem Zusammenhang stellen zu können, wie dies in der Soziologie gemeinhin geschieht. Umgekehrt gehen wir davon aus, dass die Menschen gesellschaftliche Wesen sind. Von daher fragen wir nicht, wie die Gesellschaft die Einzelnen deformiert und entfremdet, sondern wie sie (durch die gesellschaftlichen Verhältnisse) in ihrer Gesellschaftlichkeit behindert werden. Volle Gesellschaftlichkeit scheint uns dann gegeben, wenn die Mitglieder einer Gesellschaft gemeinsam über die Bedingungen ihres Handelns verfügen können, ihnen nicht ausgeliefert sind. Insofern können wir auch die psychologische Frage nach der Bauweise der Individuen im Zusammenhang mit Gesellschaft stellen.

Diese allgemeinen Vorannahmen (vgl. dazu ausführlich F. Haug 1980a, 43ff.) müssen für die Frage nach der Herausbildung weiblicher Identität konkreter gefasst werden. Belehrt vom Augenschein setzen wir voraus, dass es so etwas wie Weiblichkeit und weibliche Identität im Unterschied zu Männlichkeit und ›männlicher Identität‹ gibt. Wir nehmen zugleich an, dass diese Unterscheidung wesentlich sozial ist, nicht auf das Biologische reduzierbar. Unsere Frage lautet: Was in den gesellschaftlichen Strukturen bringt die weiblichen Menschen dazu, sich so zu vergesellschaften, dass sie schließlich diese sozialen Geschlechtswesen Frau werden, die den männlichen bei- und untergeordnet sind? Dabei haben wir es nicht nur mit dem

Problem zu tun, dass wir die »Natürlichkeit« des Weiblichen bezweifeln müssen, sondern auch damit, dass der Weg, eine Frau zu werden, selbst schon geschlechtsspezifisch geprägt ist: Mädchen lernen anders als Knaben.

Für unsere Frage nach dem Zusammenhang von Gesellschaftsstruktur und der Reproduktion von Frauenunterdrückung gibt es in der Frauenliteratur vier mögliche Antworten:

1. In Organisationen der Arbeiterbewegung wird gemeinhin die Auffassung vertreten, Frauenunterdrückung verdanke sich im Wesentlichen der kapitalistischen Verfasstheit unserer Gesellschaftsformation. Die Möglichkeit, geringere Löhne zu zahlen, um Extraprofite zu erzielen, und ein flexibler Umgang mit Frauen auf dem Arbeitsmarkt (Reservearmee) gehören ebenso ins Fundament von Frauenunterdrückung wie die staatliche Einsparung von Kindergärten und Sozialleistungen. Frauenunterdrückung könne so nur durch Überwindung kapitalistischer Produktionsverhältnisse beseitigt werden. Die einzelnen Momente sind zweifellos wichtig. In der feministischen Frauenbewegung galt die Empörung gegenüber solcher Auffassung vor allem der Tatsache, dass sie praktisch dazu auffordert, die Augen zu verschließen vor dem doch bemerkenswerten Umstand, dass alle diese kapitalistischen Untaten in besonderer Weise auch Frauen betreffen, die dennoch von diesem lebenswichtigen Umstand als einem Nebending absehen sollten.

2. Dementsprechend gelten feministische Erklärungsversuche, soweit sie sich auf Gesellschaftsstrukturen einlassen, einer Umordnung der Elemente. Nicht dass Frauen in kapitalistischen Fabriken arbeiten, sondern dass sie Hausarbeit verrichten und deren Funktion für das Gesamtsystem gelten als mögliche Ursache von Frauenunterdrückung. Nicht die Lohnarbeiterin in erster Linie, sondern die Hausfrau rückt ins Zentrum von Unterdrückungstheorien und Befreiungsstrategien (vgl. kritisch dazu Haug/Hauser 1984, Dietrich 1984).

3. Grundsätzlich wird die Struktur von Arbeitsteilung diskutiert. Diese sei nicht nur so angeordnet, dass die Frauen in Hilfs- und Zuarbeiten den Männern untergeordnet ihr Dasein fristeten oder dass sie für Reproduktionsaufgaben zuständig seien, die Männern eine Vormachtstellung in allen Berufssparten erlaube; zudem sei die Gesamtstruktur gezeichnet durch eine Aneignung weiblicher Arbeitskraft durch Männer. Diese Fassung erlaubt es, die männliche Unterdrückung zu Hause mit den gleichen Begriffen zu erklären wie die kapitalistische im Betrieb (vgl. dazu insb. Hartmann in Sargent 1981).

4. Ein weiterer Versuch, Frauenunterdrückung zu erklären, geht von der gesellschaftlichen Trennung von Produktion und Reproduktion und den damit verbundenen Ortszuweisungen aus. Frauen seien zunehmend vom Gesamtgeschehen abgekoppelt, vereinzelt, privat, während die auf Produktivkraftentwicklung beruhende kapitalistische Gesellschaft eine mit immer

mehr Macht ausgestattete männliche Dominanz ständig wiederhole (vgl. zusammenfassend dazu Beer 1984).

In allen Entwürfen werden gesellschaftliche Strukturelemente in ihrer Kapitalismusspezifik einbezogen; die drei in der feministischen Frauenbewegung entstandenen versuchen, eine zusätzliche Verbindung mit männlicher Vorherrschaft auszuweisen. Dabei beziehen sie sich auf Arbeitsteilungseffekte, die durch die Trennung des Produktions- vom Reproduktionsbereich im Kapitalismus schließlich eine besondere Zuspitzung erfahren. Die Aneignung weiblicher Arbeitskraft gegen das Recht zu wohnen, sich zu kleiden und zu ernähren, die Entgeltung durch ein Minimum von Naturalien also, zeigt sich nach Abschaffung der Sklaverei als anachronistisches Gewaltmonopol eines Geschlechts über das andere. Die Gestalt der Hausfrau in der uns heute bekannten Form mit stets abnehmendem gesellschaftlichem Tätigkeits- und Verantwortungsbereich ist ein Produkt der bürgerlich-kapitalistischen Gesellschaft, die zugleich erstmals in der Geschichte die Gleichheit aller männlichen Bürger durchsetzte. Während in den kapitalistischen Ländern die Entwicklung der Produktivkräfte unter dem Diktat der Profitmaximierung nicht nur die privaten Haushalte mit Waren überhäuft, sondern auch ihre Struktur zersetzt, während Staat und Kapitale die Erledigung von »Familienaufgaben« teilweise übernehmen (private und staatliche Kindergärten, Schulen, Tagesheime, Altenpflegeheime, Wäschereien, Reinigungsfirmen, Kantinen, Krankenhäuser, Bordelle, Psychiatrie, Seelsorge, Sozialfürsorge, um nur einige Beispiele zu nennen), wird die Frau, die Herz und Leben der Familie widmet, zu einem Widerspruch, der ihr Leben zu einer überflüssigen Hölle macht.

Wir halten alle aufgeführten Elemente, die als Strukturmerkmale einer Frauen unterdrückenden Gesellschaft herausgearbeitet wurden, für wichtig. Ihre Auffälligkeit, so meinen wir, verdankt sich der Entwicklung des Gesamtsystems, welches seine eigenen Krisen ständig mitproduziert. Die Form der Familie, die Gestalt der Hausfrau, die spezifische Arbeitsteilung zwischen Mann und Frau sind so ins Fundament dieser Gesellschaft eingegossen, weil sie die Trennung von Produktion und individueller Reproduktion als Privatsache von Einzelnen verewigen. Zugleich steht ebendiese Trennung der Profitlogik entgegen, bleibt ein solcher privater Bereich auch immer ein Feld, das »noch nicht« vollständig erobert ist und von daher die kapitalistische Entwicklung beeinträchtigt. An dieser Stelle gibt es merkwürdige »Krisenlösungen«. Der Staat z.B. versucht gesellschaftsbewahrend einzugreifen und die alten Plätze der Frauen, soweit sie von Auflösung bedroht sind, mit haltbaren Festungen zu umgeben (Erziehungsgeld, Familienschutz, Mutterschutz, Förderung von Teilzeitarbeit, Rückgabe von Pflegeaufgaben an die Familie, Propagierung sinnvoller Haushaltsführung, die sich dem Warenangebot teilweise entzieht, bis hin zur Unterstützung alternativer arbeitsaufwändiger Ernährung (vgl. Hauser 1985). Auch die männlichen Nutznießer der weiblichen Unterdrückung verteidigen alte Strukturen. Dies geht teilweise bis zu Bündnissen mit gesellschaftlichen Herrschaftsgruppen (Kapital und Staat), so z. B. wenn in einzelnen Betrieben die männlichen Arbeiter mit der Unternehmensleitung Sonderregelungen für die Sicherung ihrer Arbeitsplätze gegen deren Einnahme durch Frauen vereinbaren. In dieser Situation ist der Kampf der Frauen um Befreiung außerordentlich verzwickt. Allgemein gesprochen kann ihre Abwehr gegen männliche Vorherrschaft zugleich antikapitalistisch sein – das macht u. a. die historische Bedeutung der Frauenbewegung aus, die weit über eine bloß reformistische Gleichberechtigung hinausgeht. Im Einzelnen streiten die Frauen nicht bloß gegen die Orte ihrer Unterdrückung und gegen ihre Nutznießer, sondern ebenso gegen sich selbst, die sie in ihrer gesamten Vergesellschaftung, mit ihrem Denken, Fühlen und Hoffen an die Stätten ihrer Unterwerfung geknüpft sind und deren Demontage von außen und von oben auch als Bedrohung empfinden müssen. So scheint uns, dass eine Theorie der Frauenunterdrückung und -befreiung nicht nur zwei Momente miteinander verknüpfen muss – die Gesellschaftsstruktur und die Aktivitäten der herrschenden Männer –, sondern dass gleichzeitig die Aktivitäten der Frauen einzubeziehen sind. Ihre widersprüchliche Verstrickung mit den sie Unterdrückenden wie mit den Orten ihrer Unterordnung, ihre Handlungsunfähigkeit bei ihrer Befreiung müssen fassbar und aufzeigbar in den Strukturen dieser Gesellschaft sein. Wir schlagen von daher vor, nicht *einzelne* Strukturelemente aufzuführen, wie dies in den oben skizzierten Erklärungsmustern geschah. Diese müssen in ihrer phänomenalen Unbeweglichkeit die widersprüchliche Bewegung und die damit einhergehende Vielfältigkeit der jeweils aktuellen Strukturelemente, die besonders unterdrückend sind, ebenso verpassen wie ihre Anordnung.

Stattdessen wollen wir untersuchen, wie die Menschen ihre gesamtgesellschaftlichen Verhältnisse produzieren, Lebensmittel und Kinderproduktion und -aufzucht regeln und wie die Frauen darin vorkommen als Agierende, Reagierende, Nutznießer und Unterdrückte. Dieser Prozess ist in kapitalistischen Gesellschaften gezeichnet durch die Konstituierung von Öffentlichkeit und Privatheit. Diese Trennung schuf jenseits der Klassen Gleichheiten und Ungleichheiten und setzte alte Unterdrückung fort. Die Überantwortung der allgemeinen Regulation der gesellschaftlichen Ökonomie an private Profitinteressen fällt dabei ebenso unter den staatlichen Schutz des privaten Eigentums, wie im Kleinen die gesetzlich geschützte Privatsphäre vornehmlicher Ort von Frauenverantwortung und in eben ihrer Privatheit auch Frauenunterdrückung wird.

Ich und die Gesellschaft – Über die Zwieschlächtigkeit des Reproduktionsproblems

Die mehrfachen Aufgliederungen der Gesellschaft und ihre verschiedenen Herrschaftsformen machen es notwendig, nicht die Lösung für ein Problem zu suchen, sondern die Zerrissenheit und Widersprüchlichkeit des gesellschaftlichen Menschen als solche in unsere Grundannahmen aufzunehmen. Trennungen wie Produktion und Reproduktion, Öffentlichkeit und Privatheit, geistige und körperliche Arbeit, Männer und Frauen treten überlagert, als Gegeneinander, als wechselseitige Ergänzung auf; sie antworten jeweils auf ein Ensemble von gesellschaftlichen Widersprüchen und sind Lösungsformen für sie.

Indem die Menschen ihre Welt durch Arbeit selbst gestalten, erhält sich jeder Einzelne; indem er gesellschaftlich arbeitet, ist er also in dieser Weise *sinnhaft* aufgehoben. Obwohl die individuelle Lebenssicherung nur über die Erhaltung der Gesamtgesellschaft möglich ist, bleibt sie immer noch eine Extra-Aufgabe. Dies zum einen, weil das psychisch-physische Überleben nicht einfach in gesellschaftlichen Beiträgen aufgeht; es muss als Lebens*kultur* individuell als Problem erfahren und gelöst werden. Zum anderen erfahren die Einzelnen die Gesellschaft als eine fertige Struktur, in die sie hineingeboren werden, die sie sich aneignen, in der sie einen Ort finden müssen. Diese Hineinarbeitung in Gesellschaft kann misslingen. Gesellschaftliche Strukturen funktionieren auch, wenn Einzelne sich parasitär zu ihnen verhalten, abseits bleiben. Auch in dieser Weise ist individuelle Lebenssicherung und gesellschaftliche Reproduktion nicht unmittelbar ineinander aufgehoben. Es ergibt sich das Paradox, dass der Einzelne sein Leben nur erhalten kann, indem er Gesellschaft reproduziert, dass dieses Verhältnis aber nach beiden Seiten problematisch ist, bewusst geregelt werden muss und bis zum feindlichen Gegensatz getrieben werden kann.

Schon an diesem sehr allgemeinen Problemaufriss erahnen wir die Vorbereitung einer Arbeitsteilung, in der wir die Frauen später in dieser Lebensbalance zwischen individueller kultureller Lebensproduktion und sinnvoller gesellschaftlicher Arbeit einen eigentümlichen Platz einnehmen sehen. Und wir erkennen, dass die bürgerliche Zweiteilung der Gesellschaft in eine private und eine öffentliche Sphäre auf dieser doppelten Problemstellung menschlicher Reproduktion aufbauen, sie verschieben kann.

Kultur und Sinn – weiblicher Lebenszusammenhang

Wir denken also die Herausbildung weiblicher Individualität in unserer Gesellschaft auf mehrfache Weise gebrochen und widersprüchlich. Auf der allgemein menschlichen Ebene begegnen wir der Differenz zwischen der

Sicherung des individuellen Lebens, auch wenn sie über die Gesellschaft vermittelt ist, und der der Gesellschaft im Großen, auch wenn sie aus den individuellen Arbeiten besteht. Diese Differenz kann bis zum feindlichen Gegensatz getrieben werden, sowohl vonseiten einer von Herrschaft bestimmten Gesellschaft, die gegen Veränderung gepanzert ist, wie vonseiten der Einzelnen, wenn sie sich von gesellschaftlichen Aufgaben auffressen lassen, selbst in einer klassenlosen Gesellschaft. Die notwendige Sorge für die Wiederherstellung und Pflege des individuellen Selbst wollen wir eine *kulturelle Praxis* nennen. Dabei meinen wir mit kulturell, dass die Handlungen selbstzweckhaft sind (vgl. W.F. Haug 1980). Der Begriff erlaubt uns, je nach gesellschaftlicher Entwicklung historisch Unterschiedliches zu fassen, von der den körperlichen Tätigkeiten angemessenen Nahrung bis zum Theaterbesuch, vom Lieben bis zum Malen und Schreiben, vom ausreichenden Schlafen bis zum Singen und Tanzen. Gerade die positive Leistung dieses Begriffs, den Zweck für das Selbst ins Zentrum zu rücken und damit Mittelbarkeiten auszuschließen, erweist sich für Frauen bei genauer Betrachtung als problematisch. Die von ihnen hergestellten kulturellen Praxen sind zuallererst nicht für sie selbst, sondern werden unmittelbar für die anderen (z.B. Familienmitglieder) getätigt und über diese mittelbar für sich selbst. Es liegt eher eine »Um-zu-Beziehung« vor und nicht eine »Für-sich-Praxis«. Um den Hunger der anderen zu stillen, koche ich, um eine freundliche Atmosphäre herzustellen, schneide ich Blumen aus dem Garten. Der Zweck der Praxis liegt nicht nur im Tun, sondern im Resultat, das den Selbstzwecken der Familienmitglieder dient. Es ist, als würde man einen Berg erklimmen, nur um den Gipfel zu erreichen, nicht aber das Gehen der Strecke selbst als für sich stehenden und in sich liegenden Genuss zu erleben. Insofern setzt dieser Kulturbegriff voraus, dass Menschen in der Lage sind, sich selbst als Zweck zu setzen. Aber was meint Lage? Wenn wir den Geschlechtern in den privaten Raum der kulturellen Praxen folgen, sehen wir Frauen damit beschäftigt, einen Rahmen herzustellen, in dem selbstzweckhaftes Tun möglich wird, und wir sehen Männer ihn ausfüllen. Dieser Geschlechtertrennung im Kulturellen nachzugehen scheint uns untersuchenswert, da die Zuständigkeit der Frauen für den familiären Bereich – also für die Selbstzweckpraxen – die Verhinderung von kollektiven, gesellschaftlichen kulturellen Praxen stützt. Die Abspaltung des Kulturellen in eine Privatsphäre intensiviert deren »Notwendigkeit«. Verweigerten die Frauen die Zuständigkeit für den »kulturellen Rahmen«, müsste er aus der Privatform entlassen werden in eine gesellschaftliche Form, in der jedes Geschlecht für sich selbst und für den allgemeinen Selbstzweck sorgte. Die fehlende Möglichkeit, das Problem zu delegieren, ermöglicht seine allgemeine soziale Lösung.

Dagegen dienen die gesellschaftlichen Arbeiten immer allgemeinen Zwecken. Ihr Sinn bestimmt sich nach ihrem Nutzen für alle und darüber für die Arbeitenden selber. Auch dieser Zusammenhang ist problematisch – der Nutzen kann nicht einsehbar sein, der Sinn verschlossen. Vielfältig vermittelt über Arbeitsteilung, durchzogen von Herrschaft, bleibt diese Anstrengung der eigenen Lebenserhaltung über die der Gesellschaft problematisch, bedarf der bewussten Einfügung. Wir verbinden von daher Arbeit gewöhnlich mit Disziplin. Die Gleichbedeutung gesellschaftlicher Arbeit mit sinnhaftem Tun versuchen wir hier mit der Zusammenfügung »disziplinierte Sinnhaftigkeit« zu fassen. Auch in die Verausgabung von Arbeitskraft mischen sich die Elemente kultureller individueller Reproduktion. Wir möchten, dass Arbeitstätigkeiten so sind, dass nicht gleichsam wie ein Schuldenberg die Entfaltung aller Sinne für den sogenannten Freizeitbereich verbleibt. Von daher nehmen wir Maßstäbe für die Qualität von Arbeitshandlungen und von daher vermischen sich ein zweites Mal die Fragen individueller und kollektiver Lebenssicherung. Der Zusammenhang von individueller und kollektiver ökonomischer Lebenserhaltung bestimmt unsere Vorstellung von einer erstrebenswerten Gesellschaft, die Richtung, in der wir Änderungen versuchen. Der Gegensatz zwischen individuellem Leben und Gesellschaft soll so weit vermindert werden, dass die kulturellen Aktivitäten der eignen Lebenserhaltung mit Lust und Genuss verbunden werden können, nicht aus Not geschehen und nicht bloß dem Überleben auf organismischem Niveau dienen müssen.

Dass auf der formationsspezifischen Ebene der kapitalistischen Gesellschaft die individuelle Reproduktion zu der der Gesellschaft in einen Gegensatz gerät, versuchen wir gewöhnlich mit dem Begriff der Lohnarbeit zu fassen. Hier soll zugleich die Fragwürdigkeit des gesellschaftlichen Sinns der Arbeit ausgedrückt werden sowie die Notwendigkeit, sich – anstelle einer bewussten geplanten Eingliederung in die gesellschaftliche Arbeit – zum bloßen Zwecke individuellen Lebens zu einem Preis zu verdingen. Diese Verkehrung bewegte schon Marx in den Philosophisch-Ökonomischen Manuskripten in den Worten, dass der Mensch nicht zu Hause sei, wo er arbeite, und dort nicht arbeite, wo er zu Hause sei (MEW, Erg.Bd. I, 514). Die Lohnform bewirkt ein Doppeltes: Die individuelle Lebenssicherung fällt einerseits unmittelbar mit der gesellschaftlichen Produktion in eins – da bleibt kein Raum für problematisierendes Verhalten. Wo Lohnarbeit allgemein ist, bleibt keine Alternative, das Leben anders zu erhalten. Andererseits verschwindet zugleich der sinnhafte Zweck des Nutzens für andere und damit für sich als Antrieb gesellschaftlichen Handelns, zum Teil verschwindet er überhaupt aus dem Horizont der Arbeit – so etwa bei der Produktion von Destruktionsgütern, aber auch bei vielen Verwaltungstätigkeiten und solchen, die der Herrschaftssicherung dienen. Arbeit tritt auf als Verausgabung, Freizeit davon abgespalten als Wiederherstellung von Kraft. Um die kulturelle Dimension streiten sich die verschiedenen Kapitale. Problematisch wird, was selbstzweckhaft sein könnte.

In diesen Trennungszusammenhang von individueller Lebenssicherung als kultureller Tat und als gesellschaftlich sinnvollem Tun sind die Geschlechter in wechselseitiger Abhängigkeit eingespannt. Während die einen (Männer) zunehmend ausschließlich gesellschaftliche Arbeit leisten, verlieren sie selbst die kulturelle Kompetenz der individuellen Reproduktion. Bis vor kurzem waren sie allgemein stolz darauf, nicht kochen zu können, ihre Wäsche nicht waschen zu können, keine Knöpfe anzunähen, keine Söckchen zu stopfen, keine Betten zu machen, ja vielleicht sogar Essen und Schlafen überhaupt zu vergessen. Für ihren Körper und seine Pflege hielten sie sich Frauen. Solcherart für die Kultur der individuellen Reproduktion eines eigenen Mannes und eigener Kinder zuständig, wiederholen diese einen Trennungszusammenhang für ihr Leben. Sie vernachlässigen ihre eigene kulturelle Reproduktion zugunsten der subjektiven Erfahrung, dass ihre Handlungen für andere und von daher gesellschaftliche Arbeiten seien. In einigen Kulturen geht das so weit, dass Frauen nicht mit den anderen Familienmitgliedern essen, sondern erst nach vollendeter Mahlzeit in der Küche die Reste zu sich nehmen (etwa Japan, Indien). Die Einfriedung dieser individuellen Lebenssicherung im Privaten schottet die Frauen gegeneinander ab, der Bezug auf den kleinen Familienraum macht ihre Handlungen unwesentlich, fast zum gesellschaftlichen Luxus. In unseren Gesellschaften ist die Frage, ob man Kinder hat oder nicht, ebenso eine der Kultur der individuellen Lebenssicherung und damit eine Privatsache. Die funktionale Betrachtung, die eine gewisse Notwendigkeit von Kindern für die Systemerhaltung begründen möchte, gilt doch nicht für unsere Frage nach der besonderen Art, in der in unserer Gesellschaft Arbeit für alle und Handlungen, die ausschließlich auf den Bereich der eigenen individuellen Reproduktion gerichtet sind, auf die Geschlechter verteilt vorkommen. Die Wahrnehmung der damit verbundenen Aufgaben durch Frauen ändert daher an ihrer Einbeziehung in die gesellschaftliche Reproduktion nichts; im Grunde verstärkt die Kinderaufzucht die Trennung von der Gesellschaft im Großen. – Solange die individuelle Lebenssicherung gesellschaftlich schlecht aufgehoben ist, ja die Einbeziehung in gesellschaftlich-kollektive Arbeit im Grunde darauf baut, dass die Sorge für das leibliche und seelische Wohl der Arbeitenden privat geleistet wird, werden Männer ein großes Interesse daran haben, sich eine Familienfrau privat beizufügen. Die Konstellation bewirkt die Unterordnung der Frauen, die Unterstützung der Trennung von privat und gesellschaftlich, dabei die Nichtantastung der Privatheit der gesellschaftlichen Produktionsmittel und erlaubt zudem eine Verschiebung der Sinnsuche ins Private.

Auf mehrfache Weise sehen wir so die Frauen widersprüchlich eingebunden und verstrickt. Wie sie ihren praktischen Ausschluss aus der gesellschaftlichen Arbeit, ihre Einfriedung ins Private und damit zugleich die neue Trennung zwischen individueller Lebenssicherung für die Familie und der eigenen lebbar machen, dies macht ihre weibliche Identität aus. Selbst wenn sie in Lohnarbeit verpflichtet sind, ein Umstand, den wir als Doppelbelastung zu bezeichnen gewohnt sind (eine Irreführung, weil sie ein rein quantitatives Verhältnis der beiden Tätigkeiten unterstellt), erfahren sie sich bejahend als diejenigen, die für die kulturelle individuelle Reproduktion einschließlich der Kinderaufzucht zuständig sind. Diese Positionierung bestimmt ihre Identität dominant und lässt sie wieder die Sorge um das eigene Wohl auf jeden Fall letztrangig und noch einmal extra behandeln. In dieser Weise beschäftigen sie sich fortwährend mit dem Wohl und Wehe des Familienkreises, bewachen geradezu eifersüchtig die Unmöglichkeit, das individuelle Leben in unseren Verhältnissen außerhalb von Familien erträglich zu gestalten. Solcherart ist der Widerspruch, der durch die Frauenleben geht – weder gesellschaftlich zuständig zu sein noch für sich selbst, wohl aber überhaupt die Unzuständigkeit der Gesellschaft für die Einzelnen zu ersetzen –, einer, der in die Fundamente des Systems eingelassen ist. Frauen fungieren so gleichzeitig als Kitt, der die Risse fügt, wie ein Potenzial mit großer gesellschaftsverändernder Kraft. In dieser Weise denken wir die Stellung der Frauen ganz untrennbar eingelassen in die Privatverhältnisse unserer Gesellschaft mit der Hartnäckigkeit, selbst in anderen Formationen zu überdauern.

Welche Fragen und welche Probleme haben wir mit der weiblichen Identität? Wir denken, dass die besondere Positionierung von Frauen in ihrer eigenen Identitätskonstruktion Fesseln hervorbringt, die ihre bestehende Unterordnung bergend festhalten; sie gälte es in ihrer Verknüpfung bewusst zu machen, Wege zu suchen, sich ihrer zu entledigen. Umgekehrt suchen wir zugleich nach den Spuren, die sie auf den Weg der Befreiung führen. Dabei haben wir den Verdacht, dass gerade die beständige Sorge um die Individualitäten von Mann und Kindern zu einem Selbstverlust und einem Leid führt, das die Suche nach dem eigenen Ich verstärkt hervorbringt. Die unruhige Suche nach dem eigenen Ich denken wir uns als Suche nach der Aufgabe in der Gesellschaft. Wer bin ich? Die Frage kann meinen: Was tue ich in dieser Gesellschaft, in die ich hineingeboren bin? Selbstsuche enthält so immer auch ein utopisches Moment von Gesellschaftsveränderung und die Unruhe, dass man diesen Ort nicht findet, dass es womöglich sinnlos sei zu leben. In dieser Weise denken wir uns Sinn und Selbst zusammengehörig. Dass sie nicht vollständig in Gesellschaft eingebunden sind, erfahren Frauen nicht nur formationsspezifisch, sondern zusätzlich im System der Geschlechterverhältnisse, was ihre Selbstsuche bis zur Preisgabe eines solchen Entwurfs erschwert. Zugleich denken wir, dass sie diese ihre Vermittlung zur Gesamtgesellschaft als ungesichert erfahren, darunter leiden und Anstrengungen eigener Zusammenfügung unternehmen. Die Rede von dem »für mich« etwas tun, die wir als Privatisierung entziffern können, ist so zugleich auch die Klage gegen die fehlende Gesellschaftlichkeit wie gegen die Verschiebung ins Familiäre. Da die Frauen sich in ihrer Identitätsbildung weder gesellschaftlich beziehen, noch auf ihre eigene individuelle Lebenssicherung bedacht sind, kann die Rede des »für mich« auch diese zweite Seite einklagen, die Sorge, die sie den Mitmenschen ihres Lebensumkreises angedeihen lassen, auch auf sich selbst auszudehnen, sich als Selbstzweck zu setzen.

Wenn ich endlich etwas für mich tue, statt …

Den gesellschaftlichen Ort weiblicher Identitätsorientierung denken wir uns in spezifischer Weise widersprüchlich. »Es fehlt eine Frau im Haus«, umgekehrt »Man merkt, dass eine Frau im Haus ist« – bis in unsere Zeit haben Generationen von Frauen das mit solchen Sätzen umschriebene »Wesen« für sich mit Stolz akzeptiert und auszufüllen versucht. »Mit zwei, drei Handgriffen machte sie aus dem ungemütlichen Zimmer ein wohnliches Heim.« Es scheint den weiblichen Wesen eingeboren, das Leben schön und lebenswert zu machen, wo es hart und unfreundlich ist. Häufig genügt ihre bloße Anwesenheit für diesen Zweck. Wir ahnen, dass Frauen funktional eingesetzt sind, die schwierige Vermittlung zwischen individueller Existenzsicherung und ihrer problematischen Aufgehobenheit im gesellschaftlichen Ganzen zu erleichtern oder sogar überhaupt erst zu ermöglichen. Mag so ihre Funktion für das Funktionieren des Systems sowie für die Erhaltung der individuellen Existenzen bestimmbar sein, bleibt doch die Frage offen, inwieweit und wodurch ein solcher Einsatz für Frauen lebbar ist.

(In seiner Untersuchung zur Lage der arbeitenden Klasse in England [MEW 2, 1958)] empört sich Engels über den Skandal, dass die Einführung des Fabriksystems die häuslichen Verhältnisse »auf den Kopf gestellt« habe. »Die Frau ernährt die Familie, der Mann sitzt zu Hause, verwahrt die Kinder, kehrt die Stuben und kocht.« Es ist die Rede von Männern, die »zu häuslichen Arbeiten verdammt sind«, ein Umstand, den Engels als »Kastration« bezeichnet [alle Zitate, 369]. Nach solchen Ausführungen, die in der entsetzten Wiedergabe eines Briefes, in dem ein Mann gar seiner Frau einen Knopf ans Hemd nähen musste, ihren Höhepunkt finden und die allesamt geeignet sind, feministischen Zorn hervorzurufen, kommt Engels zu folgendem lange vergessenen Resultat: »… wir müssen zugeben, dass eine so totale Umkehrung der Geschlechter nur daher kommen kann, dass die Geschlechter von Anfang an falsch gegeneinander gestellt worden sind. Ist die Herrschaft der Frau über den Mann, wie sie durch das Fabriksystem notwendig hervorgerufen wird, unmenschlich, so muss auch die ursprüngliche Herrschaft des Mannes über die Frau unmenschlich sein. […] Wird die Familie der jetzigen Gesellschaft aufgelöst, so zeigt sich eben in dieser Auflösung, dass im Grunde nicht die Familienliebe, sondern das in der verkehrten Gütergemeinschaft notwendig konservierte Privatinteresse das haltende Band der Familie war.« [371])

Halten wir fest, dass die Einzelnen ihre Handlungen sinnvoll mit dem gesellschaftlichen Ganzen vermitteln müssen. In der Zuständigkeit fürs Private, Innere, Eigentliche, für das Eigene und das individuelle Eigentum orientieren sich Frauen in dieser Hinsicht auf den ausdrücklichen Verzicht auf eine Vermittlung zur Gesellschaft im Großen. Ein »weibliches« Desinteresse an Politik, an Geschäften, an Maschinen, an der Weltwirtschaft und ihren Krisen ist bekannter Gegenstand von Sozialisationsforschung wie auch von Witzen über Frauen. »Hättest du die Nachrichten nicht gehört, hätten wir einen gemütlichen Abend haben können« – der Satz enthält die richtige Feststellung, dass annehmliche Lebenssicherung auch der kulturellen Anstrengung bedarf, nicht zu jeder Zeit alle Probleme zuzulassen, und zugleich die unsinnige Hoffnung, dass die Vogel-Strauß-Politik der Nichtwahrnehmung gesellschaftlicher Fragen die Einzelnen der Mitarbeit an ihrer Lösung oder zumindest ihrer bewussten Anteilnahme enthebt. »Ich kenne eine ältere Frau«, schreibt Ursula Krechel (1980, 102), »die alles, was Zeit ihres Lebens passiert ist, nur insoweit wahrgenommen hat, als es ihre Arbeit in der Küche betraf. Die Inflation ist für sie die Zeit, in der man morgens noch nicht wusste, was man mittags kochen sollte, weil die Preise im Laufe des Vormittags stiegen. 1933 ist für sie das Jahr, in dem sie aus der feuchten Wohnung, in der das Brot im Brotkasten schimmelte, in eine bessere gezogen ist. Wenn sie von den letzten Kriegsjahren erzählt, preist sie ihren großen Gemüsegarten, der alles erträglicher machte. Sie weiß über jeden Stromausfall Bescheid, der es nötig machte, im Garten Pellkartoffeln auf einem Reisigfeuer zu kochen. Die Bundesrepublik hat sie wahrgenommen als eine Bescherung von Küchenmaschinen, Waschmaschinen, Fertigprodukten, Plastiktüten und -schüsseln. Misstrauen ist ihr fremd. Der Fortschritt hat ihr nur Vorteile gebracht.« – Eine spontane Begeisterung für die sinnliche Konkretheit, mit der hier Weltgeschichte erfahren wird, weicht dem Schrecken über die Gleichgültigkeit, die allen weiteren Zusammenhängen außerhalb der eigenen vier Wände entgegengebracht wird. Wir wissen inzwischen, dass dies verdummend ist und die Frauen – neben anderen – zu Komplizen von Herrschaft machen kann. Das ist die Kehrseite der Medaille, die andere Seite jenes schönen Wesens, das man im Haus haben muss, damit es dort wohnlich werde.

So funktional diese Arbeitsteilung zwischen den Geschlechtern für das Gesamtsystem sein mag, so wenig nehmen wir allerdings an, dass die weiblichen Gesellschaftsmitglieder als Menschen diese Funktion so einfach leben könnten, wenn sie für sie nichts als individuelle Lebenserhaltung in Absehung von der Gesellschaft im Großen wäre. Gerade in Bezug aufs Private, Eigene muss Gesellschaftliches so erfahrbar sein, dass menschliche

Handlungsfähigkeit erreicht werden kann. Indem die Sorge eben nicht einfach der eigenen Existenz gilt, sondern dem kleinen Familienkreis, scheint der Bezug zum Gemeinschaftlichen immer schon und unmittelbar konkret gegeben. Je problematischer die Vermittlung der Handlungen der Einzelnen zu einer in sich zerrissenen Klassengesellschaft wird, desto sinnvoller muss der Rückbezug auf das so befriedigbare Private werden. Dies habe ich mit der These, dass die Familie »illusionäres Gemeinwesen« sei, zu kennzeichnen versucht (F. Haug 1983).

An dieser Stelle sehen wir die Frauen in einen anderen Widerspruch verstrickt. Halten sie ihre private Welt und ihre diesbezüglichen Handlungen schon für Beiträge zur Reproduktion der Gesamtgesellschaft, so wird das Illusionäre des Gemeinwesens Familie doch Zweifel an eigener Individualität aufwerfen. Gerade die Problemlosigkeit der Vermittlung von Einzelbeiträgen und dem Funktionieren des Gesamten (hier Familie) weckt das Unbehagen, das hinter den vielen alltäglichen Handlungen das eigene Ich noch unbefriedigt und verkannt verborgen sei. Auf diese Weise kann sich das Ungenügen, ins Gesellschaftliche gegensätzlich über das Private eingeschlossen zu sein, ausdrücken als Zweifel, ob man eigen und privat genug sei. So finden wir gerade bei Frauen häufig das als Stoßseufzer geäußerte Gefühl, nicht genug »für sich selbst zu tun«, von Pflichten und Aufgaben für andere aufgefressen zu werden. Der Aufbruch in die Gesellschaft gerät zur Flucht ins Innere. Wir nennen diesen Prozess eine »zweite Privatisierung«. Ganz allgemein meinen wir damit eine Tendenz, sich gesellschaftlichen Aufgaben, politischen und kulturellen Anforderungen zu entziehen, mit der Begründung, endlich Privatmensch sein zu wollen. Das Problem der gesellschaftlichen Sinnhaftigkeit eigenen Tuns führt zum trotzigen Abkappen der angestrengten Versuche, sich in eine Gesellschaft zu integrieren, die diesen Bezug zwischen den Einzelnen und dem Gesamten nicht freundlich vorbereitet.

Wir wollten erarbeiten, wie Frauen sich in solch »weiblicher Identität« orientieren; welche Widersprüche sie wahrnehmen, welche Lösungen sie anstreben, kurz, wie sie sich die Probleme anordnen. Dies halten wir für wichtig, weil wir annehmen, dass die Unzufriedenheit mit der reduzierten Privatheit ihrer weiblichen Existenz einen Sprung in die gesellschaftliche Öffentlichkeit vorbereiten kann, aber auch, dass gerade in dieser Privatheit Problemlösungen gesucht werden, die die Fesseln enger schließen. Die Art, wie sich die Einzelnen entwerfen und gesellschaftlich beziehen, bestimmt auch ihre Handlungsfähigkeit, sei es als restriktive, mit den Anstrengungen, sich im Gegebenen einzufinden und zurechtzustutzen, sei es als erweiterte, mit der Anstrengung, aus der Vereinzelung herauszutreten, um das Vorgefundene zu verändern. Die Selbstwahrnehmung – was ich von mir halte und zu was ich mich in der Lage fühle – ist selbst ein Produkt des Vergesellschaftungsprozesses wie eine Voraussetzung permanenter Vergesellschaftung.

Schreiben

Wir haben Frauen unterschiedlichen Alters und sozialer Lage aufgefordert, eine kurze Geschichte zu schreiben zu jenem bekannten Stoßseufzer »Ich will jetzt endlich mal etwas für mich tun, statt ...«.

Wir haben den Satz unvollendet gelassen, um das, was Frauen in ihren Handlungen als behindernd wahrnehmen, nicht vorzugeben. – Wir haben zudem diesen Satz ideologisch alltäglich formuliert. Das birgt die Gefahr, dass wir durch eben unsere Fragestellung eine solch eigentümliche Fixierung auf ein als einheitliches, dem Einzelnen innewohnendes Wesen, einen Kern, erst provozieren. Aber gerade das Ideologische der Fragestellung war geeignet, bei der Beantwortung zugleich einiges Material über Selbstfesselungen, Verknüpfungen, Wünsche und Möglichkeiten der Frauen zu liefern, wie einen ersten Veränderungsprozess durch die Schreiberinnen selbst in ihrer Selbstwahrnehmung hervorzubringen.

Unsere folgende Analyse bezieht sich auf 30 »Geschichten«:

Zumeist hört die Lust von Frauen, unendlich aus ihrem Leben zu erzählen, abrupt auf, wenn sie aufgefordert werden, dies schriftlich zu tun. Die Barriere zwischen Sprechen und Schreiben scheint riesig zu sein. So geläufig sie einem mündlich zur Verfügung stehen, so sehr entgleiten die Worte, will man sie schriftlich niederlegen. Jetzt erweisen sie sich als ungenau, hölzern, unzureichend oder fehlen gar ganz. Nach großen Mühen bringen Frauen, die ohne Scheu ein Tonband besprechen, das – geschrieben – eine Länge von 15 Seiten umfasst, nach mehreren Stunden eine halbe handgeschriebene Seite zustande. Und sie sind immer noch mit sich zerstritten – es wurde nicht das, was sie sagen wollten. Wir denken, dass die Leichtigkeit des Sprechens auch eine Verhinderung zweifelnden Begreifens ist und nicht etwa eine weibliche Tugend. Der Zwang, sich Rechenschaft abzulegen über Gefühle, Gedanken und Sprache, wenn man etwas schriftlich niederlegen will, scheint uns ein wichtiger und produktiver Schritt in der Weltaneignung zu sein.

Zeitverfügung

Die Lebensäußerungen von Menschen lassen sich in einer Hinsicht als Kampf um Selbstbestimmung, als Widerstand gegen Fremdbestimmung fassen. Die Konflikte, die unsere Autorinnen zu unserem Thema vorführten, dachten wir von daher zunächst auch in diesem Spannungsverhältnis zu begreifen. Da ist ein »Selbst« unterstellt, welches sich gegen Fremdes richtet. Wie sich das äußert und für was gestritten wird, bleibt noch ganz abstrakt. Fast ebenso abstrakt wie in der begrifflichen Fassung zeigt sich in unseren Geschichten die Erfahrung von Fremdbestimmung. Die meisten Geschichten zeigen die Frauen verwickelt in Kämpfe um eigene Zeitverfügung.

> Ich war 18, und seit drei Jahren machte ich Leistungssport, Faustball, [...] was Volleyball sehr ähnelt. Viermal in der Woche trainierten wir je drei Stunden lang: Konditionstraining, Gewichtheben, Springtechnik usw. usw. Wir waren sechs Mädchen in der »Mann«schaft. Unser Trainer war ein etwas schmieriger, kleinerer, älterer Mann. Jedenfalls der Höhepunkt all unseres Strebens waren die deutschen Meisterschaften. Dafür arbeiteten wir nun schon drei Jahre lang. Neben dem Gymnasium hatte ich hauptsächlich Schularbeiten und Training. Meine Mutter, obwohl zunächst skeptisch gegenüber diesem exzessiven Sport, sagte später immer: »Das ist ganz gut, da kommst du nicht auf dumme Gedanken.« Ich wollte aber gerne auf dumme Gedanken kommen, es musste irgendwas mit Erwachsensein oder Verbotenem zu tun haben. Ich ging oft in Kneipen, hatte hie und da auch einen Freund. Aber dauernd dieses Training! Wie oft mich das aus schönen Situationen riss! Und dann jedes Wochenende Turniere oder Wettkämpfe. Aber – die deutschen Meisterschaften mussten sein. Wir trainierten und trainierten und gewannen schließlich auch. Jetzt waren wir deutsche Meister – ja und? Ich hatte beschlossen, am Tag der Feierstunde dafür meinem Trainer zu beichten, dass ich ab jetzt nicht mehr mitmachen wollte. So kam es auch, und mit schlechtem Gewissen sagte ich es ihm und den anderen Mädchen und begründete es mit meinen Abi-Vorbereitungen. Ich war innerlich sehr bewegt: jetzt endlich konnte ich dann erwachsen sein und die gewonnene freie Zeit nutzen, um tun und lassen zu können, was ICH wollte. – Er reagierte mit Schweigen und dann sagte er: »Das habe ich mir gleich gedacht, dass du nicht richtig zu uns hältst, du bist ja auch nicht von hier.« Ich drehte mich auf dem Absatz um, grußlos, und ging hocherhobenen Hauptes aus der Gaststätte. Jetzt war ich frei, frei! Ich konnte es gar nicht glauben. Aber ich zweifelte auch, ob das wohl so richtig war, oder, was sollte ich jetzt eigentlich mit der ganzen Zeit machen? Jetzt brauchte ich aber wirklich einen Freund, so mehr, fester usw. – Meine Eltern waren gar nicht begeistert, dass ich das so allein entschieden hatte einfach. – Ein halbes Jahr später – mittlerweile hatte ich einen Freund – zog ich unter großen Krächen zu Hause aus und zu meinem Freund. Diesmal war ich ganz sicher: »Jetzt habe ich endlich das getan, was ICH wirklich will, statt mich immer rumkommandieren zu lassen.«

Die Schreiberin macht uns und sich selbst mehrere Interpretationsangebote. Wir begegnen alten Bekannten: dem Konflikt mit den Eltern bei Ablösungsprozessen und der Aufnahme von Beziehungen zum anderen Geschlecht, dem Konflikt mit dem »kommandierenden« Lehrer in Gestalt des Trainers. Zwischen den fremden Mächten – Elternhaus und Sportverein – die widerständige Gestalt, die ihren eigenen Weg macht. Die Vertrautheit der Konstellationen verdeckt die Konstruktion, die die Schreiberin kunstfertig baut. Wie in einem Detektivroman legt sie eine Vielzahl von Fährten, die das eigentliche Geschehen verwirrend umspielen. Dieses besteht aus der Konstruktion eines konkreten, bestimmten, bekannten bis feindlichen Außen, dem ein geheimes Innen entgegengebaut wird. Dieses gilt es aus dem Gefängnis zu befreien, in das äußere Mächte es geworfen haben. Das Innen oder ICH ist so abstrakt, wie das Außen konkret. Es besteht eben aus dieser Absehung von aller konkreten Füllung. Die Schreiberin nennt dies »frei«. Um sich und uns zur Zustimmung zu bewegen, arbeitet sie mit großer Präzision an den einzelnen Fährten; dabei entstehen auffällige Lücken, die durch Verschiebung des Wahrnehmungsinteresses verdeckt werden, ebenfalls wie in einem guten Kriminalroman. Zunächst geht es um die genaue Vorstellung der zeitlichen Inanspruchnahme: drei Stunden, viermal in der Woche, drei Jahre lang. Das Gefühl, dass diese selbstgewählte Zeitverfügung fremdbestimmt sei, wird durch zwei nachgeschobene Wegweiser bekräftigt: Konditionstraining, Gewichtheben usw. usw. In der Distanzierung beginnt die polare Konstruktion: Kondition, das ist man nicht selber, sondern ist ein dem ganz anderen Ich äußerlicher Körper. Dieser wird zugleich überdeutlich in die Geschlechterverhältnisse eingeschrieben. Mit der sprachlichen Wendung »Mädchen in der Mannschaft« und dem auffällig als schmierig, klein, ältlich vorgeführten Trainer im gleichen Kontext legt sie eine breite Spur, die über »dumme Gedanken«, »schöne Situationen«, »einem Freund hie und da« bis zum »festen Freund« gegen die Eltern am Schluss der Geschichte durchgezogen wird. Fremdbestimmung, so legt sie sich und uns nahe, das sind verhinderte und von anderen gewollte Geschlechterbeziehungen und Selbstbestimmung ist die selbstgewählte. Unser Zögern bei der Zustimmung verdankt sich dem Umstand, dass die Schreiberin für diese Konstruktion diesen Dualismus von Innen und Außen benötigte und in der Tat alles Leben aus dem gelebten Leben auslöschte, um es solcherart verneinen zu können. Der Sport tritt ausschließlich auf als Zeitschlucker und nicht als Erleben eigener Art; ihre eigene Tätigkeit beim Ballspielen bleibt unerwähnt, auch, ob sie eine gute oder schlechte Spielerin, welches ihr Beitrag zur Meisterschaft war und von daher welche Integration in die Gruppe sie wie erfuhr. Überhaupt fehlt dieses Kollektiv der Mädchen ganz, das geht bis zur grammatikalischen Ungenauigkeit – sie sagt es dem Trainer und den Mädchen …, und er reagiert mit Schweigen. Dass sie selbst nur dieses »ja und?«-Gefühl hatte am Tag der Meisterschaft, macht sie uns glaubwürdig durch die Verschiebung des Höhepunktes. Das wirkliche Drama ist ihre Entscheidung, nicht mehr mitzumachen.

Am Ende stehen wir vor dem Fazit, dass das Selbst eine Innenkonstruktion ist, die sich wesentlich in der Zeit ausdehnt. Darin mag eine Ahnung stecken von der möglichen Bedrohung der individuellen Lebenserhaltung durch vielfältige gesellschaftliche Anforderung und ebenso eine Vermutung, dass die Instanzen, die diese Aufgaben artikulieren, herrschaftlich durchsetzt sind – wie Eltern, Sportverein, Schule (die hier nur nebenher vorkommt) –, zugleich aber sehen wir in solcher Entleerung den Boden bereitet für eine Sinnlosigkeit ungesellschaftlichen Lebens und damit für eine überstürzte Flucht nach vorn. Selbstbestimmt wird ein Freund in die freigeboxte Zeit gesetzt. So findet er Einlass in den Innenraum des Selbst, seine Teilhabe an der Zeitverfügung wird sich zur Alleinherrschaft steigern können. Die Innen/Außen-Konstruktion hat ihn schon als Torhüter zur Außenwelt konstruiert, bevor er überhaupt konkret auftaucht. Die trotzige Widerständigkeit findet schließlich im geheimen Innenraum nichts. Die Einsetzung des Freundes erlaubt der Antiautoritären die Unterwerfung unter nur eine Autorität, die sie selbst in den Innenraum gebracht hat, und verunmöglicht jede konkrete Auseinandersetzung und Einschreibung in die als Außen, im Ganzen feindlich gedachte Gesellschaft. Der Widerstand gegen gesellschaftliche Fremdbestimmung kann in der Folge – durch ebendiese frühe Innen/Außen-Konstruktion – in der Zweierbeziehung als eine Art Ehekrach um »freie Zeit« ausgetragen werden. In dieser Weise vermuten wir, dass die so auffällige Fährte in Richtung auf die Geschlechterbeziehungen zugleich von der Lebenskonstruktion, die die Schreiberin hinter ihrem Rücken vollzog, ablenkte wie ebenso dieser Konstruktion einen Sinn verleiht. Es waren nicht der Zugriff von älteren Männern, nicht die Behinderung durch die Familie, nicht die Vorenthaltung von schönen Stunden und dummen Gedanken, die sie zum Kampf um eigene Zeitverfügung zwangen, sondern die widerständige Konstruktion eines Innenraumes gegen ein Äußeres ist schon die Selbstpositionierung als weibliches Geschlechtswesen. Die Einladung an den Freund, ihr in den freigekämpften Innenraum zu folgen, ist der Schritt zur erwachsenen Frau, die sich dem Manne als Hüterin des Privaten unterordnen wird und ihm die weitere Auseinandersetzung mit dem Äußeren überlässt, während sie über seine Lebensweise verfügen wird.

Die Abwehr gegen fremde Verfügung über die als eigen gedachte und empfundene Zeit spielt in fast allen Geschichten eine Rolle. Immer wieder ist sie verbunden mit dem Erwachsenwerden, welches als Freiheit gedacht wird und die Rettung der eigenen Zeit aus dem Zugriff der Eltern beinhaltet. In diesen Anstrengungen sind keine Kosten zu groß. Die Aneignung der eigenen Zeit wird nicht nur bezahlt mit der eigenen Positionierung als untergeordnetes Geschlechtswesen Frau. In anderen Geschichten ist es auch die Lohnarbeit, und sogar die Selbstzerstörung der eigenen Lebensgrundlage wird als Dimensionen freier Zeit gelebt. Später ist es der Ehemann, sind es die mit seiner Existenz eingegangenen Verpflichtungen sowie die Kinder, die als Enteignung von Zeit und damit als Selbstverlust beklagt werden. Einmal geht es um die Verplanung der freien Urlaubszeit, dann um die Vereinnahmung des Kopfes durch »Essenspläne« und »Schularbeiten« und die der Hände durch Aufräumen. In einigen Geschichten ist die Erledigung der Hausarbeit überhaupt ein frühes Kampffeld zwischen Mutter und Tochter um Zeitverfügung. Dabei geht es u.a. um eine Rangfolge von Tätigkeitsarten und um das Privileg, die Zeit mit dem selbst für wichtig Erachteten ausfüllen zu können. Dieser Kampf wird bei errungener Selbständigkeit mangels elterlicher Instanzen nach innen genommen und als Konflikt um das bessere ICH gelebt.

Lange bevor die eigene Position in der Gesellschaft, die möglich und wünschbar wäre, auch nur perspektivisch am Erwartungshorizont auftritt, geht es schon in dieser eigentümlich abstrakten und zugleich wissenden Weise um die Ökonomie der Zeit. Darin steckt die geradezu intuitive Sicherheit, dass das Leben nichts ist als die Spanne Zeit, die wir zur Verfügung haben, und zugleich birgt diese umfassende Sicht die Abstraktion von jeder konkreten Ausfüllung. Die eifersüchtige Besetzung der Lebenszeit mit »Eigenem« gegen »Andere« verzichtet eher auf den Kampf um den gesellschaftlich sinnvollen Ort, als dass sie ihr »Eigentum« riskierte.

Eine solche Zuspitzung ist uns vertraut. Ist dies nicht einfach ein Zeichen der allgemeinen Entfremdung in der kapitalistischen Gesellschaft, in der das Eigene uns fremd wird und das Fremde eigen scheint? Oder einfacher gesprochen: Steckt hinter solchen Gegensätzen im Kampf um die eigene Zeit nicht der allgemeine und einfache Gegensatz von Lohnarbeit und Freizeit und wäre insoweit kein geschlechtsspezifischer, der der weiblichen Weltaneignung zuzuschreiben wäre?

Das Problem mit der Arbeit

Wir hatten angenommen, dass wenigstens einige Frauen einen Identitätskonflikt so artikulieren würden, dass ihre Position in der unmittelbar gesellschaftlichen Arbeit, ihre Stellung zur gesellschaftlichen Reproduktion zum Problem würde. Tatsächlich kam Arbeit in den wenigsten Geschichten überhaupt vor (nur in 4 von 30 Szenen). Eine Geschichte, in welcher der uns bekannte Konflikt mit der Lohnarbeit am deutlichsten ausgetragen zu werden scheint, ist die folgende (von einer politisch aktiven Studentin):

> Es ist einer dieser Dienstage oder Montage oder auch Alltage. Der Wecker macht seinen gewöhnlichen Lärm, gibt das Startsignal für den Verlauf des Tages. Jeden Morgen der gleiche Kampf mit der Trägheit des Körpers, stille Wünsche »Ach, könnte ich doch liegen bleiben! Ach, könnte ich jetzt alles tun, wozu ich Lust hätte! Ach, könnte ich doch einfach mal etwas für mich tun, anstatt in diese Muffbude von Firma gehen zu müssen!« Spätestens, wenn zur Verstärkung des Weckers die Zeitschaltuhr das Radio in Gang setzt, ist das innere Schlachtfeld geräumt, sie sitzt senkrecht im Bett, schaut auf die Uhr. – Du Schreck – natürlich wieder mal viel zu spät dran! Jedes Tun, jede Bewegung, alle morgendlichen Tätigkeiten, Zähne putzen, waschen, Kaffeemaschine anmachen, alles verläuft in einem Tempo, als hätte sie keine Sekunde zu verlieren. Kurzes Aufflackern des inneren Kampfes – ein verspäteter Feind zieht in die innere Kampfarena –, als sie wahrnimmt, dass das Wetter herrlich, nein, es ist mehr, traumhaft ist! Sie fühlt sich wie eine Gefangene, der man nach jahrelangem Kerker Auslass gebietet, als sie den Balkon betritt. Was wäre, wenn

> ich heute nicht arbeiten ginge! Ein Quell schrecklichster Gedanken schießt ihr in den Kopf. »Kein Geld! Gefahr, weil Tagelöhnerdasein! Angst! Ich fliege raus? Deine Vorhaben!!! Bedenke doch, du musst, du musst, du musst das Semester absichern!« Zwischenrufe: Mach dich nicht verrückt, mit deinem Chef konntest du doch bislang ganz gut reden. Außerdem ist da noch Susanne, wir haben uns stets gegenseitig gedeckt! Der Gegner mit gefährlichsten Waffen zieht auf, allerdings bemäntelt und mit einer Tarnkappe und deshalb als solcher nicht erkennbar, und spricht zu ihr: Liest du nicht gerade mit Leidenschaft ein Buch für das Studium, das du zu Ende bringen möchtest! Habe bloß kein zentnerschweres schlechtes Gewissen, schließlich ist es kein Vergehen, weil du die Zeit nicht vertrödelst, vergeudest oder zum Fenster hinausschüttest. In Erwägung, Abwägung der verschiedenen Positionen – mal steht sie auf der einen, mal auf der »anderen« Seite – es ist ein stetes Hin- und Her- und Kreuz- und Quer- und Vor- und Zurückgehüpfe – landet sie schließlich mitten in der liebsten Lösung: Sie geht nicht zur Arbeit, stattdessen nimmt sie sich etwas für sich zu tun, sie liest für das Studium und genießt dabei den »schönsten« Tag des Monats! Zwischendurch fragt sie sich klammheimlich – damit sie es selbst nicht merkt –, ob sie auch den richtigen Feind besiegt hat!

Auch in dieser Geschichte wird mit verdecktem Visier gekämpft, werden Fährten ausgelegt, die andere Spuren verundeutlichen. Selber rechnend mit sehr deutlichen Zeichen und von daher auch auf die Gewöhnung an solche überlauten Signale bauend, lenkt die Schreiberin die eigene und die fremde Aufmerksamkeit auf den sicher gewussten Konflikt zwischen Lohnarbeit (hier Job) und Studium. Unter großem Schlachtgetümmel wird er ausgetragen als innerer Kampf. Hier geht es zu wie in biblischen Vorzeiten. Versucher treten auf und kehren wie Mephisto im *Faust* auf allen möglichen Pfaden zurück. Selbst das dreimalige Ausrufen der Pflicht (du musst, du musst, du musst) bannt sie noch nicht. Indem sie uns anbietet, diesen bekannten Konflikt zwischen Job und Studium in sich selbst als moralischen Konflikt auszutragen, kann sie unserer und der eigenen moralisch empörten Parteinahme sicher sein. Natürlich finden wir es unrecht, dass sie für ihr Studium in dieser Weise (Muffbude) jobben muss, und die Entscheidung fürs ernsthafte Studieren – den ganzen Tag lang – scheint uns zweifelsfrei auch moralisch richtig und höherwertig zu sein. Hinzu kommt die Anerkennung einer gewissen Widerständigkeit gegen Chef und Lohnarbeit. Die Sache scheint uns gut gelöst. Etwaige Zweifel, ob da nicht ein Rest bliebe, z. B. an Unsicherheit der Existenz, sind zur Vorsicht von der Schreiberin selbst aus dem Wege geräumt – da war ja Susanne, und mit dem Chef konnte sie reden. Gerade dass sie ihren eigenen Zweifel an den gesellschaftlichen Verhältnissen als Zweifel an sich vorführt, entzieht ihrer und unserer Aufmerksamkeit, welchen Konflikt sie eigentlich in den Verhältnissen verankert glaubt und wie sie ihn dort verändern möchte.

Wir erfahren ihren Konflikt mit der Gesellschaft gewissermaßen auf einer zweiten Ebene. Diese wird von Anfang an mitgesprochen, ja sie bietet die Grundlage für den offen angebotenen Konflikt zwischen Job und Studium. Auch er ist uns ganz vertraut, ein Umstand, der uns die Verschiebung unserer Aufmerksamkeit in das offene Feld der gesellschaftlichen Zwänge willig mitmachen ließ. Auf der zweiten Ebene geht es um Körperlust und Sinnengenuss, die sich im Konflikt mit arbeitsmäßiger Inanspruchnahme, mit Disziplin und bestimmter Tätigkeit befinden. Dagegen, dass überhaupt aufgestanden werden muss, widersetzt sich die Trägheit des Körpers. Unversehens wird die Tatsache, dass der Wecker klingelt, ineins gedacht mit Alltäglichkeit, Wiederholung und Büroarbeit. Was spricht gegen Alltäglichkeit und Wiederholung? Dass sie »liegen bleiben« möchte und etwas tun, »wozu sie Lust hat«, »etwas für sich«. Wir sind schon einverstanden, dass dies nicht »diese Muffbude von Firma« sein kann, obwohl wir nirgends etwas über die Art der Tätigkeit erfahren, noch darüber, mit wem sie arbeitet und welchen gesellschaftlichen Zweck diese Arbeit erfüllt, sondern nur, dass sie des Geldes wegen für den eigentlichen Zweck Studium geschieht. Aber muss man im Studium nicht aufstehen, klingelt niemals ein Wecker, kann man liegen bleiben und tun, wozu man Lust hat, oder hat man zum Studieren in den Seminaren unserer Universitäten immer Lust? Die Schreiberin bemerkt das Missverhältnis und rückt die Fronten halbironisch zurecht. Das Studium gerät auf die Seite der Körperlust durch die »Leidenschaft«, ein »Buch zu Ende zu bringen«. Hinzu kommen Wetter, Sonne, Balkon, ein traumhaft schöner Tag, die Befreiung des Körpers und der Seele aus der Knechtschaft geschlossener Räume in die Ausdehnung eines endlosen Sonnentages. Auch diesen Wunsch, die Zeit einfach an den Körper zu verlieren, keine Zwecke, Ziele, keine Tätigkeiten hineinzuplanen, rückt die Schreiberin in die Nähe von Lohnarbeit und Ausbeutung. Sie freut sich nicht der geschwinden morgendlichen Tätigkeiten, die sie so präzise beherrscht, dass sie sie auch noch in beschränkter Zeit alle durchführen kann, sondern dass sie überhaupt schnell geschehen, »als hätte sie keine Sekunde zu verlieren«, gilt als ihr Mangel. Sie beschreibt sie als taktgebundene Fließbandarbeiten.

Hinter ihrem Rücken kämpft sie so nicht den Konflikt zwischen Lohnarbeit und Studium, sondern den zwischen dem Wohlsein des individuellen Körpers gegen das Unwohlsein in gesellschaftlicher Arbeit. Dass sie diesen Konflikt für prinzipiell lösbar hält hier und heute, also nach Tätigkeiten sich sehnt, in denen man es sich wirklich wohl sein lassen kann, dies scheint uns eine weibliche Weise der Konfliktharmonisierung zu sein. Sie verschiebt den Mangel fehlender kollektiver Verfügung über die Bedingungen des Lebens und die Planung der Gesellschaft auf unterschiedliche Tätigkeitsarten, die der Arbeitsteilung geschuldet sind. Und sie verschiebt den Konflikt zwischen der individuellen Lebenssicherung im kulturellen Sinn und der gesellschaftlichen Reproduktion auf die Unterschiede zwischen diesen Tätigkeiten. Damit wird dieser Konflikt als prinzipiell und unter allen gesellschaftlichen Verhältnissen lösbar gedacht, sofern es einem nur gelingt, »selbstbestimmt« die angenehmste Tätigkeit zu ergreifen. Maßstab für diese Selbstbestimmung wird das Wohl des eigenen Körpers, wodurch trotz der offensichtlichen Austragung dieses Kampfes im Bereich der Lohnarbeit die gesellschaftlichen Verhältnisse und jeder konkrete Veränderungsschritt aus dem Blickfeld gerückt sind. Die gleiche Zurückhaltung gilt dann auch gegenüber einer Verbesserung der gehassten Tätigkeiten und ihrer unmittelbaren Bedingungen selber.

Wir möchten diese Konfliktaustragungsweise als eine Verschiebung gesellschaftlicher Konflikte in den Bereich des körperlichen Wohlbefindens bezeichnen. Als »weiblich« empfinden wir diese Austragungsform, weil ihrer Position in der Gesellschaft die Sorge um die individuelle Reproduktion hauptsächlich obliegt, bei gleichzeitigem Mangel an eigener Einbindung in ebendiese Sorge. Einen Konflikt in den gesellschaftlichen Verhältnissen in das Wohlergehen des Körpers zu verschieben scheint uns so eine weibliche Weise, den Widerspruch zwischen Lohnarbeit und Kapital auszutragen; ebenso wie der Gedanke, dass dieser Widerspruch oder der zwischen individueller und gesellschaftlicher Reproduktion überhaupt so einfach und individuell lösbar seien.

In anderen Geschichten kommt Arbeit als Wort vor, als Entgegensetzung zu anderem Tun, ist aber auch nur in diesem Gegensatz von Bedeutung und an sich ohne jede inhaltliche Füllung, ohne Zusammenhang und ohne eigenen Sinn. Einmal steht sie gegen den Anspruch der Eltern nach Hilfe im Laden, gegen die erwartete Tröstung der Tante; ein andermal gegen die Zumutung von Freunden und Freundinnen, Urlaub machen zu sollen. Arbeit erscheint auch als ein kostbarer Schatz, der vor Diebstahl zu bewahren ist, einfach weil er von Wert ist. Als Diebe werden in unterschiedlichen Verkleidungen Gestalten der Liebe entzifferbar, gegen die sich die Frauen zur Wehr setzen müssen. Der Gegensatz zerreißt sie so, dass sie versuchen, die Liebe auf die Seite der Arbeit zu ziehen oder durch Verzicht auf einer Seite Harmonie wiederherzustellen. Wir halten diesen Gegensatz von Liebe und Arbeit für wahrscheinlich. Problematisch scheinen uns individuelle Lösungsversuche, die mit der Eliminierung einer Seite enden. Dass Frauen relativ neu und vereinzelt in die unmittelbar gesellschaftliche Arbeit eintreten, macht, so scheint uns, dass sie keine Kulturen entwickelt haben, die solchen Gegensatz lebbar werden lassen, und keine gesellschaftlichen Strukturen vorhanden sind, die irgendwelche Lösungsformen anbieten – wie sie für die männlichen Arbeiter etwa die Institution der liebenden, fürsorgenden Ehefrau wenigstens der Absicht nach darstellt.

Befreiung als Selbstzerstörung

Wenn Mädchen heutzutage die Schule verlassen, werden sie nicht unvermittelt und automatisch Hausfrauen. Während in der Familie die Sorge um die individuelle Reproduktion auch der Töchter mütterlich geregelt war, stellt sich diese Aufgabe für diejenigen, die die Familie verlassen, als eigentümliche Herausforderung. Die Sorge um das individuelle Wohl – das ist die Familienenge, der man zu entkommen suchte; und das ist das mütterliche Vorbild, dem man in keiner Weise nachleben möchte. Eine radikale Befreiung aus solchen Fesseln endet zunächst ganz folgerichtig in einer Art individueller Selbstzerstörung. Die Befreiung gilt geregelten Schlafens- und Essenszeiten, überhaupt warmen Mahlzeiten; stattdessen wird ›Erwachsenes‹ aufgenommen: rauchen, trinken – heute auch Drogen – und »irgendwie« auch die Beziehung zum anderen Geschlecht. Dieses Problembündel wird insofern ganz folgerichtig als Antwort auf die Frage nach dem »ich für mich« von einer Studentin skizziert.

> Nachdem ich noch drei weitere Jahre zur Schule gegangen war und das Abitur gemacht hatte (weil meine Eltern das so wollten und ich nicht wirklich wusste, ob ich nach der 10. Klasse mit »mittlerer Reife« abgehen und eine Berufsausbildung machen wollte), fuhr ich am Tag nach der Abiturfeier nach Wales, um zu arbeiten. Meine Motivation war: endlich von zu Hause weg; möglichst weit weg und lange und Englisch lernen. Ich arbeitete vier Monate für ein Taschengeld elf Stunden täglich, sechs Tage die Woche, unter der unangenehmen Knute einer ekligen Chefin, zusammen mit anderen jungen Frauen. So wenig es war, es war mein erstes Einkommen; so wenig Freiheit ich hatte, ich war zum ersten Mal frei. – Eines Morgens bin ich in der Küche des Hotels ohnmächtig geworden. Die Chefin lässt sofort den Arzt holen, glaubt, ich sei schwanger, und will mich entlassen. Ich habe die Nacht durchgemacht (nicht die erste), eine kleine Fete in den Bergen mit Kolleginnen und Dorfjugend. Zum ersten Mal unabhängig, weit weg und lange weg von den Eltern, zum ersten Mal ein eigenes Einkommen, wenn auch kaum der Rede wert bei höchst ausbeuterischen Arbeitsverhältnissen.

Die verschiedenen Verfügungen äußerer Instanzen über die Lebenszeit der Schreiberin arbeiten mit unterschiedlichen Einverständnissen unsererseits. Eltern und Schule sind darin einsichtig nicht frei gewählt und bestimmen qua Autorität über das – wenn auch nur angedeutete und vage – Wollen der Autorin. Klar ist, dass sie etwas anderes wünschte, als sie dann leben durfte, wir ahnen, dass sie um etwas betrogen wurde und fremdbestimmt war. In detaillierten Zeiteinheiten wird dann der Weg in die selbstverdiente Freiheit als »Frondienst« vorgeführt. Alles, was negativ ist, wird berichtet: die »eklige Chefin«, die enormen Arbeitszeiten, das wenige Geld. Mögliches Positives – wie die Anwesenheit von vielen Frauen, einer Dorfjugend, die Lernmöglichkeiten und Lust am Erwerb der fremden Sprache – ist bestenfalls angedeutet und bleibt ohne Leben, ebenso wie das eindeutig positiv behauptete lange und weite Wegsein von den Eltern. Die so zusammengezogenen furchtbaren Umstände schlagen um in bejahenswerte, sobald sie mit den vorherigen Zuständen verglichen werden, denn all dies nimmt die Schreiberin fast freudig auf sich, um dem Elternhaus zu entfliehen. Folgen wir ihrer Messlinie, verschwinden die anstrengenden Arbeitsverhältnisse als kleineres Übel im Vergleich zur Familie und werden zur Möglichkeit der selbstbestimmten Freiheit. Als mögliche Konstruktion von Erwachsensein gibt die Schreiberin zwei Anhaltspunkte: die fehlende Kontrolle der Eltern, das extreme Ausleben der unverfügten Zeiten und das Verhältnis zum anderen Geschlecht, von der Chefin unterstellt und auf diese Weise von außen als »Frauwerdung« angedeutet. Die Befreiung von den Eltern vermittelt sich als Befreiung von der notwendigen individuellen Reproduktion. Das »Eigene« der Lebenserhaltung wird als Zwang abgebildet, den zuvor andere ausübten: die Eltern mit den Vorschriften in den Lebensweisen, gesunden und ungesunden Taten; die Schule mit Pausenregelungen und Unterrichtseinheiten, in denen *nicht* gegessen werden darf; die fehlende Verfügung über Geld und damit über Konsummöglichkeiten. Diese Aufgaben in die eigenen Hände zu nehmen gewinnt die Bedeutung des *Regelverstoßes.* In diesem Bereich soll es – wenn er frei und erwachsen behandelt wird – regellos und ohne Ordnung zugehen. Alle anderen Praxen sind in der Geschichte dem Ziel, so »frei« zu sein, untergeordnet.

Die Schreiberin führt uns dies vor als Freiheit, sich selbst zu zerstören, wobei die Zerstörung auf der Seite der Selbstbestimmung und des Genusses steht, von dem wir nur das Resultat erfahren, nicht aber die Weise des Genießens, noch was genossen wird in den schlaflosen Nächten. Da das implizite Herausheben des Raubbaus am eigenen Leben in mehreren Geschichten Bedeutung erlangt, suchen wir das Objekt des Widerstandes, gegen das die Frauen um den Preis der selbstschädigenden Lebensführung opponieren.

Der Widerstand ist ganz offensichtlich gegen die Familie gerichtet mit der Eigentümlichkeit, dass nicht bestimmte Praxen oder die Form abgelehnt werden, sondern abstrakt »das Ganze«. Implizit muss so gegen die Sinnhaftigkeit des Familiären, also das, was sie erst zusammenhaltbar macht, gekämpft werden. Es ist das Netz von Regeln, in das sich alle Mitglieder verstricken, das das Verbindende ausmacht. Da die Herstellung der Regeln und die Kontrolle ihrer Einhaltung ein dominanter Aspekt der Sinnstiftung der Familie sind, schon weil dieses Gemeinwesen nicht aus sich selbst heraus existiert und das Gemeinsame als gemeinsame Achtung der Regelsysteme Bedeutung gewinnt, ist die Wahrscheinlichkeit ihrer Verselbständigung groß. Ihre Nicht-Einhaltung, z.B. ein Zu-spät-zum-Essen-Kommen, ist nicht transparent an eine bestimmte nun gestörte oder verhinderte Praxis geknüpft, die dem Lebenserhaltungsprozess dient, sondern an Autoritäts- und Gehorsamsstrukturen,

Schuld und Gewissen (der drohende Ärger des Vaters, die enttäuschte Mutter usw.). Die Regeln der Selbsterhaltung scheinen die Basis – also das, was sie regeln – so zu überlagern, dass sie selbst nicht mehr erkennbar ist und auch ein Bezug zu ihr erst noch bewusst hergestellt werden muss.

Im Prozess des Erwachsenwerdens und dem Versuch, sich individuell gesellschaftlich zu verankern, scheint uns für die Frauen der Verzicht auf die individuelle Selbsterhaltung strukturell eingebaut zu sein. Im Widerstand gegen die Familie widerstehen sie der möglichen Verfügung über die eigene Lebenssicherung; wir nehmen an, dass so schon Wege geebnet werden für das Sorgen für andere in der späteren eigenen Familie, vor dem Hintergrund des ›Für-sich-selbst-zuständig-Seins‹. Die *Opferhaltung* kommt so durch die Verweigerung der überlebensnotwendigen Sorge für sich selbst zustande, in der selbstbestimmt verzichtet wird auch zugunsten von etwas, das unbestimmt diffus und im Reich der Ahnung bleibt.

In anderen Geschichten wird die Sorge für das eigene Überleben zugunsten von exzessivem Zigarettenkonsum abgelehnt oder als Lernzumutung erfahren und also verworfen. Einmal wird ein Widerspruch zur politischen Betätigung vorgeführt. In dieser Weise scheint es für Frauen Widerstandspraxen zu geben, die selbst relativ geradlinig in Krankheiten führen. Dabei wird das Objekt des Widerstandes – etwa die Familie – als äußerer Feind bekämpft. Unbestritten bleibt dabei die eigene erworbene familiäre Haltung. Die widerständige Haltung zur alten Familie bringt am Ende das Einverständnis mit der neuen, eigenen hervor. Das Leben scheint nur in Familie erhaltbar. Da die Frauen die Kämpfe auf sich zentrieren, individualisiert und isoliert, ist der Kampfplatz Lebenserhaltung in gesellschaftlicher Perspektive und kollektiv nicht von ihnen besetzt. Die dualistische Problemanordnung, die in ihrem Kampfpunkt »Familie« nur ein Ja oder ein Nein kennt, produziert so auch den eigentümlichen Gegensatz von Freiheit und Untergang versus Familie und Überleben.

Diese empirisch gelebte Individuum-Gesellschaft-Konstellation verschiebt auch bürgerliche Identitätskonzepte, in denen die Ausbildung von Identität nicht gesellschaftlich, sondern innerfamiliär – als Vater-Mutter-Kind-Verhältnis – gedacht wird. Statt also bei den geschlechtsspezifischen Vergesellschaftungsprozessen das Hauptaugenmerk auf das sich zur Mutter hin- oder von ihr abwendende Mädchen zu legen, um so interpersonale »Ablösungsprozesse« als Voraussetzung für die eigene Selbstbildung behaupten zu können, müssten wir uns auf den Zusammenhang von Familiensinn und -zweck bei der gesellschaftlichen Integration zentrieren. Bei den erwachsenen Mädchen wäre dies zunächst eine sie ergreifende Negation des Familiären, in der die Negation der Sorge um das eigene Überleben enthalten ist. Ihre Anbindung und individuelle Integration gründete sich also auf ein Selbstopfer, um das sie wissen, denn im Schreibduktus taucht es wie ein Triumph auf.

Vielleicht können wir sagen, dass für die Frauen und die Herausbildung ihrer Identität in unserer Gesellschaft ein Platz zwischen zwei Stühlen vorgesehen ist. Weder der Ort der gesellschaftlichen Arbeit bietet ihnen Orientierung, noch sind sie etwa ausschließlich auf ihre individuelle Reproduktion fixiert, wiewohl sie dies für andere besorgen. Die großen Vorbilder, die diesen Ort zwischen den Orten, diesen Un-Ort, erwärmen sollen, sind bemerkenswert anonym: die liebende Mutter, die treusorgende Ehefrau. Für den Verlust des einen Ortes steht das passende Wort »Selbstaufgabe«, das Aufgeben des Selbst als Aufgabe. Dass sie sich nicht über gewöhnliche Erwerbsarbeit gesellschaftlich vermitteln, bekommt für Frauen den Namen »sich opfern für andere«. Im Opfer steckt die eigene Nichtaufgehobenheit. In einem alten Sprichwort heißt es: Wer seinen Kindern gebet Brot und leidet später selber Not, den schlage man mit einer Keule tot. Dass es ganz so nicht zugehe, dafür sorgen gesellschaftliche Instanzen. Dass die Frauen genau so leben, dass diese großen Vorbilder Wirklichkeit werden, das verhindert, so denken wir, die »Menschlichkeit« der Frauen. Wie aber existieren sie, und wie orientieren sie sich und begreifen und bauen Identität ohne einen gesellschaftlichen Sinn, den sie bejahen könnten, und ohne Kultur für ihre Selbstreproduktion? Welchen Ort sehen sie für sich vor?

Kultur und Sinn

Wir sehen die Frauen in den einzelnen Geschichten fast immer im Protest. Die Aufzählung des Wogegen zeigt die Frauen verheddert im Widerstand gegen fast alles Gesellschaftliche. Sie schreiben gegen Ordnung überhaupt, gegen das Vernünftige, gegen die Eltern, gegen Regelhaftigkeit, gegen das Aufstehen, gegen das Schlafengehen, gegen das Essen, gegen die Zumutung, schweigen zu sollen oder zu reden. Eine Frau schreibt: »Ich bin gegen Zielgerichtetheit, gegen Logik, gegen alles Bewusste.« Alles Soziale wird erfahren als Entfremdung, als Zwang, als Zumutung der Unterordnung. Wir nehmen nicht an, dass alle diese Widerstandspunkte unbegründet sind, jedoch fürchten wir, dass der umfassende Protest nirgendwohin führt – oder anders: dass ein Widerstand, der sich so individuell und unmittelbar gegen alle Strukturierungen richtet, schließlich ein Einverständnis mit alten Strukturen erbringt. Indem nämlich in der Gesellschaft kein Ort ausgemacht wird, richten sich Frauen in Fluchtpunkten ein, als die sie schließlich die Familie, das Private, das Körperliche, das Alleinsein, den Rückzug bestimmen.

> »Sonntagmorgen: erst die Halb-zehn-Uhr-Glocken, dann das Zehn-Uhr-Geläute, zwischendurch noch einmal einduseln. – Kein Wecker, kein Mann, keine Arbeit im Betrieb! Ganz langsam steht sie auf, geht ins Bad, fährt sich mit kaltem Wasser durch das Gesicht. Dann macht sie sich Kaffee, nimmt einen Joghurt und Obst, bestreicht ein Früchtebrot dick mit Butter, packt alles auf

ein Tablett und stellt es auf ein Tischchen nahe ans Bett. Sie holt sich das Radio in Reichweite, nimmt die Wochenendausgabe der Zeitung, die beiden angefangenen Bücher und steigt wieder ins Bett. – Durch das geöffnete Fenster hört sie Vogelgezwitscher und Kinderstimmen. Sie hat Zeit – viel Zeit. Sie sucht sich im Radio Musik – was Klassisches –, schüttet Kaffee in die Tasse, beißt mal ins Brot oder nimmt einen Löffel Joghurt – alles ganz genüsslich und langsam, dazu liest sie erst in der Zeitung, später in den Büchern. Sie wechselt den Radiosender, macht sich Notizen an den Rand der Seiten, reckt und streckt sich, isst abwechselnd den Rest Joghurt und das Früchtebrot, der Kaffee geht zu Ende. Sie liest noch eine ganze Weile, guckt nach dem Wetter, ob sie auf den Balkon wechseln kann. Im Bett wird es ihr allmählich zu warm. Es ist kurz nach zwölf. Sie steht auf, zieht sich an und macht dabei Pläne für den Tag.

Es ist schwierig, solche Vorstellungen vom Ich und dem Für-mich zu kritisieren, ohne in den Geruch protestantischer Moralität zu kommen. Auch dies ist ein Effekt der Tatsache, dass wir alle von solchen Wünschen nicht frei sind, sie uns jedoch nicht erlauben. Die ferne Erinnerung an das Gefühl schaler Unsinnlichkeit des immer ungemütlicher werdenden Bettes, wenn man es zu lange genießt – es wird ihr allmählich zu warm –, gibt uns die Möglichkeit, auch einverständig die einzelnen Momente kritisch zu betrachten. Der Hauptprotest, mit dem das Ich für sich streitet, richtet sich gegen die normale Zeitverfügung. Alle bestimmten Inhalte von Zeit: das Ende des Schlafes, der Beginn der Arbeit, andere Menschen, das schnelle Waschen, überhaupt eine gewisse Geschwindigkeit in der Verrichtung der Dinge sowie ihre Beendigung, werden als gegen das Ich gerichtet ausgegeben, welches konsequent sich der Zeit in eigene Verfügung bemächtigt. Dies ist nicht so erstaunlich wie das, was dann mit der gewonnenen Macht geschieht: Zeit wird angeeignet, um sie verstreichen zu lassen.

Sie hat Zeit – viel Zeit. Die übrige Szene erschöpft sich in Wiederholungen, wie die einzelnen kleinen Handlungen über die Zeitmaße ausgedehnt werden – nichts weiter. Zwar können wir in solchem Tun einen Protest gegen übliche Zeitknappheit herauslesen. Er richtet sich jedoch nicht gegen eine falsche oder ungeliebte Vernutzung von Zeit, für eine bessere Ausfüllung, sondern eher gegen die Praxis, Lebenszeit überhaupt zu planen. – Da eine ganze Reihe von Frauen solche und ähnliche Vorstellungen vom Für-mich hatten, flüchten wir zu einem anderen Standpunkt, erinnern wir uns einmal, wie wir als Kinder einen Tag für uns gestaltet hätten: Bestimmt wären eine Reihe von Freunden/innen da gewesen – nicht wir allein wie die Autorin der Szene –, bestimmt wäre alles voller Aktivität gewesen, verlockende Abenteuer, Ferne, etwas Neues, und alles gedrängt voll. Vermutlich wären wir ausnahmsweise mit Lust um 6 Uhr aufgestanden, um mehr in einen solchen Tag zu gießen usw. Wir können wohl annehmen, dass es die tägliche Vernachlässigung der eigenen kulturellen Reproduktion ist, die wir als spezifisch weiblich herausgearbeitet hatten, die eine solche Orientierung auf körperliches Alleinsein bis zur ungemütlichen Wärme in endloser Zeitausdehnung und mit zu viel Butter auf dem Früchtebrot heraufbeschworen.

Wir haben an dieser Stelle zwei Probleme: Wir möchten, dass die weiblichen Wünsche nach Genuss so ausgreifend seien, dass dieser Genuss von nachhaltiger und längerer Dauer wäre. Wir stellen aber fest, dass die Frauen ihre Widerstandspunkte in eine eigentümliche Anordnung bringen, die sie selbst als Blockierung erfahren. Wir nehmen an, dass auch dies an ihrer Position in der Gesellschaft zwischen den Reproduktionsnotwendigkeiten liegt, an der Weise, wie sie das »Für-andere-Sein« erfahren. Wir haben noch wenig solche Alltagsgeschichten und Verständigungsversuche von Männern gelesen, hingegen verblüfft und beunruhigt uns bei Frauen immer wieder die zerreißende Widersprüchlichkeit oder auch nur Unstimmigkeit ihrer Geschichten, die wir als spezifisch weiblich annehmen. Die Tatsache, dass sie in den gesellschaftlich relevanten Formen individueller Existenz nicht als Frauen vorkommen, scheint uns ein Grund für die Brüchigkeit ihrer Selbstverständigungen und ihrer Wünsche.

Auch eine andere Geschichte fängt ruhig, harmonisch, genussvoll an – die Schreiberin gönnt sich einiges, was sie schon lange wollte. Darunter kommen selbstbewusste Absagen an alles Mögliche vor – an Druck, Notwendigkeit, andere Menschen, Kommunikation, Telefon, den Zwang zur Aktivität, schließlich auch den gesellschaftlichen Nutzen oder Sinn: »Im Moment spüre ich die Ruhe, meine Arbeit für mich ins Zentrum zu stellen, ohne abzuwägen, ob sie gesellschaftlich sinnvoll ist«. Dann überstürzt es sich, der gewöhnliche Alltag, in dem sie nichts für sich tut, wird entziffert als Arbeitsraserei für andere, deren einzelne Arbeitselemente zwar dem Lustbereich angehören könnten, in ihrem Übermaß jedoch kranken an Atemlosigkeit und fehlender gesellschaftlicher Anerkennung. Zweimal verweist die Schreiberin darauf, mit ihrer Arbeit nicht geschätzt zu sein, um schließlich als zerreißenden Konflikt den zwischen gesellschaftlichem Sinn und eigenem Wohlsein zu behaupten.

Verwirrend ist, dass die Teile nicht zusammenpassen. Das gezeigte Glück in Ruhe, Muße und Zeitvertreib passt nicht zu der Wut, nicht richtig anerkannt zu werden, und beide nicht zu der Angst vor dem ungesellschaftlichen Leben. Die Emotionen Glück, Angst und Wut liefern ein Ungleichgewicht, in dem schwer Handlungsfähigkeit und entsprechende Strategien, gar ihre Erweiterung erreichbar sind. Wie schon in einer anderen Geschichte über die Arbeit scheinen die von der Schreiberin erfahrenen Problembereiche unpraktisch gebündelt, mit der Folge unglücklich machender Wünsche in Allianz mit praktischer Kritik.

Diese Schwierigkeit, den Zusammenhang und das Auseinander von individuellem Sinn in Gesellschaft und gesellschaftlichem Sein der Individuen zu leben, scheint uns für Frauen besonders groß. Immer noch halten sich Männer für ihre individuelle Reproduktion Frauen, und immer noch halten es Frauen für lebbar, sich nicht eingreifend in Gesellschaft zu begeben. Die Ortlosigkeit, in der Frauen sich sozial und in ihrem Selbstverständnis finden, wurde nachvollziehbar geschrieben.

Zeit für uns – Zusammenfassung

Wir waren ausgegangen vom Problem zunehmender Privatisierung, vom Rückzug aus Politik und kollektivem Protest, die als Anspruch einer »Zeit für mich« ausgedrückt werden. Wir haben diese Tendenz zunächst entziffert als Protest gegen zugemutete Weiblichkeit, gegen den Mangel an Kultur und eine allzu karge Lebensweise in unseren politischen Kollektiven. Zugleich behaupteten wir, dass es sich bei solcher Privatisierung um Rückzug, Resignation und Anpassung in einer Zeit handele, da die Politik der Rechtsregierung Emanzipationsversuche erschwert und Privatisierung begünstigt. Für die Frauenbewegung schien uns diese Entwicklung besonders fatal. Der Ausbruch aus dem Privaten stand am Anfang der Geschichte der Frauenbewegung – die Rückkehr scheint den Protest stillzustellen.

Wir haben einige grundlegende Überlegungen aus der Kritischen Psychologie für unser Problem konkretisiert. Holzkamps Analyse, dass die einzelnen Menschen die Gesellschaft reproduzieren und so vermittelt auch sich selber – ein Prozess, der stets problematisch bleibt und bewusst vollzogen werden muss – und dass dabei die zusätzliche Aufgabe der individuellen Selbsterhaltung bleibt, schien uns ausbaufähig für die Analyse von Weiblichkeit in unserer Gesellschaft. Für unsere empirische Weiterarbeit gingen wir jetzt von einer Doppeltheit menschlicher Existenz aus und davon, dass in der bürgerlichen Gesellschaft diese doppelte Anforderung an *den* Menschen arbeitsteilig auf die Geschlechter verteilt ist. Vereinfacht gesprochen leisten die Männer die komplizierte Vermittlung individueller Reproduktion über die der Gesellschaft, während das weibliche Geschlecht um das Überleben der je Einzelnen privat sich kümmert. In Erweiterung von Holzkamps Vorschlag schlagen wir für die Kennzeichnung des in den weiblichen Zuständigkeitsbereich fallenden Teils den Begriff »kulturelle Reproduktion« vor, während wir den vorwiegend von Männern reklamierten Teil mit dem Attribut der Sinnhaftigkeit versahen. Dahinter steckt die Auffassung, dass es für die Einzelnen der unmittelbaren gesellschaftlichen Arbeit und Einbindung bedarf, um als Menschen sinnvoll zu leben; ferner, dass in unserer Gesellschaft die Sorge um das individuelle Überleben in menschlicher Weise so gering geachtet ist, dass es einer gesamten Hälfte der Menschheit bedarf, um dies – auf Kosten ihres Lebenssinns – kompensatorisch zu leisten. Wir behaupten damit zugleich das Kulturelle als menschlich überlebensnotwendig und skandalisieren eine Gesellschaft, in der eine Arbeitsteilung sich ausgebildet hat, die ein Geschlecht aus dem unmittelbaren gesellschaftlichen Reproduktionszusammenhang zu drängen versucht und zugleich das individuelle Leben von ebendiesem untergeordneten Geschlecht abhängig macht und zur nebensächlichen Privataufgabe erklärt.

Wir nehmen an, dass die Trennungen von Arbeit und Freizeit, von privat und öffentlich, von Betrieb und Familie die ständige Wiederherstellung dieser geschlechtsspezifischen Arbeitsteilung und emotionalen Zuständigkeit bewirken. Wie die Einzelnen sich vergesellschaften, wie sie die Strukturen für sich verarbeiten und Handlungsfähigkeit erweitern, ist eine empirische Frage. Unsere eigene empirische Untersuchung galt dem spezifischen Problem der Privatisierung. Da dies derzeit ein allgemeines Phänomen ist, suchten wir nach der Zubereitung des Bodens, der für die Versuchung des »ich für mich« so fruchtbar ist. Die Weise, wie sich die Einzelnen zur Gesellschaft verhalten und welche Aufgaben sie für sich wahrnehmen, kann nicht bloß modisch wechselndes Resultat herrschender Ideologie sein, sondern diese findet in der Art, wie sich die Einzelnen die gesellschaftlichen Strukturen aneigneten, den Boden für ihre Wirkungsweise schon vor. Die Sirenenklänge privat-heimeliger Familiarität finden nicht nur Gehör wegen der Unwirtlichkeit der Gesellschaft – sie werden nach wie vor geschlechtsspezifisch wahrgenommen.

In unseren Geschichten fanden wir die Frauen/Mädchen nicht umstandslos »Privates« für sich reklamierend oder auf unmittelbare Teilhabe an Gesellschaft Stück um Stück verzichtend; auch strebten sie nicht ihren Müttern nach oder hielten die häusliche Sorge für die nächsten Angehörigen für ein erstrebenswertes Lebensziel – im Gegenteil, ihre Vergesellschaftung verlief durchweg zerreißend widerständig. Zugespitzt könnten wir formulieren: Gerade der unvermittelte Widerstand gegen die vorgefundenen Strukturen erweist sich als Falle. Indem er bloße Reaktion ist, verzichtet er gleichsam auf eine Strategie, die die Veränderung der als Zwang erfahrenen Strukturen erbringen könnte. Statt einer Verbesserung ihrer Lage bereitet der vereinzelte Protest die Frauen darauf vor, als private Individuen Gesellschaft im kleinen Kreis herzustellen. So wäre es gerade die Ungesellschaftlichkeit und Unzumutbarkeit von Weiblichkeit in unserer Gesellschaft, die den einzelnen Widerstand hervorrufen muss und Weiblichkeit wiederherstellt als untergeordnet unter Männlichkeit, nicht eingelassen in unmittelbare Gesellschaftlichkeit und beschäftigt damit, die Schäden, die die gesellschaftliche Arbeit hinterlässt, im familiären Umkreis unter Hintanstellung der eigenen Person zu reparieren. Es ist die Absage an die Elternfamilie, die zur Gründung einer neuen, eigenen Familie führt; der Kampf um Freiheit, der zur Unfreiheit führt. Die gesellschaftlichen Anforderungen treten nicht als Arbeitsaufgaben auf, sondern als Fessel von Ordnung, Regel, Disziplin. Der nach allen Seiten gerichtete Widerstand führt so zu einem Ausbruch, der schließlich wieder in Vereinzelung endet, für die sich die Familie als willkommener Fluchtpunkt anbietet. Wo unmittelbar gesellschaftliche Arbeit bei den erwachsenen Frauen vorkommt, werden weder der soziale Sinn noch die gesellschaftliche Verfügung, schon gar nicht Eigentumsverhältnisse ins Blickfeld gerückt. Kritik an Arbeit mündet vielmehr in den Wunsch nach einer Ausdehnung des Körpers im Alleinsein.

Die Situation ist zirkulär. Die Frauen müssen ihre Lebensbedingungen verändern, um Menschen sein zu können; aber in den Strukturen entwickeln sie Widerstände, die solche Veränderung nicht befördern. So müssen sie gleichzeitig ihre Persönlichkeiten verändern wie die Umstände, die sie formten. Dies kann nur kollektiv, bewusst und also begreifend geschehen.

Im Wesentlichen entzifferten wir zwei Methoden, die die Reproduktion untergeordneter Weiblichkeit stützen: Die eine besteht darin, wie die einzelnen Erfahrungsmomente zusammengefügt werden, in der Anordnung, die die Richtung des Widerstands bestimmt. Die Elemente, die als zueinandergehörig erfahren und behauptet werden, verraten eine fast abergläubische Struktur, die sich zumeist als unmittelbare und begriffene Reaktion auf die strukturelle Anordnung der Gesellschaft liest. So ist es immer hilfreich, in den Geschichten zunächst zu untersuchen, welche Aspekte zusammengefasst ins »Reich der Freiheit« gerückt werden und welche dem Zwang, der Not, der Unfreiheit angehören. – Die in gemeinsamer Diskussion erfolgende Umordnung der Elemente kann hier durch die nachfolgende, notwendige Umorientierung eine Erweiterung der Handlungsfähigkeit ermöglichen.

Eine zweite durchgängig entzifferbare Methode ist es, Konflikte, die in den Verhältnissen liegen – in der Unmöglichkeit, in den Strukturen sinnvoll zu leben –, so lebbar zu machen, dass nicht die Bedingungen des Handelns verändert, sondern die Konflikte nach innen genommen werden und es den Frauen so erscheint, als wären es Fragen des Charakters. Solche Konstruktionen erbringen eine schwierige Balance. In der ungemütlichen Stellung ausharrend, schrieben die Frauen Alltagsgeschichten, die in jedem harmlosen Moment das Zerrissenwerden durchscheinen lassen.

Durchgängig erfahren die Frauen die gesellschaftlichen Strukturen als fremd und feindlich und antworten mit dem Versuch, ein gesellschaftsunabhängiges Ich zu entwerfen, zu behaupten und zu konstruieren, welches, um überhaupt sozial zu werden, sich anderen Menschen unterstellen muss. In solchen Konstruktionen erkennen wir altbekannte philosophische, soziologische und sozialpsychologische Theorien über Individuum und Gesellschaft. Unsere eigenen Vorannahmen, dass die Menschen gesellschaftliche Wesen seien und ihre Entwicklungsbehinderungen nicht der Tatsache zu verdanken seien, dass sie in Gesellschaft kämen, sondern umgekehrt, dass sie in ihrer Gesellschaftlichkeit behindert würden, scheinen durch die »Geschichten« der Frauen widerlegt. Die Gesellschaft wird als fremd und feindlich erfahren, Vergesellschaftung geschieht im Widerstand.

Wir lernen daraus zweierlei: dass unsere theoretischen Vorannahmen nicht umstandslos auf der Erfahrungsebene wiederzufinden sind, weil sie auf einer höheren Abstraktionsstufe verstanden werden müssen; und ferner, dass die gängigen Sozialisationstheorien zwar den empirischen Augenschein für sich haben, zugleich der Alltagswelt aber zu nahe sind, um sie zu begreifen. Eine Theorie, die davon ausgeht, dass die Gesellschaft den Einzelnen fremd ist, und zu dem empirischen Resultat kommt, dass dies tatsächlich so erfahren wird, liefert uns keine Handlungsmöglichkeiten, wie dies zu ändern wäre. Unsere Annahme, dass es die Gesellschaftlichkeit der Menschen ist, die behindert wird, braucht für empirische Analysen konkretere Begriffe. In unserer Untersuchung griffen wir zurück auf Kategorien wie Identität, Subjekt, Selbstwahrnehmung, Privatheit und Öffentlichkeit, Kultur und Sinn, Produktion und Reproduktion. Eine Reihe dieser Begriffe finden wir in höchst umstrittenem Gelände.

Was aber können wir mit unseren Ergebnissen aus den Analysen der Frauengeschichten anfangen? Die Proteste um den Leib und um die Zeit könnten wir positiv wenden in die Entwicklung einer praktisch-politischen Perspektive, die in der sinnhaften Ausnutzung von Zeit die umfassenden kulturellen Leibbedürfnisse einzuschließen sucht. Dabei denken wir nicht, dass dies harmonisch enden könnte. Gerade darum aber gälte es, eine Art »Krisenkultur« zu entwickeln. Dabei bleibt uns die dringliche Frage, ob wir unter unseren heutigen Zuständen dafür nicht eine weibliche, also geschlechtsspezifische Kultur brauchen. Gerade weil wir als Effekt der Produktionsverhältnisse diese praktische Arbeitsteilung zwischen den Geschlechtern finden, scheint zu ihrer Aufhebung – und damit auch zur Veränderung der Verhältnisse überhaupt – die bewusste Einsetzung und Entwicklung geschlechtsspezifischer Kultur notwendig. Die Frauen müssen die bürgerliche Kleinfamilie stürzen, um ihre Persönlichkeit durchzusetzen. Notwendig scheint uns daher auch die Entwicklung einer Politik, die die Trennung von »Privatheit« und Öffentlichkeit umfassend angeht. Seit der feministischen Losung, dass das Private das Öffentliche sei, die sicher wichtig und fruchtbar war, haben wir eine ständige Rechtsentwicklung offizieller Politik – in die wir einzugreifen hätten. Wir können faktische Trennungen nicht nur theoretisch und auch nicht einseitig aufheben – sie verlangen praktische Veränderungen, so z.B. Frauen im traditionellen öffentlichen Politikbereich. Wir müssen Strategien entwickeln, der Selbstkonstruktion von Frauen in die Ortlosigkeit entgegenzuwirken. Die Hoffnung auf eine bessere Gesellschaft, die selbst in der Suche nach dem »Ich« steckt, wäre herauszuarbeiten und in Handlungsfähigkeit zu übersetzen. Dabei ist es notwendig, vom Ich zum Wir zu kommen, vom Allein- und Einzelnsein zum Zusammensein. Zeit für mich, das müsste Zeit für uns werden. Erst die nicht-antagonistische Aufgehobenheit im »Wir« ermöglicht die volle Entfaltung von Individualität.

Lehren und Lernen

Die Aufgabe

Vor meinem ersten eignen Seminar als Lehrende an einer Universität war ich erwartungsgemäß schrecklich nervös. Ich ging vorzeitig hin, um mir den Schock des Hereinkommens zu ersparen, und handelte mir die Unmöglichkeit eines Übergangs ein. D.h. ich saß unter den Studierenden und konnte, als ich hätte beginnen müssen, nicht mehr harmlos aufstehen und nach vorne gehen, ohne als eine Art Spitzel zu erscheinen. Ich habe vergessen, wie ich es dann doch schaffte, erinnere aber diesen Übergang vom Lernen zum Lehren als besonders schwierig, erfuhr meine Aufgabe gewissermaßen als Anmaßung, die mir zu groß war.

Dabei war der Anfang wiederum auch ganz leicht. Ich lehrte Bildungsökonomie zur Zeit der Studentenbewegung, und das heißt, dass die Seminare brechend voll waren und die Studierenden stark motiviert und engagiert, wirkliches Wissen an die Stelle von Mutmaßungen zu setzen.

Das änderte sich Mitte der siebziger Jahre fast über Nacht. Es hatte sich herumgesprochen, dass in einer Phase geringeren Wachstums und weitgehend vollzogener Automatisierung und angesichts stark gestiegener Studentenzahlen die Chancen für die Studierenden, eine ihrer Ausbildung entsprechende Stelle zu bekommen, gering waren; entsprechend zynisch und inhaltlich uninteressiert gebärdeten sie sich; für mich als Lehrende bedeutete dies, immer mehr Anstrengung darauf zu verwenden, irgendein Interesse hervorzulocken, in Spannung und Darbietung mit dem Fernsehen zu konkurrieren usw.

1978 kam ich an die Hochschule für Wirtschaft und Politik (HWP) und fand, so nahm ich das jedenfalls wahr, ein völlig anderes Lernklima. Die Studierenden waren älter, kamen damals noch zum größeren Teil aus dem Berufs-Arbeitsleben und hatten wenig Zeit. Sie saßen ganz pünktlich in dichtgedrängten Reihen auch schon um 8 Uhr morgens dort und wollten, dass sie jetzt ihre Lernchance bekämen. Ich erinnere noch wie heute den empörten Satz eines Studenten: »Jetzt studiere ich schon vier Wochen Soziologie und weiß immer noch nicht, was das ist.« Für mich war das eine glückliche Herausforderung. Ich übersetzte die Anforderungen der HWP – zweiter Bildungsweg, Interdisziplinarität – in die Illusion, ein Kollektiv vor mir zu haben, das mit Begeisterung hohe Anforderungen an mich stellte, wie das Lernen zu lernen, Zusammenhänge zu erkennen usw.

Lerntheorien

Lernen als Problematik hat mich, solange ich zurückerinnern kann, immer wieder beschäftigt. Zunächst als eigene Schwierigkeit, das Lesen zu lernen – es gelang mir eine in der Erinnerung sehr lange Zeit nicht, die Buchstaben zu Wörtern zusammenzufügen –, dann im Kampf um die Weigerung meiner ersten Nachhilfeschülerinnen, sich zur Aneignung des Schulstoffes bewegen zu lassen, viel später als Problem, meine Tochter, die das Lesen im Spiel lernte, aber zur Schule in einen Fundamentalwiderstand ging, zu bewegen, die Klassenziele zu erreichen; und wieder später als Studium der Theorien über das Lernen.

Am meisten faszinierten mich dabei die Behavioristen, die mit ihrer einfachen Grundvorstellung, Belohnung und Strafe würden die Reize sein, die den erfolgreichen Lernprozess garantierten, zugleich einen ausgeprägten Sinn für Realitäten zeigten wie einen mindestens ebenso großen Zynismus in Bezug auf die Vorstellung vom Menschen. Beides hatte offenbar auch Bertolt Brecht angezogen, der immer wieder behavioristische Sequenzen in seine Stücke schrieb. So etwa in den *Flüchtlingsgesprächen*, wo er Ziffel und Kalle darüber nachdenken lässt, dass der Satz »Nicht für die Schule, für das Leben lernen wir« unter unmenschlichen Verhältnissen bedeuten muss, das gelernt wird, sich unmenschlich zu verhalten. Lernen am Modell – auch eine behavioristische Annahme – setzt dann voraus, dass besonders scheußliche Lehrer nötig sind, um den Schülern entsprechende Verhaltensweisen anzutrainieren. Aus dem Munde von Ziffel hört sich das so an:

> »Groß tritt dem jungen Menschen in der Schule in unvergesslichen Gestaltungen der *Unmensch* gegenüber. Dieser besitzt eine fast schrankenlose Gewalt. Ausgestattet mit pädagogischen Kenntnissen und langjähriger Erfahrung erzieht er den Schüler zu seinem Ebenbild. – Der Schüler lernt alles, was nötig ist, um im Leben vorwärts zu kommen. Es ist dasselbe, was nötig ist, um in der Schule vorwärts zu kommen. Es handelt sich um Unterschleif, Vortäuschung von Kenntnissen, Fähigkeit, sich ungestraft zu rächen, schnelle Aneignung von Gemeinplätzen, Schmeichelei, Unterwürfigkeit, Bereitschaft, seinesgleichen an die Höherstehenden zu verraten usw. usw.« (1402)

Die behavioristischen Lerntheorien sind eine paradoxe Herausforderung: Einmal durchaus geeignet, die gewünschten Ergebnisse zu erzielen, zeigen sie in schonungsloser Offenheit zugleich, dass, wer so funktioniert, das Menschsein im Grunde schon aufgegeben hat zugunsten geschmeidiger Anpassung an Verhältnisse, in denen man Sieger sein muss, um nicht unterzugehen. Aber die kritische Frage: Lernen Menschen überhaupt so, wie im Behaviorismus angenommen?, stößt unvermittelt auf viele Beweise, dass sie dies genau so tun.

Die bleibende Unruhe versucht die Frage zu verschieben: Müssen wir uns alle Lernprozesse nach dem Muster von Reiz und Reaktion, von Belohnung und Strafe, von Imitation und Konkurrenz vorstellen, sodass ein Paradigma für Lernprozesse in der Werbebranche, in der Verführung zum Kaufen am besten studiert werden könnte?

Die im weiteren Sinne kognitiven Lerntheorien sind natürlich viel komplexer und in ihren Annahmen und Erklärungen weniger umstandslos auf Menschen in einer erbarmungslosen Marktgesellschaft bezogen. Gleichwohl mühen sie sich ab, das Lernen als eine ganz außergewöhnliche Handlung zu durchdringen, wo doch eigentlich Lernen eine geradezu natürliche Praxis von Menschen ist, ohne die sie keine Menschen sein könnten, da sie – wie Marx das formuliert – ihr menschliches Wesen außerhalb, im »Ensemble der gesellschaftlichen Verhältnisse«, finden und sich aneignen müssen. So erinnere ich auch als eine wirkliche Erleichterung die von Ute Osterkamp formulierte Erkenntnis, dass die lange diskutierte These, es sei wesentlich, zwischen angeborenen und erlernten Verhaltensweisen zu unterscheiden, ersetzt werden müsse durch den Gedanken, dass auch Lernen eine Verhaltensweise ist, die entweder angeboren sei oder nicht, dass die Frage also verschoben werden müsse zur Problematik, welche Zusammensetzung von Lernhandlungen angeboren sei – dies im Übrigen bei Tieren und Menschen. Die Verschiebung zeigt eine paradoxe Konstellation: Die Fähigkeit zu lernen erleichtert das Überleben und erschwert es zugleich. Das Problem: Lernen enthält die Möglichkeit, nicht zu lernen.

Sind wir an dieser Stelle wieder bei den Bemühungen von Lerntheorien unterschiedlicher Richtungen, den Lernprozess zu begreifen, um ihn zu befördern? Und sind wir daher wieder bei der Frage, wie lehrt man eigentlich, dass z. B. Studierende etwas lernen?

Klaus Holzkamp, der 1993 ein Grundlagenwerk über Lernen schrieb, dem eine ganze Reihe von kleineren Arbeiten vorwegging, hatte sich auch auf Fragen nach dem Lernwiderstand konzentriert. Ins Zentrum rückten Überlegungen, warum und unter welchen Bedingungen nicht gelernt wird. Diese Wendung zieht den Blick auf gesellschaftliche Strukturen und Anordnungen, darin auch auf das Verhalten von Eltern und Lehrern, und es eröffnet als einen neuen Brennpunkt die unbedingte Frage nach den Lernsubjekten selbst, die da aneignend und widerständig ihr Leben organisieren. Holzkamp verfolgt in seinem Buch die interessante Frage, wo eigentlich in den vorhandenen Lerntheorien die Subjekte, die doch nicht gänzlich verschwunden sein können, verborgen sind – ein Verfahren, das ihn zu einer Reihe von nachdenklichen Einsichten über Theoriegemogele bringt[38]. Für meine Problematik von Lehren und Lernen unver-

38 Vgl. dazu mein Buch über Lernverhältnisse 2003.

gesslich aber sind seine Ausführungen zur Lehrerfrage. Er liefert eine radikale Kritik an gewöhnlichem schulischem Lernen, in deren Zentrum das Fragemonopol der Lehrer steht, wobei die Fragen im Übrigen selbst schon zuvor stumpf gemacht sind, da sie nicht wirklich Fragen, sondern alle Antworten schon da sind, sodass die Schüler sich abzappeln müssen, die vom Lehrer gewusste Antwort zu erahnen und zu apportieren. Da aber das Stellen von Fragen den Anfang von Erkenntnis darstellt, lassen sich Anordnungen, die das Fragen einzelnen Autoritätspersonen in die Hand geben und alle Übrigen ausschließen, ohne weiteres als Lernbehinderungen abbilden.

Aber so überzeugend Holzkamp die Suche nach den verlorenen Subjekten in den Lerntheorien vorantreibt, so merkwürdig, dass diese Suche nicht irgendwann zu dem Resultat führt, selbst ebendiese Subjekte einzubeziehen, d.h. eine empirische Untersuchung zum Lernen zu wagen.

Die lernenden Subjekte. Empirie

1. Lernerinnerungen

Dies ist leichter gesagt als getan. Empirische Untersuchungen sind ein zähes Pflaster. Je mehr man sich an die Erhebung alltäglichen Verhaltens macht, desto schwieriger wird es, auf die Ebene verallgemeinerbarer Erkenntnisse zu kommen. Zudem ist die Wahrscheinlichkeit, dass man sich interpretierend und Erkenntnisse setzend, also besserwisserisch selbst ins Zentrum solcher Untersuchungen stellt, so groß wie umgekehrt die Gefahr, aus vielen Einzelphänomenen überhaupt nichts zu gewinnen.

Ich habe im Laufe meines Lehrlebens auf verschiedene Weise und immer wieder versucht, Lernerfahrungen zu ermitteln. Ich habe selbstreflexiv begonnen, eigenes Lernen zu erinnern, und andere dazu bewegt, solche Erinnerungsszenen ebenfalls zu notieren. Dabei habe ich auch darauf geachtet, Personen verschiedenen Alters, unterschiedlicher Kulturen, verschiedenen Geschlechts einzubeziehen. Diese Szenen sind interessant zu lesen und könnten sicher zur Erheiterung hier vorgetragen werden. An dieser Stelle möchte ich aber nur resümierend hervorheben, dass mein vorherrschender Eindruck war, die Sache nicht in den Griff zu bekommen. Irgendwie scheint Lernen keine Praxis zu sein, deren Bewegung so einfach aufgezeichnet werden kann und die dann abrufbar ist. In der Erinnerung finden sich frustrierende Erfahrungen, wenn es nicht klappen will, und solche, die den Lernerfolg als schon erreicht zeigen, kaum aber der Vollzug selbst – kaum eine Auskunft zu Lernen als Prozess, als Bewegung.

2. Lerntagebücher aus den Jahren 1993–2000

1992 habe ich angefangen, an der HWP Lerntagebücher schreiben zu lassen, weil ich dies in meinem Gastsemester in Toronto erfahren hatte. Ich stellte einige wenige Fragen nach dem Lerninhalt mit der Hoffnung, die Aha-Erlebnisse auf diese Weise zu begreifen, nach den emotionalen Einbindungen in die Gruppe und nach der Kooperation, um meine erste Illusion über das Lernkollektiv kritisch zu prüfen, nach der Form der Lehre, um auf diese Weise auch die Frage der richtigen Didaktik grundlegend neu zu denken. Es war mir klar, dass die Studierenden auf diese letzte Frage, gerade wenn sie mir freundlich gesonnen waren, nicht so ohne weiteres wahrheitsgemäß antworten würden, jedoch steckte ich zunehmend in der Klemme, um das Autoritäre frontaler Monologe zu wissen und zugleich zu erfahren, dass studentische Referate und mehr noch die Diskussionen vielfach als Zeitvergeudung erlebt wurden, die man sich durch Fernbleiben hätte sparen können.

Ich habe dieses Verfahren über die letzten acht Jahre immer wieder versucht; soweit es die Studierenden an der HWP betrifft, scheint es mir nützlich, an dieser Stelle[39] etwas ausführlicher über die Ergebnisse zu berichten.

Vorweg: Die Tagebücher wurden begleitend zu meinen Kursen geschrieben, sodass ich in der Vorzugsrolle bin zu wissen, wovon sie handeln, als auch die Möglichkeit zur korrigierenden Selbstkritik als Lehrende hatte. – In allen Seminaren waren mehr weibliche Studierende als männliche, was vermutlich mit der speziell bei Studierenden des zweiten Bildungswegs aus ihrer Berufserfahrung kommenden Geringschätzung weiblicher Dozenten zu erklären ist. Aus der Gewohntheit, Frauen in untergeordneten Bereichen zu sehen, speist sich ein »Wissen«, dass man von ihnen ohnehin nichts lernen kann. Gleichwohl habe ich versucht, die verschiedenen Tagebücher mit aller Vorsicht nach Geschlecht zu unterscheiden, da es sehr wahrscheinlich ist, dass Frauen kulturell anders lernen als Männer.

Die Seminare hatten ganz unterschiedliche Thematiken – so u.a. Sexismus und Rassismus, Kulturtheorien, Politische Soziologie und Geschichte der sozialen Bewegungen, eines hatte das Lernen selbst zum Gegenstand. Grundlage der Auswertung sind 45 Lerntagebücher. Nur fünf davon wurden von männlichen Studierenden geschrieben, eine so kleine Zahl, dass nicht wirklich geschlechtstypisch ausgewertet werden kann. Gleichwohl gibt es bemerkenswerte Gemeinsamkeiten in den Tagebüchern der Frauen, die bei den von Männern geschriebenen nicht vorkommen und die von mir in aller Vorläufigkeit als Dimensionen weiblichen Lernens herausgearbeitet

39 Dies war die Abschiedsvorlesung von der HWP 2001.

werden. Alle Lerntagebücher äußerten sich zu den drei genannten Fragestellungen – Lernstoff, die anderen Studierenden, die Form des Unterrichts –, sodass ein Vergleich möglich ist. – Die Tagebücher sind durchschnittlich etwa 30 Schreibmaschinenseiten lang, so lang wie die erste Diplomarbeit. Sie wurden freiwillig geschrieben. Alle beginnen mit einer Vorfreude auf den Kurs, die binnen Kurzem gestört wird.

2.1 Das Lernarrangement

Natürlich hatte ich mir darüber Gedanken gemacht, wie bei Studierenden des zweiten Bildungswegs didaktisch, inhaltlich und thematisch vorzugehen sei. Ich hatte angenommen, dass es wesentlich sei, die Berufserfahrungen einzubeziehen, sie als eine Brücke zur Aneignung von Theorien zu nutzen, in dieser Weise theoretisches Lernen und praktisches Gelernthaben so miteinander zu verbinden, dass Theorien zum Begreifen von Praxis dienen und so Handlungsfähigkeit erweitern können.

Womit ich nicht gerechnet hatte, war das *Lernparadox*, aus dem die Studierenden kamen. Aus der Schulvergangenheit brachten sie eine Haltung mit, die einerseits auf Lehrerlob angewiesen war, andererseits »wusste«, dass die Anerkennung der anderen, der Klasse, davon abhing, den Lehrern nicht allzu sehr zu Gefallen zu sein. Diese Lernhaltung, sich der Klassengemeinschaft zu versichern und daher kein »Strebertum« an den Tag zu legen, lässt sich in den Berufsalltag übernehmen, weil sie durch die Teilung in Vorgesetzte und Kollegen noch unterstützt wird. Was aber geschieht, wenn man zurück auf die Schulbank kommt, auch wenn dies eine Universität ist?

Bei den weiblichen Tagebuchschreiberinnen werden die anderen durchweg als problematisch erfahren und dies mit der Auseinandersetzung um die eigene Person verbunden.

> »Ich fühlte mich von der Macht der Kritiker eingeschüchtert, traute mich nicht, laut zu sagen, hört mal, ich seh das anders […] Merkwürdige widersprüchliche Gedanken waren mir zuerst nur peinlich; – Ich will nicht als Streber dastehen, und: Ich will mich nicht blamieren. Als ich sie als ›Gepäck‹ aus meiner Schulzeit entlarvte, war mir das nun wieder peinlich. Irgendwie stand ich mir selbst im Wege.« (12,1)[40]

Oder so:

> »Mit einem Seitenblick auf die Dozentin, den anderen auf die Kommilitoninnen, ist es kein Wunder, dass man schielt und keinen geraden Blick auf die Sache werfen kann.« (1,6)

40 Die Zahlen in Klammern geben für die Möglichkeit einer Überprüfung die Nummern an, die ich den Tagebüchern gegeben habe, und die jeweilige Seite.

Diese Zwickmühle zwischen gewollter Anerkennung von oben und dem Bewusstsein, dass dagegen Widerstand oder Unbotmäßigkeit von der Gruppe erwartet wurde, also Klassenlob gegen Lehrerlob, bestimmt die meisten Lerntagebücher und macht die Studentinnen praktisch handlungsunfähig; sie sind der Schule mit ihren widersprüchlichen Anordnungen nicht wirklich entwachsen. Langsam schält sich ein Verhältnis zu den anderen heraus, das weitgehend bestimmt ist von der Erwartung, als unpassend, falsch, dumm, allzu sehr betroffen, »pubertär, besserwisserisch« (1,6) beurteilt zu werden. Selbst eine Studentin, die nicht ganz so zaghaft und eingeschüchtert ins Seminar kommt, schreibt:

> »Ich traue mich nicht, meine positiven Leseerfahrungen in die Diskussion einzubringen, da ich Angst davor habe, auch als mittelständig, chauvinistisch, diskriminierend bezeichnet zu werden. Auch der Vorschlag, das gesamte Buch [gegen das eine diffuse Stimmung herrschte] doch mal zu lesen, kommt mir streberhaft vor und so äußere ich ihn nicht.« (8,3)

Die anderen Studierenden wirken so als Hemmschwelle, die nicht oder nur um den Preis, von ihnen missachtet zu werden, überschritten werden kann. Zugleich werden diese antizipierten Anderen selbstverständlich auch als problematische Feinde angenommen. »Woher nimmt man da eigentlich den Mut zu meinen, ausgerechnet der eigene Diskussionsbeitrag träfe genau den Nagel auf den Kopf.« (1,6) Oder so: »Wenn ich etwas sage, halten mich die anderen womöglich für doof und begriffsstutzig, oder, noch schlimmer, ich könnte womöglich die ›falschen Ansichten‹ haben.« (6,3) Und wieder eine andere »meldet sich erst, wenn sie eines positiven Echos sicher« ist. Sie durchdenkt diese Zurückhaltung: »Andererseits [...] wäre es doch förderlicher, wenn sich das Diskussionsklima in ein Arbeitsklima verwandeln würde. Und warum ist das Gefühl so wichtig, dass die Dozenten mich nicht für blöd halten.« (9,15)

Der Prozess der wechselseitigen Aburteilung und der behindernden Antizipation wird auch auf die Lehrenden ausgedehnt. Es kommt darauf an, ihnen etwas vorzumachen, aber »woher soll ich eigentlich wissen, dass die Dozenten nicht blöd sind?« (9,15) Der Rest der Studienbemühung geht im Versuch unter, interessiert auszusehen und nicht einzuschlafen.

Die Formulierungen gleichen einander so sehr, als hätten sich die Studierenden abgesprochen. Das erhoffte Lernkollektiv existiert nicht nur nicht, im geraden Gegenteil kann man davon ausgehen, dass so eine Seminargruppe aus einander behindernden und blockierenden Einzelnen besteht. Diese ängstliche Haltung in Bezug auf die anderen braucht ein starkes Selbstwertgefühl, wenn unter solcher Voraussetzung überhaupt gelernt werden will. In den Lerntagebüchern der Frauen wird schnell offenkundig, dass dies keineswegs vorhanden ist, sondern solche Wahrnehmung der anderen sich auf die eigene Person und ihre Selbstwahrnehmung, ihr Selbstwertgefühl erstreckt.

2.2 Die anderen und das Ich – Angst und Täuschung

Die meisten Lerntagebücher beginnen mit der Versicherung, »zu blöd« zu sein, »den Text nicht zu verstehen«, und mit dem Vergleich »alle anderen wissen bereits viel mehr als ich«. Man kann wohl davon ausgehen, dass der Beginn des Studiums ganz vom Zweifel überschattet ist, es nicht schaffen zu können. Dieser tritt zunächst gepaart mit einer Überschätzung aller anderen auf, sodass ein Kollektiv sich nicht bilden kann. Die Unsicherheiten, wer man ist und ob man zu Recht in dieser Universität ist, sind ganz elementar und hindern das für Lernen und wissenschaftliches Arbeiten ganz unabdingbare *Fragen*. Dem Tagebuch wird anvertraut: »Ich weiß, ich hätte dies laut in der Vorlesung fragen sollen, aber ich trau mich nicht. Wie stehe ich da, wenn ich wirklich die Einzige bin?« (11,7) – Solche grundlegende Schwierigkeit wird übrigens in diesem Fall nach der 13. Seminarsitzung notiert. – Das heißt auch, die Unsicherheit über die eigne Person kämpft mit der Unsicherheit, wer die anderen sind. Dabei gilt: Man sollte das Schlimmste über sich annehmen. Doch gewinnt man im Semesterverlauf Kenntnisse über sich und andere. Diese aber werden zumeist gleichermaßen in das Raster »Ich bin ein Nichts in einer Welt von Feinden« eingebaut. So werden studentische Referate entweder als langweilig erfahren – man schaltet ab; oder als wirklich gut, dann sind sie geeignet, eigene Unfähigkeit zu bestätigen. Als herausragende Gefühle werden notiert: Neid und Minderwertigkeit. – Der Vergleich scheint überhaupt ein entscheidendes Mittel der Selbstwertschätzung zu sein. Bin ich so gut wie andere? – eine ständige Bemühung, nicht als schlechter aufzufallen. Insofern wird die jeweilige Vergangenheit, die Position, die man hatte, was man tat, nicht etwa ein Baustein von Wissen, Erfahrung, kein Beitrag, der mit anderen sich verbinden könnte, sondern etwas, das man schamhaft verschweigen sollte, um nicht aufzufallen. Die allgemeine Strategie wird die Täuschung oder das Verschwinden in der Gruppe. Auf die Frage nach der »Arbeit« vor der HWP:

> »Ich musste sagen ›verkaufen‹! Die anderen gingen zur Schule, sammelten Bildung oder waren Krankenschwester oder gar Bankangestellter – und ich ›verkaufe‹ schlicht.« (1,8)

Dabei durchdenken die Einzelnen beim Schreiben ihrer Lerntagebücher auch, was sie sich antun. D.h. das Tagebuch ist unter solchen Bedingungen selbst ein geradezu notwendiges Lernelement. Es gehen die Gedanken nicht ungedacht verloren. So entziffert eine Studentin ihre Regungen beim Anhören der Referate von anderen als Ergebnisse von »Konkurrenzdenken« und kann sie doch nicht ablegen trotz guter Erfahrungen mit Gemeinschaftsarbeit. Indem sich die Einzelnen so prekär in eine Lernsituation begeben, herrscht im Grunde immer ein Ausnahmezustand, der Lernen verhindert. So gibt es schließlich auch das Problem, dass, wenn die Vorträge nicht schlecht sind, es keine Diskussion gibt. Die Sache erscheint aussichtslos.

Und selbst wenn die Selbsteinschätzung nicht um den Nullpunkt herum kreist, gibt es die Möglichkeit, die anderen so abzubilden, dass man mit ihnen nichts zu tun haben muss. So schreibt eine über das Referat eines Kommilitonen, dass es »plätschernd« war. Ihre Aktivität: »ich schalte ab«. Die eigne Haltung wird beschrieben als eine der Enttäuschung. Die referierenden Studis haben versagt. Die Abbildung zwischen Versagen und Enttäuschung entschuldigt die eigne Nichthandlung als gerechtfertigt.

Natürlich merkt man als Dozentin die verschiedenen Blockierungen, wenn auch nur atmosphärisch, als Nachlassen von Spannung, als Unruhe, im Mienenspiel, als fehlende Hoffnung. Eine meiner Strategien war, möglichst alle zu einem kollektiv erarbeiteten Beitrag für das Seminar zu bewegen. Wie aber kann man unter solchen Bedingungen von gegen andere gelebter Selbstpositionierung dies wahrnehmen? Da findet sich folgende Notiz:

> »Während unseres gesamten Beitrags [...] spürte ich weder Leistungsdruck noch Angst vor Blamage oder Kritik. Ich war sicher, weil ich überzeugt war, dass wir als Gruppe und ich innerhalb der Gruppe gelernt haben, was Diskursanalyse ist und wie sie funktioniert.« (12,13)

Aber die Hochstimmung ist schon in der nächsten Sitzung verflogen. Zum allseitigen Lob notiert sie:

> »Du weißt nie, ob sie das auch wirklich meinen, was sie positiv zu dir oder über dich sprechen, sicher ist nur, dass das negativ Gesprochene stimmt.« (12,15)

Wie ist es möglich, ohne ein Aufbrechen dieser verworrenen Lernhaltungen zurechtzukommen? Welche Strategie gegen alle Konkurrenz, Erniedrigung, Minderwertigkeitsgefühle gibt es – außer dem Versuch, Kollektive zu bilden?

Angst vor eigenem Versagen entsteht, aber es gibt die Möglichkeit, den Kurs zu wechseln. »Die Universität«, schreibt eine, »bietet anders als die Schule die Möglichkeit, in Anonymität zu versinken.« (10,3) Am Ende des Seminars, bei der Kurskritik, schreibt eine andere:

> »Wir wollten es nicht zugeben, dass in uns Chaos ist. Denn wir kennen nur das absolute Wissen oder das absolute Nichtwissen. Hätten wir uns offenbart, dann hätten wir unsere Unfähigkeit zu wissen entblößt. Welch ein Schwachsinn! Doch nur in der Diskussion mit anderen lässt sich das Chaos ordnen und klären.« (8,10)

2.3 Kritik und Selbst

Wissenschaftliches Arbeiten ist wesentlich Kritik. Sie setzt Verständnis eines Textes, einer Theorie voraus; die Überprüfung als unterscheidende Beurteilung von Vorstellungen und Vorgestelltem; eigenes Denken, auch als Fähigkeit, Unterschiede zu machen; den Vergleich; Aufheben, was wichtig ist; weitergehen, wo nicht weit genug gegangen wurde, und Korrektur. Kritik verbindet Erkenntnis mit Praxis, Denken mit Handeln.

Aus dem bisher aus den Tagebüchern Vorgestellten wird schon erahnbar, dass diese Studentinnen *Kritik* rundherum ablehnen. Es nützt nichts, ihnen das elementare Durchdenken als Kritikfähigkeit vorzustellen, zu sagen, dass Kritik und Herumnörgeln nicht das Gleiche sind. Gegen die Bereitschaft, Kritik auch nur zuzulassen, steht der Wunsch, einfach das Richtige gesagt zu bekommen und aufzunehmen, steht die Erfahrung, dass Kritik existenzielle Bedrohung bedeutet, soweit sie einen selbst betrifft. Das wird ganz direkt geäußert, z. B. »Ich möchte zunächst alles kennenlernen, stehen lassen, einordnen, nicht Kritik üben« (8,3). Diese Unmöglichkeit, ein positives Verhältnis zur Kritik zu entwickeln, hängt auch mit der Selbsteinschätzung zusammen, wird selbst als unverarbeitete Schulerfahrung reflektiert. Da kommentiert eine ihr eigenes Tagebuch:

> »Der Schreibstil klang so unglaublich naiv, er stimmte überhaupt nicht mit meinem Selbstbild überein. Er klang wie der von Hedwig Courths-Mahler, dabei hätte ich gern den Stil einer Beauvoir. Dann wieder entdeckte ich unerträgliche Beweihräucherung der Dozentin, die nur als Anbiederung verstanden werden kann. Dinge, die eigentlich seit meiner Schulzeit hinter mir liegen sollten.« (13,2)

Da Schule nicht verarbeitet, sondern einfach verlassen wurde, ist man unvorbereitet: Der übergroßen Erwartung entspricht keine konkrete Füllung. Das Beste, was geschieht, ist eine Art Spaltung der Personen in ein erhofftes Selbst und das Problem, das wirkliche Selbst nicht achten und nicht stützen zu können. Das Gegeneinander macht, dass trotz aller Vorbereitung, Freude, Erwartung, Begeisterung ein Rückzug angetreten werden will. Nach einer Kritik am Protokoll ist ihr, die ein Lob brauchte wie Wasser zum Leben, der Boden entzogen, der Studienabbruch rückt in große Nähe:

> »Aber die ganzen Vorbereitungen, der Spaß an der Diskursanalyse, die enttäuschten Tränen und die Wut wegen des ›missratenen Protokolls‹ umsonst?« (13,2)

Kritik wird nicht als Hilfe und Ratschlag für anderes Arbeiten begriffen, sondern immer als Vernichtung, Herabsetzung, Verlust des Arbeitsplatzes, der dann in diesem freiwilligen Fall lieber vorher geräumt wird.

»Völlig verzweifelt, heulend, gedemütigt, vernichtet, [...] unfähig, den Verriss der Dozentin nicht als persönliches Versagen zu sehen, folgten richtig schlimme Selbstzerfleischungstage.« (13,3)

Die Einordnung durch eine Freundin, die Dozentin, also ich, sei für diese Art der Kritik bekannt und gut als Lehrerin für noch nicht ausbalancierte Studentinnen ohne Selbstsicherheit, weil die das dann lernen, gibt schließlich Hoffnung, doch eines Tages erwachsen genug zu werden für Kritik. Dies aber stellt sich nicht als konkrete Verarbeitung, sondern es scheint eine Naturgabe zu sein, die einem begegnet wie das Schicksal bzw. das Älterwerden.

In der Haltung zur Kritik verdichtet sich die Schwierigkeit für die Studentinnen, aus der Menge herauszutreten. Eine Sitzung mit weniger Studenten, weil viele zur Demonstration gingen, gibt einer die Möglichkeit, »gelöst« sich für ein Protokoll zu melden. Ihre Selbstaufgabe: Es muss sehr gut werden. Sie braucht ein Lob. In dieser erstrebten Anerkennung versucht sie, sich aus der passiven Rolle in ein aktives Mitglied der Gruppe zu verwandeln. Lob taucht so nicht bloß als eine äußerliche Belohnung auf, sondern als Mittel für einen Übergang. Dazwischen steht nicht einfach die Anstrengung, sich hervorzuwagen, sondern auch die Selbsteinschätzung, es nicht zu können. Mittel, dies für sich zu leisten, ist der Vergleich mit einem vorhergehenden Protokoll in einem anderen Kurs, das als schlecht beurteilt wurde, weil zu konkret. Sie bemüht sich tagelang um Abstraktion. Die neuerliche Kritik (meine) »zu abstrakt und daher nicht nachvollziehbar« wirft sie aus der Bahn. Gerade weil »gelernt« wurde, kann nicht gelernt werden, da alles an eignem Selbstwert auf diese eine Karte – »das gute Protokoll« – mit äußeren, selbst nicht verstandenen Kriterien gesetzt wurde.

Eine andere schreibt: »Obwohl oder weil ich jetzt auch einen Vortrag gehalten habe, kann ich den Kurskolleginnen jetzt ins Gesicht sehen, ohne rot zu werden« (15,1). – Aber schon meldet sich neue Unruhe und äußert sich als Mangel. Die Dozentin soll eine sorgfältige Beurteilung formulieren, aber dies keinesfalls als Kritik, sondern als Lob, das man zugleich nicht verdient zu haben glaubt. In diesem Paradox beginnen immerhin erste Zweifel an der eignen Abbildung seiner selbst, die aber noch weiter in Verurteilung münden: »Ich bin lachhaft und bloß emotional« (15,2). Die Haltung zur Kritik, auch als eigene Fähigkeit, bleibt zwiespältig, Bewegung wird stillgestellt. Kritik wird nicht äußerbar: »Ich habe Angst, meine Zweifel und Einwände innerhalb des Kurses zu äußern, dies auch wegen des Risikos, ›lehrergerechte Antworten‹ zu suchen.« (15,2) Neue Schwierigkeiten tauchen auf, die wiederum das sich erst langsam herausbildende Ich betreffen: Wie kann man die theoretischen Vorgaben der Dozentin richtig finden, ohne einfach die Schulhaltung – der Lehrer hat immer recht – zu übertragen? Die Zustimmung zu einer Theorie erscheint so als passiv-autoritäres Verhalten. An dieser Stelle gibt die Studentin (15) ihr Lerntagebuch auf.

Im Ganzen erscheint die Aufforderung zur Kritik immer als zu hoch, weil sie Verständnis voraussetzt, das erst erarbeitet werden will, und zwar nicht über Kritik, sondern geradlinig als Aufwärtsgang. Gegen Kritikfähigkeit steht auch, dass man selbst nicht kritisiert werden möchte.

2.4 Die anderen Tagebücher als Schlüsselerlebnis

Bis hierher scheint die Lage ausweglos zu sein, eine Skizze über die Unmöglichkeit, zu lernen und zu lehren. Aber der Kurs schreitet voran, die Studierenden bleiben, es wird auf Dauer unmöglich, in den Blockaden einfach steckenzubleiben. Ein erstes Schlüsselerlebnis betrifft alle. Ein Entkommen aus den vielfältigen Widersprüchen wird möglich, wenn man erkennt, dass mehr oder minder alle in den gleichen Sackgassen stecken. Dies geschieht durch das Vortragen des ersten Lerntagebuchs im Seminar. Wie beim eisernen Heinrich, dessen Bänder um sein Herz mit lautem Krachen herunterfallen, als der Frosch in den Prinzen rückverwandelt ist, gibt es ein allgemeines Aufatmen, eine spürbare Gelöstheit. Die Gleichartigkeit, die jetzt den Vergleich nicht mehr zu eignen Ungunsten ausfallen lässt, wird eine Bedingung und ein Schritt ins Lernkollektiv. Fast alle notieren in ihren Tagebüchern Ähnliches:

> »Ich stelle fest, mir geht es genauso wie anderen und anderen wie mir. Ich denke, ich verstehe gar nichts, traue mich nicht zu fragen, was gemeint ist, geschweige denn zu diskutieren, und fühle mich dann sehr schlecht.« (2,3)

Die sich wiederholenden Probleme, die individuell gespürten Mängel scheinen allgemein zu sein. Angst, Unfähigkeit, Fragen zu stellen. »Ein Glück, dass es den anderen genauso geht« (9,15). »Die Angst sich zu blamieren, die Angst zuzugeben, dass man fast nichts verstanden hat« (10,4). Ein Wir-Gefühl entsteht und wird als positiv empfunden, »hatte das Gefühl, dass der Bann im Kurs gebrochen« ist. Eine Studentin notiert: »habe mich in den bisherigen Vorlesungen unwohl, überfordert, fremd gefühlt – das erste Lerntagebuch hilft« (11,3).

2.5 Der Stoff – Begriff und Begreifen

Man kann bis jetzt annehmen, es hätten diese Studierenden überhaupt nichts gelernt, meine Seminare seien eine Katastrophe gewesen. Ich hoffe, es wird zugleich deutlich, dass dieser Eindruck möglich wird, weil die Studierenden überhaupt Lerntagebücher schrieben, und ferner aus der scharfen Beleuchtung, in die ich diese Eingangsschwierigkeiten, die allerdings über mehrere Semester andauern, gerückt habe. In den Tagebüchern gibt es auch Notizen über geglücktes Lernen. Dies wird immer dann empfunden und niedergeschrieben, wenn es gelingt, etwas, das man im Grunde weiß, überraschend hervorzuholen und mit anderer Bedeutung zu versehen, die wiederum mit vorher Gewusstem sich verbinden kann. Es kommt in diesen Lerntagebüchern häufig vor, wenn Begriffe wirklich begreifend auf Alltagsphänomene gezogen werden und beides dadurch klarer wird: der Begriff und der Alltag bzw. die Erfahrungen in ihm. In dem Seminar über Rassismus und Sexismus waren es im Grunde drei wichtige Erfahrungen, die immer wieder notiert wurden: die Problematisierung des Begriffs »Ausländerfeindlichkeit« durch eine einfache Aufzählung möglicher Ausländer – etwa Schweden, Kanadier, Amerikaner, Türken, Jugoslawen etc. –, die, anders als die gekannte politisch korrekte Zensur am Wort »Ausländer« selbst, unmittelbar die Erkenntnis brachte, dass gar nicht alle unter das Verdikt »Feindlichkeit« fallen würden, sondern unter ihnen nur diejenigen, die aus armen Ländern kamen, der zusammenfassende Begriff *Ausländerfeindlichkeit* also eine verdeckende, ablenkende Funktion hat.

Deutlicher noch wird Lernzuwachs notiert bei der Frage nach Normalisierungsstrategien und der damit verbundenen Ausschließung von anderen, die nicht »normal« sind. Die Studierenden lesen Erving Goffman, *Stigma. Über Techniken der Bewältigung beschädigter Identität.* Die Überprüfung seiner Ausführungen an eigener Selbstwahrnehmung und Orientierung ergibt zur allgemeinen Überraschung, dass die Sicherheit, selbst antirassistisch zu sein, aufruht auf der Vorstellung, selbst nicht zu den Normalen zu gehören, dass dies aber alle im Kurs so empfinden. Der Schritt zu der Erkenntnis, dass der herrschende Normalitätsdiskurs gestärkt wird, wenn die Einzelnen sich jeweils als Ausnahme, also nicht betroffen stilisieren, war von da ab eher leicht, wenngleich auch schmerzhaft. »Die Normalitätsdiskussion rückt auf den Leib. Man hätte die Gesellschaft gern außerhalb und sich nicht als mittragend«, schreibt eine und: »Ich sehe jetzt, dass Normalitätsmaßstäbe damit arbeiten, dass alle sich als Ausnahmen empfinden und wahrnehmen« (5). Zugleich aber stürzt die Anerkennung des herrschenden Normalitätsdiskurses in Selbstzweifel, sodass die Studierenden an sich selbst lernen können, dass sie beides tun: Normalität als Ziel akzeptieren und sich daher nicht achten und mit Trotz auf ihrer Abweichung als nicht-normal beharren. Das Bindeglied ist in jedem Fall die Aussetzung von Kritik am Normalisierungsdiskurs und seinem Wirken.

> »Mann/Frau will auf keinen Fall dieser Normalität entsprechen und ist stolz auf jede Abweichung davon. Dies empfinde ich als ›umgekehrte Stigmatisierung‹. Wenn ich gesellschaftlich normal bin, werde ich von HWPlern abgelehnt. Die Lehre: Normalität ist eine Disziplinierungsfalle in jeder Weise.« (11,5)

Die Lehren werden umso intensiver, je mehr man selbst betroffen ist, also tatsächlich aus einer anderen Gruppe kommt als die anderen. So schreibt eine Studentin aus der EX-DDR fast ethnologisch zur Normalitätsdiskussion: »Die Gruppe möchte als ›unnormal‹ gelten bzw. jeder dort möchte das, nur ich nicht.« Und als Erkenntnis wird formuliert:

> »Es ist heute normal, als unnormal zu gelten, sich von der Masse zu unterscheiden, das stützt Normalität und behindert zugleich Kritik an den herrschenden Normalitätsvorstellungen und die Lektüre Erving Goffmans.«

Diese Irritation, geboren aus den Auseinandersetzungen in der Gruppe und den erfahrenen Widerständen, ist ein starker Beleg für den Nutzen des Kollektivs für Lernen und Aneignung. Und für diese Studentin bedeutet es, dass sie beginnt, die theoretischen Vorschläge jetzt doch auf Alltagsleben zu beziehen, was sie zunächst ablehnte. Sie durchdenkt dies und entziffert für sich selbst überraschend:

> »Ich komme eigentlich aus autoritär organisierten Lernverhältnissen.[...] Der Satz, dass Wissenschaftlerinnen die Aufgabe haben, den Menschen ihre Erfahrungen in ihrem Zusammenhang zu verdeutlichen, spricht mich an. Unter diesem Grundsatz hätte ich doch auch Lust, Wissenschaftlerin zu werden.« (8,8)

Die dritte einhellig positiv verbuchte Lernerfahrung betrifft die Diskursanalyse. Sie wird von fast allen Studierenden als Zuwachs an Einsicht und Handlungsfähigkeit erfahren, als »Öffnen von Scheuklappen« (3,14), gerade weil sie mit den vorhandenen Emotionen, Bewertungen, Meinungen arbeitet, diese aber ins Bewusstsein holt und als Baustein für Einverständnis wie Widerstand entzifferbar macht. Sie ergreift die Studierenden beiden Geschlechts und wird, da sie geteilte Kultur benutzt, als unmittelbar kollektivbildend erfahren. Alle lernen schnell, wie Hegemonie erstritten wird und welche Rolle sie selbst bei der Produktion von Bedeutungen spielen. So kann man vielleicht sagen, dass Lernerlebnisse möglich werden als Bewegung, etwas Halbgewusstes mit eigener Anstrengung ins Bewusstsein zu heben. »Man kann sich selbst belehren.« (5) Dies wird von vielen notiert, aber von den weiblichen Studierenden als Erkenntnis eigenen Verwickeltseins in Verhältnisse erfahren, die sie außer sich dachten, also wiederum als Krise, von den männlichen Studierenden eher mit Genugtuung und Freude: »Vieles, was ich geahnt habe, ist jetzt in Worte gefasst.« (3)

Überhaupt kann man aus den wenigen von männlichen Studierenden geschriebenen Tagebüchern den Schluss ziehen, dass sie weniger unter Selbstwertzweifel leiden, dass sie also neugieriger und lernbereiter in die Hochschule eintreten bzw. dies so notieren, wie auch mit Staunen auf die Schwierigkeiten der Kommilitoninnen blicken. Einer erfährt sie als

»ängstlich, unsicher, kritikscheu [...] Mir scheint, dass Frauen eine andere Art Zugang zum abstrakten Denken haben. Es steht immer ihre eigene Emotion und ihr eigener Bezug im Vordergrund und blockiert sie beim Umgang mit wissenschaftlichen Texten oder Diskussionen.« (3,12)

Diese Beobachtung zeigt, dass Lernblockaden nicht auftreten müssen, wenn der Höhenflug hoch genug ansetzt. Und wenn er etwas nicht versteht, notiert er: »Für mich sind solche Situationen eher herausfordernd als deprimierend. Ich werde neugierig auf neue Zusammenhänge und sauge begierig neuen Stoff auf« (3,10). Und heiter: »Wo ist das Problem zuzugeben, dass andere besser sind?« (3,11) Probleme tauchen nicht auf als persönliches Versagen, sondern als Fragen von Zeitmangel, Überlastung. Aus dem ersten studentischen Referat wird Kritik sogleich umgesetzt in eigene Anforderung an das noch zu Erarbeitende. Dabei begreift er die Bewegung in Alltagsbeispielen als Gefahr und als Zumutung. Sein Weg ist der, über die Theorie und ihre Begriffe Verständnis zu erarbeiten und das Alltagsleben dabei hinter sich zu lassen. Entsprechend kann er wenig mit dem Vorschlag anfangen, Lernen als Krise aufzufassen, da sich die Lernbewegung für ihn als kontinuierlicher Aufbau abbildet, nicht als Bruch. – Genau umgekehrt notieren mehrere Frauen ihr Einverständnis mit der Vorstellung der Krisenhaftigkeit von Lernen z.B. mit »Erstaunen und Erleichterung«:

»Lernen hat etwas zu tun mit eignen Blockierungen, Angst, Krise und Verunsicherung. Ich habe dies immer schon geahnt, aber jetzt ist es offiziell.« (6,3)

Dabei sind die meisten Tagebücher auch Zeugnis, dass es bei allen Schwierigkeiten und Blockierungen, kaum Probleme gibt, den tatsächlichen Stoff zu notieren, wie man etwa ein Referat schreiben würde. Das Problem beginnt dort, wo Erkenntnis praktisch werden will. Und an diesem Punkt scheiden sich die Geschlechter erneut. Sehr grob zusammengefasst kann man vielleicht formulieren, dass es den Männern leichter gelingt, sich das Denken buchstäblich vom Leibe zu halten, es als bloß abstrakten Vorgang zu üben und sich darin zu betätigen, während die weiblichen Studierenden so etwas wie einen Unmittelbarkeitsbezug zwischen Denken und Handeln haben, ein Verhältnis, das wiederum blockierend wirken kann und das von mir ohne Zweifel unterstützt wurde.

Die Unruhe der Frauen wird verstärkt dadurch, dass immer wieder Kinder sich in das Tagebuchschreiben mischen oder der Gedanke an sie im Kurs die Konzentration durchkreuzt. Dies geschieht bei keinem der Männer.

2.6 Selbstveränderung

Man kann aus theoretischen Erkenntnissen nichts über den Alltag lernen, man kann umgekehrt versuchen, sie direkt in ihn zu übersetzen. So notiert eine nach der Lektüre und Diskussion des Gedankens, dass Familie vielleicht nicht die optimale Form des Zusammenlebens sei: »Wenn das so ist, müsste man dann in einer Kommune wohnen?« Dies wird mit Angst zurückgewiesen. Angst vor den Folgen kritischen Denkens fürs eigne Handeln zieht die analytische Kraft zurück:

> »Dagegen die Familie: dieser Hort vertrauter Menschen, der Wärme, der Zuversicht und kraftspendender Zufluchtsort, in dem Schutz vor den Widrigkeiten der Welt und des Lebens zu finden ist. Diesen Ort zerstören? Niemals!«

Die Reaktion erscheint ihr selbst als so extrem, dass sie erkennt, dass hier auch ohne Erfahrung auf Erfahrung rekurriert wird, dass es mithin eine Erfahrung aus einer wie auch immer hergestellten erfahrenen Meinung gibt und eine aus dem eignen Erleben kommt, die seltsamerweise schwächer ist als die erste.

> »Und schwuppdi, hast du nicht gesehen, ist mir entfallen, dass acht Jahre meiner Sozialisation in einem Kinderheim stattfand und dass die familiären Ereignisse (vorher und nachher) ein einziger Alptraum waren.« (1.4)

Es gelingt ihr, sich als gespaltene Person zu erkennen, die bestrebt ist, neue Anstöße in alte Gleise abzudrängen, und dabei gleichzeitig zu bemerken, dass sie auch eine andere Erfahrung als die herrschende Meinung hat. Dieser Lernprozess gilt nicht bestimmtem nützlichem Wissen, sondern dem Angebot, gegen die herrschende Meinung auch in sich selbst kritisch theoretisch zu arbeiten.

Eine äußert »Ängste, da mir klar wird, dass ein wirklicher Lernprozess dann harte Arbeit ist, nicht im Sinn von Auswendiglernen, sondern im Sinne von mich auf was einlassen. Inwieweit kann ich und will ich das?« (6,3) – Alle Theorieteile werden wieder unmittelbar persönlich aufgefasst und je nach Zulassung zum eignen Erfahrungsschatz gelebt. Herrschaft – »ich fühlte mich bisher nicht beherrscht – es ist wie ein Blitz« (6,4); das eigene Ich als produziert – eine zerreißende Erkenntnis.

Der ständige Bezug auf eigene Erfahrung kann auch als Störung erlebt werden, die man nicht will:

> »Ergebnis: Ich bin so mit mir beschäftigt, dass ich den Sitzungsfaden verliere und irgendwann frustriert abschalte [...] Daraus lerne ich: Zuhören ganz ohne Mitmachen bringt mir keinen Spaß. Das kontrollierte Maß an Beteiligung habe ich noch nicht gelernt.« (1,6)

Nehmen wir dies als eine Auskunft auf die Frage nach der Form der Lehrveranstaltung, so lässt sich ein komplizierter Vorgang entschlüsseln: Je mehr die eigene Person in die Lernhandlung einbezogen ist, desto schwieriger wird die Aneignung des Stoffes. Oder anders: Sobald etwas gelernt wird, stört dies auch das weitere Lernen. Lernen braucht Zeit. Und Lernen hat mit Lust zu tun.

2.7 Vorurteile

Eine Studentin durchdenkt die eignen Lernerfahrungen als Geschichte, zunächst von Vorurteilen, die die weitere Rezeption oder gar das Vermeiden von bestimmten Lernerfahrungen motivieren. Da war z. B. Marx, der im Geruch stand, ein schlechter Mensch und ein politischer Terrorist und als Wissenschaftler unlesbar zu sein, sodass so etwas wie ein Tabu auf der annähernden Lektüre liegt. Entsprechend werden erste Begegnungen als »wohliges, verruchtes Schauern« (1,3) abgebildet. Obwohl man aus eigener Erfahrung weiß, dass die Kenntnis der Biographie eines Autors wenig zum Verständnis seiner Theorie beiträgt, ja diese u.U. verhindert, wird immer wieder gehofft, etwas Einblick in sein Leben würde das Lesen erleichtern, weil sein Alltag helfen mag, wenn es schon der eigene nicht tut. Insofern dienen die Biographien und auch Denunziationen über das Leben von Theoretikern als ein weiterer Schutz gegen die Gefahr, sich auf die Gedanken allzu sehr einzulassen.

Aber die Themen gehen über in eigenes Leben. Normalität, Sexismus, Rassismus – überall sorgt emotionale Beteiligung für Unruhe, die zugleich als Lernstörung abgebildet werden kann wie als Lernen. Dabei gibt es gerade in Bezug auf Vorurteile überraschende Einsichten. Eine äußert: »Ein positives Vorurteil gegenüber einem Text hindert genauso wie ein negatives. Die Zuordnung von Autoren zu gut und schlecht legt eigene Kritik lahm.« Theorie als Streit erleben zu sollen erscheint als erster Lernerfolg.

> »Auf jeden Fall bin ich völlig fertig. In meinem Kopf schwirren massenhaft neue Fragen und ich ärgere mich, dass ich in der Vergangenheit beim Marxlesen keine neuen Fragen im Kopf hatte.« (9,15)

Eine bilanziert am Ende ihres Tagebuchs den unbedingten Wunsch, Vorurteile, die sie bei sich auf allen Ebenen entdeckt, zu überwinden, da sie sie als schuldig für ein »schief gelaufenes Leben« entziffert (12).

Eine andere ist begeistert von der Diskussion um Normalisierung (7,12). Sie beobachtet alltägliches, andere stigmatisierendes Verhalten an sich – sie gerät mit ihrer Familie aneinander, mit Vertrauten und Freunden, und notiert: »was mich persönlich in eine enorme Krise bringt« (7,13). Sie überträgt die Arbeit an Diskriminierungen auf die Beobachtung solcher Prozesse im Kurs und erkennt, dass sie sich verändert hat – auch was ihre

Eingriffe angeht. Aber das Ganze, also ihre Selbstveränderung, erscheint ihr als problematisch, weil ihr Selbstwertgefühl für »solche Experimente« zu klein ist (7,14). Hinzu kommt ein persönlicher Trennungsprozess und eine »Mattigkeit gegen Veränderung«. Lernen tritt auf als persönliche Überforderung. Das Tagebuch endet: »Ich fühle mich furchtbar.«

Und wieder eine andere: »Die aufgeladene und emotionale Atmosphäre macht mir sehr zu schaffen und belastet mich.« (4,11) Sie hätte auch schreiben können, die Tatsache, dass gelernt wird mit allen Sinnen und also auch Aggressivität aufkommt, belastet mich. Dahinter ein Anspruch, es möge unberührt zugehen, Lernen als allmählicher Zuwachs geschehen. Gleichwohl schließt sie: »Die innere Unruhe muss wohl mit dem Lernen zusammenhängen«.

Der Versuch, einen theoretischen Text zu lesen, trifft auf die Haltung, er solle eingängig sein, ohne Anspruch. Dabei wird eingeräumt, dass es auch spannend ist, aber »der Kopf raucht« – Lernen wird physisch erlebt, bevor es begrifflich auftritt. Dies führt zur Erkenntnis, dass es eine Angst vor Veränderung gibt – als eine erste eigene Einsicht in Lernprozesse (5,2).

Wissenschaft auch als Anleitung zum Handeln – dies kehrt als Wunsch, als Bedrohung, als Verwirrung, als Nähe wieder und reibt sich an der festen und zugleich ungefestigten Persönlichkeit. Dies scheint mir das Schlüsselwort zu sein: die ungefestigte Festigkeit, die Lernen behindert, Minderwertigkeitsgefühle erbringt und zugleich aufgebrochen und anders rekonstruiert werden muss.

2.8 Weitere Blockaden – Political Correctness

Bei dem Seminarthema Rassismus war zu erwarten, dass diese HWP-Studierenden wussten, wie sie zu denken hatten, und vor allem auch, wie dies sprachlich auszudrücken sei. Insofern war der Text von Goffman, den wir dazu lasen, zunächst ein Gegenstand der Empörung, weil er ebendie Worte benutzte – wie Neger, Behinderter –, von denen man sich schon abgewandt hatte. Political Correctness dominierte im Kurs und ließ nicht mehr zu, dass die einfachsten Strategien der Sicherung des Status quo durch Normalisierungsdiskurse wahrgenommen, geschweige denn analysiert wurden. So will eine (4) keine harten Ausdrücke, die im Alltag selbstverständlich benutzt werden, da sie diese für sich schon wegzensiert hat. Leider bleiben sie auf diese Weise doch in der Welt. Die Zensur erweist sich so als ein Mechanismus gegen Lernen, da das Wahrnehmen der Wirklichkeit zum Lernen gehört. Die politisch korrekte Wut scheint allgemein zu sein – Sprache und Beispiele von Goffman zu Stigmatisierungsprozessen werden als übel empfunden in der Hoffnung, sie seien dann nicht da. »Ich habe erwartet, dass in dem Buch Integration hergestellt werden sollte«

(5,3) – das Aussprechen der Wirklichkeit macht wütend, dagegen steht das Recht, blind zu sein. Aber was mich anfangs wirklich verzweifeln machte, dass sich nämlich Political Correctness wie eine undurchsichtige Wand vor Zurkenntnisnahme legte, war am Ende ein Glücksfall. Die Studierenden erarbeiteten sich nicht nur eine Kenntnis über alltägliche Stigmatisierungen, sondern darüber hinaus eine Kritik an Political Correctness und erkannten ihre eigene vorgängige Zufriedenheit darin als Mittel, sich nicht selbst als eingelassen und betroffen zu erfahren. Allerdings machte sie dies noch unruhiger.

> »Vielleicht ist es auch einfach so, dass ›man/frau‹ weiß, was sich moralisch im Hinblick auf Rassismus und Ausländerfeindlichkeit für ›unsereins‹ gehört und was man halt nicht zu denken, geschweige denn auszusprechen oder aufzuschreiben hat – obwohl es vorhanden ist.« (2,25)

Der Kurs ist über den Goffman-Text gespalten. Es gibt die Gruppe der politisch Korrekten, die rassistische und sexistische Worte nicht lesen mag, und diejenige, die sieht, dass Goffman der bürgerlichen normalen Gesellschaft den Spiegel vorhält. In dieser Situation ließe sich trefflich streiten. Was schreibt da eine Studentin, die ebendiese Spaltung sorgfältig notiert? (12) »Mein Unbehagen und die Angst vor Konfrontation hemmten und behinderten meine Aufnahmefähigkeit.« (12,5) Es werden nicht einmal Notizen gemacht. Aber Unruhe steckt im Gedanken.

Das ganze Semester arbeiten die Studierenden mit einem Gefühl der Überforderung. Die Wissenswelt erscheint wie ein großes Warenhaus, man selbst als kriterienloser Käufer – dies also auch eines der Probleme des Anfangs.

2.9 Das nächste Semester. Cultural Studies

Während dieses dritte Semester in großem emotionalem Aufruhr endete, fanden sich gleichwohl oder deswegen im Folgesemester fast die gleichen Studenten wieder ein. Wir erarbeiteten einen Klassiker der Cultural Studies: Paul Willis, *Spaß am Widerstand,* als Vorbereitung für ein Praktikum zu rechtsextremen Jugendlichen. Dieses Semester und die entsprechenden Lerntagebücher waren so grundsätzlich anders, berichteten durchweg von geradezu stürmischen Lernprozessen, dass ich Mühe habe zu begreifen, warum so plötzlich gelang, was so lange schwierig war, wie also Lernblockaden abgebaut werden konnten. Es bieten sich mehrere Möglichkeiten an:

1. Die Studierenden haben nach einer problematischen Eingangsphase, die über ein ganzes Semester andauerte, gelernt, selbstreflexiv zu arbeiten, aus ihren Erfahrungen zu lernen und beides, Erfahrung und Theorien, kri-

tisch zu nutzen. Angenommen ist der Vorschlag, den Alltagsverstand einzusetzen, zu überprüfen, sich lernend zu verändern.

> »Der Kurs hat den Kursrahmen gewissermaßen gesprengt. Ich konnte kaum abschalten. Irgendetwas im Kurs oder um ihn herum Aufgebrochenes schwirrte ständig in meinem Kopf rum. Altes wurde regelmäßig über den Haufen geworfen, neue Fragen entstanden. Grundsätzliche Fragen, wie z.B. nach dem Objekt oder Subjekt, haben sich oft gleichzeitig, fast strahlenförmig auf andere Bereiche ausgewirkt. Sorgten bis in Freundschaften hinein für Aufruhr. Das widersprüchliche Denken [...] konnte nicht mehr abgeschaltet werden. (19,1)

Das kann zwar immer noch als große Unruhe entziffert werden, allerdings kann man sich doch wohl kaum einen Lernprozess als harmlos, spiegelglatt und ruhiges Erleben denken. Eine erste These ist demnach: Lernen braucht selbst eine längere Einarbeitungs- und Lebenszeit, ehe es möglich wird. Aber dann kann Unruhe als Glück erfahren werden und Aufruhr als gewollte Bewegung. So schreibt einer:

> »Es ist ein tolles Gefühl, wie sich im Laufe der Stunde das ganze Puzzle der letzten Wochen ganz plötzlich einfach zusammenfügt. [...] Und dieses Bewusstsein erzeugt einfach Zufriedenheit und ein breites Grinsen. Das Verstehen des Zusammenhangs hat ein sehr aktives Moment bei mir erzeugt. Es endet nicht beim Zuklappen des Buches, denn jetzt regt es das Weiterdenken erst richtig an. Es hat mich angeregt, [...] Lust und Sinn in der weiteren wissenschaftlichen Arbeit zu finden.« (20,32)

Und ein anderer:

> »Jedes Mal nach der Vorlesung ist mir mindestens ein sehr wichtiger Gedanke klar geworden, den ich schon lange unklar dachte [...] Das ist überhaupt das Wichtigste am Lernen, alte Fragen, die ich nicht allein beantworten konnte, in der Gruppe zu klären.« (22,18)

Lernen also als Selbstentfaltung.

2. Eine der wesentlichen Blockaden gegen die Möglichkeit zu lernen waren die anderen Studenten, war die Unmöglichkeit des Lernkollektivs. Dies war eine zweite überraschende Entwicklung in dem neuen Seminar. Es wird ausdrücklich kommentiert, dass mit den anderen zu lernen schön und bereichernd ist, und keine notiert mehr, dass sie sich vor anderen fürchtet oder Ähnliches. Hatte noch am Ende des vorigen Seminars eine geschrieben: »War es nicht ein zu hoher Anspruch an ein Seminar von ca. 50 sich fast fremden Menschen, einen kollektiven Lernprozess zu organisieren?« (16,9) – eine Bemerkung, die von mir die resignierte Randbemerkung erhielt »vermutlich hat sie recht« –, scheinen alle Probleme in diesem Zusammenhang über die Semesterferien weggeschmolzen zu sein. Eine mit besonderen Schwierigkeiten im vorherigen Semester schreibt:

> »Ich bin sicherer geworden, habe meinen Platz in der Gruppe. Die Fixierung auf Anerkennung durch gute Zensuren ist dem Interesse an Kritik, um zu lernen, ein Stück gewichen.« (19,28)

Und eine Bewegung aus dem Konkurrenz- und Darstellungsnetz hinaus: »Mir war die Wirkung, die ich hervorrufe, nicht mehr so wichtig.« (19,29). Notizen zu dem Phänomen, dass sich die Studenten unglaublich verändert haben, zu einem Kollektiv geworden sind, das sich stützt und nicht behindert, finden sich in vielen Tagebüchern, allerdings hat dies ein hohen Preis. Der Zusammenschluss gelingt auch durch Ausschließung von neu Hinzugekommenen. In den Worten einer Studentin: »Aber die Gruppe verhält sich abgrenzend gegen Neue, falls sie es gewagt haben, etwas zu fragen, was wir schon wussten.« (19,29) Und ein Student notiert besorgt,

> »dass die Neuen im Kurs durch Gesten und Raunen ausgegrenzt werden. Aber das liegt auch daran, dass alle aus dem letzten Semester hart an sich arbeiten mussten, weil die Ansprüche im Kurs eben so hoch sind. Aber obwohl wir so viel über Lernschwierigkeiten, Prozesse und Schwächen geredet und geschrieben und reflektiert haben, wird den Neuen jede Chance genommen und sich abgegrenzt [...] Die meisten Neuen sind geflüchtet, ich fürchte, dass wir uns gegenseitig zu einem elitären Kurs hochschaukeln« (20,27).

Die These aus diesem Prozess lautet, dass die Bildung eines Kollektivs dem Lernen und der Selbstentfaltung seiner Mitglieder zwar förderlich ist, jedoch mit der ausschließenden Grenzziehung gegen andere einhergeht. Ohne Schwierigkeit können wir eine solche Entwicklung schlecht heißen und auch Erklärungen aus der Gruppendynamik anbieten und die Dozentin auffordern, hier einzugreifen. Allerdings wird man andererseits auch verstehen, dass ein tatsächlich stattgefundener Lernprozess in einer Gruppe, der es erlaubt, die anderen als Bereicherung zu erfahren, nicht einfach annulliert werden kann. Vielleicht wäre es aus solchen Erfahrungen angemessener, Lehrveranstaltungen auf wenigstens zwei Semester auszudehnen und sie solcherart tatsächlich zu schließen.

3. Die dritte Überlegung gilt dem Stoff, dem Thema und Text, den wir studiert haben und der für diese Gruppe zu diesem Zeitpunkt sicher ein Glücksfall war. In Paul Willis' *Spaß am Widerstand* geht es nämlich um eine Gruppe von Arbeiterjugendlichen, die den schulischen Lernprozess durchkreuzen. Willis stellt dies auf eine Weise vor, dass alle Sympathie diesen Jungen gilt. Aber zugleich wird es unmöglich, sich mit ihnen ganz und gar zu identifizieren, weil in ihren Handlungen und in ihrem alltäglichen Verhalten zugleich und mit dem sympathischen Widerstand verbunden sich Sexismus und Rassismus in extremer Weise entfalten. Die Widersprüche gehen durch die Jungen hindurch, aber ebenso durch die Studierenden.

Kurz, die Erarbeitung dieses Textes erzwingt eine Auseinandersetzung mit sich selbst, aus der man nicht unverändert hervorgeht.

> »Eigentlich sind mir die Jungen bei Willis fast ausschließlich im Zusammenhang mit Erinnerungen an meine Schulzeit sympathisch, und zwar weil ich mir wünsche, ich hätte die Fähigkeit besessen, mich kreativ zur Wehr zu setzen und mich nicht als Opfer zu erleben.« (23,5)

Später fragt sie sich, ob »das Wissen um logische Gegensätze genutzt werden kann, praktische Widerstände als Subversion zu erkennen« (23,6). Altes Verhalten, Träume, Sehnsüchte, Unmöglichkeiten werden neu belichtet und zugleich werden Rassismus, Sexismus, ja Gewalt auf eine hautnahe Weise als Dimensionen in den Gesamtverhältnissen entzifferbar, nicht als Absonderlichkeiten einiger weniger.

> »Die Fragen zeigen deutlich, wie sehr unser Denken von Werturteilen und Normvorstellungen geprägt ist. Das finde ich nicht schlimm, wenn es denn möglichst oft dazu kommt, entweder ertappt zu werden oder es sogar selbst zu bemerken. Ist dann doch ein humorvoller Umgang damit möglich, kann es eigentlich nur besser werden.« (23,5)

> »Angenommen ist die Herausforderung an Veränderung des orientierenden Alltagsbewusstseins. Und weiter wird als Erleichterung gelernt, dass Theorien, die Schuldzuweisungen an Einzelne enthalten, kritisiert werden müssen. Es geht um den Zusammenhang von subjektiver Handlung und Struktur, auf die hin gehandelt wird. Dies ist durch und durch angekommen.« (23,12)

Dass die Studenten mit diesem Buch in so engagierter Weise schnell dazulernten bis hin zu Kritik, Theorie, Methode, ja dass eine ihr gesamtes Leben in die Willis-Figuren projizierte, um handlungsfähiger zu werden, andere neue Formen des Referats erprobten wie etwa das Theaterspielen, lässt als Schluss zu, dass, anders als ich nach der Lektüre der Tagebücher aus dem vorhergehenden Semester glaubte, Lernen doch viel mit dem gewählten Stoff und seiner Durchführung zu tun hat. Als These ließe sich daraus formulieren, dass es klug ist, einen Text zu suchen, der die Erfahrungen der Einzelnen als Gruppe einbezieht, der nicht in Gut und Böse aufteilt, sondern reale Widersprüche zu erkennen erlaubt, der Problematiken aus unserer Zeit aufgreift. Allerdings ist auch dies keine einfache Wahrheit, die übertragbar wäre. Ich habe einige Semester später das gleiche Buch noch einmal in einem anderen Kurs einzubeziehen versucht, allerdings, da es ein höheres Semester war, nicht mit der gleichen Zeit für Aneignung und Diskussion, und stieß auf weitgehende Ablehnung. – So kann man vielleicht schlussfolgern, dass ein solches Buch dann lustvolles Lernen ermöglicht, wenn der Boden, auf den es fällt, bereits vorbereitet ist. Und hinzu kommt vielleicht so etwas wie Zufall und Glück.

Noch ein Wort zur Geschlechtsspezifik bzw. zu den männlichen Studierenden. Hatte ich im vorhergehenden Semester den Eindruck, dass universitäres Lernen, das ja wesentlich als Aneignung auf höherem Abstraktionsniveau geschieht, für die Studentinnen nicht ohne Existenzkrisen gemeistert werden kann oder sie aber zum abgehobenen Auswendiglernen verurteilt, während die anders kulturell und also anders in ihrem auch intellektuellen Verhalten sozialisierten Männer sehr wohl damit leben können, wenn Theorien keine praktischen Folgen haben, werden diese Differenzen jetzt eigentümlich verrückt. Sehr verkürzt gesprochen kann man sagen, dass es den Studentinnen gelingt, sich in der theoretischen Arbeit kritisch zu gewinnen, und umgekehrt, dass die männlichen Studierenden beginnen, einen Mangel zu spüren, und einer nach dem anderen für sich notiert, in Zukunft »emotionaler herangehen zu wollen« (20,1). Der Einbezug des Alltagsbewusstseins, »mit dem ich immer meine Schwierigkeiten hatte, ermöglicht eine viel tiefere persönliche Einbindung und damit auch Motivation« (20,27). »Das hat mich auch persönlich weitergebracht, weil es Licht in ein paar dunkle Löcher brachte.« (20,31) Oder:

> »Gleichgewicht zwischen Theorie und Praxis/Empirie ist genau mein Ding. [...] Ich kann die Betroffenheit auch nachvollziehen, weil das Zulassen auch voraussetzt, dass man mit alten festgefügten Denkmustern bricht.« (20,29)

Und einer schließlich äußert nach der Vorstellung eines Lerntagebuchs einer Studentin: »Ich habe das Gefühl, dass sie genau das schrieb, was ich immer schreiben wollte, aber nicht konnte. Ich muss ihr das in der Pause sagen.«

Zur Form und zur Didaktik: Die Kritik an der Dozentin hält sich in allen Tagebüchern in Grenzen. Manchmal sind Worte problematisch, häufig das Tempo. Manchmal ist zu viel angeboten, manchmal wird zu kompliziert gesprochen. Dagegen überwiegen anerkennende Worte über Klarheit, Einsatz, Durcharbeiten von Stoff usw. – wer wäre ich, wenn ich dies nicht glücklich lesen würde. Allerdings gibt es nirgends einen Hinweis, dass die eigentliche Methode der Verbindung von Theorie und Erfahrung eine sinnvolle und fürs Lernen wichtige, ja unbedingte Dimension ist – sie wird im Großen und Ganzen als Herausforderung schwieriger Art gelebt und als fast natürlich wahrgenommen, nicht als eigene didaktische Anstrengung der Lehrenden. Dafür lerne ich aus den Tagebüchern, dass das Lerngeschehen in den Köpfen mir im Kurs weitgehend vorenthalten war. Das längste Tagebuch mit sorgfältigen Diskussionen zu den einzelnen Stunden stammt etwa von einem Studenten, der niemals etwas gesagt hat.

Ich halte an dieser Stelle mit dem Vorführen der Lerntagebücher inne.[41]

41 Mehr dazu, insbesondere zum Seminar über Lernen, in meinem Buch über Lernverhältnisse, 2003.

Verlernen

Ich komme abschließend auf meine Eingangsfrage zum Lehren und Lernen zurück und möchte sie jetzt verschieben. Nach der Arbeit mit den Tagebüchern scheint mir die wesentliche Frage nicht die nach dem Lernen zu sein, sondern die nach dem Verlernen. Hauptanstrengung muss sein, die vielfältigen Blockaden, die die Aneignung von Neuem, das Lernen mit anderen, die Erkenntnis von Brauchbarem verhindern, abzubauen, zu sprengen. Daher müssen wir um die Lernblockaden wissen. Eine der wesentlichen Hürden ist dabei die Gewohnheit, die bescheidene Handlungsfähigkeit erlaubt. Aus Gewohnheit »wissen« wir um uns, um andere, um Welt und erlauben uns so, selbst die dringlichste Veränderung nicht wahrzunehmen. Eine Hilfe finden wir bei der ebenfalls als Gewohnheit benennbaren Praxis, uns nicht zu erinnern und also einen der wichtigsten Stützpunkte für die Aneignung von Welt zu entmachten. Zu den eingeübten Gewohnheiten gehört auch, andere bloß als Konkurrenz wahrzunehmen und nicht als Menschen, auf die wir angewiesen sind, mit denen zusammen allein Verbesserung von Gesellschaft und daher auch von uns möglich ist. Zu dieser Gewohnheit gesellt sich die Angst. In dieser Weise gehören der Abbau von Angst, das Misstrauen gegen Meinungen und Vorurteile bei sich selbst zu den Voraussetzungen von Kritikfähigkeit.

Soweit wir als Lehrende gefragt sind, scheint mir eine der wichtigsten Anforderungen, Anordnungen zu schaffen, in denen Gewohnheiten in Frage gestellt werden können, in denen Wissen produziert und nicht reproduziert wird, in denen vergessene Geschichte aufgearbeitet und umgeformt werden kann, in denen die anderen als Gleiche und Ungleiche zugleich erkannt werden können. Das geht nicht, ohne die Studierenden als Kooperierende für sich selbst zu gewinnen. Das ist eine große Zumutung, sodass ich rückblickend auf meine Lehrtätigkeit vielleicht zusammenfassend sagen kann, ich habe den Studierenden Unruhe und auch Unglück gebracht, aber auch die Unbequemlichkeit des Denkens und insofern vielleicht auch ein wenig Glück.

Ohne Vernunft kann man nichts machen

Materialanalyse zur *Gelben Tapete*

Die kleine Erzählung *Die gelbe Tapete* scheint zur Verdichtung feministischen Zorns besonders geeignet, kann man sie doch als Beleg von autoritärer Gewalt von Männern gegen ihre Frauen und eines Bündnisses mit Medizin und Psychiatrie lesen, welche die Legitimation zur Misshandlung des weiblichen Geschlechtes lieferten. Dies ist u.a. sorgfältig herausgearbeitet bei Hanna Behrend (2005). Hier soll eine andere Lektüre empfohlen werden.

Statt dem Sinn, den der Autor vorgibt, zu folgen, hat sich seit den 1920er Jahren die Materialästhetik (verbunden etwa mit den Namen Brecht, Eisler, Benjamin, Tretjakow u.a.) entwickelt, die den Autor/die Autorin als Organisatoren von Material begreift. Diesen Vorgang materialanalytisch herauszuarbeiten, soll die Leser vom totalisierenden Anspruch der Autoren befreien und mit ihnen das Material von dem, was mit ihm gemacht wurde, emanzipieren. Angezielt ist eine neue eingreifende Haltung der Lesenden und Zuschauenden, eine Aufhebung der Trennung von Produktion und Konsumtion. So folgen wir hier nicht der Botschaft, dass es sich im Fall der *Gelben Tapete* um eine bloße Unterdrückungsgeschichte handelt, in der Ehemänner, gestützt durch zeitgenössische Medizin, ihre Frauen in den Wahnsinn treiben. Stattdessen fassen wir die Autorin Charlotte Perkins Gilman als Produzentin und arbeiten heraus, wie sie ihr Material organisiert.

Die Geschichte beginnt mit hohen Erwartungen, die jeweils sogleich zurückgenommen werden, was den Effekt hat, das Kommende als bedrohlich vorzubereiten: »Romantisches Glück« im »verwunschenen Haus« »wäre vom Schicksal wohl zu viel verlangt« (7). Die Ich-Erzählerin wird zugleich eingeführt als eine, die durchblickt. Sie kann »nicht ohne Stolz erklären, dass irgendetwas dort nicht mit rechten Dingen zugeht«. Die Argumente bleiben auf dem Boden des vernünftigen Alltagsverstands: Das Haus ist billig und war so lange unbewohnt.

Vernunft

Damit ist die erste Achse bestimmt, unter der sich die Erzählung fast geometrisch entfaltet: Auf der einen Seite stehen Vernunft, Wissen, Wirklichkeit, das Sichtbare, Fühlbare, Benennbare, das Praktische, Spott und Lachen verkörpert durch den »bedeutenden Arzt« als Ehemann; auf der Gegenseite Glauben, Aberglauben, Heimlichkeiten. Die Erzählerin findet sich schnell auf der Seite, wo die Vernunft nicht ist, wo man sich etwas vormacht. Sie glaubt, krank zu sein, während der Ehemann weiß, »dass ihr in Wirklichkeit nichts fehlt«, »außer einer leichten Neigung zur Hysterie« (8).

»John weiß nicht, wie ich in Wirklichkeit leide. Er weiß, dass es dafür keinen *Grund* gibt, und das genügt ihm.« (11) Aber die Frau besetzt anfänglich auch noch den Boden der Vernunft oder zumindest des Praktischen. Sie glaubt, dass anregende und abwechslungsreiche Arbeit ihr guttäte. Jedoch wird auch diese Zielsetzung sogleich zurückgenommen: Sie wird es nicht gegen Widerstand und nicht heimlich tun. Das »erschöpft« sie.

Die Autorin spannt als eine zweite Linie das Ringen um den Glauben auf. Was der Ehemann glaubt, ist Wissen und läuft auf strenge Untersagungen hinaus; ihr Glaube hingegen wird als heimlich, als irrational und als Grund für Widerstand eingeführt, eine Konstellation, die sie schwächt, ebenso wie das Nachdenken über ihren Zustand. – Die Autorin erzählt nicht einfach die Geschichte einer Unterwerfung; die Kunst besteht darin, die Selbstunterwerfung als eigne Tat der Frau glaubhaft zu machen.

Als nächste Achse wird folgerichtig der Wille der Frau eingeführt. Auch er tritt nicht fest und gesetzhaft auf wie der ihres Ehemannes John, ist nicht gepanzert mit Wissen, Vernunft, Bedeutung und Kontrolle, sondern sogleich als verspielt. Die Autorin setzt dies sprachlich in Szene durch Worte wie »lieber lassen«, das Haus ist »entzückend«, hat einen »herrlichen Garten« usw. Das Zimmer »gefällt ihr nicht« (9), sie hätte lieber eines »mit rosenüberwuchertem Fenster«, nicht dies mit der »abstoßenden«, »schrecklichen Tapete«, »die sich gegen jeden Kunstsinn vergeht« (10). Der Ehemann hält weiter die Stimme der Vernunft, die für alles stimmige Erklärungen hat: »Zugluft« z. B., wo ein »sonderbares Gefühl« sich meldet. Gefordert sind auch von der Frau: »Selbstkontrolle« und »Beherrschung«, »Wille und Verstand« gegen das »Geschichten erfinden« (13) – die Tugenden der Bürger.

Die Konstellation wird dadurch verschärft, dass auf der Seite des Ehemannes die Vertrauen weckenden positiven Worte der Liebe und Sorge auftauchen. Sie bereiten allerdings die nächste unheilvolle Spannung vor: Liebe und Sorge lassen nicht zu, »dass ich mich ohne besondere Anweisungen bewege«; sie erscheinen als Hüter der Ordnung, in der alles einen »vorgeschriebenen Plan hat für jede Stunde des Tages« (10). Dass der Ehemann die Karte der Liebe ausspielt, macht, dass sie sich »entsetzlich undankbar« fühlen muss. Ihre Vorlieben führen sie aus der vorgeschriebenen Ordnung.

Ist so der Arzt als Ehemann wesentlich Personifikation der sich etablierenden bürgerlichen Klasse – er wird nirgends lebendig als Person eingeführt –, erscheint die Frau daneben als schwach, als Nicht-Subjekt, eine Gestalt, die ebenso wenig in die eigene Subjektposition hineinwachsen kann, wie sie eine lebbare Alternative ahnen lässt.

Verstreut werden Kinder im Text erwähnt: Sie brauchen Gitter vorm

Fenster, sie haben die Tapete in Fetzen gerissen, »eine Verheerung angestellt« (14), und das eigene Kind könnte Schaden nehmen, wenn es im Zimmer mit der scheußlichen Tapete sein müsste. Diese fast zufälligen Bemerkungen rücken die Kinderfrage ins selbstverständlich Unwesentliche. Das eigene Kind kann dem Kindermädchen in Obhut gegeben werden. »Welch ein Glück, dass Mary sich so gut um das Baby kümmert. So ein liebes Baby.« (12) Auch die Mutterform ist keine mögliche Subjektform für die Frau. Das Baby »macht sie nervös« (12).

Spracharbeit

Perkins Gilman arbeitet mit Sprache auf eine Weise, die bei Brecht in den *Flüchtlingsgesprächen* fortentwickelt ist. Sie nimmt ein Wort zunächst alltagssprachlich und beiläufig auf, um an ihm die Geschichte der Verwandlung der Person der Frau zu zeigen. So das sympathische Wort *lieb.* Bei Brecht ist es das Wort *gut,* von dem er einen der Flüchtlinge sagen lässt, es habe »einen unangenehmen Beigeschmack« (1967, 1434). Zunächst lesen wir *lieb* als Eigenschaft des Ehemannes, er »ist sehr lieb« (10). Das Wort wird gebraucht, um seine »Sorge« für sie zu bestätigen. Das macht das Gefühl um das Wort sogleich ambivalent, denn es paart sich mit ihrer »Undankbarkeit«, die sie seine Sorge nicht »zu schätzen weiß«. Was ihn ziert, zeigt bei ihr einen Mangel. Entsprechend heftet sich das Wort an seinen Besitz, zeigt sie als verfügt, wenn er es als Anrede benutzt: »meine Liebe« (10, 12). Dann begegnet es als eine Art Distanzwort: »So ein liebes Baby«, sagt Kate in dem Moment, in dem sie es der Sorge des Kindermädchens überlässt. Wenn John sie schließlich »in seine Arme nimmt« und eine »liebe kleine Gans« nennt, weist er damit ihren Wunsch als dumm und übergehbar zurück – je enger das Wort *lieb* an sie heranrückt, desto weniger gelingt es ihr, sich zu behaupten; das Wort wird zum Überwältigungszeichen. Entsprechend wird es geradezu redundant eingesetzt, wo immer eine neue Person auftaucht, und dient also dazu, die zunehmende Distanz der Frau von den Menschen ihrer Umwelt auszudrücken, die damit nicht zugleich als *lieb* qualifiziert ist, als vielmehr das Wort selbst und mit ihm die »Sorge« verunheimlicht wird. »Johns Schwester [...] ist ein so liebes Mädchen. Sie sollte mich besser nicht beim Schreiben finden.« (15) Beiher heftet die Autorin das Liebsein an die »perfekte und begeisterte Hausfrau« (15) und verkündet so geradezu plakativ: Wo Liebe und Sorge sind, ist Nicht-Ich. Entsprechend wendet sich der Einsatz des Wortes *lieb.* Jenny ist »so lieb und lässt mich allein, wenn ich sie darum bitte« (16). Die stete Wiederholung der Kennzeichnung von Personen als lieb, vermittelt inzwischen den unangenehmen Eindruck, dass es nicht bloß eine Floskel ist, sondern dass die Qualifizierung ein Warnwort ist, Zeichen zur Flucht. Die Autorin verstärkt noch den Einsatz durch das

Überwechseln von einer Eigenschaft zur Tat: »Lieber John! Er liebt mich so sehr und hasst mein Kranksein.« (18) »John, der Liebe« »sagte, ich sei sein Liebling« (19). »John ist so klug und er liebt mich so« (20). »Liebling« sagt John, wenn er ihr etwas abschlägt mit vernünftigen Gründen, sodass Verweigerung und Berechnung (der Mietvertrag) auf einer Ebene landen. Und Liebe ist schließlich auch das Wort, das sein Wissen von ihrer Sinneswahrnehmung scheidet: »es geht dir tatsächlich besser, Liebe, ob du es nun siehst oder nicht. Ich bin Arzt, Liebe, und ich weiß es.« (20) Gleich viermal auf einer Seite taucht *lieb* als qualifizierende Anrede der Verkleinerung und Abschiebung in der Umarmung auf, um die Frau als durch sich selbst gefährdet und dumm auszuzeichnen. Dabei legt die Autorin alle diese Kennzeichnungen der Frau selbst in den Mund, die solches schreibt und denkt, was den Effekt hat, nicht ihre Wahrnehmung oder ihren Wortgebrauch zu kritisieren, sondern sie als hoffnungslos hilflos zu erfahren, weil die liebende und sorgende Hilfe sie von sich entfernt. Diese Entfernung macht, dass sie »Angst bekommt vor John«, er ihr zunehmend »seltsam erscheint«, »er ist merkwürdig« (27) ebenso wie seine Schwester (23); dies umso mehr, als sie ihre Wahrnehmung der Tapete als bedrohlich auf die beiden überträgt. Diese Wendung aber führt nicht etwa zu so etwas wie Gemeinsamkeit, sondern macht misstrauisch: »Es ist nicht gut, anderen Menschen zu sehr zu vertrauen.« (28) (Vertrauen ist übrigens ein weiteres Wort, das die Autorin als zweideutig und Träger von Verkehrung vorführt. – Nur totem Papier sollte man vertrauen, u. a. 7.) Gegen Ende wird dem Wort *lieb* auch durch die Frau das Vertrauen entzogen; erstmals wird es als vorgetäuscht entzifferbar: »er tat sehr lieb und fürsorglich. Als wüsste ich nicht, worauf er hinauswollte« (28). Jenny unterliegt »Selbstbetrug«. In dieser Weise organisiert die Autorin den Vorgang sprachlich so, dass die zunehmende Verschmelzung der Frau mit der wahrgenommenen Gestalt im Tapetenmuster ihre Emanzipation von der Überwältigung durch den Ehemann ist. Um ihn auch innerlich loszuwerden, muss sie verrückt werden, eine Wendung, die eine Lektüre des totalen Ausgeliefertseins unterfüttern kann.

Die Einrückung ins Spannungsfeld von Liebe und Hass dient früh dazu, die Gefühle als Platzhalter von Ordnung zu zeigen: Die Kinder hassen die Tapete, die Frau würde sie hassen – manchmal hasst sie sie (20) –, John aber »hasst, wenn ich ein einziges Wort schreibe« (11). Durch Einsatz der gleichen Worte wird lesbar: Schreiben ist Kranksein. In dieser Weise ist das Terrain vorbereitet, um die Bedeutung der einzelnen Wörter bis zur Verkehrung in Bewegung zu bringen. Es ist ein Glück, dass sie und nicht das Baby bei der gelben Tapete sein muss, denn sie »erträgt« (19) mehr und kann vor allem ihre Gefühle wechseln, weil sie sich ihrer nicht sicher ist. »Das Zimmer gefällt mir wirklich immer mehr, trotz der Tapete. Vielleicht auch wegen der Tapete.« (16)

Mit großer Dramatik wird so der Boden bereitet für ein anderes Subjekt, welches schon nach wenigen Seiten die Handlung übernimmt. Nicht der Ehemann, nicht die Frau bestimmen, was geschieht – in äußerster Verdinglichung und Verkehrung treten als neues Subjekt die Tapete, das Muster auf. Alles Lebendige konzentriert sich in den Dingen. Alle Aktivität, die man zuvor vermisste, wird von Tapete und Muster ausagiert. Die Autorin notiert als eine Art inneren Monolog, was Tapete und Muster tun. So blass und untätig die Hauptperson gezeichnet ist, so wild die dem Tapetenmuster zugeschriebenen Aktivitäten. Sie setzt Verben in geradezu fieberhafter Zuspitzung. Die Tapete bzw. ihr Muster »vergehen sich gegen jeden Kunstsinn«, »verwirren das Auge«, »irritieren und reizen zur Betrachtung«, »begehen plötzlich Selbstmord«, »stürzen ab in grässlichen Winkeln, zerstören sich in beispiellosen Widersprüchen« (11). Ihr scheint, »als wisse die Tapete, was für einen verderblichen Einfluss sie hat« (14). Das Muster »rollt hin und her wie ein gebrochener Hals«. »Zwei riesigrunde Augen [...] kriechen hinauf und hinunter«. Folgerichtig wird als »Erkenntnis« der Frau die Übergabe der Handlung an dieses unpersönliche Subjekt Tapete gezeichnet. »In der Tapete gehen Dinge vor sich, von denen außer mir niemand weiß.« (19) Die Gestalt »sieht aus, wie eine Frau, die gebückt hinter diesem Muster herumkriecht« (ebd.).

Die Autorin schreibt die Entwicklung des dinglichen Subjekts Tapete/Muster als immer heftigeren Gegensatz von »Gesetzmäßigkeit«, Ordnung, »Normalität des Gehirns« auf der einen Seite, gewaltsamer Überwältigung auf der anderen bis zum Gipfel, auf dem die Dinge Repräsentanten für Leben werden: »sie verändert sich nämlich« (22).

> »Das Muster ist eine Tortur«, »plötzlich schlägt es einen Salto rückwärts [...] und du weißt nicht weiter. Es führt dich an der Nase herum, versetzt dir einen Schlag ins Gesicht, schmettert dich nieder und trampelt auf dir herum [...] es erinnert an einen Schwamm, einen verzweigten Giftpilz, eine unendliche Kette von Pilzen, die sprießen und wuchern in endlosen Zuckungen« (22).

Die Tapete bestimmt die Entwicklung der verschiedenen Sinne bis hin zum Geruch. »Er kriecht durch das ganze Haus. Hängt im Esszimmer, schleicht [...], versteckt sich [...], lauert, [...] klebt« (25). Die Autorin bringt als eine Art Gegenbewegung die Vernunftkräfte der Frau in die Unterwerfung unter die Handlungen der Tapete. Erkenntnis, Denken, Wollen werden in den Dienst des Musters gestellt. Sie »denkt« etwa »ernsthaft daran, das Haus in Brand zu setzen – um diesem Geruch beizukommen« (25). »Das Muster« hat geradezu einen »Spaß daran«, von der Frau mit den Zähnen heruntergerissen zu werden. »Alle diese gehängten Köpfe und hervorquellenden Augen und hinkenden Pilzwucherungen kreischen förmlich vor hämischem Entzücken.« (30) Sie will die Frau im Muster umschlingen, sie einfangen, wenn sie aus dem Muster klettert. Die Handlung steigert sich zu einem Zweikampf, in dem die Frau schließlich das Seil, das sie sich zur Abwehr der lauernden »formlosen, provozierenden Gestalt« (15), die »vom Muster umschlungen und erwürgt wird« (26), gesichert hat, dazu nutzt, sich in sie zu verwandeln, in ihr alle Frauen einschließlich ihrer selbst zu sehen und solcherart die Kriechtierform der Existenz anzunehmen und dies als Entkommen aufzufassen. Die äußerste Konsequenz macht den verfügenden Griff von Bürgervernunft und männlicher Kontrolle »ohnmächtig«. Die Autorin beschreibt die schließliche Verwandlung der Frau, ihre Einschmelzung in die neue Subjektform der Frau hinter der Tapete als Zusammenarbeit: »stand ich auf und lief ihr zu Hilfe. Ich riss und sie rüttelte, ich rüttelte und sie riss« (29), so zogen sie (die Frau hinter dem Muster und die davor) Meter um Meter der Tapete ab, damit »du mich nicht wieder dahinter verstecken kannst« (32).

Liest sich die Erzählung auf den ersten Blick der Einfühlung wie eine klare Geschichte über kalte vernunftgesteuerte kontrollierende männliche Macht, die sich die Frau unterwirft, bis ihr nur mehr der Ausweg in die Verrücktheit bleibt – eine Geschichte also, in der die Rollen von Opfer und Täter eindeutig verteilt sind –, zeigt die Analyse die Autorin mit einer anderen, schwierigeren Problematik beschäftigt. Einfach gezeichnet ist die bürgerliche Welt der Männer die Welt von Wissen, Macht, Vernunft und Sicherheit, in der ihre Frauen keinen Fuß fassen können. Aber es ist zugleich eine Klassengeschichte, die vorführt, dass von den bürgerlichen Frauen auf der anderen Seite wenig zu erwarten ist. Die Frau hat ein Kindermädchen, insgesamt halten mindestens drei dienstbare Geister die lebensnotwendige Arbeit von ihr fern. So gibt es für die Frauen der bürgerlichen Klasse keine mögliche Subjektform, in der sie das Leben gewinnen könnten. Charlotte Perkins Gilman führt – wie vier Jahrzehnte später Virginia Woolf (in *Die Jahre*, wo es ebenfalls um die Frau eines Arztes geht, auch in den *Drei Guineen*) – vor, dass das Leben der bürgerlichen Frau sinnlos, vertan ist. Die Subjektform, die für sie vorgesehen ist, hält den Willen schwach, die Gefühle selbstzerstörerisch, die Vernunft ohne Ziel, die Gestaltungskräfte fern von gesellschaftlicher Einmischung. Aus der Verkehrung gibt es kein Entkommen. Woolf richtet die Anklage gegen die Geschlechterverhältnisse in der aufstrebenden bürgerliche Klasse in einer von Profitgier, Konkurrenz, Unmenschlichkeit getriebenen Gesellschaft, in der die Frauen der besitzenden Klassen sich nicht als Menschen einbringen können, sondern »Sinnlosigkeit, Kleinlichkeit, Bosheit, Tyrannei, Heuchelei, Unmoral« (1937, 110) ausbilden. Perkins Gilman hat Wahrnehmung und Gefühlsentwicklung der Hauptperson so organisiert, dass der Verlust an Realität zugleich der Gewinn eigener Persönlichkeit ist. Indem aber dem kein Projekt entgegenwächst und den Vorgang fundiert, folgt konsequent, dass die Frau die

Tapete und die Entdeckung des Musters als ihren Besitz gegen die anderen verteidigt.

Dabei lassen beide Autorinnen, Perkins Gilman wie Woolf, keinen Zweifel daran, dass es nicht darum gehen kann, die männliche Subjektform des verfügungsmächtigen Vernunftbürgers zu erkämpfen. Es muss das andere Leben, in dem sich auch Frauen entfalten könnten, erst erfunden werden. Die Abhängigkeit vom Ehemann gilt es als Erstes zu überwinden, um eine emanzipatorische Frauenform neu zu schaffen. Die bürgerlichen Frauen sind keine bloßen Opfer, sondern sie sind es, die ihre Leben vertun bzw. in die Hand nehmen müssen. Virginia Woolf endet ihren Essay *Die drei Guineen* mit dem Versuch, eine Skizze möglichen Frauenlebens, das von Frauen selbst bejaht werden könnte, zu zeichnen, deren Hauptachse ein anderes Verhältnis zum Eigentum ist. Charlotte Perkins Gilman führt die Geschichte so, dass die offene Verwandlung in die Kriechtierform gewählt werden muss, um Gefangennahme und unmögliches Entkommen sichtbar zu machen, auch »wenn es unschicklich« ist (31). Die Formen müssen gesprengt werden.

Abschließend: Die starke Konstruiertheit der Geschichte macht die Lektüre ein wenig freudlos; der politisch-aufklärerische Charakter drängt die literarische Verdichtung in den Hintergrund.

Politik von unten

»Wenn wir uns nicht selbst befreien, bliebt es für uns ohne Folgen«, der Satz von Peter Weiß verdichtet, wie die theoretischen Fragen nach Frauenunterdrückung, die methodischen nach Erforschung ihrer Veränderungsmöglichkeiten und die politischen nach Gestaltung von Gesellschaft zusammengehen. Dieser Impuls bestimmt die nachfolgenden Texte. – Der erste kleine Text musste hier aufgenommen werden, da er wie ein politisches Manifest gewirkt hat, über zehn Jahre lang die Diskussion bestimmte und auf Unverständnis in den Organen der Arbeiterbewegung stieß[42]. Gedacht als eine Art theoretische Einführung in die Methode der Erinnerungsarbeit und deren Notwendigkeit für Frauenbefreiung, eröffnete er für die Frauen die Erste Berliner Volksuniversität, stand also zugleich für eine neue Lernbewegung. Als Vortrag sehr populär gehalten, wirkte er unversehens als eine Anklage gegen die übliche Stellvertreterpolitik und damit als Plädoyer für eine Politik der Frauen von unten. Er ist das Erfolgreichste und Kontroverseste, das ich je schrieb. Er wurde in sieben Sprachen übersetzt. Einiges an ihm scheint veraltet, anderes brandneu und aktuell. Sätze wie »Auch sich opfern ist eine Tat« oder »Jede Unterdrückung, die nicht ausschließlich auf Zwang beruht, muss mit der Zustimmung der Unterdrückten rechnen« wurden bald zu bekannten Losungen, mit denen sich viele Frauen verständigten. – In Frauenfragen scheint die Geschichte auf der Stelle zu treten. Wie soll eine Schrift, in der vor 25 Jahren über den Zusammenhang von Frauenbewegung und Arbeiterbewegung nachgedacht wird, heute noch etwas zu unserer Politik beitragen? Und doch sind dort genau die Fragen gestellt und erarbeitet, der sich die neu gegründete Linkspartei, die »feministisch« zu sein beansprucht, stellen muss, will sie ihre selbstgewählte Politik entwickeln. Die Geschichte muss aufgearbeitet werden, um nachhaltig wirken zu können. Dabei ist es zum Teil

42 Vgl. dazu die Wiedergabe von kritischer Diskussion in F. Haug, *Erinnerungsarbeit*, 1990, 21–41.

gespenstisch, die aktuellen Fragen von heute etwa ums Erziehungsgeld bzw. um Mütter, Hausfrau und Familie in allen Konsequenzen und möglichen Politiken vor einem Vierteljahrhundert schon durchbuchstabiert zu sehen. – Die Quotenpolitik ist ein anderer Dauerbrenner in den Kämpfen der Frauen. Daher wurde ein Beitrag zu diesem Streit aufgenommen, der aus der Analyse der Abwehrkämpfe Aufhebenswertes für das Begreifen von Gesellschaft herausfiltert. Die einzelnen Geschichten mögen historisch sein, die Kämpfe bleiben brandaktuell. Der Versuch, das Scheitern in den Quotenkämpfen dadurch zu unterlaufen, dass regierungsoffiziell Gender-Mainstreaming eingeführt wird, wird in diesem Licht mit Humor kommentiert. – Der letzte Beitrag zum Utopischen schließt den Kreis zum ersten Entwurf der Vier-in-einem-Perspektive. Er wechselt zwischen zeitknappem Telegrammstil in der Analyse zu ruhiger Erzählung von Utopien, die zusammen in revolutionärer Realpolitik aufgehoben sind. Er will das utopische Potenzial stärken, ohne das keine progressive Veränderung von Gesellschaft auf den Weg zu bringen ist.

Frauen – Opfer oder Täter?

Die im Titel »Opfer oder Täter« enthaltene Frage scheint an sich etwas albern zu sein. Entweder ich entscheide mich für die Alternative »Täter«, dann wäre ich so unverschämt wie die Richter, die in Vergewaltigungsprozessen den Frauen tätigen Anteil nachweisen wollen; oder ich stimme der Alternative »Opfer« zu, eine Lösung, die auf so viel Einverständnis bauen kann, dass mein Beitrag an dieser Stelle schon zu Ende wäre. Es lohnte sich keine weitere Beschäftigung mit der Frage. Denn allen ist klar: Frauen sind in erster Linie Opfer. Dafür gibt es zahlreiche Beweise: die Frauenhäuser, die Unzahl der Vergewaltigten und Geschlagenen. Dann: Frauen dürfen einige Berufe nicht ausüben. Sie werden ferngehalten vom öffentlichen Leben. Man erlaubt ihnen nicht, die Tempel der Macht zu betreten. In untergeordneten Hilfsberufen fristen sie ihr tägliches Leben. In den Interessenverbänden ist ihre Anzahl gering. Sie sind doppelt belastet durch einen Wust von Hausarbeit und Kindergeschrei, während ihre Männer sich dem Genuss des Fernsehens hingeben, Bier trinken, kegeln, mit den Sekretärinnen flirten, aufregende Abenteuer erleben, die Leiter des Erfolgs unaufhaltsam hinaufklettern. – Kein Zweifel: Frauen sind also Opfer. Zumeist sind sie Opfer ihrer Männer, auf jeden Fall aber der gesellschaftlichen Verhältnisse. Ihr öffentliches Ansehen ist gering. Da ist einmal die Werbung. Zur Erregung von Kaufgelüsten werden Frauenkörperteile vielseitig verwendet, sie dienen der Steigerung von Gefühlen, z.B. wenn ein Mädchen mit kurzen Hosen bzw. wenn ein Mädchenhintern auf einem Motorrad sitzt, welches zusammen zum Kauf einer Zigarettenmarke anregen soll; z.B. wenn Bier nur mit Busen verkauft werden kann – bis hin zur warenästhetischen Ausgestaltung von Produkten, so wenn ein Aschenbecher ein Frauenbauch ist, ein Nussknacker Frauenoberschenkel nachbildet usw. – Im Beruf ist ihr Ansehen ebenso gering. Wie sie arbeiten müssen und was darüber gedacht wird, mag ein Ausspruch aus dem Mund eines Personalchefs verdeutlichen, der sonst ganz freundlich war und ganz menschlich. Wir fragten nach den Anforderungen bei der Computerarbeit und er antwortete: »Wenn die Fehlermöglichkeiten bekannt sind und das Prüfprogramm routiniert ablaufen kann, dann ist das reine Sträflingsarbeit und kann von Frauen erledigt werden.« Und ein anderer: »Unsere Frauen müssen gut stehen können und belastbar und unter 40 sein. Sie dürfen nicht zu korpulent sein, nicht wie die italienischen Mammas.»

Kurz, insgesamt gilt Frauenarbeit als ein Synonym für unqualifizierte Arbeit. Diese hier sehr grob zusammengefassten Belege für den Standpunkt, Frauen sind Opfer dieser Verhältnisse und Opfer der Männer, finden sich auch im größten Teil der feministischen Frauenliteratur und kennzeichnen ihren Standpunkt.[43] Bis hierher gilt, und ich kann dem nur zustimmen: Frauen sind in unserer Gesellschaft unterdrückt.

Was kann man dagegen tun? Wie könnten sie sich aufrichten?

Dem Aufrichten stehen – sehr verkürzt gesprochen – zwei Hindernisse entgegen. Erstens: Die Unterdrückten tragen die Male ihrer Unterdrückung. Das heißt z. B., wenn wir den Worten des Personalleiters ihren Realitätsgehalt abgewinnen wollen: Die von ihm beschäftigten Frauen haben vermutlich nicht die gleichen Fähigkeiten wie die dort arbeitenden Männer, weil sie nicht auf die gleiche Arbeitserfahrung bauen können. Die heutigen Frauen können also nicht alles tun. Zweitens: Frauen haben Schwierigkeiten beim Kampf um ihre eigene Befreiung, weil sie unter Umständen das, was sie wollen, auch wieder nicht wollen. Das heißt, diejenigen, die im Aufbruch sind, die sich befreien wollen, kämpfen nicht nur gegen Hindernisse von außen, sie haben zusätzliche Schwierigkeiten mit sich selbst, z. B. solche, die gemeinhin bekannt oder diskutiert sind als Beziehungsprobleme, welche dem revolutionären Impuls im Wege stehen. Als ›Beziehungsprobleme‹ bezeichne ich in diesem Zusammenhang verharmlosend Zusammenbrüche von Frauen, weil sie private Konflikte nicht bewältigen und daher ihre Befreiungsversuche verunmöglicht sind.[44]

Die Frage, die ich mir jetzt zunächst stelle, lautet: Was sind das für Strukturen, für gesellschaftliche Verhältnisse, in denen Frauen unterdrückt sind und aus denen sie diese Unterdrückungsmale tragen? Ich kann die Antwort hier sehr knapp geben, weil dieser Zusammenhang allgemein bekannt ist. Frauen sind primär für die Familie da. Die Familie gilt nach wie vor als Grundeinheit der Gesellschaft, in der die Frauen den Schutz der Nachkommen gewährleisten sollen. Das Frauendasein, das Hausfrau- und Muttersein, den Mann zu reproduzieren, die Kinder zu erziehen, dafür ihr Lebensziel und jeden anderen Lebensinhalt aufzugeben, bezeichne ich jetzt verkürzt als die gesellschaftliche Funktion der Frau.

Diese Funktion wird gemeinhin verknüpft mit der Natur der Frau. Zunächst kann man festhalten: Das geschieht nicht zu Unrecht, schließlich bekommen die Frauen die Kinder. Dem schnellen Einverständnis folgt unvermittelt die zweifelnde Frage: Ist denn die Natur der Frauen der-

43 Im Jahr 2008, in dem dieser Text wieder aufgelegt wird, jährt sich zum 100. Mal Simone de Beauvoirs Geburtstag. Sie wird in den Medien gefeiert als Beginn des intellektuellen Feminismus. Gepriesen wird als Leitsatz die schlechte Übersetzung »Wir werden nicht als Frauen geboren, wir werden dazu gemacht« (im Original: On ne naît pas femme, on le devient.) Er war, so missverstanden, ein Grundstein des Opferdiskurses in der Frauenbewegung.

44 In den ersten Jahren der »neuen Frauenbewegung«, also Anfang der siebziger Jahre, gab es den Versuch, alle Zweierbeziehungen, die als unterdrückerisch erkannt waren, aufzulösen. Die psychischen Folgen für die beteiligten Frauen waren schlimm.

maßen überwältigend oder, anders gesprochen, können sie ihre Natur so wenig regulieren, dass diese Natur zum Inhalt ihres Lebens werden muss? Die Frage also, die ich mir jetzt stelle, lautet: Wie steht es eigentlich mit der »Naturbeherrschung«, die gesellschaftlich und allgemein so hoch gehalten wird und so weit schon vorangetrieben ist, bezogen auf die Natur der Frau? Vereinfacht zurückübersetzt auf unsere vorhergehende Frage nach der Naturbedingtheit der gesellschaftlichen Funktion der Frau heißt das auch: Müssen Frauen eigentlich Kinder in so einer großen Anzahl bekommen, dass ihr gesamtes Leben davon erfüllt und beherrscht ist? Die Frage scheint lächerlich, aber ein Blick zurück in die Geschichte zeigt: Das ist tatsächlich, bis in eine Zeit, die der Gegenwart erschreckend nahe ist, der Fall gewesen. Ich gebe hier nur zwei Daten – man kann darüber in einigen vorliegenden Forschungsberichten genug Material finden (vgl. u.a. Sullerot 1979): Genauere Kenntnisse über die Empfängnisverhütung sind erst in diesem Jahrhundert gewonnen worden. Die Möglichkeit, die Kinder nicht zu stillen – eine kraftraubende Tätigkeit, welche die Mütter ein, zwei, drei Jahre oder noch länger fesselte –, setzt die Sterilisation der Nahrung voraus, die erst Ende des 19. Jahrhunderts entdeckt wurde. Bis zu diesem Zeitpunkt, also bis zu Anfang des 20. Jahrhunderts, bekamen die Frauen, die überhaupt mit einem Mann zusammenlebten, bis zu 19 Kinder, wobei nicht einmal die Hälfte der Kinder überlebte. (Im Übrigen gebaren auch die legendären Handwerksfrauen, die innerhalb der Frauenbewegung häufig diskutiert werden, also die Metzgerinnen und andere zunftmäßig organisierte Frauen, eine sehr große Zahl von Kindern, waren also praktisch dauernd schwanger.) Die trotz der hohen Kindersterblichkeit immer noch sprunghafte Vergrößerung der Gesellschaft durch ein solches Verhalten wurde im Übrigen – wie wohl bekannt ist – dadurch ermäßigt, dass nicht alle Frauen heiraten durften und, in solch sozialer Ausgrenzung (Klöster), auch nicht alle Kinder gebaren. Wenn Frauen 19 Kinder bekommen und diese dann auch noch stillen müssen und infolgedessen kaum noch zu etwas anderem Zeit und Möglichkeit haben (es ist wohl nicht notwendig, extra darauf hinzuweisen, dass man nach 19 Kindern oder auch nach 18 oder 17 irgendwann im Kindbett stirbt), kann man wohl von einer extremen Ausgeliefertheit an die eigene Natur sprechen. Diese Art der Unterjochung der Frau unter ihre eigene Natur ist unnötig und überflüssig geworden mit der Möglichkeit der Empfängnisverhütung und mit der Möglichkeit, die Kinder mit »Fremdnahrung« großzuziehen. Dennoch werden Frauen in der Familie gehalten, als sei nach wie vor das gleiche Verhältnis gegeben. An dieser Stelle geht es mir nicht darum, allgemein gegen das Stillen zu sprechen. Aber es scheint mir für jedes Befreiungsverlangen wichtig, genau zu wissen und zu prüfen, wo Frauen durch ihre eigene Natur in einer Gesellschaft behindert sind, in der eine kulturelle Form (Familie) gefunden ist, welche die Frauen zugleich fesselt. Auch die eigne Natur muss erst angeeignet werden und Stillen kann erst zu einem Vergnügen werden, wenn es nicht Monat um Monat, Jahr für Jahr getan werden muss.

Die Funktion von Frauen in der Familie ist ein Hemmschuh für ihre Entwicklung, bedeutet einen Ausschluss aus den wesentlichen gesellschaftlichen Bereichen, macht sie abhängig, ist unterdrückend. Solcher Art geschlagen, nicht zugelassen, erniedrigt zum Anheizen des Konsums, sieht man Frauen in der Verbannung des häuslichen Herdes, zusätzlich durch öffentliche Belustigung missbraucht. In der Form des Witzes stimmen die einverständigen Lacher überein: Frauen sind böse, dumm, nichtsnutzig und eitel. Ihre Aktivitäten werden durchweg negativ bestimmt. Ganze Bücher ließen sich füllen mit Witzen, in denen Frauen nur noch im Spiegel ihrer Männer auftreten, so z.B. in diesem: »Fred wird gefragt: ›Bist du verheiratet?‹, und er antwortet: ›Nein, ich seh nur so aus, weil man mir mein Auto gestohlen hat.‹«

Aber es gibt nicht nur diese Witze, die durchweg so sind, dass man sie verärgert und wütend beiseitelegt. Da Frauen dauernd solch frauenfeindlichen Witzen ausgesetzt sind, wenden sie sich zumeist bloß unmutig ab, ohne diesem Witzmaterial einen weiteren Gedanken zu schenken. Bei meinem Versuch, solche Witze als Belege für das schlechte öffentliche Ansehen der Frau zu finden, stellte ich allerdings eine eigentümliche, etwas andere zusätzliche Bedeutung fest. Ich stelle jetzt drei solcher Witze vor, die wohl als übliche frauenfeindliche Witze gelten können:

»Die Fahrschülerin sagt zu ihrem Fahrlehrer: ›Ich fahre bei Rot an, Grün steht mir so schlecht.‹« – Einverständig sollen wir lachen über die Behauptung, Frauen kümmerten sich hauptsächlich um Kleidung und Aussehen.

Ein anderer, ein jüdischer Witz: »Ein Ehemann berichtet seinen Freunden: ›Meine Frau ist wirklich reinlich, sie ist die Einzige in ganz New York, die den Müll säubert, bevor sie ihn wegwirft.‹« – Der Witz zwingt uns, in der Geschichte zurückzuspringen, um ihn zu verstehen, denn das Einverständnis, über eine solch hirnverbrannte Tat der Frau zu lachen, ist längst überholt durch die in Zeiten der Mülltrennung und -wiederverwertung jetzt tatsächlich abverlangte Praxis, genau dies zu tun, den Müll zu reinigen, bevor man sich seiner entledigt.

Oder ein dritter aus dem ÖTV-Magazin: Ein Bild – Sonnenschein, Wiese, Wasser, ein Paar auf dem Handtuch mit Kofferradio. Der Mann sieht sorgenvoll aus, die Frau sauer. Sie sagt: »Ich habe gleich gesagt: Stell die Nachrichten aus an so einem schönen Tag, aber nein, nun ziehst du einen Flunsch und denkst an den Overkill.«

Ich denke, dass solche Witze bei allem vordergründigen kleinlichen Einverständnis, sich über Frauen lustig zu machen, zugleich kritische Witze sind. Sie haben ein aufklärerisches Moment. Sie zeigen nämlich, dass die

Bereiche, in denen Frauen sich befinden, und die dazugehörenden Aktivitäten sich zerstörerisch gegen die Frauen selber richten müssen. Dies gilt sowohl für diesen albernen Witz mit dem Fahrlehrer, in dem die Frau bei Rot anfährt, als auch für den Witz mit dem Overkill, um den sie sich nicht kümmert, weil sie gerade eine gemütliche fröhliche Atmosphäre will, und selbst noch für den Witz, der die Sinnlosigkeit der Säuberungsarbeit hervorhebt, gerade weil er inzwischen veraltet ist. D.h. diese Witze sind im Bösesten noch aufklärerisch, sie sagen etwas aus über die Bedrohung, die diese Bereiche, die »das Reich« der Frau sind, für Frauen darstellen. Sie entselbstverständlichen durch Übertreibung und verweisen so auf die Notwendigkeit der Befreiung der Frau aus »ihrem Reich«. Wie wäre eine solche Befreiung und Veränderung möglich? Braucht es dazu nicht – und sagen diese Witze nicht auch das – vorab geänderte Frauen?

Erinnern wir uns, dass die Existenz in Ehe und Familie, die Mutterschaft der Frauen eine außerordentliche Einschränkung, Abhängigkeit und Entwicklungshemmung bedeutet. Wenn das jede weiß, wie kommt es dann, dass Mutterschaft und Ehe von Frauen noch gewünscht werden? Eine andere Wahl ist möglich. Frauen werden nicht dazu gezwungen. Zugespitzt formuliere ich jetzt als These: Indem Frauen Mutterschaft und Ehe in der herkömmlichen Weise wollen, zumindest heimlich wünschen und irgendwo anstreben, willigen sie freiwillig in ihre Unterwerfung ein.

In einer Reihe von solchen Witzen wie den eben zitierten wird zweierlei deutlich: zum einen das vertane Leben und zum zweiten, dass sich Frauen innerhalb dieser Bereiche wohl zu wehren beginnen, dass dieser Widerstand aber in eine falsche Richtung zielt. Zum Beweis zitiere ich noch einen ganz eindeutig frauenfeindlichen und geschmacklosen Witz, der trotz alledem noch diese beiden Momente zeigt: »Manche Frauen sind wie Zigaretten. Zuletzt sammelt sich das Gift im Mund an.« Solche Witze verweisen also darauf, dass Frauen sich in diesem abgedrängten Leben zu wehren beginnen, wenn auch auf eine verdrehte und nicht auf wirkliche Befreiung gerichtete Weise. Dafür braucht es offenbar ein Wissen um die Konstruktion jener Unterdrückung, in die Frauen sich freiwillig begeben. Wie bemächtigt sie sich der Frauen?

Für die weitere Analyse stelle ich als nächste These auf: Jede Unterdrückung, die nicht mit äußerem Zwang arbeitet, muss mit der Zustimmung der Beteiligten arbeiten.

Die eingangs vorgeführte Annahme, dass die Frauen ausschließlich Opfer seien, erweist sich als hoffnungslos, wenn man für die Veränderung ihrer Lage streiten und dabei an ihrer Beteiligung bei der Befreiung festhalten will. Es bleibt ewig im Dunklen, warum Befreiung möglich und notwendig ist, und vor allem, wer sie vollbringen soll, wie also – um es allgemeiner auszudrücken – eigentlich Frauen als Opfer und Objekte in den Status von tätigen Subjekten kommen. In anderen Worten: Die Auffassung, dass Frauen ausschließlich Opfer seien, schweigt darüber, wie sie aus der Position derer, über die gehandelt wird, in die Position von selber Handelnden gelangen können. Geprägt und versiegelt müssten sie schweigen, müssten sie also bleiben, könnten sie sich nicht aus der unterdrückten Stellung aufrichten, wenn man am Gedanken des Opferseins festhält. Geht man dagegen davon aus, Menschen und also auch Frauen seien Schöpfer ihrer selbst, so folgt: Die einzelnen Frauen finden selbstverständlich die Unterdrückungsstrukturen, die gesellschaftlichen Verhältnisse, in die sie hineinwachsen, in denen ihnen eine nicht-aufgerichtete Haltung zugemutet wird, zunächst fertig vor. Aber diese Strukturen existieren nur weiter, wenn sie von denen, die in ihnen leben, immer wieder hergestellt werden. Dass dies so ist, heißt auch, dass diese Strukturen von denen, die sie herstellen, geändert werden können. Dies ist im Übrigen die einzige Möglichkeit, in der Veränderung gedacht werden kann. D. h., der Gedanke, dass Frauen ihre eigenen Verhältnisse ändern können, setzt voraus, dass sie diese Verhältnisse auch mit herstellen und also – wie oben behauptet – dass die Unterdrückung, wenn und soweit sie nicht mit äußerem Zwang arbeitet, die Zustimmung der Unterdrückten braucht. In jedem Tun steckt also ein Stück Einwilligung. Auch das Sich-Opfern ist eine Tat und kein Schicksal.

Machen wir die Zumutung mit, eine solche Einwilligung in Unterdrückung mitzudenken, so erhebt sich die Frage nach dem Wie solcher Zustimmungsakte. Eine thesenhafte Antwort: Im Prozess der Vergesellschaftung – gemeinhin Sozialisation genannt – geschieht nicht, wie in einer Reihe von Sozialisationstheorien behauptet, eine einfache Prägung, ein Aufdrücken bestimmter Charaktereigenschaften von oben nach unten, sondern der Vergesellschaftungsprozess ist selber eine Aktivität, in der auf jeder Stufe Einwilligung hergestellt werden muss. Wie kann das geschehen? Ich skizziere jetzt einige Annahmen aus der Kritischen Psychologie (vgl. dazu u. a. Holzkamp 1979, Holzkamp-Osterkamp, 1975 u. 1976):

Wir gehen davon aus, dass die Entwicklung der Einzelnen, also das Heranwachsen von Kindern zu Erwachsenen und jede weitere Entwicklung, ein Prozess ständiger Verunsicherung ist. Man lernt etwas, erreicht eine Position von Wissen und Handlungsfähigkeit und ist geneigt, auf dieser Stufe gesichert stehen zu bleiben. Um weiter zu wachsen, um auf die nächste Position zu kommen, muss man die eben erreichte alte Position verlassen. Das ist ein Prozess der Verunsicherung oder anders: ein Konflikt. Das Erreichen der nächsten Stufe setzt die Lösung des Entwicklungskonfliktes voraus und bietet selbst eine höhere Stufe von neuer Sicherheit und Handlungsfähigkeit. Für diesen Prozess, in dem Entwicklung auf Verunsicherung und Konflikt basiert, gibt es gesellschaftliche Strukturen oder Instanzen wie

Familie, Eltern, Lehrer usw., die diesen Prozess emotional absichern, also die Einzelnen dabei unterstützen, von Stufe zu Stufe zu kommen, sich zu entwickeln.

Dass Entwicklung überhaupt in dieser Weise konfliktreich vonstattengeht, beinhaltet die Möglichkeit von Nicht-Entwicklung. Solange in den verschiedenen Gesellschaftsformationen Unterdrückung und Ausbeutung herrschen, ist eine umfassende Kompetenz der einzelnen Gesellschaftsmitglieder ohnehin ausgeschlossen, wird durch die Verhältnisse verunmöglicht, durch die herrschenden Instanzen verhindert. Eine solche Behinderung beim Versuch, höhere Handlungsfähigkeit zu erreichen, trifft besonders die Frauen in unserer Gesellschaft, sofern sie vom gesellschaftlichen Produktionsprozess ferngehalten sind, sich fernhalten. Durch verschiedene Mittel wie Bestechung, Umleitung, Verdrängung, Kompensation gelingt es, dass sie sich mit Stufen niedrigerer Handlungsfähigkeit bescheiden. Dies ist besonders offensichtlich in all jenen Bereichen gesellschaftlicher Macht, in denen über die Bedingungen des Handelns entschieden wird.

Bevor ich diesen Zusammenhang mit einigen Beispielen verdeutliche, möchte ich aus dem bisher Ausgeführten als Forschungsleitlinie formulieren: Bei allen Unterdrückungszusammenhängen müssen die Tätigkeiten und Haltungen auch der Unterdrückten genau herausgearbeitet werden. Neben strukturellen Behinderungen werden wir Konfliktvermeidungsstrategien entdecken und aufspüren können, wie alternative Handlungsmöglichkeiten durch »Verführung« verpasst werden. Kompensationen, Belohnungen, Erleichterungen werden vermutlich die eingeschlagenen Wege orientieren. Dies gilt sowohl für historische Forschung wie für die Analyse individueller Vergesellschaftung heute.

Vergegenwärtigen wir uns diesen Zusammenhang am Beispiel der Familie im Vergleich zur Lohnarbeit. Unter der Voraussetzung, dass es unter unseren heutigen Bedingungen »unterdrückend« ist, ausschließlich Mutter und Ehefrau zu sein (aus den bekannten Gründen, dass Frauen so nicht nur von jeder Teilhabe an gesellschaftlichen Entscheidungen ausgeschlossen sind, sondern zudem selbst nicht für sich sorgen können, kein eigenes Einkommen besitzen, sich nicht nähren und kleiden, nicht wohnen können ohne Einwilligung des Ehemannes usw.), fragen wir uns, warum Frauen dann diesen Zustand dennoch »freiwillig« wählen, dabei häufig um die Unterdrückung wissen und trotzdem nicht die Berufstätigkeit vorziehen. Diese Frage scheint mir nicht so schwer zu beantworten.

Nutzen und Nachteile einer Ehefrau- und Familientätigkeit gegenüber der Lohnarbeit liegen auf der Hand. Es können Kleinigkeiten sein, z.B. ist die unmittelbare Abhängigkeit in der Lohnarbeit beim Hausfrauendasein nicht sofort und nicht immer einsichtig. Man muss, wenn man noch keine Kinder hat, nicht unbedingt so früh aufstehen, man muss sich nicht verkaufen, man kann über seine Zeit selbst verfügen – es scheint jedenfalls so, als könnte man das. Man kann also auf manchen Stufen dem unmittelbar angenehmeren, beschützteren Leben gegenüber einem anstrengenderen, aber auch gesellschaftlicheren und in dieser Weise glücklicheren Leben den Vorzug geben. Die Schwierigkeiten, das Schwierige zu wählen, werden dadurch vergrößert, dass die emotionale Einbettung als Verführung auftritt, als Traum von ewiger Liebe gesellschaftlich unterstützt wird.

Wenn Lernen und Entwicklung Risiken sind und das Infragestellen alter Positionen der sozialen Absicherung bedarf, sieht es um die Lern- und Entwicklungsmöglichkeiten von Frauen gesamtgesellschaftlich schlecht aus. Positionen von Macht und Entscheidung, ja einigermaßen entwicklungsfähige Positionen in der Erwerbsarbeit sind für Frauen in unserer Gesellschaft bislang ja nicht vorgesehen. Im gesellschaftlichen Raum werden sie also für eine ausschreitende Konfliktlösung, für den aufrechten Gang wenig emotionale Absicherung erhalten. Sie werden Außenseiterinnen sein. Um Lernprozesse für Frauen massenhaft abzusichern, bedarf es anderer, bislang unüblicher Kollektive, einer eigenen Lernkultur. Hier bekommt die Frauenbewegung für jeden Lernschritt, den Frauen machen müssen, der sie aus der gesellschaftlichen Erwartung herausnimmt, einen hohen Stellenwert, wird sie zur Notwendigkeit.

Nach der eingangs skizzierten Entwicklungsbedingung, welche die Ausgeliefertheit von Frauen an ihre eigene Natur betraf (Empfängnisverhütung, Kindernahrung, die das Stillen nicht zur Notwendigkeit macht), finden wir jetzt die Frauenbewegung als eine zweite, im wahrsten Sinne des Wortes notwendige Voraussetzung für Frauenbefreiung. Die Frauenbewegung und die in ihr entstandenen Frauenkulturen geben den Einzelnen die Möglichkeit, verfestigte Strukturen bei sich selber aufzulösen, ihre eigene Veränderung in die Hand zu nehmen.

Diese hier sehr verkürzt skizzierten Elemente fasse ich jetzt in einem anderen Kontext zusammen und komme damit gleichzeitig zur Gesamtzusammenfassung. Die neue Fragestellung, unter der ich das bisher Ausgeführte noch einmal entwickle, lautet:

Wozu soll es eigentlich nützen, einen solchen Standpunkt der Aktivität von Frauen bei ihrer eigenen Unterdrückung einzunehmen? Anders gesprochen: Wem nützt denn diese Analyse, die behauptet, Frauenunterdrückung ließe sich nur verstehen, wenn man nachvollziehe, dass Frauen Schritt um Schritt dieser Praxis des Unterdrücktwerdens selber zugestimmt haben? – Eine erste Antwort: Wenn wir etwas verändern wollen, wenn Frauenbewegung etwas verändern und erreichen will, werden wir feststellen, dass unsere alten Persönlichkeitsstrukturen der Veränderung im Wege stehen.

Man denke z.B. an die ungeheure Kraft, mit der die meisten Frauen an den privaten Beziehungen hängen und die sie in jeder – unvermeidlichen –

Krise gegen sich selber richten, sodass sie eher selbstzerstörerisch als verändernd sind. Ferner steht der befreienden Veränderung ein zumeist schon als Teil der Persönlichkeitsstruktur verfestigter Anspruch auf Nichtanstrengung entgegen: geäußert als Recht auf Unmittelbarkeit, auf Wohlleben hier und jetzt statt der langen Anstrengungen, die jede Veränderung verlangt. Die eben genannten privaten Beziehungen haben nicht nur selbstzerstörerische Kraft, sie nehmen auch einen zu großen Platz in den Gefühlen der Frauen ein. Wenn wir als Frauen etwas verändern wollen, müssen wir die Eingriffspunkte herausfinden, die uns fähig machen, selber zu handeln. Das heißt, für das Handeln müssen wir unsere eigene Haltung verändern, und dies – so wollte ich ausführen – ist zugleich nur möglich als eine Veränderung der eigenen Persönlichkeitsstruktur. Warum?

Gehen wir davon aus, dass die Rede von der Unterdrückung der Frauen nicht bloße Phrase ist, sondern dass Frauen auch praktisch ein unterdrücktes Leben führen, dass sie ihre Unterdrückung als Tätigkeit selber Tag für Tag leben müssen, so werden wir auch annehmen müssen, dass die Resultate einer solchen Praxis ihre Persönlichkeiten strukturieren. Wenn sie in bestimmten Bereichen unfähig gehalten werden, können sie nur handlungsfähig werden, indem sie Teile ihrer eigenen Persönlichkeit mit zur Disposition und in Frage stellen. Dieses wiederum ist eine allgemeine Eigenschaft von Lernprozessen. Im Versuch, immer kompetenter zu werden, immer unabhängiger, immer mehr Bereiche des eigenen Lebens zu kontrollieren, werden Frauen bald auf Bereiche stoßen, in denen sie die erstrebte Kompetenz nicht erreichen können. Im Allgemeinen sind es alle Bereiche, die die Herrschaftsstrukturen der Gesamtgesellschaft sichern; bei den Frauen in unseren Verhältnissen sind es zusätzlich Bereiche gesellschaftlichen Eingreifens, die den Prozess der individuellen Vergesellschaftung schon sehr viel früher behindern. Die geheimen Verbote für Frauen, sich zu entwickeln, »erwachsen« zu werden, müssten die Einzelnen verrückt machen, krank, handlungsunfähig, wenn sie sich bei jedem Schritt bewusst wären, dass sie in diesen Bereichen nicht kompetent werden dürfen. Zwar werden genügend Menschen in unseren Verhältnissen verrückt und krank, und dies gilt auch insbesondere für Frauen. Aber diejenigen, die nicht »verrückt« werden, sondern auf beschränktem Niveau handlungsfähig bleiben, müssen in ihrem Vergesellschaftungsprozess die einzelnen Bereiche, in denen ihnen Kompetenz nicht zugestanden und nicht ermöglicht wird, uminterpretieren, verdrängen, nicht wahrnehmen, aus dem Bewusstsein ausgrenzen. Diese Fehldeutungen bilden einen Teil der Persönlichkeitsstruktur. Eine solche Bauweise kann z.B. das Resultat hervorbringen, dass die ausgegrenzten Bereiche als nicht vorhanden vorkommen, emotional nicht besetzt scheinen, in den Gefühlen der Frauen keinen Platz haben, als langweilig empfunden werden.

Wenn Frauen die Bedingungen und Verhältnisse verändern wollen, unter denen sie leiden, müssen sie die von ihnen schon mit dieser Inkompetenz einverständig besetzten Bereiche in ihren eigenen Persönlichkeiten umbauen, die Sache anders wahrnehmen, d.h. sie müssen auch ihre Gefühle verändern. Das ist ein Verunsicherungsprozess besonders krisenhaften Ausmaßes, eine Krise, die sich allein nicht aushalten lässt. Man kann sie nur durchstehen, wenn irgendwo eine Absicherung stattfindet.[45]

Und damit komme ich jetzt zum Schluss. Wenn gesellschaftliche Absicherung nicht gegeben ist – und das ist sie zweifellos nicht –, dann, könnte man einwenden, genügen dafür politische Organisationen, Gruppen, genügt also ein politisches Kollektiv. Ich möchte hier behaupten, dass das bei Frauen nicht ausreichend ist, und zwar deswegen nicht, weil in diesem Prozess der Umorganisierung der eigenen Gefühle, der krisenhaften Überführung der bisherigen Lebensstrukturen in neue, die Männer, mit denen Frauen in diesen Kollektiven und Organisationen sind oder wären, ein zusätzliches Spannungsmoment hineinbringen, das die Umorientierung verwehrt. Schließlich sind Männer auch Nutznießer dieser vorher anders gesetzten Persönlichkeitsstrukturen. Sie können also gar nicht unvoreingenommen unterstützen, wenn Frauen sich z.B. ablösen von der Notwendigkeit, unbedingt eine »persönliche Beziehung« zu haben, die über allen anderen gesellschaftlichen Aktivitäten stehen soll, wenn sie Familie weniger wichtig nehmen, wenn sie mitentscheiden wollen und ihre Stimme erheben. Diese Veränderungsprozesse zu ermöglichen und durchzusetzen ist das historische Recht und die Notwendigkeit der Frauenbewegung.

45 Die hier nur skizzenhaften Ausführungen sind ausgearbeitet und mit empirischer Forschung unterstützt veröffentlicht in F. Haug (Hrsg.): *Frauenformen,* 1981, als 4. aktualisierte Auflage veröffentlicht unter *Erziehung zur Weiblichkeit,* 1991.

Männergeschichte, Frauenbefreiung, Sozialismus

Vorgeschichte des Themas

Um es gleich vorweg zu sagen: Die Frage nach dem Verhältnis von Frauenbewegung und Arbeiterbewegung hat mir außerordentlich große Schwierigkeiten gemacht. Bei der Bearbeitung stellten sich immer neue Probleme, statt dass einfache Lösungen sich abzeichneten. Und obwohl ich erst einige Monate intensiver an den Fragen arbeite, erinnere ich mich nur noch dunkel an die helle Selbstverständlichkeit, mit der mir zuvor der Zusammenhang der beiden Bewegungen geradezu natürlich schien, keine Frage, mit der man sich weiter beschäftigen sollte. Diese Selbstverständlichkeit gehört zu meinem politischen Leben. Seit mehr als 20 Jahren fühle ich mich der Arbeiterbewegung, als Marxistin dem wissenschaftlichen Sozialismus zugehörig; seit 12 Jahren arbeite ich in der Frauenbewegung. Dass mir die Existenz zweier voneinander unabhängiger Bewegungen mit ähnlichen Zielen unproblematisch war, lehrte mich als Erstes, es als ein Alarmzeichen zu werten, wenn einem etwas zu selbstverständlich ist. – Im Übrigen sind die bis hierher erarbeiteten Thesen vorläufig. Weitere Diskussionen in der Frauenbewegung werden mehr Klarheit bringen müssen.

Warum stellte ich mir überhaupt die Frage nach dem Verhältnis der beiden Bewegungen zueinander, wenn mir doch alles so selbstverständlich war? Ganz einfach: Ich wurde zu einem Vortrag zu diesem Thema eingeladen und schrieb einen Absagebrief. Hier formulierte ich zuerst umständlich, ich könne leider nicht kommen, da dieses Thema nicht zu meinen Spezialgebieten gehöre. Das Wort »Spezialgebiet« kam mir dann dumm vor, wo ganze Bewegungen in Frage standen, und ich versuchte ein anderes Wort: »Interessen«. Noch schlimmer. Die Veränderung der Worte stieß mich auf den Skandal des Sachverhaltes: Ich hatte mich bisher um dieses Thema, nein, um diesen Zusammenhang nicht gekümmert. Ich änderte den Absagebrief in eine Zusage und begann zu arbeiten. Aus den Regalen holte ich die schon seit drei bis vier Jahren international geführte Diskussion zur Frage Feminismus und Marxismus oder Feminismus und Arbeiterbewegung, deren Lektüre ich bislang immer für Ferienzeiten aufgehoben hatte. Wie kam es zu dieser Diskussion? Im Kern steckt eine Verwunderung darüber, wie es überhaupt zu diesen »neuen sozialen Bewegungen« kommen konnte; von Politikerinnen der Arbeiterbewegung wird dies artikuliert als Erstaunen über ein so großes kritisches Potenzial in der Gesellschaft, das die Organisationen der Arbeiterbewegung bisher nicht auf sich lenken konnten. Das führte zu Fragen nach der Mobilisierungskraft dieser Frauenbewegung (von der hier im Weiteren die Rede sein soll) und zur Politikform. Die Diskussion beschäftigte sich dementsprechend mit der Frage, was kann eigentlich die Arbeiterbewegung aus der Frauenbewegung lernen und umgekehrt, wie können die Frauen ihre Forderungen so formulieren und zusammenfassen, dass sie in den durch die Parteien besetzten politischen Bereich gelangen.

Diese Fragen setzen selber, unabhängig davon, ob sie negativ oder positiv beantwortet werden, einen Zusammenhang zwischen Frauenbewegung und Arbeiterbewegung voraus, dies bei seiner praktischen Leugnung.

Trennung von Arbeiter- und Frauenbewegung

Was heißt das – praktische Leugnung? Ich meine damit die jeweilige theoretische Begründung dessen, was Unterdrückung heißen soll, und die auf dieser Grundlage formulierte Politik. Zunächst die Arbeiterbewegung: Im tradierten Marxismus wird ein Hintereinander oder Auseinander der Befreiungsaktionen angenommen. Zuerst kommt die Hauptsache, also die ökonomische Revolution, die Befreiung von kapitalistischer Herrschaft über Lohnarbeit, und im Anschluss kommen die übrigen Veränderungen, z.B. der Abbau von Herrschaft zwischen Mann und Frau. Dieses prinzipielle Auseinander wird beim Erstarken der Frauenbewegung begleitet von einer Erscheinung, die ich als »opportunistische Aufnahme von Frauenforderungen« in die Gesamtforderungen von Arbeiterorganisationen bezeichnen will, die bis hin zur Einrichtung von Frauenressorts führt. Ich denke, dass man diese Hinzufügungen unter dem Stichwort »Opportunismus« abhandeln sollte, weil hier, durch äußeren Druck bewegt, Zugeständnisse gemacht werden, z.B. um die Frauen als Wählerinnen zu gewinnen, und nicht eine wirklich veränderte Gesamtpolitik konzipiert wird. Die Anstückelung hat zudem den Effekt, dass man die so ins Programm aufgenommenen Zusätze jederzeit wieder abhängen kann, ohne dadurch prinzipiell etwas zu verändern. Diese Politik stellt sich zumeist eher die Frage, wie man die Frauen, die nun so plötzlich aufgewacht sind, für diese oder jene Aktion einsetzen kann, und nicht, welche Defizite eine Politik hat, in der die spezifischen Forderungen der Hälfte der Bevölkerung nicht »von selbst« enthalten sind.

Auch vonseiten der Frauenbewegung gibt es diese praktische Leugnung eines Zusammenhangs zwischen den beiden Bewegungen: Es ist die Patriarchatsthese. Sie geht davon aus, dass die Herrschaft von Männern über Frauen klassenübergreifend ist und historisch den Kapitalismus überdauern wird und vor ihm existierte. In ihrer extremsten Formulierung (etwa durch Kate Millet 1971) kommt die Patriarchatsthese auch ganz ohne Klassenkampf aus.[46]

46 Zur Diskussion der leitenden Kategorien in der Frauenbewegung lese man das sehr verständlich geschriebene Buch von Michèle Barrett, 1980.

Aber noch eine dritte Position leugnet praktisch einen Zusammenhang zwischen den beiden Bewegungen und sieht dabei doch umgekehrt aus. Ihre Vertreter, zumeist Frauen, sieht man eifrig bemüht, den Zusammenhang selber herzustellen, indem sie z.B. den *Klassenbegriff erweitern.* Sie argumentieren entweder ganz radikal und rufen das weibliche Geschlecht als Klasse aus, um auf diese Weise sich in den Klassenkampf einzuschreiben, oder sie stellen ganz vernünftig die Beschränkung des marxschen Klassenbegriffs auf die Arbeiter in Frage, dehnen ihn auf die Angestellten aus, was ihnen erlaubt, wenigstens einen größeren Teil der berufstätigen Frauen in die Arbeiterklasse einzubauen. Zu diesen begrifflichen Bemühungen, die über die besondere Veränderung des Kampfes gegen kapitalistische Unterdrückung auf frauenspezifische Weise noch gar nichts sagen, gehört auch die Anstrengung, einen Zusammenhang zwischen Frauenunterdrückung und kapitalistischer Ausbeutung dergestalt herzustellen, dass ein Zusammenbruch des Kapitalismus behauptet wird, wenn die Frauen die Hausarbeit nicht mehr verrichteten, bzw. umgekehrt als Grundlage ökonomischer Ausbeutung die unbezahlte Hausarbeit benannt wird. Es soll hier nicht behauptet werden, es bliebe alles beim Alten, wenn etwa die Hausfrauen ihr arbeitsteiliges Geschäft im Gesamtzusammenhang verweigerten, fraglich scheint lediglich das theoretische Bemühen, sich auf diese Weise in den Klassenkampf zwischen Kapital und Arbeit einzunisten. Es vergisst, dass die Geschichte der kapitalistischen Produktion eine ist, in der die Frauen praktisch immer eine Gastrolle spielten, dass der Kampf zwischen den beiden Klassen tatsächlich als männlicher Kampf geführt wurde. Natürlich fällt einem an dieser Stelle schnell ein, dass es wichtige Arbeitskämpfe von Frauen gab und gibt oder welche Rolle die Textilarbeiterinnen in der russischen Revolution spielten und Ähnliches mehr. Aber gerade, dass man ihr Wirken eigens und extra aufheben und benennen muss, zeigt die Unselbstverständlichkeit, mit der Frauen im Arbeiterkampf auftreten. Immerhin erkennt man im Bemühen, einen Zusammenhang theoretisch herzustellen, das Eingeständnis, sonst keine direkte Verbindung ausmachen zu können. So eignet auch allen drei Versuchen, die den praktischen Nicht-Zusammenhang vorführen, ein ganz allgemeiner, abstrakt übergeordneter Bezug zwischen beiden Bewegungen. Beide haben als Ziel eine Gesellschaft ohne Unterdrückung und Ausbeutung, und beide sind Projekte zur Umgestaltung der eigenen Lebensbedingungen.

Einheit in der Trennung: sozialistische Feministinnen

Neben diesem allgemeinen gibt es noch einen besonderen Zusammenhang zwischen Frauen- und Arbeiterbewegung. Es ist der, mit dem ich meine Überlegungen einleitete, ein Zusammenhang, der sich in Personen herstellt und der sich wegen des praktischen Auseinanders äußert als innere Zerrissenheit, z. B. schon zeitlich, und als »Sitzen zwischen den Stühlen«, belächelt von den wirklich politischen Menschen, die schon so entwickelt sind, dass sie nur noch in der Arbeiterbewegung arbeiten, befeindet von den wahren Feministinnen als abtrünnig, weil nicht ausschließlich der Frauenfrage gewidmet – ich meine den sozialistischen Feminismus und seine Vertreterinnen, z. B. mich. Sehen wir einmal ab von der Zerrissenheit und fragen danach, welche Politik eigentlich sozialistische Feministinnen machen. Ich werde diese Politik zum Ausgangspunkt meiner Analyse machen, weil sie ja eine praktische Antwort auf unsere Frage nach dem Zusammenhang von Frauen- und Arbeiterbewegung geben muss.

Für meine Analyse nehme ich mir jetzt die Politik des Sozialistischen Frauenbundes vor, in dem ich seit 1969 (damals hieß er noch Aktionsrat zur Befreiung der Frau) Mitglied war. Diese Darstellung wird sehr (selbst-)kritisch und, um verständlicher zu sein, auch noch ein wenig überzeichnet.[47] Ich führe also im Folgenden nicht vor, was sozialistische Frauenpolitik sein soll, sondern was wir gemacht haben.

Zurück ins Jahr 1969. Ich war Mitglied des Sozialistischen Deutschen Studentenbundes, und der Sozialismus galt uns als notwendige Gestalt von Freiheit und Emanzipation; die Abschaffung der Kapitalherrschaft, die Enteignung der Produktionsmittelbesitzer, die Vergesellschaftung der Produktionsmittel – das waren die Ziele, für die wir uns einsetzen wollten. Dass die Frauenfrage älter ist als der Kapitalismus, war uns klar. Dass die Arbeiterbewegung, die Parteien und Gewerkschaften, in denen sie sich organisatorisch äußert, die Frauenfrage nicht anständig vertraten, dass die Frauen selber nur ungenügend in diesen Organisationen vertreten waren und daher ihre Belange nicht durchsetzen konnten, ja dass sie, soweit sie nicht Lohnarbeiter waren, gar nicht direkt zur Arbeiterbewegung gehören konnten – das alles bewegte uns, die wir uns zunächst nur »politisch« verstanden, uns zusätzlich in einer Frauenorganisation zu organisieren. Da wir die politischen Ziele nicht aufgeben wollten, musste es eine *sozialistische Frauenorganisation* sein. Wie dachten wir den Zusammenhang von Sozialismus und Frauenfrage? Orientiert auf die politischen Organisationen, die unsere Interessen nicht vertraten, sahen wir unsere Hauptaufgabe in der Schulung der Frauen für die politischen Aufgaben, ihrer Befähigung, sich in Versammlungen zu Wort zu melden, Flugblätter zu schreiben usw., und in der Erarbeitung der Einsicht, dass sie sich zusätzlich zu ihrer Organisation in Frauengruppen »richtig politisch«, mindestens gewerkschaftlich, organisieren müssten. Wir hatten z. B. im Statut einen Paragraphen, der

47 Ich bitte die Frauenbundmitglieder, mir die Überzeichnung nachzusehen. Die Vereinfachung ist notwendig, um die von mir mit zu verantwortende Politik in ihrer Fragwürdigkeit darzustellen.

die zusätzliche Mitgliedschaft in der Gewerkschaft verbindlich machte. Außerdem sahen wir unsere Aufgabe in der Agitation zur Berufstätigkeit, zur Befreiung aus ökonomischer Abhängigkeit. Die doppelte Aktivität, die wir so von allen Mitgliedern verlangten, die wirkliche Zerrissenheit von offiziell-politischen und Frauenfragen, aktualisierte sich immer wieder in einer vollständigen Überlastung der Frauenorganisation wie aller einzelnen Mitglieder. Vietnam, Südafrika, das Hochschulrahmengesetz, atomare Aufrüstung, Frieden, die Notstandsgesetzgebung – zu allen Fragen mussten wir etwas tun, schließlich waren wir eine politische Frauenorganisation; aber wann sollten wir dann Frauenfragen behandeln, die unter dieser Elle gemessen immer nicht so dringend waren, nicht so notwendig, auch morgen erledigt werden konnten. Wir waren mehr belastet als je zuvor und taten weniger für die Frauenfrage als nötig. Rings um uns wuchs die sich autonom nennende, nicht-sozialistische Frauenbewegung, machte Großveranstaltungen zur »Hausgeburt«, zu »Selbsterfahrung« und »Selbstuntersuchung« – wir waren nicht dabei. Schließlich fassten wir den Beschluss, nur noch in Frauenfragen als Frauenorganisation tätig zu sein und außerdem – da wir ja eine sozialistische Gruppe waren – zum Ersten Mai, dem Kampftag der Arbeiterklasse. Im Großen und Ganzen befanden wir uns so um die Mitte der 1970er Jahre auf dem Stand von Ottilie Bader, die 1908 folgende Auffassung vertrat:

> »Es braucht nicht länger Sonderorganisationen der Genossinnen zu geben, überall werden die Frauen der sozialdemokratischen Partei beitreten. Die gemeinsame Organisation schließt jedoch nicht aus, dass im Hinblick auf das verfolgte Ziel und unter Berücksichtigung der vorliegenden Verhältnisse solche von den Genossinnen geschaffenen Einrichtungen erhalten bleiben, welche sich als ein treffliches Mittel bewährt haben, die weiblichen Parteimitglieder theoretisch zu schulen und unter den Massen der weiblichen Bevölkerung Mitarbeiterinnen für den politischen und wirtschaftlichen Klassenkampf des Proletariats zu gewinnen und sie den Organisationen zuzuführen.« (Zit. n. Niggemann 1981, 70)

Am Ersten Mai also wanderten wir mit unseren Transparenten zu Lohngleichheit, mehr Bildung für Frauen, mehr Chancengleichheit usw. Weil aber hier die Arbeiterklasse »an sich« marschierte, wurde uns niemals erlaubt, unser Organisationstransparent mitzuführen, und so machten wir mit unseren speziellen Forderungen zu Frauenfragen, Kindertagesstätten usw. nicht besonders viel her, waren vielmehr Anhängsel an die ernsteren Dinge, wie schon immer. Wen wundert es, dass nur wenige von uns in diesen Reihen gingen, die meisten, weil sie ohnehin Doppelmitglieder waren, die würdigeren Parolen trugen, die die Arbeiterklasse als Ganzes angingen. Wen wundert auch, dass der Frauenbund nicht größer wurde. Viele kamen zu uns, ebenso viele gingen, wenn sie eine Weile bei uns gelernt hatten, in die »erwachsenen«, »richtigen« Organisationen. Einige vertraten dort sogar Frauenforderungen. Warum fassten wir nicht als Kritik auf, dass die Frauen wieder auseinanderliefen? Weil wir der Auffassung waren, dass es gut sei, wenn sie uns verließen und in »politischen Organisationen« arbeiteten. Dass wir selber immer blieben, ich z.B., schien uns notwendig, weil doch Kontinuität da sein musste und weil nicht genug getan wurde für die Frauen, wie immer.

Aus dieser Art von Politik ziehe ich den Schluss: Wir haben den Zusammenhang von Sozialismus und Frauenfrage im Grund als Nicht-Zusammenhang gedacht. Wir suchten Fehler bei uns und wollten sie verbessern, damit wir Politik machen könnten. Aber wir hatten der Annahme Glauben geschenkt, dass der Sozialismus zu erringen sei durch die Enteignung der Produktionsmittelbesitzer und dass die Frauenfrage zwar nicht ausschließlich im Anschluss zu erledigen sei, auch nicht, dass sie sich automatisch erübrige; wohl meinten wir, dass man uns (mehr als die Hälfte der Bevölkerung) brauche bei der Befreiung, und wohl auch glaubten wir, dass die Veränderung der Verhältnisse selber die Veränderung der Personen, die Verwandlung von Menschen, die in privaten Verhältnissen groß geworden und befangen sind, bewirke.

Was wir uns aber nicht fragten und was wir nicht zu denken versuchten, war, dass auch die Politik einer Bewegung, die alle Verhältnisse von Herrschaft und Knechtschaft umstürzen will, eine andere sein muss als eine, in der bloß ein Teil der Bevölkerung für den anderen recht und schlecht mitbestimmt, wie das auszusehen habe. Wir glaubten im Grund an den Ernst der richtigen Politik. Wo uns die Politik Spaß machte – z.B. als wir am Ersten Mai ein Plakat trugen, das hieß »Alle sollen alles wissen«, und an den Rand gedrängt wurden und das Plakat verboten werden sollte –, wo uns also die Politik Spaß machte, bekamen wir den Vorwurf des Kleinbürgerlichen, mit dem wir nie zurande kamen. Auch verloren wir nie das schlechte Gewissen, dass das Proletariat uns fehlte, mit dem jeder Kleinbürger den anderen Kleinbürger schlägt; wir versuchten hilflose Konstruktionen auf diesem Feld, indem wir Modelle ausarbeiteten, wie z.B. dass auch Angestellte Arbeiterinnen sind, oder wir sagten: Weil wir in unserem Frauenbund auch Arzthelferinnen, technische Zeichnerinnen u.a. organisieren, haben wir im Grunde auch einen Teil des Proletariats bei uns. D.h. wir versuchten nach wie vor mit den anfangs genannten Methoden des theoretischen Umbiegens unseren Kampf als direkten Klassenkampf auszugeben. Wir glaubten also zugleich an eine direkte Beziehung und glaubten auch, dass es richtig sei, was Lenin gesagt hatte, dass die Kräfte nicht auseinandergezogen werden dürften, dass wir also nicht vom ökonomischen Kampf Kräfte abziehen dürften für den Frauenkampf; dass es im Grunde also wieder richtig sei, erst das eine, dann das andere zu tun.

Dass wir den ökonomischen Kampf so ohne weiteres und so kritiklos als den allein politischen glaubten, ist – unabhängig von der Frauenfrage – umso verwunderlicher, als in der allgemeinen politischen Diskussion etwa die Frage des Zusammenhangs von Staat und Monopolen selbstverständlich diskutiert wurde. Wie aber kämpft man eigentlich gegen die Macht des Staates, wenn man sie im Einvernehmen mit den Monopolen glaubt, und wo befindet sie sich? Ist der Staat nicht z.B. Förderer der Familie und darin der Stellung der Frauen? Mischt er sich nicht ein in solche Fragen wie Erziehung? Wieso haben wir unsere Politik dann nicht auf diese Bereiche gerichtet?

Die Kampagne gegen den §218

Ich werde jetzt ein Beispiel für eine besonders unproduktive Politik von uns vorführen, welches uns doppelt beschämt – das Beispiel der Abtreibungskampagne. Sich anzusehen, wie wir den Kampf gegen den §218 geführt haben, ist lehrreich, weil man hier zugleich studieren kann, dass die persönliche Betroffenheit allein kein ausreichender Ausgangspunkt ist. Bei uns führte er zur Lustlosigkeit in der Politik. Wie kam das? Dass wir die Kampagne um den §218 als wirkliche Pflichtübung absolviert haben, werde ich zum Ausgangspunkt einiger Überlegungen machen, in deren Verlauf ich unsere Politikform und unsere Gedankenführung so herausarbeiten möchte, dass ihre Fragwürdigkeit auf konstruktive Weise überwindbar wird. Bei aller Kritik soll als Verdienst nicht unerwähnt bleiben, dass der Sozialistische Frauenbund mit dieser Kampagne, aus der letztlich innerhalb der Bundesrepublik die ganze neue Frauenbewegung hervorgegangen ist, begonnen hat. Die ersten Selbstanzeigen (»Auch ich habe abgetrieben«) im *Stern* waren von Mitgliedern des Frauenbundes – angestiftet von Alice Schwarzer, die die Kampagne aus Frankreich mitbrachte – aufgegeben. Ebenso organisierten wir die erste große Konferenz in Berlin, und unsere Vertreterin sprach beim Hearing im Parlament für die damals schon auf mehr als 40 Gruppen angewachsene Bewegung. Aber schon bald fanden wir uns in einer uns lähmenden Diskussion darüber, welches Bündnis wir eigentlich eingehen sollten bei dieser Frage. Die Bündnisfrage war deswegen aktuell, weil die SPD mit ihrer großen Massenorganisation sich diesem Kampf anschließen wollte, aber nur dann, wenn wir uns für die Fristenlösung einsetzten. Wir aber waren radikal und forderten die ersatzlose Streichung des §218. Uns stellte sich also die Frage: Wollen wir lieber die Massen und für die Fristenlösung streiten, oder wollen wir wenige bleiben und dafür die ersatzlose Streichung unkorrumpierbar fordern? Die Alternative stellte uns vor das große Problem, uns mit der natürlich gewollten »Massenwirksamkeit« den Vorwurf des kleinbürgerlichen Reformismus einzuhandeln. Wir setzten uns hin und diskutierten eine größere theoretische Analyse zu dem Gesamtkomplex und kamen darauf, dass das Recht auf den eigenen Körper, welches in der Frage um den § 218 steckt, im Grunde aufs private, bürgerliche Individuum abzielt und zwar notwendig ist als Kampflosung, doch nicht weiter als der Stand der Französischen Revolution von 1789, als die Bürger ihre Rechte als Individuen forderten. Als wir so weit gekommen waren, also feststellten, dass wir uns im Grunde auf dem Wege der bürgerlichen Revolution, des privaten bürgerlichen Individuums befanden, schlossen wir eine komplizierte zusätzliche Analyse an darüber, warum es im Kapitalismus dennoch fortschrittlich sein kann, für bürgerliche Individualforderungen zu kämpfen. Gegen die Übergriffe des Staates müsse das Recht des Einzelnen auch u. U. gegen die Gesellschaft geschützt werden, eben weil der Kapitalismus nicht der Sozialismus ist. Die Politik, die wir daraufhin machten, war – wie weiter oben gesagt – trotz wirklicher Betroffenheit, da es kaum eine Frau gibt, die nicht irgendwann einmal mit einer Abtreibung zu tun hat – relativ phantasie- und lustlos, eine Pflichtübung mit dem Gefühl, die wirkliche Politik mal wieder zu verpassen.

Wege zum Sozialismus

Wie konnte dies geschehen? Ich denke nicht, dass die Frage, die wir uns stellten, von uns falsch beantwortet wurde und dass man sie anders hätte ableiten und analysieren müssen, sondern dass wir uns die falschen Fragen stellten, dass die Analyse dessen, ob diese oder jene Forderung, die wir stellen, in sich selber schon sozialistisch ist oder uns ohne Umwege zum Sozialismus führt, verkehrt ist, weil sie uns handlungsunfähig macht.

Ich nehme jetzt einige – von mir erweiterte – Überlegungen auf, wie sie Sheila Rowbotham (1979, 125ff.) für die englische Abtreibungskampagne formulierte, um daran die Fruchtbarkeit anderer Politikformen einsichtig zu machen. Rowbotham fragt sich, welche Fragen stellen sich mit der Abtreibung, wie verändert sich das Bewusstsein im Kampf gegen die Abtreibung. Dabei hält sie sich überhaupt nicht mit irgendwelchen Analysen über die Rechtmäßigkeit einer Forderung nach dem Recht auf Verfügung über den eigenen Körper auf, wie wir das taten, sondern begreift: Die Abtreibungsfrage führt uns

- zum Nachdenken über Fruchtbarkeit und Mutterschaft;
- zur allgemeinen Frage der sexuellen Herrschaft des Mannes über die Frau;
- zu Überlegungen über die Beziehungen der Menschen zu ihrem Körper, zur Bedeutung sexueller Lust;
- zu Gedanken über Gesetze und Parlament;

- über ein demokratisches und soziales Gesundheitswesen;
- über ein umfassendes System der Kinderbetreuung;
- über die Macht des Staates in der Bevölkerungspolitik;
- über empfängnisverhütende Technologie und über Profite in der Pharmaindustrie und –

können wir jetzt weiter fortfahren –

- über die Rolle der Kirche und der Justiz im Allgemeinen;
- über den Zusammenhang von Sexualität und Politik;
- über Familienpolitik und staatliche Haushalte;
- zur Rolle der Wissenschaft bei der Legitimierung von Herrschaft usw.

Praktisch lässt sich das gesamte System durch eine anscheinend so persönliche Frage, wie es die der Abtreibung ist, in seinen Zusammenhängen und Verknüpfungen vorführen. Man kann daraus lernen, dass es eine Vielfalt von Machtbeziehungen gibt und dass unser vorheriges ableitendes Denken eine Bewegung voraussetzte, die nur im Denken so stattfindet, nicht aber im Handeln der Menschen. Wir unterstellten *eine* Bewegung, wo *viele* Bewegungen sind. Die Vielfältigkeit der Macht- und Herrschaftsbeziehungen war vergessen. Die Frage kann also nicht heißen: Ist dies oder das schon sozialistisch?, sondern: Was verändert sich, was wird verändert, wie wird es gelebt, was hängt damit zusammen, wie sind in der Wirklichkeit die Positionen und Posten miteinander verknüpft? Dieses Beispiel kann man gleichzeitig benutzen für die Frage des Zusammenhangs von Arbeiterbewegung und Frauenbewegung und für die Frage nach der Art des Politikmachens, nach den Politikformen.

Zum Zusammenhang von Arbeiter- und Frauenbewegung
Vorschlag für eine sozialistische Frauenpolitik

Ich werde im Folgenden einige Thesen formulieren, die, den Zusammenhang der beiden Bewegungen betonend, zugleich für eine Änderung sozialistischer Politik plädieren. Die Überlegungen sind noch nicht ausgereift und zudem für diesen Anlass etwas verkürzt dargestellt. Wirkliche Klarheit lässt sich ohnehin nur in den tatsächlichen Kämpfen gewinnen. Für meine Ausführungen mache ich folgende, an dieser Stelle nicht noch einmal ausgeführte Voraussetzungen:

1. dass die Macht der Männer über die Frauen, also die Frauenunterdrückung, älter ist als die Klassenunterdrückung und

2. dass die Sozialstruktur dieser Gesellschaft auf der Frauenunterdrückung basiert; unter Sozialstruktur verstehe ich das System der gesamtgesellschaftlichen Arbeitsteilung, die geschlechtsspezifische Zuweisung

von Aufgaben der Reproduktion der Gattung (Familienaufgaben) und das System kultureller Werte und Normen (vgl. dazu Näheres bei Paramio 1981);

3. dass in der Befreiung von der Ausbeutung durch das Kapital mit der Arbeiterklasse als historischem Subjekt die Frauenbefreiung nicht enthalten ist;

4. dass die Versuche, die Frauenfrage dennoch in das Programm des Klassenkampfes aufzunehmen, zu lustlosen Verkrampfungen führen, zu einer Rangliste von Wichtigem und Unwichtigem und einem künstlichen Zusammenhang von Konjunktur und Frauenbefreiung (ich meine hier die wirtschaftliche Konjunktur und die Einstellung, dass wir uns in Krisenzeiten einen solchen Luxus wie Frauenforderungen nicht erlauben können, sondern in der Hauptsache zusammenstehen müssen);

5. setze ich voraus, dass Versuche von Teilen der Frauenbewegung, die kapitalistische Ausbeutung *direkt* mit der Frauenunterdrückung zusammenzubringen, fruchtlose Gedankenspiele sind, die die Köpfe mit komplizierten Produktionen beschäftigen können (wie die Zusammenbindung von Kapital und Hausarbeit), praktisch aber alles beim Alten lassen. Zusätzlich möchte ich als Schlussfolgerung aus dem Abtreibungsbeispiel folgende Behauptung in die Überlegungen einbeziehen: Eine allgemeine Politik, die – wie wir sie bisher verstanden – den Kampf gegen die kapitalistische Ausbeutung der vorwiegend männlichen Arbeiter auf eine Weise in den Mittelpunkt rückt, dass andere Unterdrückungsfragen wie die Frauenfrage bestenfalls hinten an einen Forderungskatalog angehängt werden, ist fragwürdig. Dies nicht allein deswegen, weil sie die Hälfte der Menschheit einzubeziehen vergisst, sondern weil sie mit der Behauptung, Herrschaft an sich abzuschaffen, nicht alle Machtbeziehungen angeht und weil sie also in dieser Weise abstrakt und nicht konkret ist, nicht wirklich in das Glück oder Unglück der Menschen eingreift.

Paramio ist sogar der Ansicht, dass z. B. die Politikfähigkeit der Gewerkschaften in den westlichen Industrieländern davon abhängt, ob sie die Forderung nach gleicher Bezahlung von Mann und Frau als unabdingbare und erste Forderung durchzusetzen bereit sind. Die eingangs formulierte Frage nach der fehlenden Anziehungskraft der Arbeiterorganisationen für die neuen sozialen Bewegungen bzw. die in ihnen sich zusammenfindenden Menschen, die von mir untersucht wurde auch als ein Problem der Unmöglichkeit, die Forderungen dieser Bewegungen in eine Politik herkömmlichen Stils zu integrieren, verlangt zu ihrer Beantwortung jetzt, nicht nur einen Vorschlag für eine Frauenpolitik zu machen, sondern zugleich etwas in der allgemeinen Politik zu problematisieren. Ich nenne dieses ihre Abstraktheit.

Das Persönliche ist das Politische

Für den Versuch, die Abstraktheit in der Politik zu überwinden, stelle ich zunächst die Hauptthese dar, mit der die neue Frauenbewegung in die Geschichte eingetreten ist: Das Persönliche ist politisch. Diese Parole – auch als das Statut der Frauenbewegung bezeichnet – kennt sicher jeder; ihre Nützlichkeit beim Politikmachen wird von den »wirklich politischen« Menschen allzu oft mit Blick auf die missbräuchliche Auslegung übersehen. Die Berechtigung eines solchen Satzes liegt meines Erachtens auf drei Ebenen:

1. Das, was als persönlich, als Privatsphäre gilt, ist mit Macht und Herrschaftslegitimation so verbunden, dass es Nährboden ist für die Beibehaltung der übrigen gesellschaftspolitischen Machtstrukturen.

2. Die Abtrennung der Sphären voneinander, von Politik und Privatsphäre, ist selber eine Art von Machtausübung, deren Resultat z. B. die Existenz von Berufspolitikern ist, eine Arbeitsteilung, die es schon technisch verunmöglicht, dass wir aus der Privatsphäre umstandslos hinaustreten in die allgemeine Politik.

3. Herrschaft, wegen deren Abschaffung die Gesellschaftsveränderung auf dem Programm steht, muss auch im persönlichen Erleben aufgespürt werden, nur so kann ein radikaler, massenhafter und engagierter Kampf geführt, nur so können die eigenen Lebensbedingungen umgestaltet werden.[48]

Mit den drei oben genannten Bedeutungen konnte die Frau als politisches Subjekt in die Geschichte eintreten. Aber die Gültigkeit einer solchen These erstreckt sich notwendig zugleich auf die gesamte Politik. Kritisch ließe sich behaupten, dass alle Politik, die solche Grundannahmen nicht beachtet, stillschweigend voraussetzt, dass die Männer, die sie machen, selber nur öffentliche Personen und nicht auch Menschen mit persönlichen Bereichen wären, die in ihr Politikmachen eingreifen, auf die ihre Politik zurückwirkt. Über den Zusammenstoß zwischen dieser feministischen Weise des Politikmachens und der herkömmlichen Verordnung von bestimmten für nützlich erachteten Aktionen berichtet Jane Jenson (1981) sehr eindrücklich. Ihre Geschichte einer Frauengruppe der Kommunistischen Partei in einem Pariser Arrondissement ist lehrreich. Ihre Stärke liegt in der Ausführlichkeit, mit der auf die Nuancen im Politikmachen hingewiesen wird. Da geht es z. B. um die Frage, welche Frauenbücher man auf dem Büchertisch verkaufen

48 Neben diesen drei Auffassungen des Satzes, dass das Persönliche, Private das Politische sei, gibt es ein praktisch verbreitetes Missverständnis, das diese These selber in Misskredit gebracht hat. Es ist die bequeme Interpretation, man könne einfach so bleiben, wie man ist, und wo immer man privat zusammenhocke, sei dies schon politische Tat. Das ist sicher unsinnig.

darf, deren Beantwortung die vorgeordneten Männer den Frauen abnehmen wollten. Am wichtigsten fand ich die Weigerung der Frauen, ein Flugblatt zu verteilen, weil es die angesprochenen Frauen verdumme. Es enthielt im Wesentlichen so allgemeine und daher ohne irgendeine Gedankentat beantwortbare Fragen wie »Möchten Sie besser leben? Möchten Sie, dass es Ihrer Familie besser geht? Glauben Sie, dass Sie schlecht behandelt sind?«, um sodann zur Wahl der KPF aufzurufen, die Lösungen für diese Fragen bereithalte. Die Frauenkommission begründete ihre Weigerung, das Blatt zu verteilen, nicht allein mit dem Inhalt, der die Frauen auf die Familie reduziere, sondern vor allem damit, dass es »von außen komme, ohne das geringste Bemühen, die Frauen selber zum Nachdenken über notwendige Veränderungen zu bewegen, und dass es außerdem verabsäume, sie dazu anzuregen, Veränderungen, die sie wirklich wollten, überhaupt zu empfinden« (Jenson 1981, 140). Die Frauenkommission wollte dagegen eine Politik,

> »in der die Frauen für die Veränderungen in ihren Leben verantwortlich wären und das, was sie verbessern wollten, nicht den Definitionsversuchen von Politikern und Parteien überlassen bliebe« (ebd).

Die Überlagerung von Herrschaftsstrukturen

Für die Zuspitzung zum Politikvorschlag fasse ich die bisherigen Ergebnisse zusammen. Gesucht war der Zusammenhang von Arbeiter- und Frauenbewegung. Der Befreiungskampf der Arbeiterbewegung gilt der kapitalistischen Ausbeutung, ist also ein wesentlich ökonomischer Kampf, der im Kapitalismus alltäglich um den Lohn und um die Arbeitsbedingungen konkretisiert wird und übergreifend eine nicht nach Profitgesichtspunkten geregelte Produktion und dementsprechend andere als Tausch- und Konkurrenzbeziehungen unter den Menschen anzielt. Die Frauenforderungen verlangen eine andere Strukturierung der Bereiche. Der Versuch, die Elemente voneinander abzuleiten, führt zu reduktionistischen Lösungen, die sich nicht als tragfähig erwiesen haben, wie die Erweiterung des Klassenbegriffs oder die Behauptung, die Privatheit der Reproduktion der Arbeiterklasse sei kapitalnotwendig. Hier sind die nordischen Länder auf dem besten Wege, große Teile des Reproduktionsbereichs zu vergesellschaften (auch bei uns nimmt Fertigkost, Kantinenessen usw. als weitere Quelle des Profits stetig zu), ohne dass sie damit aufhören, kapitalistisch zu sein. Arbeiterbewegung und Frauenbewegung sind nicht auseinander ableitbar, keine der beiden Bewegungen ist auf die andere reduzierbar.[49] Die Zumu-

49 Es käme sowieso keiner auf die Idee, die Arbeiterbewegung aus der Frauenfrage abzuleiten, während die umgekehrte Reduktion gang und gäbe ist.

tung, dennoch einen Zusammenhang zu denken, wird vergrößert, besinnt man sich, dass ja die Frauenfrage ohnedies viel älter ist als der Kapitalismus und mit ihm die Arbeiterfrage. Gibt es einen nicht-reduktionistischen Weg, eine Verknüpfung zu denken? Untersuchen wir, ob und wie die unterschiedlichen Fesseln, aus denen sich Arbeiter und Frauen befreien wollen, zusammengeschmiedet sind. Der Zusammenhang der beiden Bewegungen muss darin gesucht werden, wie sich die beiden Unterdrückungen praktisch aufeinander beziehen, wie die Herrschaftselemente zusammenwirken. Dieses geschieht in jeder Gesellschaftsformation anders und neu.

Das Zusammenwirken der Unterdrückungsweisen verbietet auch eine einseitige historische Untersuchung der Frauenunterdrückung, wie sie die These vom Patriarchat nahelegt. Die schärfere Sicht, die man auf die Unterdrückung der Frauen durch die Männer gewinnt, erlangt man um den Preis der Unsichtbarkeit genau der Machtbeziehungen und -verschränkungen, die heute wirksam sind. Statt einer präzisen Untersuchung dessen, was aktuell geschieht, erhalten wir einen illustrativen Beweis des Immergleichen, der Frauenunterdrückung, bei der dann etwa die Klitorisbeschneidung ganz Ähnliches bedeutet wie z.B. die Ehe, wobei untergeht, welche Verschränkung zur gesellschaftspolitischen Macht jedes eingeht und worin dann seine Andersartigkeit besteht. Und das wirklich jeweils andere muss von uns studiert werden, damit wir handlungsfähig sind.

Diese Zusammenarbeit der Machtstrukturen zu untersuchen ist ganz einfach, solange sie den Klassengegensätzen folgen – sobald also die ökonomische Klassenposition mit der Mann/Frau-Position übereinstimmt, der klassenmäßig Obere demnach der Mann ist und die klassenmäßig Untere die Frau. Bei diesem Zusammentreffen der beiden Mächte geschieht eine Brutalisierung, so wenn der Unternehmer seine weiblichen Lehrlinge zu Liebesdiensten verpflichtet, der Chef seine Sekretärinnen, der Hausherr das Dienstmädchen usw.[50]

Bekannt ist auch, dass politisch rechts stehende Kräfte ihre Herrschaft dadurch abstützen, dass sie in den Männern das Potenzial der Macht über Frauen ansprechen, sich also der Frauenunterdrückung für eine allgemeine Herrschaftssicherung bedienen. Solches finde ich etwa gegeben bei der moralischen Kampagne gegen die Abtreibung durch Reagan oder bei der Familienpolitik der CDU, die sich in ihrer Kampagne konservativer Werte bedient, die allesamt die Unterdrückung der Frau voraussetzen. Dabei überbieten die bigotten Debatten von lauter Männern im Parlament über

50 Paramio führt aus, dass im umgekehrten Fall die männlichen Lohnarbeiter ihre vorgeordnete Chefin zu vergewaltigen suchen oder mindestens davon träumen, um »ihr zu zeigen, dass sie doch bloß eine Frau ist«, wie mir ein befreundeter Arbeiter auf mein zweifelndes Fragen, ob denn das so richtig sein könne, bestätigte.

das Glück der Frauen, Kinder zu gebären und großzuziehen, dermaßen das Erträgliche, dass die Wut uns die hier noch einigermaßen klar zutage tretende Allianz von konservativer Politik und Frauenunterdrückung nicht klar genug als Ansatzpunkt fortschrittlicher Politik herausarbeiten lässt.

Schwieriger aber (und noch ganz unbearbeitet) sind die alltäglichen Überlagerungen und Verschränkungen der unterschiedlichen Herrschaftsstrukturen. Sie zu untersuchen im gewerkschaftlichen Kampf, in traditionellen politischen Organisationen, am Arbeitsplatz und in allen alltäglichen Situationen ist eine vordringliche Aufgabe sozialistischer Frauenorganisationen, weil die Zusammenarbeit von Frauenunterdrückung und ökonomischer Ausbeutung den Kampf auf beiden Seiten lähmt. Ich werde dazu einige Beispiele vorführen. Sie sollen zugleich belegen, dass die herkömmliche Politik der Arbeiterbewegung sich selbst schwächt, wenn sie die Frauenfrage nicht einbezieht, eben weil die Machtstrukturen ineinander verschränkt sind, aufeinander aufbauen.

Nehmen wir den Kampf gegen die Arbeitslosigkeit. Seine erste Schwächung geschieht durch seine scheinbare Stärkung: durch die Herausnahme der Frauen aus dem Anspruch auf einen Arbeitsplatz. Das geschieht durch die Ideologie des männlichen Verdieners, die ja eine reale Praxis darstellt – der Mann verdient mehr als die Frau; das geschieht durch die z.B. auch in Gewerkschaftskreisen verbreiteten Gedanken, Frauenarbeit sei in Krisenzeiten ein Luxus, das Erste, worauf wir verzichten könnten, Hauptsache, die Männer haben wenigstens Arbeitsplätze. Diese Einstellungen schlagen sich nieder im Forderungskatalog der Gewerkschaften und lassen zu, dass die Arbeitenden nach Geschlecht gegeneinander ausgespielt werden, was beide Teile schwächt.

Zugespitzt erleben wir ein solches Vorgehen im Falle der Automatisierung. Ich stelle das Zusammenwirken von Frauenunterdrückung und ökonomischer Ausbeutung am Beispiel der Druckindustrie vor, obwohl gerade dieser Bereich emotional so stark besetzt ist, dass ein Abwägen der Argumente schwerfallen wird. Es geht um die Einführung des Fotosatzes. Jeder weiß inzwischen, dass der Kampf gegen den Fotosatz, der aus den männlichen, hochqualifizierten Schriftsetzern über Nacht weibliche Setzerinnen machte, verloren wurde. Der Fotosatz hat sich durchgesetzt, ebenso wie die Verwendung weiblicher Arbeitskräfte, zusammen mit der wieder eingeführten Heimarbeit, dem Stücklohn, ungesicherter Beschäftigungslage usw. Ich möchte behaupten, dass einige Elemente aus dem Setzerbeispiel für alle Automationsarbeit verallgemeinerbar sind und also in ähnlicher Weise die Trumpfkarten von den vorurteilsvollen und unvorbereiteten Gewerkschaftern an die Unternehmer fallen, die dann ihre Bedingungen ohne viel Aufhebens diktieren können. Da ist zunächst die Einschätzung dessen, was eigentlich qualifizierte Arbeit ist. Sie ist männlich und körperlich. Wo sie von Frauen verrichtet werden kann, muss sie unqualifiziert sein, denn Frauenarbeit gilt als Synonym für unqualifizierte Arbeit. Dass die Unternehmer zunächst damit auftraten, dass sie Sekretärinnen (Tippsen) für den Fotosatz einzustellen gedachten, musste schon deshalb wie ein lähmender Schock wirken, weil die Frauen fürs qualifizierte Schriftsetzen seit Jahrhunderten für ungeeignet gehalten wurden. Vonseiten der Gewerkschaft folgte weder eine Auseinandersetzung mit den wirklichen Anforderungen beim Fotosatz noch mit den neuen Möglichkeiten der Beherrschung der Computer und daraus abgeleiteten Ausbildungsforderungen. Stattdessen wurden Sozialabkommen getroffen, Sperren, die die Einstellung von Frauen zunächst verboten. Die alten Setzer wurden ohne weitere Schulung an die neuen Maschinen gestellt, deren Beherrschung (leichte Frauenarbeit) man ja gar nicht lernen musste.[51] Die allgemeine Kampagne über eine drohende Dequalifizierung, die die Automatisierung begleitete, konnte noch auf eine weitere Verunsicherung der Arbeitenden bauen. Die Arbeit wurde nicht nur weiblich, sondern auch Kopfarbeit. Diese doppelte Schmach für einen männlichen Facharbeiter konnten sich die Unternehmer zunutze machen und die Arbeitsbedingungen für die nachrückenden weiblichen Setzerinnen nach Gutdünken diktieren. Der persönliche Verschleiß bei beiden Geschlechtern, der den Unternehmern den Sieg in die Tasche spielte, wäre bei gemeinsamem Kampf und bei geringerer Borniertheit gegenüber weiblicher Arbeit sicher weniger groß gewesen.

Auch der Kampf um den Lohn ist nicht unabhängig von der Beziehung der Geschlechter; er hängt z.B. mit der Familienstruktur zusammen: Dass Arbeiter nicht radikal streiken können, weil sie für die Familien verantwortlich sind, ist bekannt; dass sie den gleichen Lohn für Frauen nicht durchsetzen, weil sie selbst die Hauptverdiener sind, liegt nahe; und dass die Frauen an der Front »gleicher Lohn« nicht offensiv kämpfen, weil sie ideologisch in die herrschenden Werte von Familie und Mutterschaft verstrickt sind, ist wahrscheinlich; ob die einzelnen Arbeitergruppen sich gegeneinander ausspielen lassen, weil die geschlechtsspezifische Arbeitsteilung innerhalb der Fabrik die natürliche Über- und Unterordnung in qualifizierte und unqualifizierte, leichte und schwere Arbeit glaubhaft und wirksam macht und weil von daher von Einheit der Arbeiterklasse nicht die Rede sein kann, ist ein weiteres Feld für eine empirische Untersuchung.[52] Stattdessen gibt

51 Bürger (1978) berichtet eindrücklich von der im Gefolge solcher Politik anarchisch zerfallenden Solidarität der zuvor gut organisierten Arbeiter in einer Druckerei, die sich die nötigen Qualifikationen heimlich aneigneten und mit den Unternehmern einzeln Sonderabkommen schlossen.

52 In einem Arbeitskreis im Rahmen der Westberliner Volksuni »Tägliche Siege und Niederlagen – Tagebücher von Gewerkschafterinnen« versuchen Betriebsrätinnen,

es Privilegien für Männer, sekundäre Ausbeutung, Bestechung, Indienstnahme der privaten Strukturen für den Pakt mit dem Boss, den Herr-im-Haus-Standpunkt, das Einverständnis damit, wer verantwortlich ist und wer nicht, die Art des Selbstbewusstseins in Abgrenzung gegen Untere, die in den Familien eingeübt wird, und umgekehrt die Selbstbescheidung vonseiten der Frauen. Besonders deutlich analysiert Willis (1979), wie Männlichkeit mit körperlich schwerer Arbeit zusammengedacht wird und von daher an der »Männlichkeitsbejahung« die freiwillige Einordnung in untergeordnete Lohnarbeit hängt.

Das Bewusstsein der Arbeiter ist also nicht einfach fortschrittlich oder reaktionär, sondern beides[53]. Unsere Handlungsfähigkeit hängt ab vom Wissen um die konkrete Verbindung, die die verschiedenen Machtstrukturen miteinander eingehen. Die Abgrenzung der Kämpfe und Bereiche in »ökonomische« und »private« verhindert die Sicht auf die wechselseitige Unterstützung. So wird der allein »ökonomische« Kampf weitgehend unwirksam, weil er den ideologisch strukturierten Konflikt der durch gesellschaftlich gültige Werte geprägten Verhaltensweisen nicht berücksichtigt und die Probleme der geschlechtsspezifischen gesamtgesellschaftlichen Arbeitsteilung nicht einbezieht. Umgekehrt ist der Kampf, der sich ausschließlich auf die Mann-Frau-Unterdrückung beschränkt, nicht wirksam, weil er die wirkliche Unterstützung der Männermacht durch die ökonomischen Verhältnisse – das Ineinanderwirken von Macht – nicht beachtet. Aus der Schwierigkeit, die Kämpfe getrennt zu führen, folgt meines Erachtens nicht, dass das arbeitsteilige Sich-Auflehnen gegen Unterdrückung durch bloßes Aneinanderfügen der Bewegungen, durch wechselseitige Unterstützung ergänzt werden müsse. Drei Gründe sprechen gegen die Möglichkeit, dass in die Politik der Arbeiterbewegung die Forderungen der Frauenbewegung so umstandslos integriert werden könnten:

1. weil die Kämpfe gegen die Ausbeutung durch das Kapital, die Geschichte der Produktionskämpfe und die Geschichte der Arbeiterbewegung eine Geschichte männlich bestimmter gesellschaftlicher Produktion ist und weil von daher – wie schon ausgeführt – die Frauenforderungen immer zweitrangig angehängt, unter »ferner liefen« rangieren;

2. weil Männer auch Nutznießer der Frauenunterdrückung sind (in einem männlichen Lebensplan kommt z.B. die Aufgabe der Kindererziehung als Lebenszeit in der Regel auch dann nicht vor, wenn ein Mann Kin-

Vertrauensfrauen, Gewerkschafterinnen unter dieser Fragestellung die Geschichte ihrer täglichen politischen Arbeit aufzuarbeiten. Niedergeschrieben in: *Das Argument* 135, 1982, 635–643.

53 Vgl. dazu meinen Bericht vom Kongress des Ingenieurvereins, in: *Das Argument* 127, 416ff.

der haben will), auch dann, wenn es ebendiese Machtstruktur ist, die sie von konsequenten Kämpfen gegen die Ausbeutung abhält, korrumpierbar, spaltbar und bestechlich macht;

3. weil die vorherrschende Politikform der Stellvertretung – durch andere, die für mich die Politik machen, andere, die für mich die Bedingungen verändern, die Vorsorge treffen, die für mich die Forderungen stellen – für die Frauenbewegung ganz und gar unannehmbar ist. Mit ihrer Forderung, das Private, Persönliche sei das Politische, bringt sie zugleich eine andere Politikform, mit der die Frauen die politische Bühne betreten, indem jede einzelne politisch wird. Frauenbewegung meint eine Aktivität, die alle ergreift, und eben darin beruht ihre Durchsetzungsfähigkeit.[54]

Autonome Sozialistische Frauenorganisationen

Was ist dann mit den sozialistischen Frauenorganisationen, deren Politik ich am Anfang so kritisch dargestellt habe? Wie soll sich deren Politik verändern bzw. welche Politikform könnte die ihre sein? Betrachten wir ein letztes Mal die spezifischen Bereiche, in denen Frauenunterdrückung gesellschaftlich erkennbar wird. Oben habe ich behauptet, die Sozialstruktur sei auf Frauenunterdrückung aufgebaut. Das bezieht sich im Wesentlichen auf zwei Bereiche, nämlich auf das System der gesellschaftlichen Arbeitsteilung (mit der geschlechtsspezifischen Arbeitsstruktur), auf die geschlechtsspezifische Zuweisung von Familienaufgaben (Kindererziehung, Beziehung überhaupt) und auf den Bereich der Ideologie, der Werte, des Bewusstseins, der Wissenschaft. In diesen Bereichen gibt es überall Verschränkungen der Machtstrukturen, wird Widerstand nötig sein und Reorganisation. Die Kämpfe der bisherigen, autonom sich nennenden Frauenbewegung beziehen sich auf die Werte, Vorbilder, Tabus, Vorurteile, Gewohnheiten, zwischenmenschliche sexuelle und geistige Praxen. Sie sind in dieser Weise kulturelle Kämpfe, Versuche, eine andere Kultur zu entdecken und andere Wertvorstellungen. Außerdem wird versucht, bisherige Staatsfunktionen zurück in die Gesellschaft zu nehmen durch Übernahme von Dienstleistungen in Selbsthilfegruppen, z. B. Frauenhäuser, Gesundheitsläden usw. Diese Aktionen sind zugleich gegen staatliche Kontrolle gerichtet und stellen Modelle eines anderen Umgangs miteinander dar. Wieder an anderer Stelle in der autonomen Frauenbewegung wird versucht, Männergeschichte und Männerwissenschaft umzuschreiben, die nicht bearbeiteten Felder, die vergessenen Bereiche, die nicht gelebten oder die verborgen gelebten Alternativen zu entdecken und lebbar zu machen. Führt man sich diese Aktionen und Arbeiten vor Augen, wird einsichtig: Es kann kaum darum

54 Deswegen ist auch die Lösung einer Frauenpartei über Delegationsprinzip keine Lösung.

gehen, diese Kämpfe zugunsten eindeutig sozialistischer zu unterlassen, und auch nicht darum, dass sozialistische Gruppen versuchen sollten, diese Aktionsfelder zu bestimmen. Ebenso wäre es ein Missverständnis, die Kritik an der Politik der »sozialistischen Frauen« und den Bericht über die feministischen Aktivitäten als Aufforderung zu verstehen, die zu den genannten vielfältigen kulturellen Aktionen gehörenden Alternativen wie etwa die Forderungen nach mehr staatlichen sozialen Leistungen, die Kämpfe um Lohn, Lebensstandard, Arbeitsbedingungen usw. zu stornieren. Es gibt keine absolute Lösung. Alle Kämpfe sind mehrfach bestimmt. Statt der Universallösung gibt es viele Lösungsformen, die zusammenzubinden sind; statt des einen historischen Subjekts ist ein vielstimmiges zu bilden. Die verschiedenen Widerstandsformen unter eine Frage zu zwingen, wäre steril. Gelingt es, sie zusammenzubinden, ist der Widerstand desto stärker, je vielfältiger seine einzelnen Formen sind. Der Gedanke, dass eine politische Bewegung konzentriert auf einer Linie arbeiten muss, sonst geschwächt ist, unterschätzt die Vielfältigkeit und Zerstreutheit der Herrschaft auf viele Punkte, den Systemcharakter. Der sozialistische Teil der Frauenbewegung, die autonomen sozialistischen Frauenorganisationen geben eine konstruktive Antwort auf das Problem des Auseinanders von Frauen- und Arbeiterbewegung. Der in ihnen gelebte Zusammenhang von Sozialismus und Feminismus ist geeignet, jene Forschung voranzutreiben, die das Zusammenwirken der Machtstrukturen, der ökonomisch-politischen und der patriarchalischen, untersucht. Dabei taucht die Frage nach den angeblich fehlenden Arbeiterfrauen in der Frauenbewegung zum ersten Mal in einem völlig anderen Licht auf: Nicht mehr nostalgisch und nicht mehr mit schlechtem Gewissen gedenkt man ihrer, auch wollen jetzt Frauen nicht für andere Frauen die Bedingungen ändern. Vielmehr haben in solcher Forschung die Arbeiterinnen eine Schlüsselstellung als forschende Subjekte. Ihre Erfahrungen sind wichtig für die Erforschung der verschränkten Machtstrukturen. So treten sie nicht auf als Frauen, die man glücklich auf die zwei Hauptsachen der reformistischen Arbeiterbewegung reduzieren kann – nämlich Lohn und Arbeitsbedingungen –, sondern auch sie treten in die Geschichte als forschende, als politische Subjekte, aufrecht, nicht als Objekte der Geschichtsschreibung.

Forschung kann wohl kaum die einzige Politik sozialistischer Frauenorganisationen sein. Aber auch hier, denke ich, sollten wir endlich ernst nehmen, dass der Sozialismus wissenschaftlich ist oder nicht ist und dies auch übertragen auf unsere tägliche Politik. Allerdings muss auch das Verständnis von Wissenschaft in die Veränderung einbezogen werden. Es kann nicht allein darum gehen, die allgemeinen Strukturen unserer Gesellschaftsformation zu kennen und darin eine immergleiche Politik durchzusetzen. Stattdessen müssen vor jeder Aktion die Kraftfelder genau studiert werden.

Die Felder, in denen wir Politik machen, sind ja keineswegs unverändert und einseitig bestimmt. Gerade die Aktionen der Feministinnen verschieben im Fall von Frauenpolitik die Kräfte unaufhörlich und verändern so die Bedingungen, in denen wir uns bewegen. Nehmen wir als ein Beispiel das »Frauenhaus«. Wir können eine solche Aktion zugunsten von geschlagenen und vergewaltigten Frauen als ein Stück sozialpädagogischer Arbeit einordnen, welche dem Staat auf dem Fürsorgesektor Aufgaben abnimmt und in sich ganz ohne sozialistische Perspektive ist, bestenfalls Sozialreform. Wir könnten auch die Konkretheit einer solchen Aktion für Frauenhäuser der allgemeinen Forderung nach mehr Staatsausgaben im Sozialbereich vorziehen und das Letztere überhaupt nicht mehr zu unserer Politik zählen. Konsequent könnten wir langfristig immer mehr soziale Dienstleistungen in Bewegungsinitiativen verlagern wollen. Die Einseitigkeit solcher Handlungen springt ins Auge. Tatsächlich spricht nichts dafür, die Frauenhausaktivitäten abzulehnen; wichtig ist es auch, die Forderungen an den staatlichen Sozialhaushalt zu stellen. Der Widerspruch ist eine Zumutung ans Denken, nicht an die Politik. Die Tatsache, dass es diese Frauenhausaktivitäten gibt, ermöglicht eine andere Politik im Staatssektor. Der Skandal auf dem Frauensektor stärkt die Sozialforderungen durch Konkretion – jeder kann nachvollziehen, was es bedeutet –, zugleich ermöglicht die Existenz solcher Frauenhäuser, sie als Modelle für eine humanere Fürsorge zu propagieren und so auch hier auf Veränderung zu drängen.

Die Aktionen der vielfältigen Initiativen zu studieren, bevor die eigenen begonnen werden, setzt im Übrigen ein großes schöpferisches Reservoir an Ideen frei und macht Vergnügen, bedingt eine politische Diskussionskultur. Zudem wird das Politikfeld humaner. Verlangen wir doch nicht mehr von uns, dass wir besserwisserisch andere Aktionen, Kampfformen, Losungen einfach verurteilen und damit bekämpfen oder ignorieren. Ihre Einbeziehung in die politischen Kämpfe erlaubt es uns, menschlichere Politikweisen zu entwickeln. So fragen wir uns etwa bei einer Politik, die Forderungen enthält, die wir niemals stellen würden, weil wir sie für falsch halten, wie z. B. »Lohn für Hausarbeit«: Was bedeutet eigentlich eine solche Forderung für die von ihr beeindruckbaren Hausfrauen? Wie verarbeiten sie jetzt ihre Hausfrauentätigkeit? Welche Fragen stellen sich ihnen? Welche orientierenden Fragen könnten wir stellen, die jetzt gehört würden? – Wer kontrolliert ihre Arbeit? Warum wird Arbeit kontrolliert? Wofür wird man bezahlt? Wird jede Hausfrau gleich bezahlt? Unabhängig von ihrer Qualifikation? Was für eine Qualifikation haben eigentlich Hausfrauen? Wie ist das Verhältnis von Haus- und Fabrikarbeit? usw. … – Der Katalog möglicher fruchtbarer Diskussionen wird so groß wie die Phantasie der diskutierenden Gruppen, wobei die sozialistischen Frauen notwendig ihre Fragen auf die Brennpunkte staatlichen und unternehmerischen Handelns im Zusammenhang mit der Frauenunterdrückung lenken. So vielfältig wie das eröffnete Politikfeld werden die möglichen Formen der Politik werden. Der Reichtum an Einfällen, der in der Bevölkerung steckt, war nur lange durch eine langweilige Stellvertreterpolitik storniert. Dabei werden die sozialistischen Frauenorganisationen nicht um die eingangs infrage gestellte Schulung in den Grundlagen der politischen Ökonomie herumkommen, wobei aber auch dieses Feld noch vieler konkreter Umsetzungen in die alltäglichen Erfahrungen bedarf[55].

Insgesamt sehe ich eine Chance für die autonomen sozialistischen Frauenorganisationen darin, dass sie die feministische Radikalität und Respektlosigkeit mit der sozialistischen Perspektive verbinden; dass sie eine Politik »von unten« mit einem hohen Maß an Verbindlichkeit leben können und dass sie eigene Spontaneität verknüpfen mit der Verantwortung, die kollektiven Erfahrungen zu sammeln und aus ihnen und mit ihnen neue Politik zu entwickeln. Dabei können sie die Unbescheidenheit der autonomen Organisation verbinden mit der Einsicht, dass sie sich in alle Politik einmischen müssen.

55 Vgl. dazu das historische »Frauengrundstudium«, Argument-Studienhefte 44 (1980), 57 (1982) und 61 (1984).

Frauenquote und Gender-Mainstreaming
Paradoxien feministischer Realpolitik

Kämpfe, die zu lange dauern, kann man nicht mehr gewinnen. Mehr als ein bestimmtes Maß an Niederlagen kann man nicht einstecken, ohne zu resignieren. Solcher Probleme eingedenk, schreibe ich dennoch weiter zur Frauenquote. Man kann einen Beitrag zur Quotenpolitik fast täglich um neue Ereignisse ergänzen. Wichtig war z.B. der Beschluss der Europäischen Union (1996), die Bremer Quotierungspraxis für ganz Europa für rechtswidrig zu erklären. Bei gleicher Qualifikation soll nicht »unbedingt und automatisch« die Frau den Arbeitsplatz erhalten, bis die Verhältnisse in etwa den Geschlechterproporz in der Gesellschaft widerspiegeln. Man kann für die Bevorzugung eines Mannes immer eine Begründung finden und ohnehin keine für eine Frau. In diesem Fall ging es um Gartenbau, und die Entscheidung für den Mann argumentierte mit längerer Berufserfahrung. Aufgrund ihrer gebrochenen Berufsbiographien werden Frauen also mit EU-Recht weiterhin nicht genommen werden, bis die Frage der Nachkommen technisch geregelt wird und die Sozialisationen der Frauen auch in der gesellschaftlichen Kultur angemessen geradlinig verlaufen.

In dieser Weise ist der EU-Beschluss eigentlich nicht neu, und entsprechend müde sind auch die Proteste. »Es geht doch nur um das ›unbedingt und automatisch‹«, versicherte eine juristische Kollegin; sobald eine Vereinbarung Sozialklauseln enthält, bleibt diese trotz EU-Beschluss gültig. Der Verweis auf juristische Spitzfindigkeiten und Sonderbestimmungen erhöht nicht gerade die Bereitschaft zur Massenempörung. Und doch ist natürlich der EU-Beschluss ein weiterer Rückschritt. Er verspielt die Chance, dass solche Quotierungsvereinbarungen, die ja ohnehin nie radikal praktiziert wurden, die Möglichkeit für eine Öffentlichkeit bieten, in der etwas gelernt werden kann über Maßstäbe, in der Auswahlverfahren sich rechtfertigen müssen (vgl. Raasch 1995). Das Gleiche gilt für das fehlgelaufene Quorum in der CDU durch das Urteil des Oberverwaltungsgerichts Niedersachsen, nach dem die Quote im gehobenen Polizeidienst rechtswidrig ist. Stete Zurückweisung soll schließlich den letzten Widerstand in Einwilligung mit Bescheidenheit verwandeln.

In solch lähmender Gleichartigkeit der Zurückweisung liest sich eine Nachricht aus Dresden fast vergnüglich, schon weil sie dem gesunden Menschenverstand geradezu Rösselsprünge zumutet. Da hat sich eine Männergruppe in der PDS gebildet, die nicht nur den Quotenbeschluss der EU begrüßt. Hinzu kommt allgemeine Kritik an jeglicher Quote als Benachteiligung von Männern und weitere Beschwerde über die drohende Feminisierung der Sprache. Einer der Aufrufer, stellvertretender Vorsitzender der

PDS Dresden, bringt gar persönliche Betroffenheit ins Spiel. Sein Lebenswahlspruch: »Meine Frau wird nie arbeiten müssen«.[56]

Alle solche Politikbewegungen sind im Grunde auch merkwürdig. Beunruhigend ist, wie die Kämpfe fast mit rasender Energie auf der Stelle toben, wie langweilig sie im Grunde sind und wie beunruhigend zugleich. Seit Jahren sammele ich die Wut um die Quote als Medienereignis, und ebenso lange kommentiere ich die Empörungen um die Sprachregelungen, die zusätzlich und mit erneuter Schärfe unter dem Stichwort »Political Correctness« sich äußern (vgl. dazu *Das Argument* 213, 1996). Es ist wichtig, sich diese Alltagsgeschichten um die Quote immer wieder zu erzählen. Sie sind zutiefst paradox. Das Wort paradox ist natürlich selbst noch keine Erklärung, aber es hilft, sich im Thema zu bewegen.[57]

Zunächst noch eine Bemerkung zum Titel. Den Begriff feministische Realpolitik formuliere ich in Anlehnung an Rosa Luxemburgs Auffassung von »revolutionärer Realpolitik«. Wie Letzterer soll auch mein Begriff radikale Veränderung mit realen Politikschritten hier und heute verbinden. Dies vom Standpunkt von Frauen. Als Paradoxie empfinde ich den seltsamen Umstand, dass politische Eingriffe, wenn Frauen sie vornehmen, desto harmloser scheinen, je radikaler sie alles Bisherige in Frage stellen, und umso umwälzender, je kleiner und unbedeutender die einzelnen Schritte sind. Nehmen wir z.B. an, wir würden jetzt auf einen bevölkerten Platz hinausschreiten und eine vollständige Änderung der Gesellschaft fordern: Produktion um der Gebrauchswerte willen, Beteiligung von allen bei der Bestimmung der gesellschaftlichen Gesamtarbeit, keine Profite – voraussichtlich würde ein allgemeines gelangweiltes Gähnen unsere Worte nichtig machen. Gesetzt den Fall, wir würden fordern, dass auch Frauen in die Anrede z.B. auf einem Kongress eingeschlossen wären oder gar extra genannt würden, fänden sich auf jeden Fall eine große Anzahl empörter Gegner, die nicht davor zurückschrecken würden, uns in verbalen Schlachten der Zerstörung der gesamten nationalen Kultur zu bezichtigen, wenn nicht gar der gewalttätigen Übernahme von Macht und vor allem Geld und Arbeitsplätzen (wie im November 1995 u.a. von Konrad Adam in der FAZ durchbuchstabiert). Wir würden Aufmerksamkeit erregen, bzw. dies geschieht schon, über lange Zeit. Verwundert über die fehlende politische Wirkung ebenso wie über die gegebene, versuche ich mich zu erinnern und beginne mein Thema autobiographisch.

56 2008: Die PDS hat mit der WASG zur Partei Die Linke fusioniert; es gibt einen allgemeinen Quotenbeschluss und schon kämpfen die Frauen um seine Einhaltung. Eine Broschüre mit den neuen Quotierungserfahrungen ist in Vorbereitung.

57 Diese Geschichten sind seit Abfassung dieses Textes veröffentlicht: F. Haug (Hg.): *Nachrichten aus dem Patriarchat*, Hamburg 2005.

Die Hälfte

Einmal wollten wir die »Hälfte des Himmels«; das war Poesie. Handfest ging es uns in den siebziger Jahren als starker Frauenbewegung zunächst darum, die Hälfte der Gesellschaft zu erstreiten. Gerechtigkeit auch für uns. Wir dachten damals nicht an so formale Tricks wie eine Forderung nach Quotierung. Wir fühlten uns stärker, sicherer, selbstverständlicher im Aufbruch.

Mehr als drei Jahrzehnte gingen ins Land; die Zahlenwerke, Statistiken, Forschungsberichte stehen in den Ebenen des Immergleichen – an der Lage der Frauen hat sich wenig geändert, wenig, was ihre ökonomische Existenz angeht, wenig, was ihre Mitwirkung an den relevanten Entscheidungen in Gesellschaft betrifft. Im Gegenteil: Überspringen wir einige Zeiten von wirtschaftlicher Konjunktur und mäßigem Abstieg und blicken auf die Entwicklung nach 1989, also auf die Zeit nach der deutsch-deutschen Vereinigung, dann sehen wir einen steten Rückzug aus schon sicher geglaubten Posten: Es gibt praktisch keine Frauenbewegung mehr; soweit es ein öffentliches Frauenbewusstsein gibt, schwindet die Selbstverständlichkeit, ein eigenes Leben zu wollen jenseits von »Küche, Kinder, Heim und Herd«[58], und die Erwerbslosigkeit von Frauen steigt und steigt.

Bevor ich mich ernsthaft auf mein Thema einlasse, möchte ich als eine Art mitargumentierenden Hintergrund drei kurze Szenen aus deutscher Geschichte einblenden.

Erstes Zwischenspiel

Zum 75. Geburtstag von Willy Brandt im Jahre 1989 luden honorige Gremien zu einer akademisch-politischen Feier. Ihm zu Ehren hielten wir den ganzen Tag Vorträge zu Fragen von theoretischer und aktueller Bedeutung. Ich hatte mich vorbereitet, eine Analyse der Pressekampagne vorzutragen, die nach dem Beschluss der Sozialdemokraten, in absehbarer Zeit eine Quotierung für Frauen in den eigenen politischen Entscheidungsgremien zuzulassen, entbrannt war (F. Haug 1990a). Ich komme später darauf zurück. Zunächst möchte ich berichten, wie es mir bei meiner Geburtstagsrede erging.

Ich hatte das Ganze auf zehn kommentierte Thesen komprimiert – allerdings kam ich niemals über These drei hinaus, und auch bis dahin nur wegen meiner trotzigen Zähigkeit. Ich hatte nämlich kaum damit begonnen, erkennbar werden zu lassen, dass es sich um ein ›Frauenthema‹ handelte, als schon die ersten Stühle rückten, Zeitungen wurden aufgeschlagen, langsam erhob sich eine Art von Hintergrundgeräusch, das anschwoll

58 »Kinder, Küche, Heim und Herd sind kein ganzes Leben wert« – dies war eine der Losungen, mit denen Mitte der siebziger Jahre unsere Frauengruppe am 1. Mai demonstrierte.

wie in einem Stammlokal. Erst jetzt bemerkte ich, was mir in gewohnter Unaufmerksamkeit entgangen war, dass nämlich der Saal im Wesentlichen von Männern eingenommen war und dass die wenigen Frauen dekorativ schüchtern schwiegen – bis auf eine vielleicht, die als Leitung des Ganzen der Mehrheit zu folgen bereit war. Also kein Raum zum Sprechen für mich. Ich sprach lauter und dringlicher, schließlich kannte ich viele der Anwesenden, und rief sie beim Namen und forderte sie auf zuzuhören. Eine Aufmerksamkeit, die sie dazu nutzten, aufzustehen, draußen Bier zu holen, wieder hereinzukommen, eben ganz wie sie es für richtig hielten. Im lauten Durcheinander gab ich auf, mitten in These drei.

Zwei Nachspiele

1. In der Pause sprach mich ehrfürchtig gebeugt einer der Professoren an und sagte: »Das mit der Quote ist ja wirklich sehr wichtig und richtig. Aber unsere Nachkommen müssen jetzt büßen für unsere Sünden. Ich z. B. habe einen hochbegabten Habilitanden. Natürlich hat er keine Chance, da jetzt überall Frauen genommen werden.« – Die Zahl der weiblichen Lehrenden in höheren Positionen ist seither weiter rückläufig.
2. Ich wurde von den freundlichen Veranstalterinnen gebeten, für die Publikation nicht den Quotierungstext auszuarbeiten, sondern einen Beitrag zu Marxismus-Feminismus zu verfassen, weil das Thema jetzt wirklich grundsätzlich angegangen gehöre. Ich tat es.

Zweites Zwischenspiel

Ende April 1994 beraumte der Deutsche Bundestag eine Gleichstellungsdebatte an. Natürlich sollte es dort nicht um Grundsätzliches gehen, eher um eine Art Zwischenbilanz und weitere Empfehlungen für den Weg in die Gleichstellung der Geschlechter. Das Thema wurde auf die Mittagspause gelegt, sodass fast alle Abgeordneten und auch die Presse zu einem Imbiss verschwanden. Bis heute weiß man nicht, was eigentlich die wenigen Verbleibenden da besprachen; allerdings gibt es auch keine Spannung, die etwaige Nachforschungen beflügeln könnte. Auf dem Kampfplatz der Geschlechterverhältnisse herrschen eigentümliches Desinteresse, Langeweile und Niederlagen für das weibliche Geschlecht immer noch.

Die Problematik

Das Quotierungsverlangen ist ein Paradox. Es fordert Gleichstellung unter Gleichen im Namen von Gleichheit, muss also Ungleichheit voraussetzen und im Namen von angeblicher Gleichheit auszugleichen streben. Es stößt dabei unweigerlich auf den paradoxen Konsens, dass Gleichheit ohnehin gegeben ist, da sie im Grundgesetz steht, und zugleich, dass unter Ungleichen, wie es etwa Männer und Frauen sind, wahre Gleichheit weder möglich noch anzustreben ist. Für jede Art von Gleichheitspolitik ist das ein scheußlicher Zustand, weil hegemoniale Zustimmung zu solcher Politik kaum erreichbar sein wird, weder bei den schon Gleichen, den Männern, noch bei den Ungleichen, den Frauen.

Ich möchte im Folgenden hinter einigen Paradoxien im Quotierungszusammenhang andere Problematiken unserer westlich industrialisierten Gesellschaften aufschließen. Mein Ziel ist es, Vorschläge zu machen, in welchem gesellschaftlich umfassenderen Kontext das Quotierungsverlangen durch Überschreitung konsensfähig gemacht werden könnte.

Historischer Hintergrund

In Deutschland gehen die politischen Quotenkämpfe schon jahrzehntelang. Solche Formulierung ist im Grunde nicht ganz zutreffend, denn es wird nicht mehr wirklich gekämpft. Ein historischer Einschnitt war zweifellos 1984, als die neue Partei der Grünen für Aufregung im Parlament sorgte durch Quotenregelungen, die in der Tat fünfzig Prozent betrugen und beim Sprecherrat gar die 100-Prozent-Marke erreichten. Das politische Feminat, an das kaum jemand ernsthaft geglaubt hatte, wurde für kurze Zeit Wirklichkeit. Diese Initiative der Grünen war zugleich auch gedacht als eine Art Herausforderung an die Frauen in den anderen Parteien, initiativ zu werden. Und so war das Jahr 1988 dann ein weiterer Einschnitt, weil hier in eher traditionellen höheren politischen Gremien der SPD erstmals Selbstverpflichtungen auftauchten, die mehr Beteiligung von Frauen sicherstellen sollten, und sogar mit ihrer Umsetzung begonnen wurde. Der Sturm, der damals durch den Blätterwald ging, war berechtigt. Er zeigte sofort, dass es hier ums Ganze ging, um das Mark der Gesellschaft, und dass solche Entscheidung in der SPD nur ein Vorbote war.

Trotz des heißen Beginns der sozialdemokratischen Quotierungsbemühungen, die von Anfang an öffentlich waren und Teil widerstreitender intellektueller Arbeit, lässt sich rückschauend konstatieren: Wir sind in Deutschland wenig weitergekommen. Im Gegenteil: Öffentlichkeitsarbeit am herrschenden Frauenbild orientiert zurück nach vorn[59]. Die neue Frau ist selbstbewusst, aber nicht wegen ihres Einflusses im Politischen, sondern wegen ihres Sexes.

59 Man wird verblüfft feststellen, dass auch 2008 noch ganz ähnliche Kämpfe gefochten werden und ähnlich argumentiert wird. Es bleibt notwendig, hier grundlegend Klarheit zu gewinnen.

Drittes Zwischenspiel: Die neue Frau

Im März 1994 organisierten Frauengruppen und -organisationen aus dem alten Westen Deutschlands und dem neuen Osten bundesweit gemeinsam einen großen Frauenstreik. Trotz vielfältiger Kleinarbeit und des Werbens um Öffentlichkeit, Echo, Unterstützung hat die große Presse ihre Mitarbeit weitgehend verweigert. Wo sonst einige wenige ausreichen, um eine Pressemeldung auszulösen, gelingt es hier kaum, im Nachhinein wenigstens festzustellen, wie viele Tausend eigentlich auf die Straße gingen und was danach kam. Dabei war diese Initiative zugleich gemeint als eine Art öffentlicher Warnung, Ausdruck von Stärke und Sammlungsbecken für Künftiges. (Später hat sich aus dieser Initiative eine Frauenpartei gegründet, die ebenfalls kaum Medienaufmerksamkeit erregte.)

Werfen wir einen Probeblick in eine dem Anspruch nach progressive Wochenzeitung (*Die Woche*, gegründet 1993 – wir hätten hierfür auch den *Spiegel* nehmen können, nur wenige Wochen später). Auf der gesamten Titelseite und einer weiteren Seite im Innenteil (7. April 1994) gibt es dort, in einer Art verspäteter Nachauswertung des Frauenstreiks, Konsens über die Rolle der Frau in Gesellschaft:

> »Die Lila-Latzhosen-Veteraninnen, mittlerweile in die Wechseljahre gekommen, treten auf der Stelle. Seit den frühen 70er Jahren verharren sie in einer pubertären Anti-Mann-Haltung, lamentieren über die generelle Opferrolle der Frau und protestieren in ›lila Pausen‹ gegen Männermacht. Eine nahezu wirkungslose Strategie, wie jüngst der selbst von wohlwollenden Frauen belächelte ›Internationale Frauenstreiktag‹ gezeigt hat. Der zähe Kampf für mehr Gleichberechtigung hat die Müttergeneration verbissen und jammerlappig werden lassen. Mit der Konsequenz, dass der Begriff Feminismus fast Schimpfwortcharakter hat und Synonym ist für ungeliebt, unbefriedigt, unausgefüllt. Bei jungen Frauen löst das Berührungsängste aus.«

Der Artikel, der übrigens von einer Frau (Andrea Lepperhoff) geschrieben wurde, streitet u.a. gegen Susan Faludis Analyse zum Backlash, vor allem aber um einen neuen Konsens über die »neue Frau«. Nach dem Urteil über die »alte Frau« der Siebziger lässt sich leicht ausmalen, was das Neue ist. In der Zeitung zusätzlich illustriert durch ein Pin-up-Girl erfahren wir: Die neue Frau hat vor allem ein sexiges Selbstbewusstsein. Sie will Macht, Geld und Spaß, Genuss und Lust. Sie nimmt sich, was sie will. Sie verzichtet selbstverständlich ganz und gar auf gesellschaftliche Eingriffe, Taten, Entscheidungen, Partizipation. Wo Fragen einer lebenswerten Gesellschaft hätten thematisiert werden müssen, etwa: Gerechtigkeit, Fragen der Ökologie, der sozialen Verträglichkeit, der Politik, der Kriege oder auch der Geschlechterverhältnisse, gähnt in den sonst sehr wortreichen Artikeln eine Leere. Dies alles ist wie eh und je nicht Sache der Frauen, nicht »ladylike«, oder »babe-like«, wie die neuen »Feministinnen« angeblich sein wollen. Der Köder und einziges Zugeständnis an das weibliche Geschlecht ist: Sie soll selbst auch Lust haben und nicht nur geben. Die Methode: Spaltungslinien werden gezogen zwischen jung und alt, gebärfähig und in den Wechseljahren, Politik und Sex bzw. Frust und Lust, grauhaarig vs. blond und jammerlappig, verbissen vs. genussvoll und Sexappeal. Fazit: Die Zukunft der Frauen steckt in ihren Körpern, nicht in der Politik.

Die Ethik der Quote

Die Sexfrage ist ganz offensichtlich schon quotiert, sodass der Sprung zurück zur Quotierungsfrage etwas groß ist, wie auch der zwischen den Sprachen, die in den jeweiligen Feldern verwandt werden. So begann der eben vorgestellte Artikel mit dem Ausruf: »Pumpt die Titten hoch«, während ein Satz zur Quote sich etwa folgendermaßen anhört: »Quotierung ist eine politische Rechtsformel, in die sich dieser Verallgemeinerungsanspruch (der Teilhabe an Gesellschaft, insbes. Politik- und Erwerbsbereich) zusammenfassen und offensiv vertreten lässt.« (Raasch 1989, 49)

Beim Sprechen über die Quote bleibt das Unbehagen bis in die Wahl der Worte. Ganz offensichtlich ringt die Erarbeitung von Konsens über die Unbilligkeit der Quote auch mit sprachlich erzeugtem Missbehagen. Wir sind es gewohnt, abschätzige Worte zu hören, wenn Männer oder auch Frauen über Frauen urteilen, die sie nicht leiden können. Im Quotenkontext verwandeln sich auch geschätzte und gelobte Frauen in eigentümliche Sprachfiguren. So kann man von einer Frau sagen, sie sei keine »Quotilde«, keine Quotistin, sie brauche die Quotenförderung nicht, denn noch sei sie von Quotisis nicht befallen usw. »Positiv« bedeutet dies: Sie kann etwas, ist Fachfrau, arbeitet wie ein Mann. Das ungesprochene Echo im Hintergrund gibt zu verstehen, dass Frauen an sich nichts können, fachlich schon gar nicht, und vor allem nicht arbeiten wie ein Mann. Daraus folgt als selbsttätiger Schluss, den ein jeder und eine jede leicht ziehen kann, dass eine Quote für die Besetzung von Entscheidungsgremien in Wirtschaft, Politik, Wissenschaft, von allen Arbeitsplätzen, vor allem von qualifizierten, eine Art Umsturz der vorhandenen Werte ist. Wo Mann war, soll Frau sein – das kann nicht gutgehen.

Insofern ist es nicht allzu verwunderlich, dass es eine philosophische Diskussion darüber gibt, ob Quoten eigentlich ethisch überhaupt begründbar seien. Sie entbrannte in den USA übrigens schon in den siebziger Jahren. Dieser Umstand zeigt – wie vieles andere –, dass es beim Quotenproblem nicht um ein kleines Verteilungsproblem geht. Eigentümlicherweise handeln Fragen, die die Geschlechter betreffen, immer sogleich von Moral, und bei der Positionierung von Männern und Frauen sogleich von der Gesamtfrage nach der Gesellschaft, in der wir leben wollen, die wir für eine gerechte und gute Gesellschaft halten. Wir schließen vorweg: Offenbar widerstreitet die Quote der bisherigen Einrichtung von Gesellschaft.

Nehmen wir als politische Detektivinnen zur Kenntnis, was die Ethiker, Philosophen beiderlei Geschlechts, die sich also mit der Frage nach der Begründbarkeit von Moral beschäftigen, zu unserer Frage nach Quotenpolitik zu sagen haben. Belehrt aus vielen Jahren Geschlechterpolitik erwarten wir eigentlich nicht, dass eine solche Frage abstrakt, allgemein, universell entschieden werden kann, sondern dass Parteilichkeit der Geschlechter zu gewärtigen ist. Das ist aber nicht der Fall. Diskussionen im Felde der Ethik finden auf einem solch hohen Abstraktionsniveau statt, dass es unwichtig ist, welches Geschlecht gerade spricht. Man streitet hin und her, ob Frauen tatsächlich durch Quoten kompensatorisch Wiedergutmachung zu leisten wäre, obwohl der Netto-Nutzen der Männer kaum nachzuweisen ist. Der erstaunlichste Befund aber ist: Diejenigen, die Quoten für moralisch berechtigt halten, haben dafür Argumente, die keineswegs als progressiv empfunden werden können. Und umgekehrt: Diejenigen, die sich gegen eine ethische Begründbarkeit entscheiden, tun dies mit auch für mich, die ich für die Quotierung streite, nachvollziehbaren Gründen.

Ich fasse beispielhaft zusammen: Eine Professorin der Philosophie[60] findet, Quoten seien gerechtfertigt, Männern geschehe mit ihnen kein Unrecht, weil es ohnehin kein Recht auf einen Arbeitsplatz gebe. Ein anderer[61] findet Quoten gerecht, weil zuvor ungerecht war, dass Qualifikation (deren Nichtvorhandensein so bei Frauen unter der Hand vorausgesetzt wird) überhaupt zum Maßstab für Entlohnung genommen werde. Die Entlohnungsfrage hält er für den entscheidenden Einsatzpunkt bei der Quote. Wieder ein anderer[62] ist für die Quote, weil er annimmt, dass Diskriminierte für das Gleiche mehr arbeiten müssen und er prinzipiell für eine Anbindung von Belohnung an geleistete Arbeit plädiert usw.

Umgekehrt argumentieren die Gegnerinnen der Quote bzw. ihrer ethischen Begründbarkeit damit, dass nicht Einzelne, die von der Quote profitierten, am Gruppenschicksal bzw. seiner Kompensation gewinnen sollten. Eine Philosophin[63] fürchtet mit nachvollziehbarer Argumentation

60 Judith Jarvis Thomson vom MIT in Cambridge/Mass. in ihrem Artikel über »Bevorzugung auf dem Arbeitsmarkt« (1973).

61 Thomas Nagel von der New York University (1973).

62 James Rachels von der University of Alabama (1978).

63 Lisa Newton von der Fairfield University (1973): Unter Berufung auf Aristoteles sieht sie das kostbare Gut des Rechts der Gleichen unter Ungleichen in jedem Fall gefährdet, ja zerstört, gleichgültig, ob Frauen oder Schwarze bevorzugt oder diskriminiert werden.

den Kampf aller gegen alle, wenn das Recht der Gleichen unter Ungleichen in Bezug auf Reichtum und Begabung nicht geschützt werde. Sie buchstabiert richtig, dass die derzeit Bevorzugten ja gar keine Mehrheit sind, der gegenüber Minderheitenrechte geltend gemacht werden könnten, sondern selbst Minderheit und dass daher positive Diskriminierungen wie Quotenregelungen die ganze Gesellschaft in ein »Gerangel« zwischen »eigensüchtigen Gruppen« auflösen würden (Newton 1993, 101).

> »Jede versucht aus der zeitweiligen Beliebtheit so viel Kapital wie möglich zu schlagen, bis der ruhelose Pöbel sich auf eine andere Gruppe stürzt, die er bemitleiden kann.« (Ebd.)

Und eine weitere Ethikerin[64] plädiert gegen die Quote, weil sie bloß formale Gleichheitsvorstellungen in einer ansonsten meritokratischen Konkurrenzgesellschaft durchsetze. Die wirkliche Diskriminierung beginne bereits viel früher, etwa in der Schule. Hier aber würde eine solch enge Überwachung der Schüler nötig sein, wenn wirkliche Gleichheit verwirklicht werden solle, dass eine Güterabwägung zwingend sei. Im Ernstfall ist sie für mehr Freiheit statt mehr Gleichheit und Effizienz.

In diesem Hin und Her, in dem man ziemlich verwirrt wird, wie denn nun zu entscheiden sei, gibt es eine Stimme, die gewissermaßen ganz »unethisch« und ohne viel Wenn und Aber doch für die Quote eintritt.[65] Sie verlässt nach einigen Blicken auf das Schicksal der Frauen in dieser Gesellschaft den vorgegebenen Rahmen des ethisch Begründbaren und zieht auf das Feld des Widerstands. In ihrem Beitrag gibt es eindrückliches Zahlenmaterial. Zum Beispiel, dass in den USA 96 Prozent der Stellen mit einem Einkommen von mehr als 15 000 Dollar pro Jahr an weiße Männer gingen, die verbleibenden vier Prozent je zur Hälfte auf Frauen und Nichtweiße entfielen (Held 1993, 178). (Es bleibt übrigens hier wie bei all solchen Angaben über die Diskriminierungen von Frauen und Schwarzen unklar, zu welcher Menge eigentlich schwarze Frauen gerechnet werden.) Sie diskutiert das »Pareto-Kriterium«, welches empfiehlt, Ungerechtigkeiten nicht dadurch ausgleichen zu wollen, dass bisher Privilegierte auf Privilegien verzichten (eine sehr unpopuläre Politik), sondern dass lediglich neue Stellen mit den zuvor Diskriminierten nach einer ihrem Anteil in der Bevölkerung entsprechenden Quote besetzt werden sollen. Als Frage bleibt, mit welcher Geschwindigkeit sich unter solchen Bedingungen Gesellschaft in Richtung auf mehr Gleichheit verändern würde. Für die Wissenschaft errechnet die Autorin etwa 450 Jahre, bis Frauen in einem entsprechenden Proporz an den Universitäten vertreten seien und die gleichen beruflichen Chancen

64 Onora O'Neill vom Newham College in Cambridge (1976, 1985).

65 Virginia Held vom Cuny Center, New York.

hätten (ebd., 183). Sie schlussfolgert, dass schon an sich, aber erst recht in Zeiten abnehmenden Wachstums »Pareto-Kriterien« nichts dazu beitragen würden, »verabscheuungswürdige« Gesellschaften gerechter zu gestalten. Gerechtigkeit sei also nicht ohne Verluste zu erreichen, und es sei falsch, »den gegenwärtigen Nutznießern ungerechter Privilegien weiterhin zu erlauben, andere ungestört zu Opfern zu machen« (ebd., 187). Selbst wenn bei einem Umsturz nichts wirklich Besseres herauskäme, sei eine solche Niederlage der sicheren Niederlage nach den »Pareto-Kriterien« schon aus Selbstachtung vorzuziehen.

Der Beitrag ermutigt, die wichtigste Frage der Ethik in diesem Kontext zu stellen, die allerdings in allen in dem hier behandelten Buch (Rössler 1993) versammelten Aufsätzen ausgelassen ist: Ist es eigentlich ethisch begründbar, die weibliche Hälfte der Menschheit aus der politischen Regulierung von Gesellschaft, in der sie gleichwohl lebt, auszuschließen? Oder anders: Müsste es nicht die zentrale Frage einer politischen Ethik sein, wie Politik als Geschäft eines Geschlechts konzipiert werden konnte und was das für den Bereich des Politischen bedeutet?

Quotierung und Hegemonie

Kommen wir zurück zur aktuellen Quotierungspolitik. Schließlich ist ja das Problem der ethischen Begründbarkeit nicht einfach bloß Gegenstand von Reflexion einiger weniger Philosophieprofessorinnen, sondern ebendiese Fragen und Antworten sind Dimensionen von Hegemonie und Konsens. Es handelt sich bei solchen Diskussionen also um die Frage, wie Zustimmung in größerem Umfang innerhalb der gegebenen Gesellschaft für eine bestimmte Politik – hier die der Quote – zu erzielen ist. Auch müsste so die Lösung für das Rätsel gefunden werden können, warum so viele Frauen sich der Quote gegenüber reserviert verhalten, ja, selbst wenn sie politisch dafür zu sein behaupten, immer noch darauf bestehen, dass sie selbst natürlich keine solchen Quoten-Geschöpfe sind, dass sie es nicht nötig haben, sondern für andere, Schwächere streiten.

Die Quotenfrage bleibt ein Paradox. Die Zustimmung zu ihr ist nicht allgemein. Die Gründe für ihre Ablehnung leuchten uns ein, die für ihre Zustimmung unter Umständen nicht usw. Und wenn wir selbst schon in dieser Weise zerrissen sind (jede kann bestimmt eine Geschichte über eine Begebenheit erzählen, bei der es ihr schwerfiel, der konkreten Frauenbevorzugung zuzustimmen), bleibt, dass Quotenpolitik eine halbherzige Sache, eine fragwürdige Politik ist, ein Zugeständnis an den Zeitgeist, der in seiner Wende weiteren Gegenwind bläst.

Ich formuliere als These: Dass Quotenpolitik paradox ist, hängt damit zusammen, dass die Quote, also die rechtlich gestützte Beteiligung von

Frauen an Entscheidungen, Regelungen in Öffentlichkeit und Erwerbs-Arbeitsmarkt sich nicht bloß, wie es zunächst den Anschein hat, auf ein einfaches Verteilungsproblem bezieht, es also nicht darum geht, den Kuchen gerechter aufzuteilen und dafür unsere Mathematikzellen in Bewegung zu setzen. Es handelt sich nicht einfach bloß um Chancen und Positionen in der Gesellschaft, sondern um weit mehr: um Werte, um Charakter, um die sozialen Konstruktionen von Mann und Frau, um Leistung, um Arbeit, um Demokratie, um Liebe – kurz, der Gesamtzusammenhang der Gesellschaft samt ihrer symbolischen Artikulation steht in Frage. Jener kulturelle Umbruch ist daher kaum von einem Standpunkt innerhalb des herrschenden Moralsystems begründbar, sondern nur negativ, kritisch, von einem Standpunkt außerhalb.

Daraus folgt, dass eine Quotenpolitik in der berechtigten Forderung nach Quoten jeweils den Gesamtzusammenhang studieren muss, in dem Quoten selbst als ungerecht erscheinen. Hier handelt es sich zumeist um die drohende Preisgabe oder Infragestellung von »Fortschritten aus Jahrhunderten«, zumeist aus der Französischen Revolution, damit Frauen weniger Diskriminierung erfahren. Anerkannt Hohes steht auf dem Spiel. Im Anschluss gilt es, Forderungen so zu formulieren, dass die Bedingungen fragwürdig werden, unter denen die Quote als falsch erscheint, als Verlust an Freiheit, Gleichheit und »Brüderlichkeit«. Politik muss sich hier somit auf den Umbau von Gesellschaft, auf einen neuen Gesellschafts- und Geschlechtervertrag orientieren. Damit dies weniger allgemein und plakativ bleibt, möchte ich es im Folgenden an drei Beispielen vorführen.

Das Leistungsproblem und die Verteilung von Arbeit als Sozialisationseffekt

Eines der schlagenden Argumente im Quotenabwehrkampf ist das meritokratische, welches das Problem allgemein verständlich unvermittelt ins Gesellschaftsganze zieht. »Wollt ihr etwa«, so ruft es aus den Medien, »indem ihr Frauenquoten einführt, ganz und gar auf Leistung als Auswahlkriterium verzichten? Geschlecht vor Leistung stellen?« Vor dem inneren Auge reihen sich Unmengen qualifizierter und leistungsbereiter Männer mit hängenden Köpfen, denen unvermittelt leistungsschwache Frauen vorgezogen wurden. Auch dieses Argument kann mit weiblicher Zustimmung rechnen. In einer Gesellschaft, in der immer schärfer um Arbeitsplätze konkurriert wird, fallen uns schnell weibliche Personen ein, die wir für nicht sehr gut qualifiziert halten, und Männer natürlich, denen wir Großes zutrauen.

Solche Meinungsanrufung erhält ihre Zustimmung aus einem doppelten kulturell-ideologischen Effekt. Zunächst aus dem Glauben, es würden tatsächlich in unseren Gesellschaften Plätze nach Leistung vergeben. Ein Blick auf unsere Politiker sollte uns eigentlich schnell eines Besseren belehren.[66] Für die Mehrzahl der Bevölkerung ist die Leistungswährung lediglich eine Art Köder, der sie im Rennen halten, sie motivieren soll, sich anzustrengen und im Zweifelsfall die misslungene Karriere für eigenes Versagen zu halten und nicht für ein strukturelles Problem. Das heißt auch, dass in Zeiten von Wirtschaftskrise und zunehmender Arbeitslosigkeit die Leistungsideologie den Effekt hat, soziale Unruhe zu schlichten und in individuelle psychische Krisen zu wenden.

Der zweite kulturell-ideologische Effekt kommt aus dem auch weiblichen Vorurteil, Frauen leisteten tatsächlich weniger als Männer. In einer qualitativen empirischen Untersuchung (Haug/Wollmann 1993) kamen wir u. a. zu dem Resultat, dass Frauen in weiblicher Vergesellschaftung lernen, ihre eigenen Taten insgesamt nicht unter dem Kriterium von Leistung abzubilden und daher fast widerständig das allgemeine gesellschaftliche Vorurteil, Frauen leisteten im Grunde nichts, stärken.

Dass ich das Problem als kulturell-ideologisch bezeichne, heißt nicht, dass es nicht real und handfest ist. Der weiblichen Zustimmung zur eigenen Leistungslosigkeit entspricht eine männliche Selbsteinschätzung als leistungsstarkes Geschlecht. Günstigerweise stimmt sie mit dem dominanten Herrschaftsmuster oder der dominanten Kultur, welche Zustimmung zum Gesellschaftsganzen und seiner Regulierung herstellt, überein.

Aber was ist bzw. was bezeichnen wir als Leistung? Nach einigem Überlegen lässt sich sicher Übereinstimmung erzielen, dass wir als Leistung die Verausgabung von allen Kräften bezeichnen. Dies geschieht noch ohne Bezug darauf, ob es auch sinnvoll und nützlich ist, solches überhaupt zu tun.[67] In dieser Hinsicht ist Erwerbsarbeit unter entfremdeten Bedingungen objektiv immer eine Leistung, wenn sie rückhaltlos geschieht. Es ist konsequent, dass Frauen selbst eigene Erwerbsarbeit nicht als Leistung erfahren. Sie machen nämlich »Rückhalte« – für den Haushalt, die Familie und sonstige notwendige Aufgaben, die ihnen zuhauf zufallen. Und hier werden ihnen auch Leistungen billig zugestanden.

66 Ganz eindrücklich ist es hier, sich die Thesen von Bourdieu über die Reproduktion der Eliten ins Gedächtnis zu rufen. Er vertritt die Auffassung, dass die oberen Plätze in unseren Gesellschaften nach mindestens drei Kriterien vergeben werden: nach Geld, nach Herkommen bzw. Seilschaften, also politischer Macht, nach kulturellem Kapital. Erst innerhalb solcher Gruppierungen/Familien kommen Leistungskriterien zur Geltung. Das soll heißen, dass da, wo eine kapitalkräftige Familie mehrere Söhne hat, sie vermutlich die oberste Stelle an den besten von ihnen (im Leistungssinn) vergeben wird.

67 Ende August 1994 berichtete ein Kommentator in den Nachrichten voll Zorn über die verlorene Weltmeisterschaft, dass man hätte messen können, dass die deutschen Fußballer bei den letzten Spielen teilweise nur 75 Prozent ihrer Leistungsfähigkeit genutzt hätten. Die Nation hätte 100 Prozent von ihnen verlangt, wenn es schon der eigene Geldbeutel nicht tat.

Um gegen die Redeweise *Quote statt Leistung* oder *Geschlecht geht vor Leistung* vorzugehen, wäre mithin kaum etwas verfehlter, als auf die Leistungsstärke von Frauen hinzuweisen. Sie glauben es selbst nicht; Leistung ist eine fragwürdige Sache, und die Gesellschaft ist nicht meritokratisch. Für die Mehrheit der Plätze ist das Leistungsargument ideologisch. Wir gingen also in eine dreifache Falle.

Dabei ist ganz offenkundig, dass die Ausrufung der meritokratischen Gesellschaft gegenüber anderen, früheren Formen ein wirklicher zivilgesellschaftlicher[68] Fortschritt war und daher zu Recht auch Verteidiger findet und ein Echo in unseren Herzen. Die Vorstellung, dass nicht einfach Geld, Besitz, Adel und Familie über das Fortkommen in Gesellschaft schicksalhaft bestimmen, sondern die Individuen jede(r) für sich etwas dazu tun können, ist eine Voraussetzung für Gleichheit, Freiheit und Brüderlichkeit. Es gilt also nicht, Leistungszuschreibung gerecht zu gestalten, sondern umgekehrt, das im Leistungsbegriff Verschluckte und Mitgemeinte, welches überhaupt Zustimmung ermöglicht, herauszuarbeiten. Aufs Kürzeste zusammengezogen scheint mir dies der Wunsch und die Bereitschaft zu sein, sinnvoll produktiv tätig zu sein. Die neue Artikulation bindet unsere Taten an gesellschaftlichen Sinn, grenzt ab gegen Nichts-Tun, nimmt uns selbst auf als selbstbestimmte Subjekte in solchem Prozess. Plötzlich wendet sich der Diskurs aus dem Gerede über die Unlust und Minderfähigkeit von Frauen in die Forderung nach sinnvoller Arbeit und nach der Einbeziehung aller Arbeit, die gesellschaftlich nützlich ist, in die Diskussion um Arbeit und ihre Bedeutung. Auch wird der Blick frei auf jene Dimension der naturwüchsigen Reproduktion männlicher Erwerbsplätze insbesondere in den hohen Rängen, die die Quote überhaupt erst als Regelungsinstrument nötig macht: die Nichteingliederung unzähliger von Frauen geleisteter Arbeiten in die gesellschaftlich anerkannte Gesamtarbeit.

Über die Natur der Frauen – Unterstützung der Quotengegner durch Feministinnen

Zweifellos war die Proklamierung von Gleichheit und ihre beginnende Durchsetzung ein Fortschritt der bürgerlichen Gesellschaft, hinter den zurückzuschreiten töricht wäre. Die Quotierungsbewegung gehört zu jenen späten Nachholbewegungen, welche die noch immer nicht eingelö-

68 Ich benutze den Terminus *Zivilgesellschaft* im Sinne von Gramscis *società civile*. Gemeint ist jener Raum der politisch-ethischen Gesellschaft, in der weder mit militärischer Gewalt noch mit ökonomisch-strukturellen Zwängen allein regiert wird, sondern Zustimmung der Regierten organisiert werden muss. Die zivilgesellschaftliche Ebene ist ebenfalls jene, auf der hier um Quotierung gestritten wird.

sten Versprechen der Französischen Revolution auch für Frauen verwirklichen wollen. Tatsächlich begann ja auch die letzte Frauenbewegung Ende der sechziger Jahre damit, Gleichheit für Frauen auf allen Ebenen zu fordern. Aber bald schon zergliederte sich die Bewegung, der größere, schnell wachsende praktisch-politische Teil konzentrierte sich auf Kampf gegen Gewalt und Patriarchat im Ganzen, ein weiterer, kleinerer Teil »akademisierte« sich. In diesem sich stets weiter entfaltenden Feminismus wurde schnell erkannt, dass im Gleichheitspostulat auch von Ungleichheiten abgesehen wurde, auf die es Frauen vielleicht ankam. Die vorgestellte Gleichheit wurde als ein Synonym für Männlichkeit entdeckt, sodass Frauen diese Stufe entweder niemals hätten erreichen können – wie bei Kohlberg[69] nicht die obersten Stufen der Moral – oder in der Anstrengung, wie Männer zu werden, auf spezifisch weiblich Erworbenes verzichten, Rechenautomaten anstelle von Seele und Herz einsetzen müssten. Der Differenzgedanke, ohne den man sich heute in Frauenforschung kaum noch ernsthaft äußern kann, wurde aktualisiert. Indem er sich zugleich gegen die Verfechterinnen von Gleichheit richtete, streifte er zum Teil mit den problematischen Gleichmachergedanken aus der linken Ecke der Frauenbewegung auch die Ankopplung an gesellschaftliche Emanzipation ab und wurde so ein Einfallstor für Projekte, die auf der Annahme eines weiblichen wesensmäßig Anderen basieren. So kommt es, dass die Verfechter des bisherigen Patriarchats in ihrem ideologischen Kampf selbst noch mit Vorstellungsdimensionen aus der Frauenbewegung zu ihren eigenen Gunsten arbeiten können.

Dabei hat der Differenzgedanke durchaus wichtige Elemente und nachvollziehbare Argumentationen zum Ausdruck gebracht, ohne die auch Gleichheitspolitik an Sinn und Kraft verlieren würde. Die lange Geschichte der Unterwerfung von Frauen, ihrer Ausgrenzung, ihrer Ausschließung aus den Geschäften von Macht und Geld und ihrer Zuweisung zu den Bereichen der liebenden Sorge für das Leben selbst hat weibliche Sozialcharaktere zumindest der Norm nach entstehen lassen, die zugleich Hoffnung auf eine Gesellschaft versprechen können, die nicht ausschließlich nach Profitgesetzen geregelt ist. Nicht zuletzt dieser Umstand hat dazu geführt, dass innerhalb der Frauenbewegung auf die Andersartigkeit von Frauen gesetzt wird, dass Gleichheit oder Gleichstellung gar keine notwendigen Ziele zu sein scheinen.

Diese selbstbewusste Ausschließung von Frauen, der Rückzug aus der Verantwortung für eine Gesellschaft, an deren Strukturen sie so ungleich beteiligt sind, zeigt sich jetzt im Abwehrkampf gegen die Quote als ein geradezu mit Lust besetztes Argument der Rechten. Die Diskurse der Differenz,

69 Vgl. Kohlberg (1981/84); kritisch dazu Gilligan (1984) und F. Haug (1990).

so sie gegen Gleichheit gerichtet sind, lassen sich für die Kampagne gegen Frauen benutzen, wenn sie nicht selbst in ein Konzept befreiter Gesellschaft eingebunden sind.

Es ist lehrreich, die Argumente in den Quotenabwehrkämpfen genau zu studieren. So ist es z.B. in großen konservativen Zeitungen (wie der FAZ), aber ebenso in linken (wie der *taz*) sehr beliebt, auf den hässlichen, kalten, rationalen Charakter der Quotenforderungen hinzuweisen. Schließlich geht es um Proporz, um Prozentzahlen, um Statistik und Mathematik, lauter Kältestrom, mit Ernst Bloch zu sprechen, der doch den für Wärmestrom verantwortlichen Frauen nichts Gutes antun kann. Die Quote ist also unweiblich. Und ihre Einklagung im Namen von Gleichheit beruht auf einem Missverständnis. Es handelt sich um statistisch bestimmte Begriffe von Gleichberechtigung und Repräsentation. Dagegen steht lebendige Demokratie.

Im Sinne einer Politik, die sich um Hegemonie müht, schlage ich vor, solche Überlegungen nicht einfach als lächerlich abzutun. Im Zeitalter umfassender Nutzung wissenschaftlich potenzierter Produktivkräfte, in dem die durchschnittlich notwendige Arbeitszeit enorm verkürzt werden kann, ohne dass die Gesellschaften ärmer werden, ist es an der Zeit, über die Gleichheitsvorstellungen vom Ende des vorvorigen Jahrhunderts hinauszugehen. Es geht jetzt darum, für alle gleiche Chancen zu erstreiten dafür, dass Ungleichheit gelebt werden kann, ohne in Unterwerfung, Marginalisierung, verkürzte Lebensmöglichkeiten, Armut, Ausbeutung, weniger Zeit und Raum für Entwicklung und weniger Handlungsfähigkeit – und dazu gehört selbstverständlich auch Partizipation auf allen Ebenen der Gesellschaft – zu münden. In dieser Weise ist das Argument von der Andersartigkeit der Frauen, ihrer anderen Qualifikation, ihrer anderen Leistung, die sie angeblich für die Beanspruchung der Hälfte von Gesellschaft ungeeignet machen, auf einem Umweg gerade das Argument für die Quote, weil nur durch solch formale Weichenstellung die Ungleichen am gesellschaftlichen Ganzen partizipieren können.

Auch ist das Misstrauen gegen herrschende Wissenschaftlichkeit berechtigt, seine Indienstnahme gegen eine Beteiligung von Frauen jedoch nicht. Es wird u.a. darum gehen, Vernunftkritik zu betreiben, eine andere Wissenschaft anders für die Zwecke von Menschen einzusetzen (vgl. List 1993, Harding 1990).

Darüber hinaus ist der doch auf formeller Gleichheit taktisch insistierende Kampf um die Frauenquote auch deshalb notwendig, weil er gewissermaßen stellvertretend für andere Ungleiche mitgefochten werden muss. Umgekehrt legitimiert die Beibehaltung und Einwilligung in Frauenunterdrückung Unterdrückungsstrukturen überhaupt. Was bislang bloße Vermutung war, wird im Medienkampf gegen die Quote offen ausgesprochen[70]: Die Frauenbenachteiligung sorgt gesellschaftsweit dafür, dass auch andere Ungerechtigkeiten als »natürlich« wahrgenommen werden können – so die Marginalisierung von Alten, von Jungen, von Ausländern, von Homosexuellen. Selbst Klassengegensätze können noch als »natürliche« und interessante Ungleichheit gesprochen werden. Auch diese Gliederung der Gesellschaft gerät durcheinander, wenn mit der Vermenschlichung der Frauen erst ein Anfang für eine allgemein-menschliche Gesellschaft als Projekt ihrer ungleichen Mitglieder gemacht ist.

Wissenschaft und Vereinzelung

Eigentümlicherweise wird die Frage der Beteiligung der Frauen an allen Positionen des öffentlichen Lebens niemals im Zusammenhang mit dem wissenschaftlich-technischen Zeitalter positiv diskutiert. Wissenschaft taucht stattdessen überall dort auf, wo Kälte angezeigt sein soll: vornehmlich im kollektiven Anspruch von Frauen in einer Gesellschaft, deren Zusammenhalt und Reproduktion gerade in der Vereinzelung – zumeist euphemistisch »Individualisierung« genannt – ihrer Mitglieder hergestellt werden muss. Eine weitere Lehre aus der Analyse des Kampfes gegen Quotierung ist mithin, dass hier kollektive Zusammenschlüsse als Einbruch in die landesübliche Vereinzelung verhindert werden sollen. Soweit Frauenunterwerfung auch Vereinzelung bewirkte, war sie ein wichtiges Mittel gegen jede kollektive Lösung, stützte die private Vereinzelung der schon kollektiv vergesellschafteten Männer. Eine Gefahr für die bestehenden Gesellschaftsstrukturen, so können wir schließen, liegt in der wissenschaftlichen Durchdringung, die das Kollektiv ermöglicht, vielleicht erzwingt. Denn im Grunde geht es bei der gesamten Quotierungsdebatte um eine kollektive anstelle einer individuellen Auslegung dessen, was wir die »Repräsentation des Volkes« zu nennen gewohnt sind. Was befürchtet wird, ist, dass sich die einzelnen Frauen nicht mehr als Einzelne begreifen.

Bis hierher bestünde also ein politischer Nutzen des Kampfes um die Quote darin, dass sie – neben dem proklamierten Ziel einer größeren Beteiligung von Frauen an allen gesellschaftlichen Positionen und vor allem in der Politik – sowohl die Leistungsideologie als auch die Vereinzelung in Bewegung bringen kann. Die Einsetzung von Frauen in allgemeine Gesellschaftlichkeit lässt Gesellschaft als allgemeine am Horizont der Möglichkeiten auftauchen. Damit steht die lange umkämpfte Verbindung von Arbeiterbewegung und Frauenbewegung wieder, wenn auch neu und anders, auf der Tagesordnung. Der moderne Abgesang auf die Arbeiterbewegung verbindet

70 Vgl. vor allem meine sorgfältige Analyse in »Gleichstellungskämpfe in der BRD. Medienanalyse«, in: F. Haug, 1996, 46–70.

sich mit dem Kampf gegen die Frauenquote und rückt damit die aktuellen Krisenprobleme von Arbeitslosigkeit, Arbeitsorganisation, Arbeitszeitpolitik, Verwissenschaftlichung der Produktion, Gewerkschafts- und Parteipolitik und neuem Gesellschafts- und Geschlechtervertrag zusammen mit der Frauenunterwerfung in einen explosiven Zusammenhang.

Das Hausfrauenproblem und der Gesellschaftsvertrag

Bloß analytisch betrachtet, beruht die Forderung nach einer Beteiligung der Frauen an allen Geschäften gemäß ihrem Anteil in der Gesellschaft (also etwa 54 Prozent) auf einer Ignoranz gegenüber der Gesellschaftsstruktur. Soweit dies von der Wirtschaftsweise her überhaupt machbar wäre, bringt die vollständige Einsetzung der Frauen in der Erwerbsarbeit – wie uns die ehemaligen staatssozialistischen Länder lehrten – eine ebenso vollständige Überlastung der Frauen, die wiederum dazu beiträgt, sie in den unteren Positionen der Erwerbsstruktur anzusiedeln. Wie wir inzwischen aus der ehemaligen Sowjetunion wissen, führten siebzig Jahre sozialistische Revolution zu einer 97-prozentigen Berufstätigkeit der Frauen und einem bis zu 16-stündigen Arbeitstag, wenn man die zweite Schicht zu Hause und in den Schlangen vor den Lebensmittelläden dazurechnet. In der Ex-DDR war die ökonomische Lage nicht so schlecht, daher umfasste der Arbeitstag der Frauen (mit Kindern) nurmehr etwa zwei bis vier Stunden Hausarbeit zusätzlich, und wieder sehen wir in großer Selbstverständlichkeit die Reproduktion des Patriarchats auf der politischen Bühne. Insofern kann die Forderung nach einer Frauenquote wirkungsvoll nur im Zusammenhang mit einer rigorosen täglichen Arbeitszeitverkürzung für alle auf dem Sektor der Erwerbsarbeit gestellt werden.

Wenngleich die Anzahl derjenigen, die mit der Minderwertigkeit der Frauen und dem wohlverdienten Recht der Männer argumentieren, im Quotenabwehrkampf überwiegt, gibt es doch auch plötzliche Einsichten in die Kehrseite von Quotenrecht und männlicher Selbstbehauptung. Wenn nämlich Frauen in die bislang von Männern ganz oder hauptsächlich besetzten Räume ziehen, so ist das nicht nur ein Problem für die dort plötzlich in noch größerer Konkurrenz stehenden Männer und daher ungerecht gegen sie: Frauen kommen nicht aus dem Niemandsland, und so fehlen sie dann auch dort, wo sie herkamen. In den Worten eines FAZ-Kommentators: Wir müssen die Entmenschlichung der Gesellschaft befürchten. Im Moment der Wendung, in Krisen und Brüchen erst werden die allzu gewohnten Strukturen erkennbar und aussprechbar. Frauen besetzen die Plätze, die im »Jeder gegen Jeden«, in Konkurrenz und Profit, in Rationalisierung und Hetze noch gerade so viel Humanität garantieren, dass Überleben überhaupt möglich ist. Oder anders: Gesellschaft, so wie sie ist, kann nur auf der Grundlage von Frauenunterwerfung, d.h. Abschiebung von Notwendigem in missachtete Bereiche, fortexistieren, will sie konkurrenzfähig bleiben. Damit das Ganze funktionieren kann, müssen unsichtbare Geister am Werk sein, die sich der Pflege und Wiederherstellung der Funktionstüchtigen und des Nachwuchses, der Ausgeschiedenen und von sonstigem Lebendigen annehmen. Sie tun all die Arbeit, die nicht der herrschenden Zeitlogik von schneller und effektiver entsprechen. Daher können sie am Herrschenden so wenig teilnehmen, wie sie als Gleiche erkannt werden können.

Kurz, die Errungenschaften der bürgerlichen Revolution sind zwar Voraussetzung für die industrielle Entwicklung der gleichen Lohnarbeiter; in ihr Fundament unsichtbar eingelassen aber sind die zeitintensiv tätigen Reproduktionsarbeiterinnen, die ebenso überlebensnotwendig tätig sind, wie sie nicht dem herrschenden Arbeits- und Zeitmotiv entsprechen. Das Ganze funktioniert wieder durch weibliche Vergesellschaftung und entsprechende verinnerlichte Werte und natürlich und vor allem dadurch, dass die Existenz eines Bereiches, in dem nicht nach Profit, Berechnung, Kalkül geleistet wird, eine Art ständige, mit Sehnsucht besetzte Utopie auch für diejenigen ist, die dort nicht tätig sind. Sie sprechen es aus: Frauen sorgen doch für die Menschlichkeit der Gesellschaft. Unabhängig davon, wie viele Kosten dies für Frauen auf allen Ebenen mit sich bringt, ist die Klage, die Quote bedeute nicht nur Gewinn für Frauen, sondern vor allem auch Verlust für Männer und Gesellschaft, im Ganzen berechtigt.

Eine realistische Quotenpolitik braucht demnach nicht nur Regeln, Leitlinien, Vorschriften, wie Frauen ein Platz in männlich besetzten Domänen gewährt werden soll, sie braucht auch eine Strategie, wie die von Frauen bislang besetzten Plätze gesellschaftlich ausgefüllt werden sollen. Da wäre zum einen eine gleichzeitige Quote für Männer zu fordern, zu erstreiten, durch Regeln, Vorschriften und Leitlinien durchzusetzen. Zum Beispiel kein Erwerbsarbeitsplatz für Männer, wenn nicht zugleich Zeit und Engagement im Reproduktionsbereich, im Sozialen und Ökologischen garantiert wird. Dass dies nicht einfach als Strafe aufgefasst wird, als eine Art Pflichtjahr oder als Dienstverpflichtung, durch die man hindurch muss wie durch die Bundeswehr, macht eine öffentliche Diskussion über die nicht qua Erwerbsarbeit erledigten Arbeiten dringlich. Sie werden dabei zugleich ihrer wirklichen Bedeutung entsprechend als gesellschaftlich notwendig und sinnvoll artikulierbar. Und es sollte deutlich werden können, dass eine allgemeine Umverteilung, eine neue Gewichtung, eine andere Anordnung gesellschaftlicher Taten überlebensnotwendig dringend ist.

Wir könnten auch andersherum vorgehen. Statt mit der Auflistung und Aufwertung von Frauentätigkeiten oder ungetanen Arbeiten zu beginnen, die uns leicht in den Geruch bringen, Florence Nightingale einen Orden verleihen zu wollen oder den Muttertag zweimal im Jahr stattfinden zu lassen, stellen wir uns die Frage global und offensiv. Was als Krise der Industriegesellschaft oder Wachstumsgesellschaft diskutiert und erfahren wird – strukturelle Arbeitslosigkeit, Erschöpfung von Ressourcen, Zerstörung und Vernichtung von Arten, das Ökologieproblem, die Verelendung der Dritten Welten –, ist Folge eines Gesellschafts- und Zivilisationsmodells, in dem die Produktion um der Produktion und natürlich des Profits wegen sich alle anderen Bereiche unterworfen hat und zum herrschenden Regelprinzip geworden ist. In dieser Unterwerfung blieben auch die zeitintensiven Arbeiten und mit ihnen Frauen in den Nischen des gesellschaftlich zwar zum Überleben Notwendigen, aber ansonsten Irrelevanten hängen. Die über Quotenregelungen versuchte Herauslösung von Frauen aus vorheriger Unterordnung löst allerdings das gesellschaftliche Problem nicht, dessen Resultat diese Marginalisierung von Frauen ist. Im Gegenteil: Eine weitere Verrohung und katastrophale Zuspitzung bisheriger Krisen wäre die alltäglich erfahrbare Folge. Ihr Donnerrollen ist zu vernehmen in Diskussionen um Pflegeversicherung, Abbau des Sozialstaates, wo es ihn gab, Ringen mit der »fatalen Neigung« von Frauen, einer Erwerbsarbeit nachgehen zu wollen, und zunehmende Sozialprobleme überall. Dieses genau zu besichtigen heißt nicht, ein Programm auszuarbeiten, wie Frauen darin bestärkt werden könnten, Heim und Herd, Haushalt, Kirche wieder stärker in den Mittelpunkt ihres Daseins zu rücken und, wenn möglich, durch freiwillige Arbeiten in Naturschutz und Altenpflege anzureichern; es heißt vielmehr, einen neuen Gesellschafts- und Geschlechtervertrag anzustreben.

Nicht Nachfrage und Angebot, nicht das Recht der Stärkeren, auch nicht die Entwicklung der Produktivkräfte, die, um sozial verträglich zu sein, mit stetem Wachstum der lokalen nationalen Wirtschaften rechnen müssen, sind ausreichende Triebkräfte, die das Ganze zum Wohle aller regeln könnten. Es geht um eine Neubestimmung und daran anschließende Verteilung gesellschaftlich notwendiger Arbeit, in welche die Frauentätigkeiten selbstverständlich einbezogen sind. Es geht um eine Unterordnung der warenproduzierenden und konsumierenden Bereiche unter die der Organisation, der Pflege und des Schutzes von Leben im umfassenden Sinn. Die Quotenpolitik bringt bei der Durchleuchtung des Widerstands, den sie hervorruft, nicht nur an den Tag, warum es überhaupt begründbaren Widerstand bei einer so lächerlich selbstverständlichen Forderung gibt. Sie stößt auch sehr schnell an die Risse und das morsche Gebälk in der jetzigen gesellschaftlichen Struktur. Indem eine einfache Quotierung der Erwerbsarbeitsplätze auch für Frauen gar nicht die Lösung für die anstehenden Probleme ist, wird der politische Kampf darum gerade über die Ablehnungen und Gegnerschaften in gesellschaftliche Bereiche vordringen, die zur Neuordnung anstehen. In dieser Weise ist die Quotenfrage die Frage nach dem Überleben von Menschheit und Erde.

Von ihrem Resultat her gedacht ist die Quotenfrage in dem genannten Sinn also im Grunde die Systemfrage. Sie setzt eine Revolution in den Bereichen der Arbeitsteilung und der gesellschaftlichen Kultur voraus. Die Quotierung unter Beibehaltung der herkömmlichen Strukturen ist demnach unmöglich. Solche Überlegungen sollten uns nicht hindern, auf allen Ebenen mit der Quotenpolitik zu beginnen, weil es keine andere Möglichkeit einer humanen Veränderung der Gesellschaft gibt. Ich würde diese Politik in paradoxen Feldern feministische Realpolitik nennen – real, weil sie mit kleinen Schritten heute und sofort beginnt; feministisch, weil sie den umfassenden Standpunkt einer Neuorganisation von Gesellschaft, in der auch Frauen aufrecht leben können, zur Perspektive hat. Die Quote ist mithin Teil des Weges, nicht das Ziel.

Gender-Mainstreaming als neuer Zauber

Von welchem Standpunkt wollen wir dann die Politik des Gender-Mainstreaming betrachten? Nicht von dem der Frauenbefreiung, von der niemand spricht – ohnehin ein altmodisches Wort. Es geht auch nicht um Frauenquoten, denn jedermann weiß ja jetzt, dass die Quotenpolitik weitgehend erfolglos war. Das neue Wort will einen Bruch mit dem Alten. Nicht mehr nur die Flicken, sondern der ganze Korb steht im Förderungskatalog. Gender-Mainstreaming macht Schluss mit den Bitten, Anträgen, kleinen Schritten. Es geht radikal an die Wurzel. Die Geschlechterfrage geht in den Mainstream. Neben dem üblichen Zögern, ob denn das Neue wirklich neu ist, ob hier »endlich die Ungerechtigkeit zu Lasten der Frauen als Verantwortung beider Geschlechter thematisiert« werde (Christina Schenk), erstmals und unwiderruflich wirksam, gilt es, den eigenen Widerstand zu überwinden, um überhaupt diesen Politikvorschlag zu diskutieren.

1. Da ist allererst das Sprachproblem. Begriffe sollen eine Sache begreifbar machen. Sie sind zum Anfassen, theoretisch und praktisch. Aber Gender-Mainstreaming? Wie eine Hecke giftigen Efeus steht um den Begriff ein Welt-Anglizismus, der zwar anzeigt, dass es sich nicht um eine nationaldeutsche, sondern um eine globale Strategie handelt, jedoch darüber hinaus nicht preisgeben will, was dahinter, darunter schimmert und gehört werden soll. Der Begriff »wurde 1995 auf der Weltfrauenkonferenz proklamiert, anschließend von der UN als Gleichstellungspolitik auf globaler Ebene bekräftigt und schließlich von der EU übernommen« (Rego Diaz). Das zeigt, es handelt sich um etwas Allgemeines und noch dazu Erfolgreiches. Aber jeder Übersetzungsversuch scheitert. Wie man »cool« nicht als »kühl«

übersetzen kann, so »Gender-Mainstreaming« nicht als »Geschlecht in den Hauptstrom bringen«, zumal das Wort selbst im Englischen unverständlich ist. Der erste Zauber besteht also im sprachlichen Ring, der vor zu viel Nähe schützt.

Rein in den Mainstream?

2. Und doch verbindet man spontan zumindest mit dem zweiten Teil des Wortes – Mainstreaming – etwas Bekanntes, und zwar wiederum etwas Unangenehmes. Mainstream, das war die Gegend, die wir unbedingt meiden wollten. Mainstream, das waren die Sieger, diejenigen, die ihre Seele und ihren Verstand verkauft hatten, um an die Privilegien derer zu kommen, die mitmachen. Befreiung von Herrschaft, Kritik und Veränderungswillen galten gewiss der Absetzung und Bekämpfung vom Mainstream. Der lange Marsch durch die Institutionen, an den das Streben nach Mainstream vielleicht erinnern könnte, meinte doch ganz anderes, meinte, dass die Institutionen besetzt werden müssten, um von innen subversiv unterwandert zu werden. So schwierig dieses Projekt war, jedenfalls war nicht intendiert, bruchlos im Hauptstrom aufzugehen. Der zweite Zauber wirkt als Gegenzauber gegen zu viel Widerstand.

Politik von oben?

3. Aber meint Gender-Mainstreaming nicht konsequente Quotenpolitik auf allen Ebenen und von Anfang an? Quotenpolitik, das war der Anspruch auf die Hälfte des Himmels und der Erde, eine geradezu bescheidene Forderung, wenn man bedenkt, dass die Frauen 54% der Weltbevölkerung ausmachen. Die Forderung war so selbstverständlich wie unrealistisch. Sie blieb bekämpfte Klage bis 1984, bis die Grünen mit einer 100-prozentigen Frauenquote ins Parlament zogen. Der Schachzug schien widersinnig und weit über das Ziel hinauszuschießen, er war zugleich bescheiden erfolgreich, da im Anschluss fast alle Parteien sich irgendwie um eine Offizialisierung des Versprechens, Frauen in nennenswertem Umfang an politischen Gremien zu beteiligen, bemühten. In sehr maßvollem Umfang tauchen Frauen seither öffentlich politisch auf, wenngleich dieser Impetus auch wieder langsam einschläft, ebenso wie die paritätische Beteiligung der Frauen bei ›grünen‹ Spitzenpositionen dem Erfolg des Joschka Fischer weichen musste. Irgendetwas in dieser Gesellschaft widerstreitet systematisch und hartnäckig der Frauengleichstellung, was offenbar anders als durch Klage, Anspruch, Demonstration oder Quote ein- und umgerichtet gehört. Der dritte Zauber besteht im Versprechen, die Widerhaken, die den Durchmarsch der Quote aufhalten, zu entfernen.

4. Eröffnet die als Gender-Mainstreaming bekannt gewordene Strategie diese andere grundsätzliche Umkehrung der über Jahrtausende gewachsenen Geschlechterverhältnisse, die selbst in industriekapitalistischer Nutznießung mehr als 200 Jahre währen? Was also ist Gender-Mainstreaming? Zunächst öffnet die Diffusität des Begriffs neben dem oben genannten Widerwillen einen breiten Raum an Interpretationsmöglichkeiten. Eine erste Übersicht zeigt: Gender-Mainstreaming ist zunächst eine Arbeitsbeschaffungsmaßnahme, und dies ist schließlich keine geringe Leistung. Es braucht nämlich Stellen, Gruppen, Büros, die das Wort in andere Worte übersetzen. Zum Beispiel geht es darum, bei jeder vorgesehenen Maßnahme – insbesondere in der Verwaltung – die unterschiedlichen Effekte für Frauen und Männer herauszuarbeiten und entsprechend in Richtung Gleichheit eine Korrektur zu empfehlen. Das ist also zunächst ein Programm, das sensibel machen soll für den Umstand, dass unter Bedingungen der Ungleichheit jede Änderung die Ungleichen auch ungleich betrifft.

So ist die Strategie, sind entsprechende Leitfäden und Handbücher Instrumente für Managementpolitik, für Politik von oben, jedenfalls nichts, was die Unteren direkt einbezieht. Dies mag den bemerkenswerten Umstand erklären, dass, während einst die Quote auf geradezu erbitterten medialen Widerstand stieß, Gender-Mainstreaming sich allgemeinen Regierungswohlwollens erfreut und von den Medien nicht als Herausforderung aufgegriffen wird, vielmehr eher technokratisch und bürokratisch als Verwaltungshandeln rezipiert wird. Von offizieller Seite gibt es die Bereitschaft, die Sache zur Kenntnis zu nehmen. Das ist natürlich weit von allen notwendigen Maßnahmen entfernt, für die im Zweifelsfalle Geld, Stellen, Raum und Zeit fehlen, aber es erlaubt, dem Vernehmen nach, eine Rückführung der vielen Stellen, die die Frauenbeauftragten in öffentlichen Betrieben und Verwaltung inzwischen innehaben. Man hat ja jetzt Gender-Mainstreaming stattdessen. Aber auch die Frauenbeauftragten hatten keine direkten Mittel zur Veränderung, eher zum Einspruch, wie die neuen Strateginnen jetzt die Möglichkeit zum Vorschlag haben, für den es dann allerdings starker Frauenpolitik erst bedürfte.

Ein weiterer bemerkenswerter Unterschied zwischen dieser ›neuen‹ und den ›alten‹ Strategien der Frauengleichstellung ist die durchsetzungsbereite Heiterkeit ihrer Verfechterinnen. An die Stelle der vorhergehenden Aufregung und des Zorns ist tüchtige Einsatzbereitschaft getreten, gepaart mit dem Bewusstsein, dass diese Strategie die angezielten Erfolge bringen wird, und zwar ganz bald schon – vielleicht 2004 oder 2005 spätestens –, dass also Frauen und Männer völlig gleichmäßig auf die Gesellschaft verteilt sein werden und von oben sichergestellt wird, dass dies so bleibt. Der vierte Zauber ist die Zuversicht der Vertreterinnen solcher Politik.

Und die Ungerechtigkeit in dieser Gesellschaft?

5. Es bleiben mindestens zwei Fragen. Die erste: Wollen wir wirklich eine Gesellschaft, in der Männer und Frauen gleich positioniert sind, oben wie unten, bei Reich und Arm? Bei der Quotenpolitik ging es um eine andere Gesellschaft, nicht um gleiche Verteilung. So war der Weg das Ziel, oder anders: Der Kampf um die Quote legte die Hürden bloß, die der Frauengleichstellung im Wege standen, und zwang so die Gesellschaft oder wollte dies zumindest, ihre eigene Herrschaftsstruktur mit klaren Augen zu sehen. Enthalten war die Vorstellung, dass diese Gesellschaft Frauenunterdrückung braucht und also wirkliche Gleichstellung gar nicht möglich ist, weil sie den Lebensnerv kapitalistischen Produzierens trifft. Produktion um des Profits willen, die Ausrichtung am Weltmarkt lassen als eine Art Abfall die vielen Taten der Lebenserhaltung und überhaupt des neuen Lebens und der Naturbewahrung liegen – hier ist der Einsatz von Frauen vorgesehen und gefragt; wo sie fehlen, entsteht Barbarei.

Da Gender-Mainstreaming diese Fragen überhaupt nicht stellt, sondern Frauengleichstellung in einen bloßen Verwaltungsakt übersetzt, werden die Resultate entweder gleich ausbleiben, wird die Politik also ein Placebo, damit die Fragen nicht weiter gestellt werden, oder aber die vielen liegen gelassenen Fragen fallen mit dem Gesetz der Schwerkraft in diese Politik ein und zwingen zur Kursänderung. Der fünfte Zauber kommt aus dem radikalen Verzicht auf Gesellschaftsanalyse.

Seien wir nicht bloß pessimistisch und negativ. Der Aufbruch, der sich Gender-Mainstreaming nennt, wird jedenfalls für die Fragen geschlechterabhängiger Ungerechtigkeit sensibilisieren. Inhaltlich versucht er an den vielen kleinen Wegmarken in der Gesellschaft zu rütteln, die quasi automatisch die Benachteiligung von Frauen immer wieder reproduzieren: in Lohnfragen, Zeitpolitik, Karriereprüfsteinen, Rentenregelung usw. Er ist damit zugleich eine Probe, wie viel diese Gesellschaft integrieren kann, ohne sich grundsätzlich zu verändern. In den Zeiten von Sozialabbau, Ich-AGs und leeren Kassen ist die Wahrscheinlichkeit, dass sich etwas in Richtung mehr Gerechtigkeit bewegt, gering. In diesem Zusammenhang ist jede innovative Politik, so auch Gender-Mainstreaming, zu begrüßen. Es kommt darauf an, wie und ob die Träger und Trägerinnen dieser Politik die wirklichen Ungerechtigkeiten in dieser Gesellschaft antasten. Wer sind wir? In welcher Perspektive wollen wir leben? Wie soll unsere Gesellschaft aussehen? Und welches ist unser Beitrag für eine Weltgesellschaft, die wir pathetisch eine *menschliche* nennen können?

Es ist notwendig, das Utopische feministisch zu fassen

Die folgenden Überlegungen bieten kein geschlossenes Konzept. Dafür ist Feminismus zu vielfältig, utopisches Denken zu umstritten. Ich nähere mich dem Thema nach dem Stellenwert utopischen Denkens für politisches Handeln mit der mir dringlichen Frage nach der Spezifik des Feministischen in Visionen von einer anderen Gesellschaft. Im befreiungstheoretischen Kontext will ich den schwierigen Versuch unternehmen, Utopisches gleichzeitig in sozialismuskritischem Kontext zu denken und als revolutionäre Realpolitik.

Die Frage

Ich komme mit meiner Frage nach dem Verhältnis von Utopie und Feminismus sogleich in paradoxes Gelände, denn Feminismus ist für mich selbst schon politische Utopie, ist Perspektive und Hoffnung auf die Abschaffung von Herrschaft, auf ein Ziel, an dem das allen Gemeinsame auch allen gemeinsam ist und nicht wie üblich nur in einem solchen Gewande auftritt.

Die Selbstverständlichkeit, mit der ich diese beiden – Feminismus und Utopie – in eins setze, scheint auf den zweiten Blick merkwürdig zu sein. Hängt nicht Utopie zusammen mit Wunsch, Vision, also mit Außervernünftigem, und, falls dies zutrifft, reichen denn vernünftige Pläne, Vorschläge, Kritik nicht hin, wenn es um gesellschaftliche Veränderung auch für Frauen geht? So sicher mir das Ineinander von Feminismus und Utopie scheint, so klar ist hier die Antwort: Die Sache ist so verfahren, das Patriarchat so fest, lebendig und unverrückbar, dass im Hier und Jetzt, im Daseienden, Verbesserungen nicht genug bringen. Wir müssen uns rückbesinnen und Neues entwerfen und können erst von einem solch entlegenen Punkt, von einer besseren Perspektive her, Vorschläge für heute und morgen machen. Mit den Worten von Virginia Woolf aus den *Drei Guineen*:

> »Wir können Kultur und geistige Freiheit nur verteidigen [dies war die Umschreibung für die Frage, wie Kriege mit Frauenhilfe zu verhindern wären], nicht indem wir eure Worte wiederholen und euren Methoden folgen, sondern wenn wir unsere eigene Kultur und eigene geistige Freiheit verteidigen, wenn wir neue Worte finden und neue Methoden schaffen.« (123)

Frühe Visionen und der Sozialismus als Wissenschaft

Die Umstandslosigkeit, mit der ich eine besondere Notwendigkeit des Utopischen für den Feminismus unterstelle, zwingt mich, eine kurze Rückbesinnung auf utopisches Denken wenigstens skizzenhaft zu versuchen, um eine Art Plattform zu haben, vor der und im Kontrast zu der ich feministisches utopisches Denken entwerfen möchte. Ich brauche eine halbwegs klare Vorstellung vom Verhältnis von Wunsch, Illusion und Realem, Vernünftigem, Politik. Einer befreiungstheoretischen Tradition verpflichtet, geht es mir um Utopien im Verhältnis zu wissenschaftlicher Analyse und Kritik, um darin Feministisches zu verorten.

Aus den Widrigkeiten ihres Alltags flüchten Menschen in Träume von wünschbaren Welten. Frühe Utopien (Morus, Proudhon, später Huxley) zeigen eine einfache Verkehrung des Gewohnten. Ewige Jugend, Essen allüberall, Reichtümer haben keinen Wert, Gold und Edelsteine zählen nichts. Weise Gespräche, ständige Feste, Schönheit zeigen vor allem Abschaffung von aus Herrschaft und Ausbeutung geborenen Nöten. Kritik am Diesseits flüchtet sich in die Ausmalung des anderen Ortes, des Un-Ortes, der zugleich Heimat sein soll. Dies geschieht in vielfältigen Formen wie Märchen, Erzählungen, Bildern, utopischen Romanen.

Erste ernst zu nehmende Kritik, die für meine Suche nach der Spezifik feministisch-utopischen Denkens zu vergegenwärtigen ist, kommt von Marx und Engels. In ihrem Versuch, Kräfte zu sichern, nehmen sie eine bestimmte Verschiebung vor. Sozialismus als Wendung »von der Utopie zur Wissenschaft« will Doppeltes: die Rückbindung der flüchtenden Wünsche in bestimmte Kritik und die Herausarbeitung des menschlich Möglichen aus ihrem tatsächlichen Dasein, aus Geschichte selbst. Es geht darum, die »Elemente einer neuen Gesellschaft« in der alten zu entdecken; die Herausbildung befreiter Gesellschaft aus widersprüchlichen Verhältnissen zu erkennen und das so Erkannte zu unterstützen. Dazu braucht es die Wendung zur Wissenschaft. Politische Strategie benötigt vorweg Kritik und Analyse. Es gilt die Flügel der Wünsche an tatsächliches menschliches Handeln zu binden. Das schließt Kritik der Wünsche selbst ein als Kritik an Verhältnissen, in denen selbst die Träume noch die Spuren von Herrschaft und Unterwerfung behalten.[71] Kritik trifft so auch die Einzelnen in ihrer Einbindung ins Gewohnte. Aus den Himmeln der Schwerelosigkeit müssen die Wünsche herunterfallen und angestrengt an den nötigen Umbau gehen. Die Konzentration richtet sich weg von der allzu konkreten Ausmalung der Ziele auf die Unterstützung des Weges und auf die Sammlung der Bau-

71 Vgl. dazu meinen Beitrag »Tagträume. Dimensionen weiblichen Widerstands«, in: *Erinnerungsarbeit*, 1990, 151ff.

steine für eine neue Anordnung. Nur Umrisse oder vielmehr einige Bestimmungen sind genannt: Herrschaftsfreiheit, Entfaltung aller menschlichen Wesenskräfte als Möglichkeit für jede(n), kollektive Selbstbestimmung, der große Ratschlag.

Abschied vom Sozialismus

Es ist allgemein bekannt, was aus der Kritik der politischen Ökonomie in der Tradition des Marxismus wurde: selbstbewusste Sicherheit, auf dem rechten Wege zu sein. Von der Utopie zur Wissenschaft hieß darum auch, den Überschuss der Wünsche zurückzustutzen auf das Maß des gerade Erreichten. Die Losung hieß: Es ist vollbracht. Ein Mittel war die Erziehung der Wünsche zur Staatsräson etwa durch das Medium des Fernsehens, welches in großem Maßstab als Massenkultur betrieb, die Ferne ins Wohnzimmer zu holen und mit privaten Lebensabschnitten zu vermischen.

Gegen die Weise, wie die Gestalter des Sozialismus mit dem Utopischen umgingen, hatte Bloch schon früh geschrieben: »So schien man bereits hinter die Tendenz des Seins gekommen, das ist, hinter ihr angekommen zu sein.« (1953, 27) Das Prinzip Hoffnung sollte den Kraftstrom menschlichen Wollens mit dem analytischen wissenschaftlicher Kritik zusammenführen. Antizipation, aufrechter Gang, Befreiung, Vorschein, Vollendung, utopische Verweise, Traum nach vorwärts – Blochs Werk ist voll von beschwörenden Wörtern, die im Noch-nicht die Möglichkeit von Befreiung magnetisch offenhalten wollen. Bloch wurde des Landes verwiesen. Das Land zerbrach mehr als ein Vierteljahrhundert danach.

Der Diskurs über den Verlust an politischer Utopie als Folge des Zusammenbruchs der sozialistischen Länder steht eigentümlich quer, wenn auch verständlich im wirklichen Geschehen. Selbst wenn wir die Unterscheidung von Utopie und wissenschaftlichem Sozialismus beiseitelassen, beklagt doch die Rede vom Utopieverlust den Raub des Jenseitigen, während es sich in der Realität um den sehr viel merkwürdigeren Vorgang handelt, dass nämlich das Utopische im Gegenteil sein Diesseits verlor. Oder anders: Der Zusammenbruch der ehemaligen sozialistischen Länder entlässt die in die kleinlichen Verhältnisse gefesselten Wünsche endlich wieder in schimmernde Hoffnung und Befreiungsentwürfe und ebenso in die Kraft wissenschaftlicher Analyse – erst jetzt. Und dringlicher als je zuvor werden Fragen der Kapitalismuskritik in dieser doppelten Anordnung, also Fragen danach, was am meisten drückt, was in Katastrophe und Untergang treibt, und umgekehrt, wo Elemente und Herausbildungen neuer menschlicher, gerechter und ökologischer Gesellschaft auffindbar sind. Bewegungskraft wäre nach wie vor die wünschende Hoffnung als Zukunftsphantasie einer Welt, in der zu leben nicht nur möglich, sondern sogar gut wäre.

So weit scheint die Frage nach dem Ende oder umgekehrt der Notwendigkeit politischer Utopie einfach zu beantworten. Ohne die Hoffnung auf die Veränderbarkeit der Welt und den Versuch, sich selbst in solcher Bewegung zu verorten, lässt sich schwer leben, höchstens überleben. Die ständige Gegenwart als Leben ohne Zukunftserwartung drängt in atemlose Apathie. Dass Menschen sich ihrer Geschichte ins Zukünftige vergewissern müssen, um menschlich zu leben, scheint selber eine Gewissheit zu sein. Einige dringliche zusätzliche Fragen in dieser fast zu einfachen, als verlässlich empfundenen Haltung zur Notwendigkeit utopischen politischen Denkens tauchen auf, sobald wir aus der abstrakten Allgemeinheit *Menschen* in konkrete Zweigeschlechtlichkeit schreiten.

Utopie in Geschlechterverhältnissen

Ich lese literarische feministische Utopien. Eigensinnig stehen im Vordergrund Träume von befreiter Reproduktion[72]: Kinder wachsen an Bäumen; Muttersein ist eine kollektive Fürsorge ohne biologisches Band; Herrschaftsfreiheit ist garantiert durch die Abwesenheit der Herren der Zerstörung; Frauenkulturen leben in sinnlichem Überfluss. Nur Grenzzäune und Mauern sind noch Zeugen einer anderen Welt, Beweise, dass Befreiung nicht menschheitlich möglich war.

Während hier die Mauern vor der Zudringlichkeit der Unfreien schützen sollen, scheint es nach dem Fall der Berliner Mauer 1989 ausschließlich, als sei den ehemalig Abgeschlossenen Utopisches erst jetzt im gelobten Land des Westens zugänglich. Kapitalismus als Utopie? In der allgemeinen Verwirrung gilt es, eilig die Fleischtöpfe zu erreichen. Doppelt ratlos steht das geschlagene Frauenvolk auf beiden Seiten der ehemaligen Grenzwälle. Wieso konnte die Verdiesseitigung des Utopischen im »realen Sozialismus« und die neuerliche Verdiesseitigung im erstrebten Kapitalismus als doppelte Niederlage des weiblichen Geschlechts enden? Wohin gingen die Befreiungswünsche und wohin wollen sie gehen?

Beginnen wir umgekehrt. Kann feministische Utopie aus dem Zusammenbruch der im Diesseits gefangenen sozialistischen Utopie auch gewinnen? Die Bearbeitung solcher Fragen ist schwierig, weil die Gedanken sich nicht mit einfacher Negation begnügen können; notwendig wird Kritik an der Verballhornung sozialistischer Utopie *und* Kritik an der Blindheit beider – des Sozialistischen und des Utopischen – in Bezug auf die Geschlechterverhältnisse.

Den Blick auf die Abschaffung des Eigentums an Produktionsmitteln

72 Unter vielen anderen M. Piercy, *Frau um Abgrund der Zeit*, Hamburg 1993; U. LeGuin, *Planet der Habenichtse*, Hamburg 1998.

gerichtet, wurde nicht nur mit ihrer Verstaatlichung subjektive Aktivität stillgestellt. Zugleich musste auch die Kritik an solchen Verhältnissen noch an der Unsichtbarmachung anderer Herrschaftsarten mitarbeiten. Selbst die in der postkommunistischen Situation vorgeschlagene Formulierung »befehlsadministrativ« als Bezeichnung für die Uneigentlichkeit der real gewordenen Sozialismen spricht in der Kritik am Befehlen und Verwalten über die Unmöglichkeit eines Befreiungsprojekts in Produktion und Verwaltung, welches über die Wünsche der Unteren von oben befindet; aber sie bezieht die Kritik an der Männlichkeit solcher Systeme ebenso wenig ein, wie die in der Negation gemeinte Utopie Frauenbefreiung einschließen muss. Aber im Zusammenbruch werden einige Vorstellungen sichtbar. Damit wird politische Utopie wieder radikal und umfassend möglich. Wir können Lehren ziehen.

Das Schicksal der Frauen beim Übergang aus dem männlich-administrierten Sozialismus in kapitalistische Verhältnisse ist mehrfach eigentümlich. Als Westbewohnerinnen wissen wir, was Frauen in unseren Gesellschaften erwartet; bei aller Kritik wussten wir auch, dass ihre Positionierung im anderen System nicht schlechter war und eine selbstbewusste Zukunftserwartung bestimmte. Schließlich gab es die vom »männlichen Ernährer« ökonomisch unabhängige, berufstätige Frau, und es gab ein kulturelles Klima, das entschieden weniger sexistisch war als das unsere. Wenn wir aber jetzt doch zugleich erkennen können, wie im allgemeinen Chaos patriarchale Muster leichtlebig neue Blüte erhalten, beklagen wir verwundert den verbreiteten Mangel an widerständiger feministischer Utopie. Dabei schrieben in der DDR Literatinnen mit ausgreifenden feministischen Entwürfen – Irmtraud Morgner, Christa Wolf, Monika Maron, Helga Königsdorf, um nur einige zu nennen. Warum dann kein verbreiteter Feminismus oder zu wenig davon?

Feminismus als Utopie

Es ist an der Zeit, mein Verständnis von Feminismus etwas genauer zu bestimmen: Unter Feminismus verstehe ich die Einnahme eines komplizierten besonderen Standpunktes mit gleichwohl menschheitlich allgemeiner Perspektive. Vom feministischen Standpunkt wird die Ineinssetzung des Allgemein-Menschlichen mit dem Männlichen ebenso in Frage gestellt wie ihr Pendant, die Besonderung des Weiblichen als natürlich. Gleichwohl wird aus dieser zugeschriebenen Besonderung heraus selbstbewusst eine Perspektive entworfen, die beide Geschlechter einschließt. Sie kann nur vom Besonderen her formuliert werden, eben weil das falsche Allgemeine zurückgewiesen und durch wirklich Allgemeines, welches sich erst noch herausbildet, ersetzt werden muss. In dieser Weise ist Feminismus zugleich politische Utopie und hat seinen Ort jenseitig, wie er auch im Diesseits seine Schritte setzt.

Meine Behauptung ist: Die Entwicklung in den patriarchal-administrativen Sozialismen hat u.a. diese Gleichsetzung von Mensch und Mann auf eine Weise unsichtbar gemacht, dass die sozialistische Perspektive nicht nur aufs »Es ist erreicht« schrumpfte, sondern zudem solche besondere Verallgemeinerung in ihrer Borniertheit verdeckte. Die Zertrümmerung deckt auch solche andere Herrschaft im Noch-nicht auf.

Die Systeme gingen nicht nur an Problemen der Ökonomie zugrunde, sondern auch am Mangel an Demokratie. So stockte die Initiative. Ein weiteres sichtbares Zeichen des Untergangs sind der Verfall der Städte, die Probleme der Ökologie in großem Umfang. Diese Kritik wird von vielen geteilt. Von feministischer Seite jedoch frage ich, ob alle diese Probleme nicht notwendiges Korrelat patriarchaler Strukturen sind und daher in ihrer ständigen Reproduktion nur aufzuhalten durch Frauenbefreiung. Die allgemeine Bevormundung nimmt ihren Anfang und ihre Rechtfertigung aus der Vormundschaft über Frauen. Sie ist ein notwendiger Bestandteil von Gesellschaften, deren zentrale Regelungsprinzipien der immer ökonomischeren Produktion von Lebensmitteln entstammen, nicht der Vermenschlichung des Lebens, für die solche Ökonomisierung ein Mittel wäre, nicht selber Zweck. Diese Verkehrung lässt Schutthalden und Schäden an menschlicher und außermenschlicher Natur allüberall hinter sich, für die Reparaturkolonnen gewonnen werden müssen. Solche umfassende Ökologie braucht, selbst wenn sie nur sehr unzureichend funktioniert, immer einen bevormundenden Staat, der Erde und Welt für kommende Generationen zu bewahren suchen muss. Und sie braucht die Vormundschaft über Frauen, dass sie sich der menschlichen Natur ohne Tausch- und Gewinngedanken, ohne Lohnvorteil, eben selbstlos annehmen.

Obwohl marxsches utopisches Denken die »Resurrektion des Leibes«, Entfaltung aller Sinne, höchste Individualität, die Zurücknahme des Staates und ein Verhältnis des Menschen zum Menschen vorsieht, welches im Verhalten der Geschlechter zueinander sichtbar werden sollte, verengt sich in der konkreten Analyse von Herrschaft sein Blick. Ich zitiere, was ich im ersten Versuch, Geschlechterverhältnisse zu fassen, schrieb, weil es gültig bleibt:

> »Im Lohnarbeitsverhältnis sieht er [Marx] den ehemaligen Geldbesitzer als Kapitalisten in die Fabrik voranschreiten, ›bedeutungsvoll schmunzelnd und geschäftseifrig‹, wie er dies treffend ausdrückte; und ›scheu, widerstrebsam, wie jemand, der seine eigne Haut zu Markt getragen und nun nichts anderes zu erwarten hat als die – Gerberei‹, folgt hinter ihm der Arbeitskraftbesitzer als Arbeiter (MEW 23, 191). Freilich blickt Marx hier einseitig auf die Stätte der – wie wir es heute nennen – außerhäuslichen Erwerbsarbeit, sonst hätte er

> sehen müssen, dass der Zug an dieser Stelle nicht zu Ende ist, denn hinter dem Arbeiter steht abseits, niedergedrückt von Einkaufstüten, Windeln und einem Baby im Arm, seine Frau[73]; und, so müssen wir zusätzlich ergänzen, hinter dem schmunzelnden Geldbesitzer steht als kulturelle Schöpfung seine Frau, deren körperliches Dasein ihn seine eigene Körperlichkeit so weit vergessen lassen kann, dass seine Organisation von Wachstum und Profit gleichgültig gegen das Leben wird.«

Sozialistische Perspektive in der Arbeiterbewegung nach Marx hieß nicht, den Bereich der Menschlichkeit und der Sorge um deren Nachwuchs und Zukunft in den Vordergrund zu rücken. Soweit Frauen eine eigene politische Anstrengung wert waren, ging es darum, sie Männern ähnlich in Effektivität, Produktivkrafterhöhung, Leistung, Erwerbsarbeit einzuschließen. Industrialisierung der Hausarbeit war die fortschrittlichste Devise; später ging es darum, technische Hilfen in die Hausarbeit zu bringen und staatliche Einrichtungen als ihr Substitut zu fordern, damit Beruf- und Familienarbeit vereinbar wären. Diese Bewegung ist nicht nur eine der Stellvertretung, der Verfügung und Verwaltung, sie spricht selbst noch vom männlichen Standpunkt und Blick industrieller Produktion auf Frauenarbeit und -leben. Wie der Ehemann widerwillig einiges als Pflichten im Haushalt übernimmt, wird Industrialisierung der Hausarbeit als Entledigung konzipiert, nicht als Vermenschlichung. Der Traum von einer Menschheit, die einander liebend, solidarisch, schöpferisch, sinnlich zugetan ist, entschwindet in die effektive Erledigung des Notwendigen. Da bleibt kein Rest und keine Zeit.

Sowenig es nur darum gehen konnte, Frauen aus den Bereichen zu holen, in denen sie die nicht vorgesehenen Aufgaben uneingelöster Menschlichkeit erledigen sollten, um solcherart eindimensionale produktive Welt zu ermöglichen – die ganze Gesellschaft eine einzige Fabrik –, sowenig kann eine Lösung der Menschheitsprobleme darin bestehen, die sozialen Gestalten einfach ineinanderzuschieben. In ihrer Fixierung auf je ein Geschlecht sind beide Menschen defizitär. Eine sich als feministisch verstehende Utopie setzt daher auf die Abschaffung der ›Geschlechter‹, wie die sozialistische auf die Abschaffung der Klassen hoffte. Individuell bedeutet das, dass etwa die weiblichen Menschen sich zunächst als Menschen erfahren können, bevor sie sich als Frauen auf andere beziehen; kulturell geht es darum, das gesamte Netz der Vergeschlechtlichung, das unsere Gesellschaften durchzieht, zu zerstören; und strukturell wäre es an der Zeit, die unterschiedlichen menschlichen Belange, für welche jetzt die einzelnen Geschlechter stehen und die gewöhnlich als getrennte Bereiche

73 Vgl. N. Hartsock, *Money, Sex and Power. Toward a Feminist Historical Materialism*, New York/London 1983, 234.

wahrgenommen werden, so zusammenzufügen, dass soziale, ökologische, kulturelle menschliche Entwicklung Perspektive ist und nicht unwahrscheinliches Beiprodukt. Dies ist die einzig mögliche und zugleich überlebensnotwendige Veränderungsarbeit, für die es utopischen Denkens bedarf. Daher bezieht Utopie Realität. Sie kann nur aus einem Feminismus formuliert werden, der Widerstand und auf der Suche nach Glück ist. »Zwischen dem tödlichen Ende der Geschichte und dem utopisch-visualisierten Ende der Vorgeschichte des Menschen steht die Notwendigkeit eingreifenden Denkens/Handelns: militant-optimistisch, ideologiekritisch-utopisch, bewusst-gewollt, real-möglich-hoffend, antikapitalistisch/antipatriarchalisch.« (Holland-Cunz 1988, 12)

Vom Mangel an Utopie – Erinnerung an Zukunft

> »Ketzer/Hexe: ermutigen die Menschen, nicht in die Bewegung der Katastrophe sich fallen zu lassen, sondern im Chaos ihrem einzelnen Leben Gestalt zu geben und diese Gestalt dem Chaos täglich neu entgegenzusetzen« (Morgner 1998).

Das Plädoyer für feministisch-utopisches Denken stößt sich an der Realität der Illusionslosigkeit heutiger Menschen. Was lange spekulative Drohung schien, ist eingetroffen. Die Markt-Leistungsgesellschaft und ihre Restriktionen haben auch die Fähigkeit zu Traum und Utopie zersetzt.

Erinnern wir uns, woher wir kommen, wohin wir wollen, wer wir sind. Gerechtigkeit ist eines, wonach uns verlangt, dafür braucht es Solidarität, und das Höchste ist Glück, dafür brauchen wir Liebe. Unsere Wünsche sind nicht unbescheiden, gleichwohl schrumpfen sie im Laufe des Lebens, erscheinen zu groß, die Bedingungen dafür unerreichbar und unabsehbar unser eigener Eingriff. Wer sind wir als Frauen, die wir zuständig sein sollen für die Liebe und für Solidarität, dass wir zu ihrer allgemeinen Durchsetzung so wenig Macht haben?

Verzicht auf unsere Wünsche, Rückschneidung auf ein Mittelmaß, Resignation sind schlechte Wegbegleiter für notwendige und wünschbare Eingriffe. Was nützt uns also heute der Geist der Utopie? Welche Hoffnung setzen wir auf die Kraft der vorauseilenden Wünsche, und wie groß ist Enttäuschung über sich verschlechternde Realität, die solche Wünsche als bloße Träume schon im Entwurf verhöhnt?

Ich habe in einem Seminar versucht, die Studierenden zu utopischen Entwürfen zu ermuntern. Das Resultat: So gut wie alle Hoffnungen bleiben in der Lösung des dringlich Alltäglichen stecken. Kindergartenplätze, ein funktionierendes und billiges Nahverkehrssystem, ausreichende und bezahlbare Wohnungen – es ist, als sei in seiner langen Abwesenheit fast überall auf der Welt sozialdemokratische Reform an die Stelle der ausgreifenden Utopien getreten. So bleibt als Aufgabe, selbst das Vermögen, Utopisches zu entwerfen, noch zu einem Lernziel zu machen. Ein mögliches Mittel, Erinnerung an Zukunft zu gewinnen, ist wiederum die Lektüre literarischer Utopien. Werfen wir einen zweiten Blick.

Feministisch-utopische Literatur

Statt einen Überblick über viele feministische Utopien zu geben, werde ich zur Schärfung unserer Gedanken und zur Anregung unserer Phantasie *eine* Utopie exemplarisch erzählen und theorisieren. Dabei möchte ich dazu anstiften, ein »Projekt«, welches ich als »Glück und Gerechtigkeit« umschrieb, zugleich realitätsbezogen und utopisch zu entwerfen.

Ich berichte aus dem Roman der US-amerikanischen Autorin Marge Piercy: *Er, Sie und Es* (1997). Dabei konzentriere ich mich auf die Rolle von Zukunft, von Vergangenheit, von Frauen und von Geschlechterverhältnissen als Produktionsverhältnissen.

Zukunft

Um es gleich vorweg zu sagen: Ich lese ungern Science-Fiction-Romane, in denen die Computerentwicklung von heute geradlinig und phantasievoll fortgeschrieben ist; sie entpuppen sich zudem meist als Dystopien, Geschichten über die Unmenschlichkeit der Technik und die Perfektionierung von Herrschaft und Kontrolle. Es gibt nirgends einen Ausweg. Zudem bestätigen sie meine ›weiblichen‹ Vorurteile, dass im ›Natürlichen‹ eher als im ›Technischen‹ Heimat sein müsse.

In dieser Hinsicht wirkt Piercys Buch zunächst als ein Schock: Wir schreiben das Jahr 2059. Durch einen terroristischen Anschlag sind die angestauten menschlichen Waffenarsenale zur Explosion gekommen. Die Erde ist weitgehend verwüstet und verseucht. 23 Kapitale (Multis) teilen sich die Rest-Erde und einige Satelliten in künstlichen Räumen. Diese sind klimatisiert und geschützt und werden nur von den technischen Experten bewohnt, die zum Betrieb und zur weiteren Entwicklung der Multis gebraucht werden. Die übrige Menschheit, soweit noch vorhanden, vegetiert und arbeitet in verseuchten Zwischenzonen. Die Firmen-Satelliten sind vollständig computerisiert und kontrolliert bis hin zum Design der Menschen, die alle nicht nur einer Betriebskultur unterworfen sind, sondern auch ein ähnliches Aussehen haben. Dafür und für möglichst lange Jugend und Fitness sorgen chirurgische Eingriffe. Die Geschlechterverhältnisse sind anders herrschaftlich organisiert als heute. Zumindest haben die Geschlechter die gleichen Berufe; die Weise der menschlichen

Reproduktion ist den Einzelnen freigestellt, d. h. sie können sich für Retortenbabys entscheiden oder Frauen wählen, ein Kind selbst auszutragen. Zwischen den Multis herrschen erbitterte Konkurrenz, Spionage und Verbrechen.

Vergangenheit

Eine der Gegenwelten bilden die Überlebenden des jüdischen Ghettos von Prag. Jetzt geht Piercy weit zurück zum Ende des 16. Jahrhunderts und erzählt die Geschichte von der langen Verfolgung, Einschließung, Vertreibung der Juden und von den Wünschen und Träumen von vielen, von der Weisheit Einzelner. Die Erzählweise ändert sich. Aus den Kürzeln der Computersprache kommen wir zum Stoff der Mythen und Legenden und zum ewigen Traum, dass Menschen in der Lage sein könnten, Menschen zu erschaffen, die ausgesuchte und gebrauchte Eigenschaften hätten. Dies ist natürlich ein Männertraum – aber unvermittelt schießt das 21. Jahrhundert mit dem 16. zusammen: Ein Geschöpf aus Geist und Erde, auf die richtige Weise kombiniert und geformt, könnte doch mit den wichtigsten Aufgaben betraut werden und müsste die Not lindern, die drängenden Probleme lösen können. Der Weise des 21. Jahrhunderts ist ein Ingenieur, der Älteste in jenem irdischen Ghetto, das – quasi sozialistisch organisiert – dem Expansionsstreben der Multis standhält, indem es Software für sie produziert. Seinem Vorfahren im Prager Ghetto ist es gelungen, einen Golem zu schaffen, der überstark an physischen Kräften ist; der Ingenieur im 21. Jahrhundert konstruiert einen Cyborg, der wie ein Mensch ist, aber unbegrenzt lernfähig und ebenso lerngierig; der keines Schlafes bedarf und so intelligent ist, dass er den Schutz der Gemeinde übernehmen kann. Die Rückbeziehung der neuen Geschichte nach der Ökokatastrophe und in Vollendung des mikroelektronischen Zeitalters auf die Geschichte der Juden von Prag hat einen seltsamen Effekt. Das Alte wird trotz Abwehr vertraut; damit erstreckt sich Vertrautheit aufs Zukünftige.

Der Geist der Utopie, so können wir hier folgern, gewinnt seine Kraft aus dem Noch-nicht des Vergangenen – dies sowohl in Bezug auf den Stoff der unabgegoltenen Wünsche wie aus dem Erbe dessen, was begonnen wurde, auch an Herrschaft. Die Entwürfe von Zukunft schließen die Erinnerung an die Kosten von menschlicher Entwicklung ein als bewusst zu machende Geschichtskraft.

Geschlechterverhältnisse

Piercy blickt als Feministin. So kann sie unbestechlich die Entwicklung der Menschheit mit der Geschichte des Patriarchats verknüpfen. Es ist eine ihrer ermutigenden Stärken, dass sie Männerherrschaft nicht bloß als Böses vorführt oder aber über sie schweigt, sondern sie als eine bestimmte Lösung für Probleme der Regelung von Gemeinwesen begreift, die jetzt an ihr katastrophisches Ende gekommen ist. Der weise Maharal des 16. Jahrhunderts schafft den Golem, der mit seiner weit übermenschlichen Stärke »wie eine Ein-Mann-Armee« die Feinde abzuwehren in der Lage ist. Im 21. Jahrhundert braucht der Cyborg eine übergroße Intelligenz. Zugleich erfüllt sich der Erfinder den Vaterwunsch, einen Sohn zu haben, der sich nicht wie der seine dem Reich der Illusionen verschrieben hat, sondern der, ansonsten bedürfnislos, nur noch lernen, unbegrenzt gehorsam abstraktes Wissen akkumulieren will. Der gleiche Geist, der die Erfindungen vorantrieb, wird endlich »Fleisch«. Um als »Mensch« erkannt und akzeptiert zu werden (dies ist notwendig, damit er als Beschützer funktionieren kann), braucht der Cyborg allerdings auch soziale Tugenden. Dem Manne ebenbürtig lässt Piercy eine Frau auftreten, die den abstrakt männlichen Tugenden des Cyborgs weibliche »Verwirrungen« hinzuprogrammiert. Sie lehrt den Cyborg zu lieben und seinen Lerneifer ebenso emphatisch wie auf Wissen auch auf Menschen zu richten.

Zur notwendigen Dimension jeder Befreiungsvorstellung, jeder wünschbaren Utopie gehört die Überwindung des Patriarchats. In Piercys Roman ist diese Lösung von geradezu humoristischer Stärke, weil sie die Einseitigkeiten der Geschlechter auf eine Weise kombiniert, dass die ursprünglichen Ziele subversiv unterlaufen werden. Das Kind männlicher Vernunftallmacht und der schon realisierbaren technischen Möglichkeiten wird durch weibliche Technikbeherrschung irrational und eben darum nur fähig, um den Preis eigenen Untergangs seine Aufgabe zu vollbringen. Es muss aus der Logik ausgestiegen werden. Erst die kompetente Gleichberechtigung der Geschlechter unter Beibehaltung einer Differenz und die List der Kombinatorik machen solches möglich.

Frauen

Drei Frauen sind die zentralen Gestalten in Piercys Roman: Großmutter, Mutter und Tochter. Jede ist auf andere Weise in gesellschaftliche Taten verwickelt, anders sinnlich, jede lebt unter anderen Bedingungen. Alle drei sind unerhört kompetent und qualifiziert, sodass sie ihre Fähigkeiten mit Lust einsetzen können, ohne Aktivität an Lebenslust verlieren. Alle drei führen eine andere Art von Widerstand gegen die »Multis« vor. Die

Großmutter baut Sicherheitssysteme und entwickelt die gefragte Software, das Außenhandelsprodukt der kleinen Kommune. Die Mutter – eine Bezeichnung, die für sie so unangebracht ist, dass solche Namensgebung zur ständigen Reflexion über Mütter herausfordert –, sie also ist Informationspiratin. Sie ist eine der meistgesuchten »Verbrecherinnen«, denn sie befreit die Informationen aus den privaten Eigentumsverhältnissen und stellt sie der Allgemeinheit zur Verfügung, so z. B. Zusammensetzungen von Arzneien usw. Auf eigentümliche Weise verkörpert die jüngste der drei die romantische Liebe, die Sehnsucht nach Familie, und verarbeitet beides schließlich zu einem Projekt, in dem gerade aus Liebe zu einem Cyborg die Erschaffung von Maschinen mit Gefühlen ausgeschlossen wird. Es scheint mir für feministische Utopien unabdingbar zu sein, dass positive Frauengestalten die Gesellschaft bevölkern. Frauen, die nicht einfach Vorbilder sind, nicht bloß aktiv, eingreifend, klug, schön und stark, sondern solche, die die Träume und Sehnsüchte, die wir heute und hier haben, aufnehmen und so zusammenfügen und leben, dass wir uns selbst als möglich erfahren können.

Produktionsverhältnisse

Piercys Roman ist von großer Poesie und theoretisch konsequent. Die kapitalistische Profitlogik des Produzierens ist offensichtlich an ein Ende gekommen, dennoch bestimmt sie weiterhin das Leben derer, die nach solchen Profitzwecken arbeiten dürfen – der Rest ist Menschenmüll, in anarchischem, mörderischem Banden-Chaos der ökologisch verwüsteten Erde ausgesetzt. Insofern ist es durchaus ein Roman, der unsere jetzige Geschichte des weltweiten Siegeszugs neoliberaler Politik konsequent zu Ende denkt. Aber selbst auf der wüsten Erde wächst Widerstand. Herrschaft, Kontrolle, Profit sind die Ziele der Multis, die sich mit einem riesigen Apparat an Wissen rüsten. So wie hier alte Muster der Geschlechterverhältnisse genutzt werden, um allgemein Herrschaftsziele durchzusetzen (z. B. die Form der Ehe mit der darauffolgenden Möglichkeit, die Vormundschaft über das Kind zu Firmenzwecken zu vergeben), wird umgekehrt Befreiung erst möglich, wo die Geschlechter ihre jeweiligen Stärken als Gleiche zusammenfügen.

Gegenwart wird nicht zugunsten von Fiktion entwertet, sondern die Autorin eröffnet die Möglichkeit, aus dem Alltag Brauchbares herauszuarbeiten. Die verschiedenen miteinander verschränkten Herrschaftsbeziehungen und die Sehnsüchte von Menschen nach Liebe und Gerechtigkeit über Jahrhunderte werden gleichzeitig sichtbar. Die Stärke dieser literarischen Utopie liegt nicht zuletzt in der liebenden und leidenschaftlichen Haltung der Autorin zur Welt.

So werden Geschichte und Zukunft gegenwärtig, werden das Differente und das Gemeinsame als Kraft, Alter als Erfahrung und Weisheit entzifferbar, durch die wir unsere Träume in eingreifendes Handeln übersetzen können.

Politik um einen neuen Geschlechtervertrag

Ich versuche abschließend, das Utopische in Realpolitik einzulassen. Ich wähle die politisch diskreditierte liberale Form des Vertrags. Meine Behauptung, aber auch wirkliche Hoffnung ist, dass wenn die Geschlechter erst anfangen, ihre Verhältnisse in den Blick zu nehmen, ihnen dann auch die gesamtgesellschaftlichen Verhältnisse als dringlich zu verändernde in den Blick geraten. In diesem Satz ist vorausgesetzt: 1. dass aus der Dynamik der Geschlechterverhältnisse Aufbruch und Veränderung gesamtgesellschaftlich zumindest vorstellbar werden; 2. dass vom Standpunkt beider Geschlechter Veränderungen der Produktions- und Geschlechterverhältnisse erstrebenswert sind; 3. dass überhaupt ein Aufbegehren in der gesellschaftspolitischen Landschaft denkbar ist.

Seit der ›Markt‹ als allgemeines Regelungsinstrument von Weltgesellschaft allein Geltung zu haben scheint und seit in dieser Entwicklung eine kontinuierliche Schwächung von Politik und Staat, zumindest in den westlichen Industrieländern, vollzogen wird, gewinnt das Theorem vom Gesellschaftsvertrag, gewinnt überhaupt Vertragsdenken erneut an Bedeutung. Die Rede vom Gesellschaftsvertrag setzt allgemein auf den Bereich des Politischen bzw. darauf, dass unter den Bedingungen von Interessengegensätzen eine gute Gesellschaft der Übereinkunft, des Kompromisses, der Zugeständnisse ihrer Mitglieder bedarf. Das Setzen auf den Markt schließt Vertragsdenken nicht aus, im Gegenteil. Markt und Tausch scheinen ebenso auf Verträgen, auf ›Freiheit‹ der am Markt Handelnden zu beruhen. Vertragsdenken ist liberal und scheint sich am besten zu bewähren, wenn die Vertragspartner als freie Individuen gedacht werden. Aber was im letzten Jahrzehnt am meisten in die Krise geraten ist, das sind Kollektivverträge, wie der zwischen den Generationen, der zwischen Arbeit und Kapital, der mit der Zukunft und schließlich der zwischen den Geschlechtern. Aber im neoliberalen Denken ist ein Gesellschaftsvertrag nicht artikulierbar, dies das moralische Defizit der neoliberalen Konstruktion.

Birgt so schon das Ringen um den Gesellschaftsvertrag trotz seines konservativen Beigeschmacks zivilgesellschaftliche Widerstandsdimensionen, so gilt dies erst recht, wenn solche Bewegungen durch Einbeziehung der Problematik der Geschlechterverhältnisse gestärkt und zugleich subversiv unterlaufen werden. Zunächst ist ja unbestreitbar, dass sich die Geschlechter in einem teils praktisch fixierten, teils zumindest kulturell abgesicherten Vertragszustand befinden. Er ruht im Wesentlichen auf einer Art Arbeitsteilung in unterschiedliche Zuständigkeiten und Verantwortungen in der Gesellschaft und kann in den gegenwärtigen Umbrüchen sowohl aktualisiert werden, als auch als eine Art Ventil und vermeintliche Lösung für gesellschaftlich produzierte Unverträglichkeiten dienen. So scheint auf der einen Seite die sogenannte Hausfrauenehe in Westeuropa spätestens seit den siebziger Jahren dynamischeren Modellen von weiblichem Anspruch auf Berufstätigkeit und eigenem Leben Raum gegeben zu haben. Auf der anderen Seite scheinen diese Verschiebungen ganz oberflächlich geblieben zu sein, da im allgemeinen Konsens die stets wachsende Arbeitslosigkeit ohne nennenswerten Protest auf Kosten der Frauen ausgehalten werden soll. Schon gibt es wieder den Gebrauch des Wortes Doppelverdiener mit der entsprechenden Konsequenz, dass Frauen, die bereits einen einen Arbeitsplatz besitzenden Mann haben, Arbeitsplätze vorenthalten werden. Hartnäckig bleibt nicht nur der Widerstand gegen die Quote (auch eine Form von Vertrag) für Frauen in Politik, Wirtschaft, Wissenschaft – umgekehrt wird der Kampf dafür kraftlos durch allgemeinen kulturellen Konsens, dass wir derzeit wichtigere Probleme haben, existenziellere. Und in den regierungspolitisch in allen westlichen Ländern unterstützten Maßnahmen der Deregulierung zugunsten von Kapitalstandorten, die wir auch unter dem zusammenfassenden Schlagwort vom Abbau des Sozialstaats kennen, wird stillschweigend darauf gesetzt, dass sich in den aufgerissenen Unheilstätten die helfenden Gestalten von (arbeitslosen) Frauen einfinden mögen: sei es in der Kinderpflege, bei Jugendlichen, Alten, Behinderten, Kranken, Arbeitslosen, psychisch Verstörten usw. Gegen alle Wahrscheinlichkeit bleibt Hoffnung und Konsens, dass Frauen derlei Verantwortung für Lebendiges haben und wahrnehmen könnten und sollten. Soweit sie dem ohne nennenswerten Widerstand zustimmen, tragen sie dazu bei, die derzeitige Praxis einer Unterwerfung des Gesellschaftlichen unter ökonomische Zielsetzungen einiger weniger für ein mögliches Gesellschaftsprojekt zu halten, in dem Menschen leben könnten.

Unter einem neuen Geschlechtervertrag wäre das gesellschaftliche Projekt neu zu diskutieren, aus den Utopien Gegenwart zu gewinnen. Ich stelle mir nicht vor, dass in erster Linie arbeitsteilige Verträge geschlossen und die Beziehungen zwischen den Geschlechtern zur Neuregelung anstehen, sondern dass die Geschlechterverhältnisse, wie sie blockierend und unaushaltbar die Gesellschaftsgestaltung dem Wachstums- und Gewinnstreben überlassen, neu aufgerufen werden. In erster Linie muss es darum gehen, einen Vertrag mit der Zukunft zu schließen und die Frage der nächsten Generation, der Reproduktion der Gattung, die Problematik, wie und in welchen Bedingungen die nächste Generation aufwachsen soll, zu einer politischen Frage machen. Die Verantwortung für die kommenden Menschen kann keineswegs privat arbeitsteilig Frauen überlassen bleiben. Schließlich umgreift sie Fragen der Erziehung, der Ernährung, der Umwelt, der Ressourcen, des Städtebaus usw. Wir können die Problematik herunterkonkretisieren auf alle Fragen des Politischen und Ökonomischen, die heute nach Gesichtspunkten geregelt sind, die weitgehend mit der Zukunft von Menschheit unverträglich sind. Einen existierenden Geschlechtervertrag, in dem Frauen in absurder Weise für Zukunft verantwortlich sind, ohne auch nur im mindesten ausreichend Kompetenzen und Macht zu haben, zu kündigen, heißt nicht, dass auch sie gleichberechtigt in den Erwerbsarbeitsbereich einzugliedern seien und alle Umsonstarbeit, ehrenamtliche Arbeit und ungetane Arbeit auch ungetan bleibt. Nach uns die Sintflut. Es heißt vielmehr, diese Verantwortungen tatsächlich zu übernehmen und die entsprechenden Macht- und Kompetenzbereiche dafür zu erobern. Jetzt geht es um eine andere Macht- und Arbeitsteilung, die einen anderen Gesellschaftsentwurf aushandeln muss, andere Prioritäten setzt und die Geschlechter anders positioniert. Es scheint mir unabdingbar, dass das männliche Geschlecht sich bei solch veränderter Zielsetzung beteiligt. Dies wäre ja erst der Anfang einer menschlichen Gesellschaft.

In der öffentlichen Diskussion, die überall geführt werden könnte, wären politische Lernprozesse zu machen, wären aus umfassenden Entwürfen für eine Gesellschaft, in der es sich zu leben lohnt, konkrete und realistische Einzelforderungen zu stellen. Der Anfang wäre eine Verständigung über die notwendige gesellschaftliche Gesamtarbeit, in welche die Sorge für die Nachkommen eingeschlossen wäre und schon von daher die für die Umwelt als Lebensbedingung zukünftiger Generationen. Es wäre auf jeden Fall eine andere politische Gesellschaft mit anderen Prioritäten, die, auch dies lässt sich aus frühen Utopien lernen, der jetzigen den Spiegel vorhält in erfinderischer und sozialkritischer Absicht.

Das Vertragskonzept wäre so auf mehrfache Weise von Nutzen. Sozialkritisch ist es utopische Perspektive und Mahnung für heutige Politik. Wenn wir die aktuellen Problemfelder dadurch radikalisieren und zuspitzen, dass wir die Geschlechterverhältnisse grundlegend einbeziehen, taucht am Horizont eine Gesellschaft auf, die sich vor allem in der Zielsetzung und damit auch in Bezug auf alltägliche Herrschaft von der heutigen grundlegend unterscheidet. Nicht mehr Profit und Wachstum wären die wesentlichen Regelungsinstrumente, sondern Fragen nach der Qualität unseres und zukünftigen Lebens und nach der Gattungsreproduktion, also Fragen nach Zukunft. Wesentlich ist, wie Zeit genutzt wird, wobei die Frage des Nutzens ihren rein utilitaristischen Gehalt verliert und zur Frage nach der Qualität von Leben wird. Arbeitsteilung wird eine Frage der Gerechtigkeit und eine der Vielfältigkeit. Es wird unsinnig, den Arbeitsbegriff auf Lohnarbeitstätigkeiten einzuschränken, ohne dass deswegen alle Arbeit entlohnt werden müsste. Die Möglichkeit, in einer Gesellschaft, in der alle tätig sind, nicht selbständig existieren zu können, wäre undenkbar. Die Quote, einst ein politisches Ziel, wird selbstverständliche Voraussetzung einer Gesellschaft, die ein Projekt ihrer Mitglieder ist, und verliert damit ihren starren dogmatischen Charakter.

Als Utopie lässt sich Gesellschaft als Projekt auch von Frauen immer weiter ausmalen. Es gibt dafür genügend Vorbilder. In aktueller Realpolitik wird das Vertragskonzept wiederum eine Kompromissgestalt direkter Eingriffe. Dazu gehört tatsächlich die Quote für Frauen auf allen Arbeitsplätzen wie umgekehrt eine für Männer in den Reproduktions- und Sozialbereichen. Eingeschlossen wären das Recht auf Arbeit und auf Politik, einschließlich der dafür nötigen Lernprozesse für beide Geschlechter.

Da wir nach allen bisherigen Analysen davon ausgehen müssen, dass die Geschlechter gegensätzliche Standpunkte und Positionen in der Gesellschaft haben und dass diese Geschlechterverhältnisse mit den Produktionsverhältnissen verschränkt sind, sind die Geschlechter kollektive Akteurinnen und Akteure, die den neuen Gesellschaftsvertrag konsensuell regeln müssten. Dabei haben beide Geschlechter zu verlieren und zu gewinnen, damit Gesellschaft als ganze überleben kann. Solche Vertragsverhandlungen, Kämpfe und Planungen wären im Grunde eine neue und andere Politisierung von Öffentlichkeit. Dabei geht es nicht in erster Linie um eine Art Tauziehen zwischen den Akteurinnen und Akteuren. Es geht darum, die aktuellen Krisenpunkte auf eine Weise in die öffentliche Diskussion zu bringen, dass die Teilhabe der gewachsenen Konstellationen – hier die der Geschlechter – an den unhaltbaren Zuständen offensichtlich wird, ebenso wie ihre potenzielle Möglichkeit, sich verändernd am Umbau zu beteiligen. Vorausgesetzt ist, dass wir tatsächlich in einem patriarchalen Kapitalismus leben, der am Ende selbst das Überleben als Privatsache marginalisiert hat. Dies gilt es – und dies wäre feministische Utopie – vom Kopf auf die Füße zu stellen.

Nachträgliche Fundierung

Mein erster Versuch, eine Theorie der Geschlechterverhältnisse zu entwickeln, war auf so viel Kritik gestoßen, dass ich angespornt war, eine grundlegende Kritik (im aufhebenden Sinn) bisheriger Erklärungen zu erarbeiten. Ich brauchte viele Jahre. Am Ende kam vom Umfang her ein Buch heraus, das ich für den Veröffentlichungszweck – ein Eintrag im *Historisch-kritischen Wörterbuch des Marxismus* – und den weiteren Zweck, eine Theorie zu liefern, die für viele brauchbar sein sollte, radikal kürzen musste. Einen Teil über geschlechtsegalitäre Gesellschaften löste ich ganz heraus und veröffentlichte ihn, wiederum stark verknappt, im gleichen Wörterbuch als eigenes Stichwort. Das schon angekündigte Buch wartet noch in meinem Arbeitsarchiv. – Das Ganze wurde auch eine Intervention in marxistische Theorie und stieß jetzt vermutlich auch deswegen auf weniger Kritik als der erste Versuch, weil nur wenige Marxisten noch an der Geschlechterfrage interessiert waren. Ich habe einige Abschnitte aus dem Wörterbuchartikel in einen kleineren Aufsatz für die Zeitschrift *Das Argument* verwandelt, der in der Folge ins Französische und Englische übersetzt und in Frankreich und den USA diskutiert wurde. Dieser (kürzere) Beitrag ist in dieses Buch abschließend aufgenommen, weil er die theoretische Fundierung für alles Vorhergehende ist. Er ist nicht so einfach zu lesen, weil er sich mit eingefahrenen Denkweisen auseinandersetzen muss und aus vielem Schweigen das Nichtgesprochene entziffert; er gibt eine doppelte Neuorientierung: in marxistischer ebenso wie in feministischer Theorie. Er will auch Lust machen aufs Studium beider.

Geschlechterverhältnisse als Produktionsverhältnisse

1. Das Vorhaben

In Gesellschaftstheorien, Ethnologie, Kritik der Politischen Ökonomie, Geschichte, feministischen Theorien, Männerforschung u. a. ist das Wort Geschlechterverhältnisse geläufig, wenn auch selten begrifflich scharf gefasst. Es gilt daher, zugleich mit der Diskussion unterschiedlicher Auffassungen, Geschlechterverhältnisse überhaupt erst als theoretischen Begriff und damit eine Theorie der Geschlechterverhältnisse zu erarbeiten. Ich formuliere vorweg als ein vorläufiges Resultat: Der Begriff Geschlechterverhältnisse soll tauglich sein, die Einspannung der Geschlechter in die gesellschaftlichen Gesamtverhältnisse kritisch zu untersuchen. Er setzt voraus, was selbst Resultat der zu untersuchenden Verhältnisse ist: die Existenz von ›Geschlechtern‹ im Sinne der je historisch vorfindlichen Männer und Frauen. Die Komplementarität bei der Fortpflanzung ist die natürliche Basis, auf der im historischen Prozess sozial geformt wird, auch, was als ›natürlich‹ zu gelten hat. In dieser Weise treten die Geschlechter als Ungleiche aus dem Gesellschaftsprozess, wird ihre Nicht-Gleichheit zur Grundlage weiterer Überformungen und werden Geschlechterverhältnisse fundamentale Regelungsverhältnisse in allen Gesellschaftsformationen. Sie durchqueren bzw. sind wiederum zentral für Fragen von Arbeitsteilung, Herrschaft, Ausbeutung, Ideologie, Politik, Recht, Religion, Moral, Sexualität, Körper und Sinnen, Sprache, ja im Grunde kann kein Bereich sinnvoll untersucht werden, ohne die Weise, wie Geschlechterverhältnisse formieren und geformt werden, mit zu erforschen. Davon abzusehen gelingt nur, wenn man zugleich – wie dies in der Wissenschaft traditionell üblich ist – davon ausgeht, dass es nur eines, das männliche Geschlecht gibt und alle Verhältnisse also als männliche abzubilden sind. Dagegen zu opponieren und mit der Erforschung der ›vergessenen Frauen‹ als Nachtrag auch in den Wissenschaften zu beginnen, ist ein Verdienst des Feminismus des letzten Drittels des zwanzigsten Jahrhunderts. Freilich wird dabei häufig im Ansatz der Blick verstellt durch die Phänomenologie der Männer und Frauen, wie sie als Effekt von Geschlechterverhältnissen in Gesellschaft in Beziehung zueinander auftreten, was die Analyse auf Zwischenmenschliches zieht, als sei dies aus sich selbst heraus begründbar. Im Deutschen ist dies vor allem deutlich, wenn das Wort in den Singular rückt: das Geschlechterverhältnis, wie dies in fast allen Arbeiten geschieht. (Eine Recherche im Internet im Jahre 2000 nach Veröffentlichungen zur Problematik seit 1994 ergab 145 Titel in deutscher Sprache, von denen nur vier den Pluralbegriff benutzten. Im Angelsächsischen ist ausschließlich der Pluralbegriff gebräuchlich, freilich ist dafür *gender* ein Singularterm.) Die Einzahl mag angemessen sein, wenn es um den Proporz von Männern und Frauen in ausgewählten Bereichen geht. Wer sie in weiterem Sinn gebraucht, tut sich in der Folge schwer, eine unterstellte Festigkeit dessen, was Geschlechter sind, zu unterlaufen. Um den Begriff so zu fassen, dass er dem Beweglich-Veränderlichen seines Gegenstandes Rechnung tragen kann, ist der Plural angemessen. Das Pluralprojekt Geschlechterverhältnisse soll wie der Begriff Produktionsverhältnisse Praxisverhältnisse (mehrere) der Geschlechter fassen und dabei sowohl die Formierung der Akteure als auch die Reproduktion des gesellschaftlichen Ganzen auf dieser Grundlage der Erkenntnis zugänglich machen. Kein festes Verhältnis also und keine natürlichen festen Akteure.

Die Formulierungen verorten die Studie in marxistische wie in feministische Theoriegeschichte. Im Jahre 2000 fasst Regina Becker-Schmidt die Lage wie folgt zusammen: »Es ist der feministischen Forschung bisher nicht gelungen, eine Theorie der Geschlechterverhältnisse zu entwerfen« (61). Der folgende Text arbeitet an der Besetzung dieser Leerstelle. Die Forschung ist umfangreich, verlangt historisches Herangehen. An dieser Stelle beschränke ich mich darauf, aus dem neuerlichen Studium von Marx und Engels sowie Gramsci und Althusser die Umrisse einer Theorie von Geschlechterverhältnissen kritisch zu begründen und in Diskussion mit feministischen Arbeiten zu überprüfen.[74]

2. *Geschlechterverhältnisse als Produktionsverhältnisse*

In seinem ersten Entwurf einer Kritik der politischen Ökonomie, den *Manuskripten 44*, spricht Marx von den »beiden Geschlechtern in ihren sozialen Verhältnissen« (MEW 40, 479). Diese Formulierung ist für eine Theorie der Geschlechterverhältnisse tragfähig. Der frühe Engels äußert sich zum Verhältnis der Geschlechter, meint aber wesentlich die Beziehung von Männern und Frauen zueinander. Beide, Marx und Engels, orientieren seit ihren Frühschriften auf herrschaftsfreie Mann-Frau-Beziehungen, die sie im Fundament ihres gesellschaftlichen Emanzipationsprojekts verankern. Im Kontext des – Fourier aufnehmenden – berühmten Satzes, der »Grad der weiblichen Emanzipation« sei »das natürliche Maß der allgemeinen Emanzipation« (*Heilige Familie*, MEW 2, 208), wird das Prinzip aufgestellt, an der Entwicklung der Geschlechterbeziehung die Entwicklung der Menschen abzulesen,

> »weil hier im Verhältnis des Weibes zum Mann, des Schwachen zum Starken, der Sieg der menschlichen Natur über die Brutalität am evidentesten erscheint« (ebd.)

74 Der vorliegende Text basiert teilweise auf Passagen aus dem Stichwort »Geschlechterverhältnisse« im *Historisch-kritischen Wörterbuch des Marxismus*, Bd. 5, 2002, 493–531.

Laut *Manuskripte 44* entscheidet sich am

> »Verhältnis des Mannes zum Weibe«, »inwieweit das Bedürfnis des Menschen zum menschlichen Bedürfnis [...] geworden ist, inwieweit er in seinem individuellsten Dasein zugleich Gemeinwesen ist« (MEW 40, 535).

Das Szenario der *Deutschen Ideologie* rückt die Problematik ins Zentrum. Unter den »Momenten«, »die vom Anbeginn der Geschichte an und seit den ersten Menschen zugleich existiert haben«, fungiert, dass

> »die Menschen, die ihr eignes Leben täglich neu machen, anfangen, andre Menschen zu machen, sich fortzupflanzen – das Verhältnis zwischen Mann und Weib, Eltern und Kindern, die Familie. Diese Familie, die im Anfange das einzige soziale Verhältnis ist, wird späterhin, wo die vermehrten Bedürfnisse neue gesellschaftliche Verhältnisse, und die vermehrte Menschenzahl neue Bedürfnisse erzeugen, zu einem untergeordneten Verhältnis« (MEW 3, 29f.).

Und von Anfang an gilt:

> »Die Produktion des Lebens, sowohl des eignen in der Arbeit wie des fremden in der Zeugung, erscheint nun schon sogleich als ein doppeltes Verhältnis – einerseits als natürliches, andrerseits als gesellschaftliches Verhältnis –, gesellschaftlich in dem Sinne, als hierunter das Zusammenwirken mehrerer Individuen [...], verstanden wird. Hieraus geht hervor, dass eine bestimmte Produktionsweise oder industrielle Stufe stets mit einer bestimmten Weise des Zusammenwirkens oder gesellschaftlichen Stufe vereinigt ist, und diese Weise des Zusammenwirkens ist selbst eine ›Produktivkraft‹ [...] also die ›Geschichte der Menschheit‹ stets im Zusammenhange mit der Geschichte der Industrie und des Austausches studiert und bearbeitet werden muss.« (MEW 3, 29f.)

Unrealisiert bleibt dabei nur, dass dazu auch die komplementäre Regel gelten muss, nämlich die politisch-ökonomische Geschichte nie in Abstraktion von der Geschichte jenes natürlich-gesellschaftlichen Verhältnisses zu studieren. Der Hinweis, dass diese »Familie« genannte Organisation zu einem »untergeordneten Verhältnis« wird, verlangt zudem, den Prozess dieser Unterordnung eigens zu untersuchen. Es gibt in der *Deutschen Ideologie* eine Reihe von Hinweisen, wie die Entwicklung in diesem Bereich vorangeht. Als fundamental gilt die

> »ungleiche, sowohl quantitative wie qualitative Verteilung der Arbeit und ihrer Produkte [...], also das Eigentum, das in der Familie, wo die Frau und die Kinder die Sklaven des Mannes sind, schon seinen Keim, seine erste Form hat.« (32)

Die »latente Sklaverei in der Familie« wird begriffen als »das erste Eigentum«, wobei die Autoren hervorheben, dass dieses »hier schon vollkommen der Definition der modernen Ökonomen entspricht, nach der es die

Verfügung über fremde Arbeitskraft ist« (ebd.).[75] Die Teilung der Arbeit entwickelt sich mitsamt den Bedürfnissen weiter auf der Grundlage von Überschüssen und bringt diese wiederum erweitert hervor, wie auch die selbständige Produktion der Lebensmittel ein Ergebnis der »Vermehrung der Bevölkerung« ist und sie befördert (MEW 3, 21). Arbeitsteilung birgt weiter die Möglichkeit, dass »der Genuss und die Arbeit, Produktion und Konsumtion, verschiedenen Individuen zufallen« (31), sie ist damit zugleich Voraussetzung von Herrschaft und von Entwicklung. Zwei einander überlagernde Herrschaftsarten bestimmen den Fortgang der Geschichte, die der Verfügung einiger über die Arbeitskraft vieler in der Lebensmittelproduktion und die Verfügung der (meisten) Männer über weibliche Arbeitskraft, Gebärfähigkeit und den sexuellen Körper der Frauen in der ›Familie‹. Das widersprüchliche Ineinander bewirkt, dass die Entwicklung des Gemeinwesens zugleich mit der Zerstörung seiner Grundlagen voranschreitet, gestützt und getragen durch Geschlechterverhältnisse, in denen aus Herrschaftsgründen das sozial Überformte als Natur behauptet und mit der Natur die sinnlich-körperliche Substanz unterworfen wird.

Marx und Engels verlassen nach diesen skizzenhaften Anfängen den Bereich der Geschlechterverhältnisse in ihrer *Kritik der Politischen Ökonomie.* Ins Zentrum rücken Kapitalverhältnis, Arbeit in der Industrie und Austausch.

Symptomatisches Lesen

In seinem Buch *Das Kapital lesen* interessiert Louis Althusser u. a., wie Marx in seiner Kritik an Adam Smith den Wert der Ware herausarbeiten konnte, der doch zugleich im Text von Smith abwesend war. Er nennt das methodische Verfahren eine »symptomatische Lesweise«.

> »Wenn unter ganz besonders kritischen Umständen die Entwicklung der von einer Problematik produzierten Fragen [...] dazu führt, die flüchtige Anwesenheit eines Aspekts des Unsichtbaren im sichtbaren Feld der Problematik hervorzubringen, so kann dieses Hervorgebrachte selbst auch nur unsichtbar sein; denn das Licht des Feldes gleitet blind darüber hin, ohne sich in ihm zu brechen. Das Unsichtbare enthüllt sich dann in seiner Qualität als theoretisches Versehen, als Abwesenheit, Mangel oder Symptom.« (Althusser 1972, 31ff.)

Um das Unsichtbare sichtbar zu machen, bedarf es praktisch eines zusätzlichen »wissenden Blicks«, eines anderen Standpunkts, der aus dem bearbeiteten

75 2001 erschien ein bisher unveröffentlichtes Manuskript von Marx zum Selbstmord, hg. von Eric Plaut u. Kevin Anderson; hier studiert Marx die Dokumente zum Selbstmord von Peuchet unter der Frage der Frauenunterdrückung in der Familie, einer patriarchalischen Form, deren Abschaffung er für notwendig hält.

Text gewonnen wird und ihn überschreitet. Ich lese also im Folgenden einige Passagen von Marx und Engels mit der Frage nach den Geschlechterverhältnissen, die wie eine Art Störsendung durch ihre Texte laufen und deren Bearbeitung nicht auf dem Niveau der sonstigen Analysen erfolgt. So entdecken wir immer wieder Blockierungen, die Austragungsformen der Geschlechterverhältnisse sind, dies insbesondere in Bezug auf die kapitalistische Produktionsweise. Marx und Engels notieren sorgfältig die Zusammensetzung des neuen Fabrikpersonals nach Geschlechtern. Marx exzerpiert:

> »In den englischen Spinnereien sind nur 158 818 Männer und 196 818 Weiber beschäftigt. [...] In den englischen Flachsfabriken von Leeds zählte man auf 100 männliche Arbeiter 147 weibliche; in Druden und an der Ostküste Schottlands sogar 280. [...] Auch in den nordamerikanischen Baumwollfabriken waren im Jahre 1833 nebst 18 593 Männern nicht weniger als 38 927 Weiber beschäftigt.« (MEW 40, 479)

Engels kommt nach Auswertung einer Vielzahl von Statistiken zu dem Ergebnis, 1839 seien in den englischen Fabrikindustrien mindestens zwei Drittel der Arbeitenden Frauen gewesen. Er nennt dies eine »Verdrängung männlicher Arbeiter«, eine »Umkehrung der sozialen Ordnung«, die zu Auflösung der Familie und Verwahrlosung der Kinder führe. Dabei reflektiert er zunächst die geschlechtliche Arbeitsteilung nicht weiter, die ihn dazu führte, die Arbeiterschaft als genuin männlich zu denken (*Lage*, MEW 2, 367f, 465). Wenig später entdeckt er, dass bei gesellschaftlicher Teilung von außerhäuslicher und häuslicher Arbeit unabhängig vom jeweiligen Geschlecht der Akteur der zweiten von dem der ersten beherrscht wird. Das fasst eine Grundlage herrschaftlicher Geschlechterverhältnisse. Doch Engels gibt die Empörung über die Lage der Fabrikarbeiterinnen wesentlich mit Kategorien der Moral (Sittenverderb) wieder. Dies erschwert es, den Zusammenhang als Effekt kapitalistisch ausgebeuteter spezifischer Geschlechterverhältnisse zu sehen. Er erkennt,

> »dass die Geschlechter von Anfang an falsch gegeneinandergestellt worden sind. Ist die Herrschaft der Frau über den Mann, wie sie durch das Fabriksystem notwendig hervorgerufen wird, unmenschlich, so muss auch die ursprüngliche Herrschaft des Mannes über die Frau unmenschlich sein« (MEW 2, 371).

Das Problem verortet er in der Gütergemeinschaft mit ungleichen Beiträgen. Er schlussfolgert, dass das Privateigentum die Beziehungen der Geschlechter zersetzt. Umgekehrt denkt er die proletarische Familie, weil eigentumslos, als herrschaftsfrei.

> »Wirkliche Regel im Verhältnis zur Frau wird die Geschlechtsliebe und kann es nur werden unter den unterdrückten Klassen, also heutzutage im Proletariat [...] Hier fehlt alles Eigentum, zu dessen Bewahrung und Vererbung ja gerade die Monogamie und die Männerherrschaft geschaffen wurden« (MEW 21, 73).

Der Gedanke wirkte als ethisches Ideal in der Arbeiterbewegung. Als Aussage über ein tatsächliches Hier und Jetzt war er allezeit kontrafaktisch. Er verfehlt theoretisch die Funktion der Arbeitsteilung zwischen Haus und Fabrik und damit die Rolle der Geschlechterverhältnisse für die Reproduktion der kapitalistischen Gesellschaft. Im Weiteren gilt Engels' Interesse v.a. dem Mann-Frau-Verhältnis, nicht der Untersuchung, wie Geschlechterverhältnisse alle Praxen von Menschen durchqueren. Von der kommunistischen Gesellschaft erwartet er, dass sie

> »das Verhältnis der beiden Geschlechter zu einem reinen Privatverhältnis machen [wird ...,] worin sich die Gesellschaft nicht zu mischen hat. Sie kann dies, da sie das Privateigentum beseitigt und die Kinder gemeinschaftlich erzieht und dadurch die beiden Grundlagen der bisherigen Ehe, die Abhängigkeit des Weibes vom Mann und der Kinder von den Eltern vermittelst des Privateigentums, vernichtet.« (MEW 4, 377)

Im *Kapital I* notiert Marx, Erhaltung und Reproduktion der Arbeiterklasse als Bedingung für die Reproduktion des Kapitals blieben »dem Selbsterhaltungs- und Fortpflanzungstrieb der Arbeiter überlassen« (MEW 23, 597f.). Dies trifft zu, von Formen der ›Armenpflege‹ und ›Sozialfürsorge‹ abgesehen, kann jedoch die Theorie dazu verführen, den Vorgang als Privatsache aus dem Brennpunkt des Interesses zu rücken und womöglich als bloße Gabe der Natur zu betrachten. Ein Effekt der Verfügung der Männer über die Frauen in der Familie besteht darin, dass die Arbeit der Frauen weniger gilt als die der Männer. Dieser Umstand macht Frauenarbeit als Billigarbeit für die kapitalistische Ausbeutung besonders geeignet.

Marx wertet die amtlichen Berichte aus, in denen zunächst grammatisch geschlechtsneutral Arbeiter vorkommen; sobald es Frauen und Kinder sind, werden diese extra und als Besonderheit genannt. So kommt eine selbstverständliche Männlichkeit in die Diktion; zugleich registriert Marx, dass männliche Arbeiter durch Frauen und Kinder ersetzt werden. Unter gleichbleibenden Geschlechterverhältnissen hat diese Praxis die Zerstörung der natürlichen Grundlagen der Arbeiterklasse zur Folge. Weil die Annahme der Männlichkeit des Proletariats sich eher unter der Hand in die Texte mischt, wird von Marx und Engels nicht wirklich expliziert, dass die Form der Lohnarbeit tatsächlich den männlichen Lohnarbeiter bedingt bzw. Geschlechterverhältnisse, in denen die Arbeit der Lebensmittelproduktion, soweit sie warenförmig geschieht, eine gesellschaftliche Angelegenheit unter privater Herrschaft ist, die Reproduktion der Arbeitenden (K I, MEW 23, 186), als den einzelnen Familien privat überantwortet, dagegen keine gesellschaftliche Angelegenheit scheint. Das Ineinander von kapitalistischer Ausbeutung und einer Arbeitsteilung in überkommenen

Geschlechterverhältnissen zeigt, dass kapitalistische Produktion u.a. auf Frauenunterwerfung basiert. – Mitten in der Konzentration auf Kapitalismus blitzt bei Marx die Erkenntnis auf:

> »Doch bleibt es dabei, dass zu ihrem Ersatz ihre Reproduktion nötig, und insofern ist die kapitalistische Produktionsweise bedingt durch außerhalb ihrer Entwicklungsstufe liegende Produktionsweisen.« (MEW 24, 114)

Dieser Gedanke wurde von Rosa Luxemburg (*Akkumulation des Kapitals*) aufgenommen und von Mies, Bennholdt-Thommsen, von Werlhof weitergeführt, bei Letzteren freilich, ohne Marx zu erwähnen.

Bereits in den *Manuskripten 44* beobachtet Marx »eine ökonomisch selbständigere Stellung« der Frauen, indem ihnen »durch die Veränderungen im Organismus der Arbeit [...] ein weiterer Kreis von Erwerbstätigkeit zugefallen« ist, wodurch die »beiden Geschlechter in ihren sozialen Verhältnissen einander nähergerückt« sind (MEW 40, 479). In *Kapital I* interessiert dann die »eigentümliche Zusammensetzung des Arbeitskörpers aus Individuen beider Geschlechter« (MEW 23, 446f.), schließlich die Einsetzung der Frauen

> »in gesellschaftlich organisierten Produktionsprozessen jenseits der Sphäre des Hauswesens [als] neue ökonomische Grundlage für eine höhere Form der Familie und des Verhältnisses beider Geschlechter« (514).

Hier ist tatsächlich das Verhältnis (Singular) als Verhalten zueinander gemeint, allerdings von den Verhältnissen in der Arbeit ausstrahlend in alle Bereiche. Die Zusammenarbeit der Geschlechter auf engem Raum und bei Nacht hält Marx unter gegebenen Produktionsverhältnissen für eine »Pestquelle des Verderbs und der Sklaverei« (MEW 23, 514; vgl. Engels *Lage*, MEW 2, 372, 465). Als Horizont aber bleibt, dass sie, sobald »der Produktionsprozess für den Arbeiter da ist«, zur »Quelle humaner Entwicklung« (ebd.) wird.

Die Perspektive hat sich in den staatssozialistischen Ländern verengt auf die Berufstätigkeit von Frauen. Da das Gesamt der zur Reproduktion nötigen Arbeiten und ihre Stützung in Moral, Recht, Politik – kurz, Ideologie –, Sexualität usw. nicht in die Analyse eingeht, verfehlt diese Lösung die Hartnäckigkeit und Verzweigtheit der Geschlechterverhältnisse. – Jene Verkürzung hat in der Arbeiterbewegung dazu geführt, ein Nacheinander für die Befreiungskämpfe anzunehmen, wobei übersehen wurde, dass die Geschlechterverhältnisse immer auch Produktionsverhältnisse sind, und also, wie stark das Stützungsverhältnis für die Reproduktion der jeweiligen Form der Gesamtverhältnisse ist. Man kann also nicht zuerst die Produktionsverhältnisse revolutionieren und dann erst die Geschlechterverhältnisse.

In den letzten drei Jahren seines Lebens (1880–82) legte Marx ausgiebige ethnologische Exzerpte an, die von Engels in seine Arbeit *Ursprung der Familie* aufgenommen wurden. Marx zusammenfassend formuliert Krader, der Herausgeber der Exzerpte, als Lektüremotiv:

> »Die aus Gleichen bestehende Urgemeinschaft ist die revolutionäre Form der Gesellschaft, welche nach der historischen Veränderung, die die Menschheit erfahren hat, und nachdem die Ausbeutung in Form von Sklaverei, Leibeigenschaft und Kapitalismus überwunden ist, einen neuen Inhalt haben wird.« (14f.)

Von der Ethnologie verspricht er sich Beweise für die Möglichkeit kooperativer menschlicher Institutionen und kommunaler, gemeinschaftlicher Arbeitsbeziehungen. – Das Morgan-Exzerpt umfasst den größten Raum. »Familie« und Verwandtschaft sind Schwerpunkte, die eine Prüfung für die Frage der Geschlechterverhältnisse ertragreich machen. Marx folgt zumeist Morgans Auffassungen, sodass die Verwunderung, wann über Geschlechterverhältnisse geschwiegen wird und wann sie behandelt werden, beide Autoren trifft. Das Material legt die Auffassung nahe, dass die menschliche Entwicklung aus kommunistischer Gleichheit durch die Entstehung des Privateigentums zu Herrschaft und Unterdrückung geführt wurde, dass dieser Prozess zugleich mit Fortschritt einherging und über die Stufen der Barbarei zur zivilen Gesellschaft führte. Erfindungen und Entdeckungen sicherten nicht nur das Überleben, sie legten die Möglichkeit für Überfluss und damit die Grundlagen für die Entstehung von Reichtum, den sich privat anzueignen historische Wirklichkeit wurde.

Marx exzerpiert genau die von Morgan vorgeführten Verwandtschaftslinien – von der Blutsverwandtschaftsfamilie über die Punalua- zur Paarungsfamilie, zur patriarchalen Familie, die er mit Morgan für eine Ausnahme hält, bis zur Monogamie. Bei Morgan interessiert ihn auch der später von Bloch, Althusser u.a. ausgearbeitete Gedanke einer Ungleichzeitigkeit. »Das System hat die Gebräuche überlebt, worin es entsprang, und erhält sich noch unter ihnen, obgleich es in der Hauptsache für die jetzt geltende Abstammung unrichtig ist.« (135) Welche Frauen und welche Männer jeweils einander in Gruppenehe heiraten durften, wird deshalb relevant, weil sich in dieser Weise die Stammeslinien der Gentes bestimmten. Überall gab es Matrilinearität, d.h. die Kinder blieben bei der Mutter bzw. bei der mütterlichen Gens. Der Vater gehörte einer anderen Gens an. In den Anfängen der Menschheitsentwicklung richten sich die Erfindungen auf die Beschaffung des Lebensunterhalts und sind auf diese Weise leicht vorstellbar für beide Geschlechter.

> »Gemeinsame Länderein und gemeinschaftlicher Feldbau mussten zu gemeinschaftlichen Wohnhäusern und einem kommunistischen Haushalt führen [...]

> Frauen bekamen in großen, mit gemeinsamen Vorräten versorgten Haushaltungen, in denen ihre eigene gens ein zahlenmäßiges Übergewicht hatte, einen mächtigen Halt.« (344)

Die Lage der Frauen verschlechterte sich

> »mit dem Entstehen der monogamen Familie, die das gemeinschaftliche Wohnhaus abschaffte, die Frau und Mutter inmitten einer rein gentilen Gesellschaft in ein Einzelhaus stellte und sie von ihrer gentilen Verwandtschaft trennte« (ebd.).

Man gewinnt den Eindruck, dass ständige Kriegszüge zur Erfindung von besseren Waffen führten und zur Herausbildung von Heerführern – als wichtige Erfindungen werden genannt Pfeil und Bogen, das eiserne Schwert (Barbarei), Feuerwaffen (Zivilisation). Sowie von Häuptlingen, Räten und politischen Versammlungen die Rede ist – als Auswahlkriterium wird notiert: persönliche Tüchtigkeit, Weisheit, Beredsamkeit (199) –, kommen Frauen rätselhaft nurmehr an einer Stelle vor: Die irokesischen »Frauen durften ihre Wünsche und Meinungen durch einen Sprecher eigener Wahl ausdrücken. Die Entscheidung traf der Rat« (227). Während sich die Exzerpte nach den Heiratsarten auf die Entwicklung von Getreideanbau, Domestizierung von Tieren, Kriegszüge und die Herausbildung von Eigentum, später von politischer Gesellschaft konzentrieren, gewinnt man überhaupt keinen Eindruck von der Tätigkeit von Frauen. Man kann eher implizit entnehmen, dass die Zuständigkeit für Kinder – wie vermutlich auch die Geburten; immerhin vermehrten sich die Menschen schnell, aber selbst diese Notiz erhält nur einen Verweis auf vermehrte Konsumtionsmittel (172) – sie von Kriegszügen abhielt, diese aber durch Eroberung zur Anhäufung von Reichtum führten.

> »Dem folgte im Laufe der Zeit die systematische Bebauung der Erde, was dazu führte, dass sich die Familie mit dem Boden identifizierte und zu einer Organisation zur Erzeugung von Eigentum wurde.« (184)

Dies erhellt die Selbstverständlichkeit männlichen Eigentums, der väterlichen Erbfolgelinie und der entsprechenden Monogamie. Schließlich wird das Familienoberhaupt (männlich) »das natürliche Zentrum der Akkumulation« (ebd.).

Die Konzentrierung auf die Geschichte der Männer geschieht eher implizit, oft verrät sie sich in spontaner Wortwahl. Marx notiert:

> »Auf der Unterstufe beginnen die höheren Eigenschaften der Menschheit sich zu entwickeln: persönliche Würde, religiöses Empfinden, Offenheit, Männlichkeit und Tapferkeit werden jetzt allgemeine Charakterzüge, aber auch Grausamkeit, Hinterlist und Fanatismus.« (176)

Den Androzentrismus scheint er nicht zu bemerken. – Solange es kein privates Eigentum gab, war die Abstammungslinie über die Mütter offenbar ebenso wenig problematisch wie ihre Autorität. Marx notiert ohne weitere Erklärung:

> »Sobald Eigentum in größeren Massen sich ansammelte [...] und ein immer größer werdender Teil in Privatbesitz war, wurde die Abstammung in weiblicher Linie (wegen der Erbschaft) reif zur Abschaffung.« (342)

Die Herkunft wurde nun nach dem Vater (patrilinear) bestimmt. Dies wurde u.a. dadurch möglich, dass die allmählich sich herausbildenden ›politischen‹ Machtpositionen (Häuptlinge, Rat, Richter) ebenfalls männlich besetzt waren.

Zur Morgan-Lektüre Fouriers notiert Marx eine Erweiterung früherer Bestimmungen der Familie und ihres Verhältnisses zur weiteren Gesellschaft:

> »Fourier charakterisiert die Epoche der Zivilisation durch Monogamie und Grund-Privateigentum. Die moderne Familie enthält im Keim nicht nur servitus (Sklaverei), sondern auch Leibeigenschaft, da sie von vornherein Beziehung hat auf Dienste im Ackerbau. Sie enthält in Miniatur alle die Antagonismen in sich, die sich später breit entwickeln in der Gesellschaft und ihrem Staat. « (*Ethnologische Exzerpthefte*, Krader 1976, 53)

Man kann aus dem Studium von Morgan und Marx schließen, dass Krieg und Privateigentum Geschlechterverhältnisse bestimmen, die das ursprüngliche Gemeinwesen zersetzen und so eine Entwicklung auf der Grundlage von Ungleichheit befördern. – Leider schweigt Marx zu einer ethnologischen Forschung, die nach der Untersuchung der Verwicklungen, wer wen heiraten durfte und wie Matrilinearität und Urkommunismus zusammenhingen, weitgehend auf Frauenhandeln und -leben verzichtet.

Die Relektüre ethnologischer Studien, die dieses Schweigen zum Sprechen bringt, wird das späte Werk marxistischer und feministischer Ethnologie. Claude Meillassoux kritisiert an der marxschen Lektüre und ihrer Aufnahme durch Engels, sie seien »in die ideologische Falle der Blutsverwandtschaft« getappt und hätten ihre eigene Methode, die »Reproduktion des Lebens« und die Produktionsverhältnisse als »gesellschaftliche Reproduktionsverhaltnisse« zu analysieren, nicht angewandt (1994, 318). Diese Kritik lässt sich ausdehnen auf die Behandlung der Geschlechterverhältnisse bei den Klassikern insgesamt. – Zur schärferen Fassung der Geschlechterverhältnisse in der Entwicklung der Menschheit lässt sich lernen, dass diese in einer Geschichtsschreibung nahezu unsichtbar bleiben, wofern nicht weibliche Arbeit im Rahmen der Gesamtarbeit sowie Frauenteilhabe an Politik und Verwaltung mit detektivischem Blick gesucht werden.

Die ethnologischen Hefte wurden erst 1972 veröffentlicht. Aber Engels hatte schon 1884 die marxschen Morgan-Exzerpte und seine eigne Lektüre von Bachofen als Buch zusammengefasst und damit zugleich das Material bereitgestellt und die Diktion, in der Frauenunterdrückung gedacht wurde. Damit wurde auch eine Lesweise gestärkt, die Geschlechterverhältnisse gewissermaßen zusätzlich und außerhalb der überformenden Produktionsverhältnisse auffasst. In seinem berühmten Passus über die Einzelehe öffnet er (an die *Deutsche Ideologie* anknüpfend) durch Anwendung des Klassenbegriffs auf die Mann-Frau-Beziehung ein persönliches Verhältnis ins Gesellschaftliche:

> »Der erste Klassengegensatz [...] fällt zusammen mit der Entwicklung des Antagonismus von Mann und Weib in der Einzelehe, und die erste Klassenunterdrückung mit der des weiblichen Geschlechts durch das männliche. Die Einzelehe war ein großer geschichtlicher Fortschritt, aber zugleich eröffnet sie [...] jene bis heute dauernde Epoche, in der jeder Fortschritt zugleich ein relativer Rückschritt, in dem das Wohl und die Entwicklung der einen sich durchsetzt durch das Wehe und die Zurückdrängung der andern. Sie ist die Zellenform der zivilisierten Gesellschaft, an der wir schon die Natur der in dieser sich voll entfaltenden Gegensätze und Widersprüche studieren können.« (MEW 21, 68)

Marx hatte übrigens anderslautend notiert:

> »Die Familie – selbst die monogame – konnte nicht die natürliche Basis der Gesellschaft bilden, ebenso wenig wie heutzutage in bürgerlicher Gesellschaft die Familie die Einheit des politischen Systems ist.« (*Ethnologische Exzerpthefte*, Krader 1976, 285)

Engels' mitreißende Rhetorik verdeckt, dass die Form der Einzelehe keine spezifischen Arbeitsverhältnisse impliziert. Begriffe wie »Antagonismus, Klassen, Wohl und Wehe« lassen die Geschlechterverhältnisse als bloße Unterjochungsverhältnisse – wie nach einem Krieg – auffassen, nicht als Praxen beider Geschlechter. So führen die Studien über Geschlechterverhältnisse nicht zum Zusammenhang der Produktionsverhältnisse, sondern umgekehrt zu einem Auseinander der Bereiche der Lebens- und Lebensmittelproduktion. Das entspricht zwar der Entwicklung im Kapitalismus, doch verhindert die verallgemeinernde Festschreibung, ebendies als Teil der Produktionsverhältnisse zu sehen. In seinem Vorwort zu *Ursprung der Familie* skizziert Engels, was unter »Produktion und Reproduktion des unmittelbaren Lebens« (MEW 21, 27) zu verstehen sei:

> »Einerseits die Erzeugung von Lebensmitteln, von Gegenständen der Nahrung, Kleidung, Wohnung und den dazu erforderlichen Werkzeugen; andrerseits die Erzeugung von Menschen selbst, die Fortpflanzung der Gattung« (ebd. 28).

Er nennt beides »Produktionen« und liefert damit die Ausgangsbasis für eine Theorie der Geschlechterverhältnisse. Jedoch verstellt er den Zugang durch Bestimmungen, die auf der einen Seite alle ›Arbeit‹ anzusiedeln scheint (Nahrung, Kleidung, Wohnung), auf der anderen die Familie; Letztere zeichnet sich damit nicht durch spezifische Arbeitszusammenhänge, sondern durch Verwandtschaftsverhältnisse aus. Folgerichtig notiert er nach den Exzerptheften von Marx in *Ursprung* die Organisationsvarianten der sexuellen Beziehungen und der Fortpflanzung, aber nicht, in welchem Verhältnis die in der Familie verrichteten Arbeiten zur Gesamtarbeit und zur Reproduktion von Gesellschaft stehen. Insofern lässt sich seine Arbeit als ein Beitrag zur Geschichte der Geschlechterverhältnisse auf der Ebene von Sexualität und Moral lesen; wobei Engels allerdings, wie Bloch anmerkt, »puritanischen Motiven« folgt, wenn er die Monogamie als weiblichen Sieg gegen »den regellosen Geschlechtsumgang« verkündet und eine »rätselhafte Machtergreifung« der Männer aus einer allzu bedenkenlosen Übernahme bachofenscher Vorstellungen behauptet (1961, 118). Engels' Arbeit ist zugleich ein Versäumnis, diese Geschichte als Dimension der Produktionsverhältnisse zu schreiben, dies obwohl er darauf verweist, dass beim »Übergang der Produktionsmittel in Gemeineigentum« die »Privathaushaltung« »öffentliche Industrie« wird und die Gesellschaft für alle Kinder sorgt, »seien sie eheliche oder uneheliche« (MEW 21, 77). Dagegen sammelt er viel Material, um jeweils die Erniedrigung der Frauen nachzuweisen, wobei ihm aber auch hier entgeht, dass Geschlechterverhältnisse die gesamte Gesellschaft bestimmen und nicht bloß auf das Haus beschränkt sind. Sein berühmtester Satz in diesem Zusammenhang lässt Frauen als bloße Opfer auftreten:

> »Der Umsturz des Mutterrechts war die weltgeschichtliche Niederlage des weiblichen Geschlechts. Der Mann ergriff das Steuer auch im Hause, die Frau wurde entwürdigt, geknechtet, Sklavin seiner Lust und bloßes Werkzeug der Kinderzeugung.« (MEW 21, 60f.)

Wo er zuvor die Arbeit in der Familie erwähnt (im *Anti-Dühring*), entgeht ihm jeder Bezug auf Geschlechterverhältnisse (MEW 20, 180). Er benennt sie in diesem Kontext als »Erzeugung von bloßen Lebensmitteln« und schiebt sie damit auf eine Stufe von Nichtentwicklung, der gegenüber gesellschaftlicher Fortschritt aus dem Überschuss des Arbeitsprodukts über die Unterhaltskosten der Arbeit kommt, als Grundlage aller »gesellschaftlichen, politischen und intellektuellen Fortentwicklung« (ebd). Auch diese Trennung verunmöglicht, Geschlechterverhältnisse als Produktionsverhältnisse zu denken, deren Indienstnahme auf gesamtgesellschaftlicher Basis eine Grundlage kapitalistischer Akkumulation ist.

Engels' Perspektive für befreite Geschlechterverhältnisse ist der Einschluss der Frauen in die Industrie, eine Bewegung, die er in der kapitalistisch organisierten Produktion schon Realität werden sieht, weil die moderne große Industrie »nicht nur Frauenarbeit auf großer Stufenleiter zulässt, sondern förmlich nach ihr verlangt, und [...] auch die private Hausarbeit mehr und mehr in eine öffentliche Industrie aufzulösen strebt« (*Ursprung*, MEW 21, 157f.). Da diese Perspektive das staatssozialistische Projekt bestimmte, lassen sich die Probleme konkret historisch studieren.

Begriffskritische Zusammenfassung

Der kritische Durchgang durch Marx und Engels zeigt ihren Ansatz, Geschlechterverhältnisse als Produktionsverhältnisse zu fassen, sowie seinen Abbruch. Als größte Barriere erweist sich die Neigung, bei Geschlechterverhältnissen an Beziehungen zwischen Männern und Frauen zu denken. Zur Regel muss offensichtlich werden, die unterschiedlichen Produktionsweisen in der Geschichte immer auch als Geschlechterverhältnisse zu untersuchen. Keine lässt sich begreifen ohne Beantwortung der Frage, wie die Produktion des Lebens im Gesamt der Produktionsverhältnisse geregelt ist und in welchem Verhältnis sie zur Produktion der Lebensmittel steht, kurz, wie sie die Reproduktion der Gesamtgesellschaft bedingt. Das schließt die differenzielle Gestaltung der Geschlechter selbst, die jeweiligen Konstruktionen von Weiblichkeit und Männlichkeit, ebenso ein wie die Entwicklung der Produktivkräfte, der Arbeitsteilung, der ökonomischen und politischen Herrschaft und der ideologischen Legitimationen.

Geschlechterverhältnisse als Produktionsverhältnisse denken zu wollen, klingt zunächst anmaßend, soweit wir gewöhnt sind, diese als Ökonomie und Politik aufzufassen, also als die Weise, wie in Gesamtgesellschaft Waren produziert und verteilt werden und wie dies politisch reguliert wird. Schließt diese Bestimmung die Frage nach den Praxen der Geschlechter aus? So gefragt wird sicher Konsens sein, dass dies nicht der Fall sein kann, sofern man nicht versucht ist, Gesellschaft als eine Veranstaltung nur eines Geschlechts zu denken. Andererseits sind wir gewohnt, Produktionsverhältnisse als die Organisation der Produktion von Lebensmitteln zu denken, kapitalistische Produktionsverhältnisse z.B. als die Organisation profitlicher Produktion für den Markt zu begreifen. Zentrale Begriffe zur Analyse solcher Produktionsverhältnisse sind etwa Doppelcharakter der Arbeit, entfremdete oder Lohnarbeit, Klassen und Klassenkampf, Wert, Produktivkräfte. Aus dieser Konfiguration scheint sich zu ergeben, dass alle diese Bestimmungen nicht nur geschlechtsneutral sind, sondern auch, dass die Praxen, die die Geschlechter als Geschlechter auszeichnen, etwas sind, das zunächst in keinem Verhältnis zu den Produktionsverhältnissen gedacht werden sollte, allenfalls peripher davon berührt ist.

Innerhalb des Marxismus und der durch ihn bestimmten Denkweise gibt es dafür topographische Begriffe wie Basis und Überbau, die empfehlen, wenn überhaupt, dann einen Ableitungszusammenhang herzustellen, also etwa zu fragen: Gibt es Auswirkungen der Produktionsverhältnisse auf die Beziehungen der Geschlechter? Diese Frage können wir sofort mit Ja beantworten: Es gibt den männlichen Ernährerlohn, die Gestalt der Hausfrau, die den Lohnarbeiter fit hält, und schließlich gibt es die Frau als Konsumentin, die einen Teil der in bestimmten Produktionsverhältnissen produzierten Waren kauft und dem Verbrauch zuführt. Obwohl schon dieser Zusammenhang uns misstrauisch machen sollte in Bezug auf die Nebensächlichkeit der Geschlechterverhältnisse für den Zusammenhang der Produktionsverhältnisse, möchte der Versuch, Geschlechterverhältnisse als Produktionsverhältnisse zu behaupten, zugleich mehr. Er unterstellt, dass alle Praxen in der Gesellschaft durch Geschlechterverhältnisse bestimmt sind, einen Geschlechtersubtext haben, auch in dieser Weise herrschaftlich kodiert sind und wir zum Begreifen von Gesellschaft genötigt sind diesen Zusammenhang grundlegend zu untersuchen.

Die Begründung dafür ist die Doppeltheit der gesellschaftlichen Produktion, nämlich einerseits Leben zu produzieren, andererseits Lebensmittel. Die Produktion des Lebens bezieht sich auf fremdes Leben, also Fortpflanzung, sowie auf eigenes und seine Erhaltung. Diese beiden Produktionen nennen wir landläufig Reproduktion, obwohl das missverständlich ist, da natürlich auch die Produktion von Lebensmitteln – also die gesamte gesellschaftliche Anordnung – eine Reproduktion braucht, eine Wiederbeschaffung von Kapital und Arbeitskraft, was den Verkauf des Produzierten voraussetzt, die Instandsetzung des Bereichs und seine Regulierung. Die Unterscheidung kann also nicht die zwischen Produktion und Reproduktion sein, sondern die zwischen Leben und Lebensmitteln, und entsprechend sollte man statt von ›Reproduktion‹ vielleicht von lebenserhaltenden und -entwickelnden Tätigkeiten sprechen.

Es bleibt dabei die Frage, wie die beiden Bereiche von Leben und Lebensmitteln zueinander geordnet sind, wie sich die Geschlechter darin bewegen, woher Herrschaft in diesen Bereichen kommt bzw. auf was sie sich bezieht. Hier können wir wohl davon ausgehen, dass sich die Entwicklung der Produktivkräfte, Fortschritt, Anhäufung von Reichtum auf den Lebensmittelproduktionsbereich beziehen, der darum der relevantere scheint und der sich also den der Produktion des Lebens als Voraussetzung und Resultat unterworfen hat.

Wir verdanken es wesentlich Antonio Gramsci und Louis Althusser, auch Nicos Poulantzas, dass wir das Begreifen von Gesellschaft nicht mehr so ökonomistisch von oben nach unten denken, Herrschaft nicht bloß einseitig als Tat der Oberen und Beherrschtwerden nicht bloß als Passivität.

Bei Gramsci etwa finden wir eine exemplarische Analyse von Geschlechterverhältnissen als Produktionsverhältnissen in seinen Notizen zum Fordismus. Sein Ausgangspunkt war die Änderung der Produktionsweise (Massenproduktion am Fließband), die dazugehörige Schaffung »eines neuen Menschentyps« Arbeiter und die politische Regulation der Rahmenbedingungen. Gramsci denkt nicht einfach Ökonomie als Basis und Staat als Überbau, eine mechanistische Denkweise, die entscheidende Bewegungen und Kräfte verpasst, so u.a. die Geschlechterverhältnisse; sondern er legt den Überbau auseinander in ein Nebeneinander konkurrierend zusammenwirkender Superstrukturen – was Bewegung, Veränderung, Strategien und Taktiken zu fassen erlaubt –, und noch quer dazu schlägt er zwei Ebenen theoretischer Analyse vor: die Zivilgesellschaft und die politische Gesellschaft. Diese Unterscheidung ist eine methodische, eine im Denken, die also verschiedene Dimensionen zu betrachten erlaubt; in der Wirklichkeit, »im konkreten historischen Leben sind politische und Zivilgesellschaft ein und dasselbe« (*Gefängnishefte* 3, H4, §38, 498f.). Gramscis Vorschlag erlaubt, einen Unterschied zu machen zwischen Zwang und Konsens, Autorität und Hegemonie, Gewalt und Kultur (*Gef* 7, H13, §14, 1553f.). Ziel ist herauszuarbeiten, wie auf der Ebene der Zivilgesellschaft – also auf der Ebene, auf der die Menschen an Gesellschaft sich beteiligen – sich die für Hegemoniebildung relevanten gesellschaftlichen Zusammenschlüsse, Diskurse, Medien betätigen. Wir könnten auch sagen, wie Zustimmung organisiert wird bzw. wie die Einzelnen zustimmen und warum. Er führt außer dem Begriff Hegemonie den des geschichtlichen Blocks ein. Darunter versteht er die Zusammenbindung von Gruppen im herrschenden Kräfteverhältnis, hier das Zusammenwirken von Massenproduktionsweise, privater Lebensführung und staatlicher Kampagne um Moral – Puritanismus/Prohibition – in der Herausbildung des neuen Menschentyps. In diesem Kontext werden Geschlechterverhältnisse sichtbar als besondere Unterwerfung von Männern unter die Erwerbsarbeit am Fließband mit mechanischer Kräfteverausgabung bei höherer Bezahlung, die mehr Konsum, das Halten einer Familie und Freizeit erlaubt, die wiederum notwendig werden für die Aufrechterhaltung des männlichen Arbeitssubjekts. Seine Verausgabung bedingt spezifische Moral und Lebensweise, Monogamie als nicht zeitvergeudend-ausschweifender Sex, wenig Alkoholkonsum, die Einsetzung von Hausfrauen, die über Disziplin, Lebensführung, Gesundheit, Ernährung der Familie, also das Wie des Konsums wachen und entsprechend tätig sind. Man sieht die Disposition der Geschlechter und damit wesentliche Aspekte ihrer Konstruktion sowie die politische Regulierung durch Moralkampagnen und Gesundheitspolitik. Vor allem sieht man, wie dieses ganze Gefüge sich mit der Änderung der Produktionsweise umwälzt, und erkennt darin wesentliche Scharniere, die die kapitalistische Gesellschaft beweglich zusammenhalten. Bezogen auf den Übergang zur hochtechnologischen

Produktionsweise lässt sich von Gramsci lernen, Umwälzungen in der Produktionsweise so zu analysieren, dass Geschlechterverhältnisse als Produktionsverhältnisse sichtbar werden; Regelungen, Lebensweise, Einsatz und Konstruktion der Geschlechter ändern sich. So würde eine Forschungsskizze für die Umwälzung zur hochtechnologischen Produktionsweise, von Gramsci lernend und Geschlechterverhältnisse als Produktionsverhältnisse denkend, etwa wie folgt vorgehen:

Die neue Produktionsweise stürzt das Verhältnis von körperlicher zu geistiger Arbeit um, sie braucht weniger Arbeitskräfte anderen Typs und wird entsprechend anders hegemonial durchgesetzt, benötigt einen anderen staatlichen Eingriff, bringt eine andere Ordnung auf der Ebene der Zivilgesellschaft hervor usw. Die Frage nach den neuen Arbeitssubjekten muss die Neubestimmung der Geschlechterverhältnisse einschließen, eben weil es immer um Lebensführung, -erhaltung und -entwicklung geht, die gewissermaßen so etwas wie ein ›marginales Zentrum‹ gesellschaftlicher Verhältnisse sind.[76]

Für diese neue Aufgabe sind Vorschläge Louis Althussers nützlich. Er denkt im Anschluss an Marx die Struktur von Gesellschaft als verschiedene Ebenen, wobei er im Überbau die juristisch-politische Ebene – Recht und Staat – und die ideologische, zu der Religion und Moral gehören, unterscheidet. Dies erlaubt es, die jeweilige Wirksamkeit des einen oder anderen und die relative Autonomie, Dominanz und Verschiebungen in den Dominanzverhältnissen zu denken. Sein Standpunkt ist der der Reproduktion der Gesamtgesellschaft, also wie bestimmte Produktionsverhältnisse mit ihren Regulationen sich fortsetzen. Letztlich geht es ihm um eine Geschichte der kapitalistischen Produktionsweise; hierfür werden Begriffe wie Ungleichzeitigkeit, ungleiche Entwicklung, Überlebtheit und Rückständigkeit bedeutsam.

Für die Analyse von Produktionsverhältnissen muss die aktuelle Konfiguration des Ganzen betrachtet werden. Für die begonnene Skizze zu den Geschlechterverhältnissen in der hochtechnologischen Produktionsweise in der spezifischen neoliberalen Konfiguration bedeutet die Lehre aus Gramsci und Althusser, dass wir Brüche und Ungleichzeitigkeiten in den Geschlechterverhältnissen entdecken können, den fordistischen Menschentyp zugleich mit dem ›neuen Unternehmer‹; und auf der Seite staatlicher Regulierung hegemoniale Diskurse um Selbstverantwortung und einen geschichtlichen Block aus Sozialdemokraten und neoliberal-globaler Wirtschaft, repräsentiert in den Medien u.a., der zugleich eine neue Lebensweise von Fitness, Jugend, Gesundheit, Sexualpolitik für die einen propagiert und die anderen in konservative Moral ungleichzeitig einspannt etc.; die teils gegensätzlichen

76 Vgl. dazu F. Haug, 1998.

Anrufungen werden im Diskurs um Selbstverantwortung kohärent gehalten. Für die Gewinner in der neuen Produktionsweise kann durch verschärfte Individualisierung auf herrschaftliche Geschlechterverhältnisse – also Unterwerfung der Frauen – verzichtet werden; ungleichzeitig existiert sie fort als bestimmbare Rückständigkeit in neuen Verhältnissen.

Poulantzas versucht, die Mechanik, die in der Vorstellung von einer Abhängigkeit des Politischen von der Produktionsweise immer noch liegt, dadurch aufzulockern, dass er das Politische kritisch zu fassen vorschlägt, also auch als Kampfplatz für Widersprüche. Diese wären in unserem Fall zu studieren einerseits als die im Selbstverantwortungsdiskurs des Staates angebotene Kohäsion, die auf die Ungleichzeitigkeiten der neuen Menschen beiderlei Geschlechts stößt, die je individuell ihre Leben ›managen‹, und andererseits als die alten Fürsorgeideale der fordistischen Geschlechterverhältnisse, die immerhin im hegemonialen Block von Kirche, Parteien, Staat und entsprechender Bevölkerung getragen werden. Das bedeutet u.a., dass wir im Politischen so flexibel sein müssen, wie es die Verhältnisse sind, d.h. etwa wie Brecht vorschlägt, Argumente nicht religiös als Glaubenssätze zu benutzen, sondern wie Schneebälle zu formen, hart und treffend, aber einzuschmelzen und neu zu formen, je nach Konfiguration.

Die »aufhebende« Kritik der marxistischen Texte hat für unsere Frage nach den Geschlechterverhältnissen als Produktionsverhältnissen den Vorschlag erbracht, den Begriff der gesellschaftlichen Produktionsverhältnisse von ihrer Beschränkung auf die Praxen in der Lebensmittelproduktion zu befreien bzw. diese selbst als etwas zu denken, das mit Politik und Ideologie verbunden, juristisch verfasst, moralisch formiert und auf allen diesen Ebenen in Geschlechterverhältnissen konfiguriert ist.

3. Diskussion im Feminismus

Kapitalismus und Patriarchat. – Im Feminismus der zweiten Frauenbewegung wurde die Forderung erhoben, das Patriarchat gleichzeitig mit dem Kapitalismus auf die Tagesordnung zu setzen. Geschlechterverhältnisse wurden als wesentlich für die Reproduktion von Herrschaft ausgemacht. Schwierig war es zu begreifen, welches der Zusammenhang der Geschlechterverhältnisse mit den Klassenverhältnissen, als die der Kapitalismus gedacht war, sei. Die vom Maoismus der Studentenbewegung beeinflussten Diskussionen um Haupt- und Nebenwiderspruch versuchten ein Ganzes zu behaupten, dessen Analyse durch diese Begrifflichkeit aber zugleich blockiert wurde. Die Diskussion arbeitete sich am Marxismus ab, wobei Marx praktisch als Autor der Klassenverhältnisse fungierte. Nach den seit den 1970er Jahren gefochtenen Kämpfen um die Anerkennung von Hausarbeit wurden die Fragen weitergetrieben zur Problematik gesellschaftlicher

Gesamtökonomie. Unter dem Namen »dual economy debate« sollte begriffen werden, wie beziehungsweise ob Geschlechterverhältnisse und Klassenverhältnisse in der Ökonomie verschränkt sind.

Als eine der Ersten versucht Linda Phelps (1975), Kapitalismus und Patriarchat als unterschiedliche Produktionsverhältnisse zu begreifen:

> »If sexism is a social relationship in which males have authority over females, patriarchy is a term which describes the whole system of interaction arising from that basic relationship, just as capitalism is a system built on the relationship between capitalist and worker. Patriarchal and capitalist social relationships are two markedly different ways human beings have interacted with each other and have built social, political and economic institutions.« (1975, 39)[77]

Zilla Eisenstein schlägt vor, von zwei unterschiedlichen Produktionsweisen zu sprechen, die sich wechselseitig stützen (1979, 27); Sheila Rowbotham (1973) hält eine solche Koexistenz lediglich für kapitalismusspezifisch; Ann Ferguson (1979) liefert als Bezeichnung für die von Frauen dominant besetzte Produktionsweise den term »sex/affective production« in Fortpflanzungsverhältnissen. Am bekanntesten wurde Heidi Hartmanns Versuch (1981), im Anschluss an die Bemerkung von Marx und Engels in der *Deutschen Ideologie* (MEW 3, 32), der Keim des Patriarchats sei die Verfügung über weibliche Arbeitskraft, eine materialistische Theorie der Geschlechterverhältnisse zu begründen. Dies richtete sich gegen Theorien, die ein System von Geschlechterverhältnissen auf ideologischer Ebene begründet sehen und die übrigen Produktionsverhältnisse als unabhängig davon, als materiell begreifen. Zu Letzteren zählt etwa Juliet Mitchell: »we are dealing [...] with two autonomous areas, the economic mode of capitalism and the ideological of patriarchy«[78] (1974, 409). Roisin McDonough und Rachel Harrison (1978) bestehen darauf, Patriarchat könne nur begriffen werden, wenn es im Zueinander der »relations of human reproduction« (Verhältnisse der menschlichen Reproduktion) und der Produktionsverhältnisse je historisch konkret bestimmt werde (26), was für den Kapitalismus bedeute, die Klassenverhältnisse in die Analyse von Geschlechterverhältnissen einzubeziehen. Und Gabriele Dietrich formuliert bündig: Da »die Produktion

77 »Wenn Sexismus ein soziales Verhältnis ist, in dem Männer Macht über Frauen haben, dann ist Patriarchat ein Begriff, der das ganze System der Beziehungen beschreibt, die aus diesem Grundverhältnis hervorgehen, gerade so wie Kapitalismus ein System ist, das aus dem Verhältnis zwischen Kapitalist und Arbeiter errichtet ist. Kapitalistische und patriarchale gesellschaftliche Verhältnisse sind zwei ausgesprochen unterschiedliche Weisen, in denen Menschen miteinander agieren und soziale, politische und ökonomische Institutionen gebaut haben.« (Alle Übersetzungen in den Fußnoten durch F.H.)

78 »es geht um zwei autonome Bereiche, den ökonomischen des Kapitalismus und den ideologischen des Patriarchats«

des Lebens eine unverzichtbare Bedingung für jeden weiteren Produktionsprozess ist, muss die Priorität der Warenproduktion angezweifelt werden, und für die Perspektive der neuen Gesellschaft bleibt uns nicht nur das Problem, wie wir die Assoziation der freien Produzenten erreichen wollen, sondern auch, wie wir das, was ›Reproduktion‹ genannt wurde, für den Verein freier Menschen gestalten wollen.« (1984, 38) In einem kritischen Rückblick schlägt Iris Maria Young (1981) vor, als Ausgangspunkt für eine Theorie der Geschlechterverhältnisse die geschlechtliche Arbeitsteilung zu denken und die »dual system«-Ansätze[79] in Richtung einer einzigen Theorie zu überwinden. »We must develop a Theory that can articulate and appreciate the vast differences in the situation, structure, and experience of gender relations in different times and places.«[80] (1980, 1997, 105). Michèle Barrett fasst (1983) die Debatte für ihre Begründung eines marxistischen Feminismus zusammen. Sie bleibt unvollendet, und es gilt nach wie vor den Zusammenhang und das wechselseitige Stützungs- und Blockierungsverhältnis, die Unter- und Überordnungen in der Lebens- und der Lebensmittelproduktion zu denken.

Feministische Ethnologie

Die Frage, ob nicht-patriarchale Gesellschaften eine archaische Wirklichkeit, ein Mythos oder eine Dauer-Utopie sind, hat in der feministischen Ethnologie widersprechende Ausführungen gefunden. Es geht um eine Re-Interpretation der bürgerlichen und marxistischen Ethnologie, um sie vom ›männlichen *bias*‹ zu befreien, und dabei vor allem darum, die in der Formulierung von der universalen Unterordnung von Frauen unter Männer steckenden Voarannahmen und ihre Belege neu zu überprüfen. Der Materialismus der Sache selbst, dass es nämlich um die Erforschung der Geschlechterbeteiligung in unterschiedlichen Produktionsweisen geht und also darum, die vielfältigen Praxen und ihren symbolischen Niederschlag, ihre Verfestigung zu bestimmten Sitten und Gebräuchen, Wertsystemen zu untersuchen, macht diese Forschungen für die Erarbeitung einer Theorie der Geschlechterverhältnisse besonders geeignet. Eine sorgfältige Aufarbeitung muss an dieser Stelle dennoch aus Platzgründen verschoben werden. Ich fasse für die weitere Arbeit lediglich zusammen. Die Relektüre ethnologischer Forschung mit der besonderen Suche nach den Frauen und ihrer Einbindung in die Produktionsverhältnisse ergab: Meist wurde herkömm-

79 Ansätze, die von zwei Systemen ausgehen

80 »Wir müssen eine *Theorie* entwickeln, die die großen Unterschiede in Lage, Struktur und Erfahrungen in den Geschlechterverhältnissen zu verschiedenen Zeiten und an verschiedenen Orten wahrnehmen und benennen kann.«

lich mit dem Blick und den Kategorien entwickelter kapitalistischer Gesellschaften die Forschung strukturiert – Kritik wird also am Ethnozentrismus geübt. Wichtig ist hier insbesondere Eleanor Leacock (1989), die zu dem Ergebnis kommt, dass Frauen in jeder Gesellschaft einen wichtigen ökonomischen Status hatten, es aber darauf ankomme, in welchem Verhältnis die Haushaltsökonomie zur Gesamtökonomie stehe bzw. gestanden habe (42). Der zweite Befund: Die Untersuchungskategorien stammten weitgehend aus männlichen Theoriekulturen, machten daher blind gegen die Zurkenntisnahme von Frauenhandeln – Kritik wird also geübt am Androzentrismus (neben Leacock u.a. Ilse Lenz 1995, Ute Luig 1995). Es werden andere zusätzliche forschungsleitende Begriffe vorgeschlagen (wie symbolische Ordnung, Körperwissen bei Lenz; Riten, Geschlechtsreife, Religion bei Luig) und die Bedeutung geläufiger Kategorien wie Macht (bei Lenz) so verschoben, dass auch Frauen als Akteure vorkommen können; bzw. andere Kategorien, wie etwa Autonomie statt Gleichheit/Ungleichheit (bei Leacock) angewandt. Hinzu kommt herkömmlich ein struktureller Androzentrismus: Indem die Forscher Männer sind, ist ihnen der Zugang zu Frauenbereichen häufig unmöglich. – Kritik gilt schließlich umfassend den analytischen Aussagen über Produktionsverhältnisse, die geschlechtsblind vorgehen (insbes. Maxine Molyneux, 1989), ist also umfassend erkenntniskritisch. – Alle Autorinnen arbeiten sich an Engels zum Teil äußerst kritisch ab, so besonders an der Zweiteilung der Geschichte in eine mutterrechtliche Phase der Reproduktion und eine patriarchale Epoche, gezeichnet durch Produktion, mit der Folge, dass die Frau sich nur durch Teilnahme an Letzterer befreien könne. »Geschlecht und Herrschaft werden in dieser Zweiteilung der Epochen einfach aufeinander bezogen, und es fehlen die notwendigen Vermittlungsschritte in Wirtschaft, Gesellschaft und Denken.« (Lenz 1995, 44). Im Resultat lässt sich aus der feministischen Ethnologie gewinnen, dass die Erforschung der geschichtlichen Produktionsweisen neu unternommen werden muss, dass Produktionsverhältnisse nicht ausreichend begriffen werden, wenn die Geschlechterverhältnisse nicht sorgfältig einbezogen sind. Das gilt bis in Sprache, Begriff, Theorie. Diese Arbeit ist auch deswegen schwierig, weil für die angemessene Wahrnehmung von Frauen Begriffe nicht einfach vorliegen und auch Feministinnen sich selbst aus einer Unterwerfungssprache erst herausarbeiten.

Die Kontroverse um Geschlechterverhältnisse als Produktionsverhältnisse

Die Analyse von Geschlechterverhältnissen setzt die Kategorie Geschlecht voraus. Bis in die 1990er Jahre hat sich die Auffassung durchgesetzt, dass das Geschlecht sozial konstruiert sei. Die im Angelsächsischen vorhandene Möglichkeit, Geschlecht biologisch (*sex*) und sozial (*gender*) auszudrücken, war die Basis für eine mehr als 20-jährige Konjunktur, die bis in die Übernahme des Wortes ›gender‹ ins Deutsche reichte. Aber die Analysen zum Geschlecht, die die Selbstverständlichkeit vorhergehender Thematisierung von Frauenfragen ablösten – dies nicht zuletzt auch wegen des Rückgangs der Frauenbewegung –, hatten den noch in der Hausarbeitsdebatte vorherrschenden Bezug zu den Produktionsverhältnissen abgestreift; so war von Geschlecht, nicht aber von Geschlechterverhältnissen die Rede.

Der Untergang des Staatssozialismus machte es für marxistische Feministinnen unabweisbar, das Verhältnis von Geschlechter- und Produktionsverhältnissen neu zu denken, schon weil der nun offensichtliche Abbau an Frauenrechten durch Angleichung an den Kapitalismus mit der Behauptung einherging, der Staatssozialismus habe die Frauen genauso unterdrückt wie der Kapitalismus, und zugleich, es habe sich um eine von den kapitalistischen ganz unterschiedliche, mit ihr nicht konkurrenzfähige Produktionsweise gehandelt. Die Problemanordnung unterstellt, dass Geschlechterverhältnisse und Produktionsweise keinen inneren Zusammenhang haben. Die Zeit war für solches Nachdenken nicht günstig, denn der Niedergang der staatssozialistischen Länder hatte auf der Theorieebene auch dem Zweifel an Gesellschaftstheorie im Großen Nahrung gegeben, sodass den Zusammenhang zu untersuchen als ein Relikt vergangenen Denkens erscheinen musste.

Zu scharfen Kontroversen führte mein Versuch (1993), Geschlechterverhältnisse explizit als Produktionsverhältnisse zu fassen und den Nutzen eines solchen Vorschlags mit exemplarischen Fallstudien aus Literatur, Oper, Quotenpolitik, Zeitökonomie, Leistung, Moral, Krieg, Sexualität zu belegen, um durch den Aufweis der Vielzahl von Bereichen, in denen Geschlechterverhältnisse wirksam sind, die Notwendigkeit einer Theorie der Geschlechterverhältnisse zu begründen (siehe den Beitrag *Knabenspiele* in diesem Buch). Mein Fazit war:

> »Die herrschende Ökonomie mit Tausch, Markt, Profit, Wachstum setzt auf eine umfassende Ausbeutung nicht nur erwerbstätiger Arbeitskraft, sondern ebenso anderer (Dritter) Welten, die nicht nach den gleichen Prinzipien produzieren, und auf Vernachlässigung der Sorge um Leben und ihre Überantwortung an Menschen, die dies aus Liebe, aus ›Menschlichkeit‹ tun und daher nicht als Gleiche behandelt werden können. Ebenso ist die symbolische Ordnung, sind die Bereiche von Kunst und Wissenschaft, ist das gesamte Zivilisationsmodell durchdrungen und legitimiert durch solche Geschlechterverhältnisse als Produktionsverhältnisse. Das betrifft auch die Subjekte selbst als Persönlichkeiten.«

Die umfangreiche Kritik betraf vor allem den Begriffsvorschlag, der einerseits als zeitgemäße Aufweichung des marxistischen Begriffs der Produktionsverhältnisse befürchtet wurde (Hildegard Heise 1993, 3); oder die

»marxschen Begrifflichkeiten erhalten nunmehr einen rein illustrativen Charakter, die eine Verknüpfung zur originären Theorie suggerieren, aber nicht mehr das Geringste mit ihr zu tun haben« (Ursula Beer 1993, 6); oder durch die Verbindung von Geschlechterverhältnissen mit Produktionsverhältnissen werde »einer der wesentlichsten Begriffe des Marxismus anti- bzw. unmarxistisch aufgefasst, indem [...] die marxistisch gesehen notwendige Änderung der kapitalistischen Produktionsverhältnisse als Widerspruch zwischen männlicher Produktion und weiblicher Aneignung« gesehen werde (Rech 1993); dann umgekehrt: immer weiter Produktionsverhältnisse zu untersuchen, sei altmodisch (Ilona Ostner 1993, 4). Dagegen Carmen Tatschmurat emphatisch: »Dieser Zusammenhang ist unbestritten. Wer ihn kritisiert, fällt hinter zwei Jahrzehnte Frauenforschung zurück.« (1993, 3) Beer hält es für beliebig, ob der Begriff im Singular oder Plural benutzt wird. Sie meint, »das Geschlechterverhältnis« werde von mir dem Kapitalverhältnis »additiv hinzugefügt« (1993, 3). Sie bestimmt in der Folge als

> »systemübergreifende Momente von Geschlechterungleichheit [...] z.B. den Ausschluss von Frauen von Macht und Einflusspositionen, die [...] geschlechtsspezifische Arbeitsteilung in Familie und Erwerb, die Kulturproduktion weitgehend als Männersache« (1993, 8).

Das ist ungenügend bestimmt. Man wird kaum sagen können, dass »die [...] geschlechtsspezifische Arbeitsteilung in Familie und Erwerb« im Kapitalismus und den ehemaligen sozialistischen Ländern, zu denen die fast völlige Integration der Frauen ins Erwerbsleben gehörte, gleich gewesen sei. Beer schlägt dagegen den Begriff »Geschlechterungleichheit« vor und spezifiziert: »zu Lasten der Frauen« (10). Schließlich fragt sie nach »Geschlechterherrschaft«, analog zu Klassenherrschaft. Aber Klassen sind bereits ein Aspekt der Klassenherrschaft. Klassen sind nichts Natürliches. Geschlechter aber sind (wiewohl sozial geformt und gleichsam überbaut) auch etwas Natürliches, und die Existenz von Geschlechtern ist nicht einfach die Folge oder ein Aspekt von »Geschlechterherrschaft«. Auch der Begriff der »Geschlechterungleichheit« ist fragwürdig, weil der Begriff »Geschlechtergleichheit« allenfalls als politischer Slang-Ausdruck verständlich wäre. Von Geschlechtern zu sprechen heißt, von Geschlechtsunterschieden zu sprechen. Mehr noch: Unterschied ist zu schwach, um die Komplementarität zu denken, die durch das natürlich ungleiche Zusammenwirken bei der Fortpflanzung bedingt ist. Rechtliche Gleichstellung von Frauen und Männern stellt sie als Rechtssubjekte gleich, abstrahiert also vom Geschlecht. Wo die rechtliche Gleichstellung sich faktisch nicht verwirklicht und zu kompensatorischen Maßnahmen wie Quotenregelungen gegriffen wird, werden sogar, von Ungleichheit ausgehend, die Angehörigen der einzelnen Geschlechter im Einzelfall ›ungleich‹ behandelt, um zu einer durchschnittlichen Gleichbehandlung in bestimmter Hinsicht zu gelangen. Wenn Veit Bader von »asymmetrischen Machtverhältnissen« (1993, 6) oder Regina Becker-Schmidt (bei Beer 1993, 5) von »männlicher Suprematie« sprechen, ist dies zu schwach, weil Machtbeziehungen erst als asymmetrische überhaupt als solche wirken können und Vormacht ein vagierendes Phänomen ist, während Herrschaft etwas Strukturelles ist. – Heise schlägt u.a. den Begriff »Geschlechtergegensatz« (1993, 1) vor. Auch dieser Begriff, dem Klassengegensatz nachgebildet, ist nicht zu Ende gedacht. Geschlechterkomplementarität ist das eine (sozusagen als Naturform der Säugetiere), die herrschaftliche Ausprägung der Verhältnisse der komplementären Geschlechter das andere. Indem Heise den »Geschlechtergegensatz« in Nachfolge des Klassengegensatzes sieht, glaubt sie, das Denken von Geschlechterverhältnissen als Produktionsverhältnissen betreibe »die Substitution der Klassen durch die Geschlechter« (1993, 3). Als Heises Allgemeinbegriff kann der Begriff »Geschlechterkonstellation« angesehen werden. Da es sich bei Männern und Frauen so nur um zwei ›Gestirne‹ handelt, ist nicht einsichtig, warum es eine komplexe Konstellation dieser beiden geben soll. Es sei denn, es wird zu modellieren versucht, dass und wie in allen gesellschaftlichen Bereichen die Geschlechterverhältnisse ihre bereichsspezifischen Formen finden und dass es darauf ankommt, die »Konstellation« all dieser Formen zu denken, was – dies mein Vorschlag an dieser Stelle – als strategische Kodierung zu fassen wäre; dies setzt aber den Begriff der Geschlechterverhältnisse voraus.

Geschlechterverhältnisse und die Kategorie Geschlecht

Schon 1987 hat Donna Haraway grundsätzliche Kritik an der Erklärung von Frauenunterdrückung durch das ›sex-gender-System‹ angemeldet. Ihre Kritik am biologischen Essenzialismus dieser Unterscheidung bereitete den Weg vor, auch das Denken von Geschlecht preiszugeben. Dieses Gelände wurde vornehmlich von Judith Butler weiter bearbeitet, die schließlich »gender« als

> als »identifikatorischen Ort der politischen Mobilisierung [...] auf Kosten der Rasse oder der Sexualität, der Klasse oder der geopolitischen Positioniertheit/Verschiebung« (1994, 133)

zurückweist. Sie radikalisiert die Vorstellung von der sozialen Konstruiertheit von Geschlecht auch in den als biologisch angenommenen Teil und verlegt damit den Kampfplatz in die Anfangsphasen der Herausbildung von Identität.

> »Es gibt kein ›Ich‹ vor der Annahme eines Geschlechts [...,] sich mit einem Geschlecht zu identifizieren bedeutet, zu einer imaginären und überzeugenden [...] Drohung in einem Verhältnis zu stehen« (110f.).

Im Symbolischen wird das »sexuierte« Subjekt normativ durch Sprache gebildet. (120) Die Verschiebung der Machtkämpfe in die Zuweisung von Geschlecht erlaubt es, Ausgrenzungen, Verbote, Stabilisierungen als Elemente von Geschlechterverhältnissen zu entziffern. Auch kann der Streit um die jeweilige Priorität von Rasse, Klasse und Geschlecht, der die entsprechenden Bewegungen dazu brachte, sich entpolitisierend zu zerstreiten, umgelenkt werden durch die Frage nach den Artikulationen des einen im – und auf Kosten bzw. zu Gunsten des – anderen (133). Der Zusammenhang von Geschlechterverhältnissen und Produktionsverhältnissen kann auf solcher Grundlage als Forschungsfrage etabliert werden. Butler baut diesen Ansatz aus zu einer Grundlage produktiver Konflikte für eine Linke, die nicht einheitlich, aber in einem perspektivischen Sinn »universell« ist (1998, 36ff.). Dies ist die befreiende Seite von Butlers Eingriff. Die politische Intervention wird zudem schärfer durch ihr Plädoyer für eine Art demokratischer Kohärenz (nach Gramsci), die die Einzelnen für sich und ihre Identitäten erarbeiten, ohne die Ausgrenzungen durch unreflektierte Vereinheitlichung stets zu wiederholen. Gegen die »Plünderung der Dritten Welt« durch Feministinnen auf der Suche nach Beispielen für die »universelle patriarchale Unterordnung der Frau« (134) schlägt Butler vor:

> »die Formen aufzufinden, in denen die Identifizierung in das verwickelt ist, was sie ausschließt, und [...] den Linien dieser Verwicklung zu folgen um der Landkarte eines zukünftigen Gemeinwesens wegen« (136).

Die Verflüssigung der Kategorien ist nachvollziehbar; allerdings hat die Vermeidung jedes Funktionalismus den Nachteil für die Frage der Geschlechterverhältnisse, dass aus dem Blick gerät, wie es tatsächlich auch um die Reproduktion der Menschen geht, eine Notwendigkeit, deren Abstützung, Ermöglichung und gleichzeitige Marginalisierung dennoch als eine Art Brennpunkt zu fassen ist, von dem die von Butler entzifferten Handlungen im Symbolischen, in Sprache, im Imaginären ihre Virulenz erhalten.

Jürgen Habermas' Analyse der modernen Gesellschaft, in der er das kapitalistische ökonomische System als »systemisch integriert«, die Kleinfamilie als »sozial integriert« auffasst (1981, 1, 457, 477ff; 2, 256, 266), dient Nancy Fraser (1994) als paradigmatisch für androzentrische Sozialtheorie und als Leerstelle, in die kritisch-feministische Sozialtheorie eingreifen kann. An seinem Modell der unterschiedlichen Bereiche der materiellen und symbolischen Reproduktion zeigt sie eine vertane Möglichkeit, das Öffentliche und das Private in ihrem wechselseitigen Bezug wirklich neu zu verstehen. Habermas blockiere die Möglichkeit, Familien als ökonomische Systeme zu analysieren, als »Stätten der Arbeit, des Tauschs, der Berechnung, der Verteilung und Ausbeutung« (183). Dass er Kinderaufziehen als symbolisch, Lohnarbeit dagegen als materiell auffasst, während beide beides sind, macht die Tatsache, dass er Ersteres überhaupt in sein Modell hineinnimmt, sogleich problematisch; weil seine qualitative Unterscheidung von Systemwelt und Lebenswelt inhaltlich nicht zutreffe und politisch ideologisch sei, Stützargument für das private Kinderaufziehen als Form weiblicher Unterordnung. Fraser fasst die Schwächen des habermasschen Konzepts als Unfähigkeit, den »gender subtext« (Dorothy Smith, 1984) der beschriebenen »Beziehungen und Arrangements zu thematisieren« (190). Alle vermittelnden Personifikationen seien aber geschlechtlich bestimmt: der Arbeiter z. B. als männlich – »Gekämpft wurde um einen Lohn, [...] als Bezahlung eines Mannes zum Unterhalt seiner ökonomisch abhängigen Frau und Kinder« (190). Mit Carol Pateman (1985) zeigt Fraser: Frauen sind in der Erwerbsarbeit nicht abwesend, sondern anders präsent: z. B. reduziert auf Weiblichkeit, häufig auf sexualisierte Bedienstete (Sekretärinnen, Hausangestellte, Verkäuferinnen, Prostituierte, Stewardessen); als Mitglieder der helfenden Berufe mit mütterlichen Fähigkeiten (wie Krankenschwester, Sozialarbeiterin, Grundschullehrerin); als gering qualifizierte Arbeiterinnen mit geringem Status in segregierten Arbeitsplätzen; als Teilzeitarbeiterinnen unter Doppelbelastung von unbezahlter Hausarbeit und bezahlter Arbeit, als arbeitende Ehefrauen und Mütter, als Zusatzverdienerinnen. So zeigt sich die offizielle Ökonomie mit der Familie nicht nur durch Geld gegen Ware verbunden, sondern auch durch die Männlichkeit ›normaler‹ Lohnarbeit. Umgekehrt sei der Verbraucher »im klassischen Kapitalismus Gefährte und Gehilfe des Arbeitenden« (191). Und »Werbung hat [...] aufbauend auf der Weiblichkeit des Verbrauchersubjekts eine ganze Trugwelt der Begehrlichkeit entwickelt« (ebd.). Dies ist freilich produktabhängig, und Änderungen in dieser Branche, die auch Männer ansprechen, kämpfen nicht nur mit den Zuschreibungen des Weiblichen, wie Barbara Ehrenreich (1984) in einer Analyse von *Playboy* zeigt.

Im Arsenal der Akteure fehlt bei Habermas die Kinderbetreuerin, kritisiert Fraser weiter, die er gleichwohl bei seiner Funktionsbestimmung von Familie in einer Hauptrolle unterstellen muss. Ihre Berücksichtigung hätte die zentrale Bedeutung von Geschlechterverhältnissen für die »institutionelle Struktur des Kapitalismus« (192) zeigen können. Die »Staatsbürgerrolle«, diese Scharnierstelle zwischen Privatheit und Öffentlichkeit, ist selbstverständlich männlich – sie bezieht sich auf den Teilnehmer an politischer Debatte und Meinungsbildung und natürlich auf den Soldaten als Verteidiger des Gemeinwesens und Beschützer von Frauen, Kindern, Alten. Weil er Geschlecht als analytische Kategorie nicht erkennt, misslingt es Habermas, die Verbindungen von Familie zu offizieller Ökonomie, zu Staat, zu politischer Rede zu sehen.

> »Ihm entgeht zum Beispiel die Form, in der die maskuline Rolle des Staatsbürger/Soldaten/Beschützers den Staat und die Öffentlichkeit nicht nur untereinander, sondern auch mit der Familie und dem privaten Arbeitsplatz verbindet« (194f.),

wie die Schutz/Angewiesenheitsstruktur alle Institutionen durchzieht und wie schließlich »die Konstruktion maskulin- und feminingeschlechtlicher Subjekte benötigt wird, um jede Rolle im klassischen Kapitalismus auszufüllen« (195).

Frasers Analyse belegt die Bedeutung der Kategorie Geschlechterverhältnisse für kritische Sozialtheorie. Sie benutzt diese Kategorie selbst nur einmal (211), wobei sie durch die Übersetzung als »das Geschlechterverhältnis« vollends beiläufig wird. Ihre zentralen Begriffe sind Geschlechtsidentität und Geschlecht. Diese Begriffsverwendung macht, dass sie in ihrer Schlussfolgerung, eine kritische Sozialtheorie kapitalistischer Gesellschaften brauche »geschlechtersensitive Kategorien« (196), hinter die eigene Analyse zurückfällt. Schließlich zeigte auch sie Praxen, die die Menschen zur Reproduktion ihres Lebens eingehen. Sie schlägt vor, ›Arbeiter‹, ›Verbraucher‹, »Lohn« als geschlechterökonomische Konzepte zu begreifen und Staatsbürger als geschlechterpolitisch. Aber auch diese Formulierung bleibt vage in Bezug auf die gesellschaftlichen Produktionsverhältnisse, von denen man so nur die geschlechtstypischen Effekte in den Blick bekommt. So geraten die offenen Fragen, die Fraser aus der umfangreichen Auseinandersetzung gewinnt, vergleichsweise harmlos: Soll eine künftige Gesellschaft, die nicht auf Unterordnung von Frauen beruht und daher keine feste Zuschreibung in den Konstruktionen von Männlichkeit und Weiblichkeit braucht, alle Arbeit unter der Form der Lohnarbeit konzipieren oder soll der politische Teil der Gesellschaft, den Habermas unter den Begriff der Staatsbürgerrolle fasst, ausgedehnt und in seiner bisherigen Form ersetzt werden, indem das Aufziehen von Kindern für alle wesentlich wird?

Fraser begreift ihre Habermas-Kritik zugleich als Antwort auf die *dual economy debate* der siebziger und achtziger Jahre. »Diese Theorie zweier Systeme war eine der ersten feministischen Bemühungen, Modelle mit einer ›einzigen Variablen‹ zu vermeiden, indem sie die Überschneidung von Geschlecht und Klasse (und in manchen Fällen auch Rasse) thematisierte. [Da aber] von Beginn an eine grundlegende Trennung von Kapitalismus und Patriarchat, Klasse und Geschlecht unterstellt worden war, wurde niemals klar, wie sie wieder zusammengebracht werden sollten.« (19f.)

Fraser entziffert, dass Habermas die neuen sozialen Bewegungen bzw. ihre Triebkraft ausschließlich in negativen Begriffen erklärt. Ihr Angriff gelte der »Kolonisierung«, dem »Vordringen der Systemwelt«, der »Erosion der Lebenswelt«, der »Austrocknung kultureller Ressourcen« etc. Wieder sei es die Blindheit gegen Geschlecht, die Habermas daran hindert, den

Entwicklungsprozess als widersprüchlich zu erkennen. Was ihm als das Eindringen in die Lebenswelt etwa durch staatliche Bürokratien erscheint, bedeute für Frauen, die diese Welt besiedeln, auch eine Zunahme an Freiheit; zugleich betreffe sie der Klientelismus anders als Männer, die Sozialversicherungssystemen ausgesetzt sind, aber nicht etwa als Angehörige defekter Familien (als alleinerziehende Mutter) zugleich moralisch in Abhängigkeit marginalisiert werden. Frauen treten vom häuslichen ins öffentliche Patriarchat – zu untersuchen wäre also auch ein Wandel im Charakter männlicher Herrschaft, nicht nur ein Wechsel in der Verbindung von System- zu Lebenswelt.

Feministische Soziologie

In feministischer Theorie ist »Geschlechterverhältnisse« als Wort gebräuchlich, wird jedoch kaum als Begriff gefasst. Daher scheint es kaum widersprüchlich, wenn Plural und Singular einander abwechseln, als käme es nicht darauf an. So formuliert etwa Hildegard Maria Nickel rätselhaft: »Das Geschlechterverhältnis [...] (i. S. ›gendersystem‹, ›Geschlechterordnung‹) und [?] die Lage von Frauen (und Kindern) sind Paradigmen für die Krise der Bundesrepublik« (2000, 132). Doris Janshen verkündet programmatisch: »Wir meinen, dass es historisch an der Zeit ist, dass Frauen und Männer sich Begegnungsorte suchen, um qualifiziert den Diskurs über das Geschlechterverhältnis aufzunehmen« (2000, 7); um wenig später zu diagnostizieren: »Zeitgleich findet eine Akzentuierung und Auseinandersetzung über unterschiedliche Theorien zu den Geschlechterverhältnissen statt« (13).

Charlotte Annerl (1991) schreibt ein Buch zum Geschlechterverhältnis, aber es handelt ausschließlich von Geschlechterdifferenz. Irene Dölling und Beate Krais (1997) erwähnen Geschlechterverhältnisse als etwas, das historisch entstanden ist und im alltäglichen Handeln immer wieder neu konstruiert wird (8), wodurch sie einen Anschluss an die Konstruktion von Geschlecht schaffen, Geschlechterverhältnisse jedoch eher als veränderlichen Rahmen zu fassen scheinen, nicht selbst als gesellschaftliche Praxisformen. Andrea Maihofer (2001) spricht zumeist im Plural von Geschlechterverhältnissen, setzt ein begriffliches Wissen allerdings voraus, sodass sie problemlos als Helga Bildens (1980) Schwerpunkt die »Analyse von Geschlechterverhältnissen« sieht, bei der »Veränderungen im Geschlechterverhältnis« beobachtet werden (2ff.). Subjekttheoretisch genauer resümiert sie:

> »Geschlechterverhältnisse werden nicht nur durch Individuen, sondern auch in den Individuen reproduziert. Genau das macht einen zentralen Aspekt der ›Produktivität‹ (Foucault 1979) gesellschaftlicher Hegemonie(n), gesellschaftlicher Macht- und Kräfteverhältnisse aus«. (Ebd., 6)

Für Ursula Beer (1990) verengt sich »das Geschlechterverhältnis« durchweg auf »generativen Bestandserhalt« oder »generative Reproduktion«. Als solches ›Strukturelement‹ (77) will sie es in die marxsche Gesellschaftstheorie einschreiben und diese, wenn nötig, entsprechend umbauen. Sie begreift Marx im Grunde als Strukturtheoretiker, zentraler Begriff ist »Totalität« (70ff.). »Die Produktion des Lebens« schirmt sie begrifflich ab gegen empirische Praxen. Es geht ihr nicht um Praxisverhältnisse, sondern um den Stellenwert, den etwa die Gebärfähigkeit von Frauen (das Geschlechterverhältnis) in einer Strukturtheorie der Gesellschaft hat. Der Blick geht von oben auf eine theoretische Ordnung, in der den Individuen ein ›kategorialer‹ Platz zugewiesen wird. Dass diese in Wirklichkeit widerständig oder fügsam ihre Leben gestalten, wird ausgeblendet. Die für »empirische« Zwecke vorgeschlagenen Begriffe erlauben eine soziologische Untersuchung nur um den Preis, die Widersprüche, in die sich die wirklichen Menschen verwickeln, zu marginalisieren: »Ausdifferenzierung von Arbeitsbereichen« (52) bleibt vage; »nicht marktvermittelte Arbeitsformen/Produktion« (73, 76f.) löst nur scheinbar das Problem der Hausarbeitsdebatte, da in diese Summe ja nicht bloß Tätigkeiten der Reproduktion des Lebens, sondern auch z.B. linke Theoriearbeit, Gartenarbeit, Kegeln, Ehrenamtliches aller Art eingehen.

Regina Becker-Schmidt und Gudrun-Axeli Knapp (1995) wollen die Begrenztheit feministischer Forschung, die sich in der Analyse der Konstruktion von Geschlecht festgefahren habe, kritisch überwinden. Dafür soll »das Geschlechterverhältnis« ins Zentrum feministischer Soziologie rücken. Forschungsfrage ist, wie die Mann-Frau-Beziehungen »in bestimmten historischen Konstellationen gesellschaftlich organisiert sind« (7), »inwieweit übergreifende Zusammenhänge und Bedingungen das Verhältnis der Geschlechter beeinflussen« (8) und umgekehrt, wie »Geschlechterbeziehungen« auf Gesellschaft zurückwirken. Die Formulierung bleibt strukturtheoretisch in der Logik von Ursache und Wirkung. Auf diese Weise scheinen die Geschlechter selbst fixiert und Gesellschaft als eine Art Rahmen gefasst, innerhalb dessen menschliche Beziehungen bloß stattfinden. Die Rede ist von »Geschlechterarrangement« (nach Goffman 1994), von »Verfasstheit von Geschlechterverhältnissen« oder, fünf Jahre später die Schwierigkeit durch Sprachflucht umgehend, »Gender-Relationen« (2000, 45). Um die bloß psychologisierende Erforschung von ›Geschlechterbeziehungen‹ zu überwinden, fassen Becker-Schmidt und Knapp diese als »kulturell, politisch und ökonomisch« (1995, 18) und beziehen sie auf »Austausch« in »Arbeit, Leistungen, Bedürfnisbefriedigungen« (17f.) oder auf »Ausschluss« »von Räumen, Praxisfeldern, Ressourcen, Ritualen«. Im Unterschied hierzu gelten ihnen die Geschlechterverhältnisse als »Herrschafts- und Machtzusammenhänge, in denen die gesellschaftliche Stellung der Genus-Gruppen institutionell verankert und verstetigt wird« (18). Geschlechterverhältnisse treten auf diese Weise zur Gesellschaftsreproduktion wie eine Art Verwaltungsapparat hinzu; sie sind extra zu studieren und scheinen nach eigenen Gesetzen zu funktionieren, die durch die gesamtgesellschaftliche Reproduktion lediglich modifiziert werden können.

Im Vorwort zu Becker-Schmidt/Knapp (2000) heißt es zur Verwendung von Singular und Plural:

> »Wenn wir die wechselseitige soziale Bezogenheit der Genusgruppen ausdrücken wollen, [...] macht epistemologisch nur der Begriff ›Geschlechterverhältnis‹ einen Sinn. Stoßen wir empirisch auf allen sozialen Ebenen einer Gesellschaft auf Zustände der Disparität, stellen sich [...] alle Geschlechterordnungen als auf ähnlichen Verhältnisbestimmungen beruhend heraus, so ist ebenfalls die Einzahl geboten. [...] Der Plural ist angesagt, wenn wir [...] internationale Variabilität ins Auge fassen.« (154, Fn. 38)

Die Anbindung des Begriffs Geschlechterverhältnisse ans Internationale wird durch »ethnographische Vielfalt« begründet; mit ›das Geschlechterverhältnis‹ ist eine kulturelle Anordnung als Ausdruck der Struktur (Sozialgefüge, Symbole) gemeint. Gesellschaft kann in dieser Weise kaum praktisch gedacht werden, obwohl angestrebt ist, Struktur und Handlung über den Begriff »Konnexionen« (40) irgendwie zusammenzubringen. In Anlehnung an Beer (1990) wird versucht, die Gleichheit bestimmter Mechanismen in unterschiedlichen Bereichen (hier Familien, Gesinde- und Dienstvertragsrecht) »als Ausdruck der Struktur von Produktionsverhältnissen« (165) zu fassen. Oder es soll eine patriarchalische Bevölkerungspolitik, geschlechtliche Arbeitsteilung und männerbündlerische Politik den Komplementärgedanken fundieren, Geschlecht als Strukturkategorie zu denken. Die Vielfalt, Diskrepanz, ja Gegenläufigkeit menschlicher Praxen zu untersuchen wird durch solches Ausdrucksdenken allerdings blockiert. – Am Ende resümiert Becker-Schmidt):

> »Es ist der feministischen Forschung bisher nicht gelungen, eine Theorie der Geschlechterverhältnisse zu entwerfen, die fähig wäre, alle Ursachenkomplexe und Motivzusammenhänge aufzuschlüsseln, welche sich in den Relationen zwischen den Geschlechtergruppen verschränken.« (61)

Allerdings bleibt der Anspruch, »alle Motive und Ursachen aufzuschlüsseln«, selbst in der uneinlösbaren Vorstellung befangen, es sei möglich, solches theoretisch zu entwerfen, statt die Praxen der Menschen in der Organisation ihres Lebens und seiner Reproduktion zusammenhängend zu erforschen.

Zu Beginn der zweiten Frauenbewegung hefteten sich an die Reproduktionstechnologie Befreiungshoffnungen. Shulamith Firestone (1975, 1978) hielt Retortengeburten für eine unerlässliche Revolution, da sie Frauenunterdrückung als biologisch determiniert begriff. Donna Haraway schlug in einem heftig umstrittenen Manifest vor, die

> »Gentechnologie sozialistisch-feministisch zu unterwandern [...] das Durcheinandergeraten aller Grenzen [wie denen zwischen Mensch und Maschine] zu genießen und sie verantwortungsbewusst mit abzustecken« (1984/1995, 165).

Als heraufziehende »Informatik der Herrschaft« begreift Haraway die

> »Übersetzung der Welt in ein Kodierungsproblem, in einer Suche nach [...] einem Universalschlüssel, der alles einer instrumentellen Kontrolle unterwirft« (167).

Da Frauen in den bisherigen Grenzbefestigungen mehr verloren als gewonnen haben, sollen sie sich nicht auf Mutterschaft, menschliche Würde und ähnlich »unschuldige« Positionen zurückziehen, sondern das der kapitalistischen Inbetriebnahme geschuldete Ausmaß dieser »Informatik der Herrschaft« und die darin steckende Gewalt gegen Frauen offensiv mit »eigener biotechnologischer Politik« beantworten (169) und die Probleme der Gentechnologie unter Berücksichtigung von Geschlecht, Rasse und Klasse sowie von Arbeit, Armut, Gesundheit und wirtschaftlicher Macht öffentlich verhandeln. Zu einem wichtigen Medium solcher Verhandlung wurden feministische Science-Fiction-Romane (etwa Joanna Russ, Ursula K. LeGuin, Marge Piercy). Hier wird soziologische Phantasie entwickelt, wie eine Umwälzung der Geschlechterverhältnisse durch die technologische und ökonomische Entwicklung im besten wie im schlimmsten Fall aussehen könnte, wenn sich die Bindung der Mutterschaft an den weiblichen Körper auflöst, wenn Träume vom Ende aller Ursprungsmängel in Gestalt ›fehlerloser‹ Kinder wie zum Umtausch berechtigender Waren kapitalistisch bedient werden oder die Mensch-Maschine-Grenze durchlässig wird. Hier wird die drohende Zerstörung der Erde durch die neoliberale Entfesselung eines wilden Kapitalismus antizipatorisch erkundet. Eine Welt, in der alles dem Profitprinzip unterworfen wird, lässt sich nicht ohne wachsende Selbstzerstörung aufrechterhalten.

Perspektive

Geschlechterverhältnisse als ›Verhaltnisse, die die Menschen in der Produktion ihres Lebens eingehen‹, sind immer Produktionsverhältnisse, wie Produktionsverhältnisse umgekehrt immer auch Geschlechterverhältnisse sind. Die Doppelung der ›Produktion‹ in die von Leben (im weitesten, Aufzucht und Pflege umfassenden Sinn) und die von Lebensmitteln (im weitesten, die Produktionsmittel umfassenden Sinn) war Ausgangspunkt der historischen Verselbständigung der Letzteren zum System der Ökonomie und – im Kapitalismus – ihrer Dominanz über die Lebensproduktion. Der Staat stabilisiert diese Dominanz, indem er dafür sorgt, dass sie nicht ihre Grundlage zerstört. Für die Analyse von Produktionsverhältnissen muss die Kodierung des Ganzen mit Überdeterminierungen, Artikulationsbeziehungen, Abhängigkeiten betrachtet werden. Geschlechterverhältnisse als Produktionsverhältnisse zu erforschen verlangt eine differenzierte Verbindung historisch-vergleichender und auf Übergänge achtender Studien mit gesellschaftstheoretischen sowie mit subjektwissenschaftlichen Analysen. Für all diese Aspekte besteht Klärungsbedarf.

Die Entwicklung und kapitalistische Verwertung der Gentechnologie verschiebt nun aber, wo sie in die menschliche Reproduktion eingreift, die Grenze zwischen Lebens- und Güterproduktion so entscheidend, dass der Zusammenhang der Geschlechterverhältnisse als Produktionsverhältnisse neu gedacht werden muss. Konnte bislang davon ausgegangen werden, dass Kapitalismus sich zu seiner Verbreitung die residuale ›häusliche Produktionsweise‹ der Familie unterwirft bzw. auf ihr gedeiht, so schiebt die kapitalistische Industrie ihre Grenzen in die Geschlechtskörper und ihre Fortpflanzung hinein vor. Vorläufer war die Transplantationsmedizin, die den Körper zur verwertbaren Organressource gemacht und dem Geschäft wie dem Verbrechen ein neues Betätigungsfeld erschlossen hat. Die Reproduktionsmedizin hat die Grenze weiter verschoben. Samen, Eier, Embryos werden zur Ware, Befruchtung, Qualifizierung und Einnistung zur käuflichen Dienstleistung. Die Gebärfähigkeit kann verkauft werden wie die Arbeitskraft oder wie die Nutzungsrechte am Körper zur sexuellen Befriedigung. Solange die Hervorbringung von Kindern nicht-kapitalistisch organisiert war, tauchten Frauenschutz und Kontrolle über den Frauenkörper als zwieschlächtige Dimension der Produktionsverhältnisse auf. Nun aber werden seine Organe – wie zuvor der männliche Same – selbst Rohstoff oder Produktionsmittel einer Produktionsweise, die zu den bisherigen Individualitätsformen der Hausfrau, der Geschäftsfrau, der Lohnarbeiterin, der Prostituierten, in denen die Geschlechtskörper je verschieden agieren und zueinander positioniert sind, eine weitere Form, die der ›Leihmutter‹ gefügt hat. Dies ist der Beginn einer Entwicklung, deren Auswirkung auf die Geschlechterverhältnisse künftiger Analyse und emanzipatorischer Politik die Aufgaben stellt. In Geschlechterverhältnissen, in denen Frauen mit der Fähigkeit zur Mutterschaft und den entsprechenden Schutz- und Blockierungsstrategien die gesellschaftliche Einmischung im Großen abgemarktet war, kann die Durchkapitalisierung der Fortpflanzung alle Grenzen in Bewegung bringen.

Literaturverzeichnis

Adam, Konrad, »Genosse Trend«, in: FAZ, 17.9.1988

Althusser, Louis, *Das Kapital lesen*, Bd. 1, Hamburg 1972

ders., *Positions (1964–1975)*, Paris 1976

Altwegg, Jörg: »Seine Sozialdemokratie. Zweite Linke auf dem Dritten Weg: Lionel Jospins Utopie«, in: FAZ, 22.11.1999, 49

Andresen, Sünne, Evelin Gottwaltz, Kornelia Hauser, Jutta Meyer-Siebert und Sabine Zürn, »Weibliche Lebensperspektiven und Männer«, in: Frigga Haug u. Kornelia Hauser (Hg.), *Der Widerspenstigen Lähmung. Kritische Psychologie der Frauen 2*, Hamburg 1986, 7–40

Annerl, Charlotte, *Das neuzeitliche Geschlechterverhältnis. Eine philosophische Analyse*, Frankfurt/M. und New York 1991

Arbeitsgruppe Ethnologie Wien (Hg.), *Von fremden Frauen. Frausein und Geschlechterbeziehungen in nichtindustriellen Gesellschaften*, Frankfurt/M. 1989

Aufruf von Wissenschaftlern und Wissenschaftlerinnen, »Sozialstaat reformieren«, zunächst Internet, abgedruckt in: FR vom 23.3.2003

Baba, Evrim, »Umsetzung des Gender-Mainstreaming-Ansatzes in der Berliner Politik und Verwaltung«, Vortrag auf der Tagung der Rosa-Luxemburg-Stiftung *Ausnahme (Regel)? Gender in Politik, Wissenschaft und Praxis*, Frankfurt/M. 2003

Bader, Veit Michael, »Benötigt der Kapitalismus das Patriarchat?«, in: *EuS – Ethik und Sozialwissenschaften*, 4. Jg., 1993, H. 3, 227ff

Barrett, Michèle, *Women's Oppression Today. Problems in Marxist Feminist Analysis*. London 1980 (dt. *Das unterstellte Geschlecht*, Berlin 1983)

Becker-Schmidt, Regina, *Feministische Theorien zur Einführung*, Hamburg 2000

dies., »Frauenforschung, Geschlechterforschung, Geschlechterverhältnisforschung«, in: dies., und Axeli-Knapp, 2000, 14–62

dies. und Gudrun-Axeli Knapp (Hg.), *Das Geschlechterverhältnis als Gegenstand der Sozialwissenschaften*, Frankfurt/M. und New York 1995

dies., *Feministische Theorie zur Einführung*. Hamburg 2000

Beer, Ursula, *Geschlecht, Struktur, Geschichte. Soziale Konstituierung des Geschlechterverhältnisses*, Frankfurt/M. und New York 1990

dies., »Die kleinen Fallstricke von großen Entwürfen«, in: *EuS – Ethik und Sozialwissenschaften*, 4. Jg., 1993, H. 3, 230ff

Behrend, Hanna, »›Ich bin schließlich doch herausgekommen. Ihr konntet mich nicht daran hindern‹, Zweifacher Widerstand in der Erzählung *Die gelbe Tapete*«, in: *Das Argument* 259, 47. Jg., H. 1, 2005, 54–62

Bilden, Helga, »Geschlechtsspezifische Sozialisation«, in: K. Hurrelmann und D. Ulich (Hg.), *Handbuch der Sozialisationsforschung*, Weinheim/Basel, 1980, 777–812

Bischoff, Joachim, *Gesellschaftliche Arbeit als Systembegriff*, Berlin 1973

Bloch, Ernst, *Das Prinzip Hoffnung*, Berlin 1953

ders., *Tendenz, Latenz, Utopie*, Gesamtausgabe, Ergänzungsband, Frankfurt/M. 1978

ders., *Mythos und Bedeutung. Vorträge*, Frankfurt/M. 1980

ders., »Bachofen, Gala-Themis und Naturrecht«, in: ders., *Naturrecht und menschliche Würde*, Gesamtausgabe, Bd. 6, Frankfurt/M. 1961, 115–129

ders., »Inventar des revolutionären Scheins« (1933), in: ders., *Erbschaft dieser Zeit*, Gesamtausgabe, Bd. 4, Frankfurt/M. 1962, 70–75

ders., »Astralmythos und babylonisch-ägyptischer Einschlag«, in: ders., *Atheismus und Christentum*, Gesamtausgabe, Bd. 14, Frankfurt/M. 1968, 254–258

Bonacchi, Gabriella, »Esiste una Theoria Feminista?«, Vortrag auf dem Kongress *Die neuen sozialen Bewegungen und die heutige Politiktheorie* Oaxaca/Mexiko 1981 (abgedruckt in: *Internationale Sozialismusdiskussion 2*, Argument-Sonderband 78, Berlin 1982)

Bourdieu, Pierre, *Die Intellektuellen und die Macht*, hg. von Irene Dölling, Hamburg 1991, 67–100

Braun, Volker, *Schmitten. Guevara oder Der Sonnenstaat. Großer Frieden. Simplex Deutsch*, Frankfurt/M. 1981

ders., *Hinze-Kunze-Roman*, Frankfurt/M. 1985

Brecht, Bertolt, *Gesammelte Werke in 20 Bänden*, Frankfurt/M. 1967, zit. GW

ders., *Die Flüchtlingsgespräche*, GW 14, 1381–1515

ders., *Me-ti. Buch der Wendungen*, GW 12, Prosa 2

Brosius, Gerhard, und Frigga Haug (Hg.), *Frauen\Männer\Computer. EDV im Büro: Empirische Untersuchungen*, Berlin 1987

Brütt, Christian, »Nach Hartz. Konsensualer ›Neoliberalismus plus‹«, in: *Das Argument* 247, 44. Jg., 2002, H. 2, 559–568

Buhr, Regina (Hg.), *Innovationen – Technikwelten, Frauenwelten. Chancen für einen geschlechtergerechten Wandel des Innovationssystems in Deutschland*, Berlin 2006

Bürger, H., Einsatz der neuen Technik in der Text- und Datenerfassung und -verarbeitung. Betriebliche Erfahrungen und Interessenvertretung der Arbeitnehmer. Bielefeld 1978. Projekt »Arbeits- und Lebensbedingungen der Arbeitnehmer als Gegenstand der Hochschulforschung«, Arbeitsmaterialien Nr. 2.

Burawoy, M., »Toward a Marxist Theory of the Labor Process: Braverman and Beyond«, in: *Politics and Society* 8 (3–4), 1978, 247–312

Butler, Judith, »Phantasmatische Identifizierung und die Annahme des Geschlechts«, in: Institut für Sozialforschung (Hg.), *Geschlechterverhältnisse und Politik*, Frankfurt/M. 1994, 101–138

dies., »Merely Cultural«, in: *New Left Review* 227, 39. Jg., 1998, 33–44

Callinicos, Alex, »Social Theory Put to the Test of Politics: Pierre Bourdieu and Anthony Giddens«, in: *New Left Review* 236, 1999, 77–102

Collier, Jane F., und Michelle Rosaldo, »Politics and Gender in Simple Societies«, in: R. Dahrendorf, »Im Entschwinden der Arbeitsgesellschaft. Wandlungen der sozialen Konstruktion des Lebens«, in: *Merkur*, 34. Jg., 1980, H. 8, 749–760

Cressey, P., und J. Maclnnes, »Voting for Ford: Industrial Democracy and the Control of Labour«, in: *Capital and Class* 11, 1980, 5–33

Delbrück, Hermann, *Brustkrebs. Rat und Hilfe für Betroffene und Angehörige*, Stuttgart/Berlin/Köln 1998

Dietrich, Gabriele, »Die unvollendete Aufgabe einer marxistischen Fassung der Frauenfrage«, in: Projekt Sozialistischer Feminismus, *Geschlechterverhältnisse und Frauenpolitik*, Berlin 1984, 24–41

Dölling, Irene, und Beate Krais, *Ein alltägliches Spiel. Geschlechterkonstruktionen in der sozialen Praxis*, Frankfurt/M. 1997

Ehrenreich, Barbara, *The Hearts of Men: American Dreams and the Flight from Commitment*, New York 1983 (1979)

Eisenstein, Zillah (Hg.), *Capitalist Patriarchy and the Case for Socialist Feminism*, New York 1979

Engels, Friedrich, *Anti-Dühring*, MEW 20, 1–303

ders., *Ursprung der Familie, des Privateigentums und des Staates*, MEW 21, 25–173

ders., *Lage der arbeitenden Klasse in England*, MEW 2, 225–506

Faux, Jeff, »Auf dem Dritten Weg in die Sackgasse. Eine Bilanz der Clinton-Jahre«, in: *Blätter für deutsche und internationale Politik* 8, 1999, 934–946

Ferguson, Ann, »Women as a New Revolutionary Class«, in: P. Walker (Hg.), *Between Labor and Capital*, Boston 1979

Fraser, Nancy, *Widerspenstige Praktiken. Macht, Diskurs, Geschlecht*, Frankfurt/M. 1994

Frauengrundstudium, Bd. 1: Argument-Studienheft 44, Berlin 1980, Bd. 2: Argument-Studienheft 57, Berlin 1982, Bd. 3: Argument-Studienheft 61, Berlin 1984

Frauenstudien. Theorie und Praxis in den USA und Großbritannien, Argument-Sonderband 71, Berlin 1981

»Gewerkschafterinnentagebuch«, in: *Das Argument* 135, 24. Jg., 1982, 635–643

Giarini, Orio, und Patrick M. Liedtke, *Wie wir arbeiten werden. Der neue Bericht an den Club of Rome*, Hamburg 1998

Giddens, Anthony, *Der Dritte Weg. Die Erneuerung der sozialen Demokratie*, hg. von Ulrich Beck, Frankfurt/M. 1999

Gilligan, Carol, *Die andere Stimme. Lebenskonflikte und Moral der Frau*, München 1984

dies., *Die verlorene Stimme*, München 1992

Goffman, Erving, *Stigma. Über Techniken der Bewältigung beschädigter Identität*, Frankfurt/M. 1967

ders., *Interaktion und Geschlecht*, Frankfurt/M. 1994

Gorz, A., *Kritik der ökonomischen Vernunft*, Hamburg 1994

Grahl, John, »Aufholjagd im Rückwärtsgang«, in: *Blätter für deutsche und internationale Politik* 8, 1999, 907–910

Gramsci, Antonio, *Gefängnishefte*, kritische Gesamtausgabe in 10 Bänden, hg. von Klaus Bochmann und Wolfgang Fritz Haug, ab Bd. 7 auch Peter Jehle, Berlin/Hamburg 1991–2002

Grebing, Helga, »Sozialdemokratische Zustände«, in: *Blätter für deutsche und internationale Politik* 9, 1999, 1033–1037

Grimm, Brüder, »Die drei Spinnerinnen« (KHM 014)

Gysi, Gregor, Gerechtigkeit ist modern. Eine notwendige Antwort auf Gerhard Schröder und Tony Blair. Zwölf Thesen für eine Politik des modernen Sozialismus, 1999

Habermas, J., *Theorie des kommunikativen Handelns*, 2 Bde., Frankfurt/M. 1981

ders., *Die neue Unübersichtlichkeit*. Frankfurt/M. 1985

Haraway, Donna, »Geschlecht« (1987), in: K. Hauser (Hg.), *Viele Orte überall?*, Berlin/Hamburg 1987, 22–41

dies., »Lieber Kyborg als Göttin! Für eine sozialistisch-feministische Unterwanderung der Gentechnologie« (1984), in: dies., *Monströse Versprechen*, Hamburg 1995, 165–184

Harding, Sandra, *Feministische Wissenschaftstheorie*, Hamburg 1990

Hartmann, Heidi, »The Unhappy Marriage of Marxism and Feminism: Towards a More Progressive Union«, in: Lydia Sargent (Hg.), *Women and Revolution*, Boston 1981

Hartz, Peter, *Job Revolution. Wie wir neue Arbeitsplätze gewinnen können*, Frankfurt/M. 2001

Haug, Frigga, *Erinnerungsarbeit*, Hamburg 1990

dies., *Lernverhältnisse*, Hamburg 2003

dies., »Welche Bedürfnisse steuern die technische Entwicklung?« in: *Das Argument* 127, 23. Jg., 1981, 416–419

dies., »Automationsarbeit und Politik bei Kern/Schumann«, in: *Das Argument* 154, 27. Jg., 1985, 813–831

dies., »Zeit der Privatisierungen? Verarbeitungen gesellschaftlicher Umbrüche in Arbeit und Lebensweise«, in: *Das Argument* 156, 28. Jg., 1986, 174–190

dies., »Entwicklung von Tätigkeiten und Qualifikationen«, in: *Dokumentation Kongress Zukunft der Arbeit*, DGB, Stuttgart 1986, 69–76
dies., »Die Moral ist zweigeschlechtlich wie der Mensch«, in: dies., *Erinnerungsarbeit*, Hamburg 1990, 90–130
dies., »Zur politischen Ökonomie der Frauenquote«, in: *Das Argument* 181, 32. Jg., 1990a, 343–354
dies., »Das neoliberale Projekt, der männliche Arbeitsbegriff und die fällige Erneuerung des Geschlechtervertrags«, in: *Das Argument* 217, 38. Jg., 1996, 683–696
dies., »Frauen von Chiapas«, in: *Das Argument* 217, 38. Jg., 1996, 801–806
dies., »Gleichstellungskämpfe in der BRD. Medienanalyse«, in: dies., *Frauen-Politiken*, Hamburg 1996, 46–86
dies., »Gramsci und die Produktion des Begehrens«, in: *Psychologie und Gesellschaftskritik* 86/87, 22. Jg., 1998, 75–92
dies., »Frageräume. Lernen von Virginia Woolf«, in: dies., *Lernverhältnisse*, Hamburg 2003, 104–122
dies. (Hg.), *Frauenformen. Alltagsgeschichten und Entwurf einer Theorie weiblicher Sozialisation*, Argument-Sonderband 45, Berlin 1980 (4. überarbeitete und aktualisierte Auflage unter *Erziehung zur Weiblichkeit*, Hamburg 1991)
dies. (Hg.), *Historisch-kritisches Wörterbuch des Feminismus*, Hamburg 2003
dies., und Brigitte Hipfl (Hg.), *Sündiger Genuss. Filmerfahrungen von Frauen*, Hamburg 1995
dies., und Eva Wollmann (Hg.), *Hat die Leistung ein Geschlecht? Erfahrungen von Frauen*, Hamburg 1993
Heintz, Bettina, und Claudia Honegger (Hg.), *Listen der Ohnmacht. Zur Sozialgeschichte weiblicher Widerstandsformen*, Frankfurt/M. 1981
Held, Virginia, »Vernünftiger Fortschritt und Selbstachtung«, in: Rössler (Hg.), 176–192 (»Reasonable Progress and Self-Respect«, *Monist* 57, 12–27), 1993
Holland-Cunz, Barbara, *Utopien der neuen Frauenbewegung. Gesellschaftsentwürfe im Kontext feministischer Theorie und Praxis*, Meitingen 1988
Holzkamp, Klaus, *Sinnliche Erkenntnis – Historischer Ursprung und gesellschaftliche Funktion der Wahrnehmung*, Frankfurt/M. 1973 (neu in der Werkausgabe, Hamburg 2006)
ders., *Zur kritisch-psychologischen Theorie der Subjektivität I + II, Forum Kritische Psychologie 4 und 5*, Argument-Sonderband 34 und 41, Berlin 1979
ders., *Grundlegung der Psychologie*, Frankfurt/M. 1984
ders., *»Wirkung« oder Erfahrung von Arbeitslosigkeit?* Berlin 1986
ders., *Lernen. Subjektwissenschaftliche Grundlegung*, Frankfurt/M. und New York, 1993
Holzkamp-Osterkamp, Ute, *Grundlagen der psychologischen Motivationsforschung I*. Frankfurt/M. 1975
dies., *Grundlagen der psychologischen Motivationsforschung II. Die Besonderheit menschlicher Bedürfnisse – Problematik und Erkenntnisgehalt der Psychoanalyse*, Frankfurt/M. (1976) ^{2}1978
dies., *Erkenntnis, Emotionalität und Handlungsfähigkeit, Forum Kritische Psychologie 3*, Argument-Sonderband 28, Berlin 1978

Iveković, Rada, »Noch einmal zum Marxismus und Feminismus«, in: *Projekt Sozialistischer Feminismus: Geschlechterverhältnisse und Frauenpolitik*, Argument-Sonderband 110, Berlin 1984, 103–112

Janshen, Doris (Hg.), *Blickwechsel. Der neue Dialog zwischen Frauen- und Männerforschung*, Frankfurt/M. 2000
Jenson, Jane, »The French Communist Party and Feminism«, in: *The Socialist Register* 1980, London 1980, 121–147

Knave, B., und P.-G. Wideback (Hg.), *Work with Display Units 86*, Amsterdam/New York 1987

Kohlberg, Lawrence, *Essays on Moral Development*, Vol. 1: *The Philosophy of Moral Development*, Vol. 2: *The Psychology of Moral Development*, San Francisco 1981/1984

Kollontai, Alexandra, *Die neue Moral und die Arbeiterklasse*, Münster 1977

Krader, Lawrence (Hg.), *Karl Marx, die ethnologischen Exzerpthefte*, Frankfurt/M. 1976

Lafontaine, Oskar, *Das Herz schlägt links*, München 1999

Lammel, Inge, *Das Arbeiterlied*, Frankfurt 1980

Landes, Ruth, *The Ojibwa Woman*, New York 1938

Langheiter, Eva, »Hinnehmen – mitmachen – zustimmen? Anmerkungen zu Godeliers Hypothese von der Zustimmung der Unterdrückten zu ihrer Unterdrückung«, in: Arbeitsgruppe Ethnologie Wien (Hg.), 1989, 137–171

Leacock, Eleanor, »Der Status der Frauen in egalitären Gesellschaften. Implikationen für die soziale Evolution«, in: Arbeitsgruppe Ethnologie Wien (Hg.), 1989, 29–67

Lehmann, Christine, »Krieger und Blondinen – Das Steinzeitmodell im Liebesroman des 21. Jahrhunderts«, in: *Das Argument* 273 (*Liebesverhältnisse*), 49. Jg., 2007

Lenin, Wladimir Iljitsch, *Gesammelte Werke*, Berlin/DDR 1953ff, zit. LW

Lenz, Ilse, »Geschlechtssymmetrische Gesellschaften. Neue Ansätze nach der Matriarchatsdebatte«, in: dies., und Ute Luig (Hg.), 1995, 26–87

dies., und Ute Luig (Hg.), *Frauenmacht ohne Herrschaft. Geschlechterverhältnisse in nichtpatriarchalen Gesellschaften*, Frankfurt/M. 1995

Lessing, Doris, *Der Sommer vor der Dunkelheit* (1973), Reinbek bei Hamburg 1978

List, Elisabeth, *Die Präsenz des Anderen. Theorie und Geschlechterpolitik*, Frankfurt/M. 1993

Lévi-Strauss, Claude, *Strukturale Anthropologie*, Frankfurt/M. 1975

Luig, Ute, »Sind egalitäre Gesellschaften auch geschlechtsegalitär?«, in: Lenz und Luig (Hg.), 1995, 88–169

Luxemburg, Rosa, *Gesammelte Werke*, 5 Bde., Berlin/DDR 1970–75, zit. GW

dies., »Wirtschaftliche und Sozialpolitische Rundschau«, GW 1/1, 1970, 352–360

dies., *Die Akkumulation des Kapitals*, GW 5

dies., *Die Proletarierin*, GW 3, 410–413

dies., *Zur russischen Revolution*, GW 4, 332–365

MacCormack, Carol P., »Natur, Kultur und Geschlecht: Eine Kritik«, in: Arbeitsgruppe Ethnologie Wien (Hg.), 1989, 68–99

Maihofer, Andrea, »Geschlecht und Sozialisation. Eine Problemskizze«, in: *EWE – Erwägen Wissen Ethik* (vormals *EuS*), 13. Jg., 2002, 13–26

Mandeville, B. de, *The Fable of the Bees: or, Private Vices, Publick Benefits*. London 1714

Marx, Karl, *Das Kapital*, Bd. 1, MEW 23

ders., *Das Kapital*, Bd. 2, MEW 24

ders., »Über Friedrich Lists Buch ›Das nationale System der politischen Ökonomie‹«, in: *Beiträge zur Geschichte der Arbeiterbewegung*, 14. Jg., H. 10, Berlin 1966, 1192–1254

ders., *Grundrisse der Kritik der politischen Ökonomie*, MEW 42

ders., *Thesen über Feuerbach*, MEW 3, 5-7

ders., *Ökonomisch-philosophische Manuskripte*, MEW 40, 465–588

ders., und Friedrich Engels, *Die deutsche Ideologie*, MEW 3, 5–530

dies., *Die Heilige Familie*, MEW 2, 3–223

Matthes, J. (Hg.), *Krise der Arbeitsgesellschaft? Verhandlungen des 21. Deutschen Soziologentages in Bamberg 1982*, Frankfurt/M. und New York 1983

McDonough, Roisin, und Rachel Harrison, »Patriarchy and Relations of Production«, in: A. Kuhn und A. Wolpe, *Feminism and Materialism. Women and Modes of Production*, London 1978

Mesa de Derechos y Cultura Indígena, 1995 (Februar), Grupo 4: Situación, derechos y cultura de la mujer indígena, abgedruckt in: F. Haug, »Frauen von Chiapas«, in: *Das Argument* 217, 38. Jg., 1996, 801–806

Metz-Göckel, Sigrid, *Die Arbeit der Frau in unserer Gesellschaft*, Frankfurt/M. 1978

Millett, Kate, *Sexus und Herrschaft. Die Tyrannei des Mannes in unserer Gesellschaft*, München 1971

Mitchell, Juliett, *Psychoanalysis and Feminism*, New York 1974

Modleski, Tania, *Loving with a Vengeance. Mass-Produced Fantasies for Women*, Hamden 1982

Möller, C., »Eigenarbeit«, in: *Historisch-kritisches Wörterbuch des Marxismus*, Bd. 3, 1997, 66–73

Molyneux, Maxine, »Androzentrismus in der marxistischen Anthropologie«, in: Arbeitsgruppe Ethnologie Wien (Hg.), 1989, 100–136

Morgan, Louis, *Ancient Society*, New York 1877 (dt. *Die Urgesellschaft. Untersuchungen über den Fortschritt der Menschheit aus der Wildnis durch die Barbarei zur Zivilisation*, Fulda 1987)

Morgner, Irmtraud, *Das heroische Testament. Roman in Fragmenten*, München 1998

Nagel, Thomas, »Bevorzugung gegen Benachteiligung« (engl. 1973), in: Rössler (Hg.), 1993, 58–73

Newton, Lisa, »Reverse Discrimination as Unjustified«, in: J. Arthur, W.H. Shaw, *Justice and Economic Distribution*, Engelwood Cliffs 1978, 150–163 (dt.: »Was Menschen verdienen«, in: Rössler [Hg.], 1993, 158–175)

Nichols, T., »The ›Socialism‹ of Management: Some Comments on the New ›Human Relations‹«, in: *Sociological Review* 23, 1975, 245–265

Nickel, Hildegard Maria, »Frauen(erwerbs)arbeit am Ende der Industriegesellschaft«, in: D. Janshen (Hg.), *Blickwechsel*, Frankfurt/M. 2000, 129–142

Niggemann, Heinz, *Emanzipation zwischen Sozialismus und Feminismus. Die sozialdemokratische Frauenbewegung im Kaiserreich*, Wuppertal 1981

Offe, Claus, *Arbeitsgesellschaft – Strukturprobleme und Zukunftsperspektiven*, Frankfurt/M. 1984

O'Neill, Onora, »How do we know when opportunities are equal«, in: C. Gould, M. Wartofsky (Hg.), *Women and Philosophy*, New York 1976 (dt.: »Wie wissen wir, wann Chancen gleich sind?«, in: Rössler [Hg.], 1993, 144–157)

dies., »Between Consenting Adults«, in: *Philosophy and Public Affairs* 14, 3 (dt.: »Einverständnis und Verletzbarkeit«, in: H. Nagl-Docekal, H. Pauer-Studer [Hg.], *Jenseits der Geschlechtermoral*, Frankfurt/M. 1993, 335–367)

Ortner, Sherry B., »Is Female to Male as Nature Is to Culture?«, in: Michelle Rosaldo und Louise Lamphère (Hg.), *Woman, Culture, and Society*, Stanford 1974

dies., und Harriet Whitehead (Hg.), *Sexual Meanings. The Cultural Construction of Gender and Sexuality*, Cambridge 1981

Osterkamp (Holzkamp-Osterkamp), Ute, *Grundlagen der psychologischen Motivationsforschung*, Frankfurt/M. 1975–76

Paramio, Ludolfo, »Feminismo y Socialismo: Raices De Una Relacion Infeliz«, Vortrag auf dem Kongress *Die neuen sozialen Bewegungen und die heutige Politiktheorie* Oaxaca/Mexiko 1981 (abgedruckt in: *Internationale Sozialismusdiskussion 2*, Argument-Sonderband 78, Berlin 1982)

Pasquinelli, Carla, »Movimento Feminista Nuovi Soggetti e Crisi del Marxismo«, Vortrag auf dem Kongress *Die neuen sozialen Bewegungen und die heutige Politiktheorie* Oaxaca/Mexiko 1981 (abgedruckt in: *Internationale Sozialismusdiskussion 2*, Argument-Sonderband 78, Berlin 1982)

Pateman, Carol, »The Personal and the Political: Can Citizenship Be Democratic?«, in: University of California (Hg.), *The Jefferson Memorial Lectures*, Berkeley 1985

Pelagea, Berliner Materialien zur Frauenemanzipation, hg. vom Sozialistischen Frauenbund Westberlin SFB

Perincioli, Christina, »Anarchismus – Lesbianismus – Frauenzentrum«, in: Heinrich-Böll-Stiftung (Hg.), *Wie weit flog die Tomate? Eine 68erinnen-Gala der Reflexion*, Berlin 1999, 98–118

Perkins Gilman, Charlotte, *Die gelbe Tapete*, München 1978

Phelps, Linda, »Patriarchy and Capitalism«, in: *Quest* 2, 1975, 39–42

Piercy, Marge, *Fly Away Home*, London 1984

dies., *Er, Sie und Es*, Hamburg 1993

dies., *Sehnsüchte*, Hamburg 1996

Plaut, Eric A., und Kevin Anderson (Hg.), *Karl Marx. Vom Selbstmord*, Köln 2001

Poulantzas, Nicos, *Politische Macht und gesellschaftliche Klassen*, Frankfurt/M. 1974

Projekt Automation und Qualifikation, *Automationsarbeit – Empirie 1–3*, Argument-Sonderbände 43, 55, 67, Berlin 1980, 1981

dies., *Zerreißproben – Automation im Arbeiterleben*, Berlin 1983

dies., *Widersprüche der Automationsarbeit. Ein Handbuch*, Berlin 1987

Raasch, Sibylle, »Rechtsweg ausgeschlossen? Lässt sich die Befreiung der Frau durch Gesetze erstreiten?«, in: *Frauen, Macht, Politik. Zerreißproben um Emanzipation und Quotierung.* Jahrbuch für Sozialökonomie und Gesellschaftstheorie, Opladen 1989

Radway, Janice, *Reading the Romance: Women, Patriarchy and Popular Literature*, Chapel Hill/London 1984

Ravaioli, Carla, *Frauenbefreiung und Arbeiterbewegung. Feminismus und die KPI*, Hamburg 1977

Rego Diaz, Victor, »Gender-Mainstreaming«, in: W. F. Haug (Hg.), *Historisch-kritisches Wörterbuch des Marxismus*, Bd. 5, Hamburg 2001, 215–219

Rifkin, Jeremy, *Das Ende der Arbeit und ihre Zukunft*, Frankfurt/M. und New York 1995

Rosaldo, Michelle Z., »Woman, Culture, and Society«, in: dies., und Louise Lamphère (Hg.), *Woman, Culture, and Society*, Stanford 1974

Rossanda, Rossana, *Einmischung. Gespräche mit Frauen über ihr Verhältnis zu Politik, Freiheit, Gleichheit, Brüderlichkeit, Demokratie, Faschismus, Widerstand, Staat, Partei, Revolution, Feminismus*, Frankfurt/M. 1980

Rössler, Beate (Hg.), *Quotierung und Gerechtigkeit. Eine moralphilosophische Kontroverse*, Frankfurt/M. 1993

Rowbotham, Sheila, *Women's Consciousness, Man's World*, Harmondsworth 1973

dies., *Im Dunkel der Geschichte. Frauenbewegung in England vom 17. bis 20. Jahrhundert*, Frankfurt/M. 1980

dies., *Nach dem Scherbengericht. Über das Verhältnis von Feminismus und Sozialismus*, Berlin 1981

dies., Lynne Segal und Hilary Wainwright, *Beyond The Fragments. Feminism and the Making of Socialism*, London 1979, [3]1980

Rüddenklau, E., *Gesellschaftliche Arbeit oder Arbeit und Interaktion?*, Frankfurt/M. 1982

Samuel, Raphael (Hg.), *People's History and Socialist Theory*, London 1981

Sargent, Lydia (Hg.), *Women and Revolution*, Boston 1981

Schenk, Christina, »Diversity Mainstreaming als Fortschreibung von Gender Mainstreaming – Chancen und Risiken«, Vortrag auf der Tagung der Rosa-Luxemburg-Stiftung *Ausnahme (Regel)? Gender in Politik, Wissenschaft und Praxis*, Frankfurt/M. 2003

Scherhorn, Gerhard, »Arbeit für alle – aber wie?«, in: Landeszentrale für politische Bildung, Baden-Württemberg (Hg.), *Globalisierung als Chance*, Bad Urach 1998

ders., »Zeitwohlstand versus Güterwohlstand. Über die Unvereinbarkeit des materiellen und des immateriellen Produktivitätsbegriffs«, in: B. Biervert und M. Held (Hg.), *Zeit in der Ökonomik*, Frankfurt/M. 1995, 147–168

Schröder, Gerhard, und Anthony Blair, »Der Weg nach vorne für Europas Sozialdemokraten«, veröffentlicht im Internet und diversen Zeitungen und Zeitschriften u.a. *Blätter für deutsche und internationale Politik* 7, 1999, 887–896

Schröter, Ursula, und Renate Ulrich, *Patriarchat im Sozialismus? Nachträgliche Entdeckungen in Forschungsergebnissen aus der DDR*, Berlin 2005

Smith, Dorothy, *The Gender Subtext of Power*, Toronto 1984

Steiner, Helmut, »Alexandra M. Kollontai (1872–1952) über Theorie und Praxis des Sozialismus«, in: *Leibnitz-Sozietät/Sitzungsberichte* 63, 2004, 83–122

Sullerot, E., *Die Wirklichkeit der Frau*, München 1979 (Paris 1978)

Terray, E., *Zur politischen Ökonomie der »primitiven« Gesellschaften*, Frankfurt/M. 1974

Thomson, Judith Jarvis, »Preferential Hiring«, in: Philosophy and Public Affairs, 2, 1973, 364–384 (dt.: »Bevorzugung auf dem Arbeitsmarkt«, in: Rössler [Hg.], 1993, 29–48)

Thor-Wiedemann, Sabine, und Günter Wiedemann, *Patientinnenratgeber Brustkrebs*, Niedernhausen 1998

Toffler, A., *Future Shock*, New York 1970 (dt. *Der Zukunftsschock*, Stuttgart 1972)

Urban, Hans-Jürgen, »Mit der ›Hartz-Kommission‹ in den formierten Kapitalismus?«, in: *Forum Wissenschaft*, 2003, H. 1, 40–42

Vogel, Lise, »Hausarbeitsdebatte«, in: F. Haug (Hg.), *Historisch-kritisches Wörterbuch des Feminismus*, Hamburg 2003, 540–554

Weiss, Peter, *Die Ästhetik des Widerstands*, 3 Bände, Frankfurt/M. 1975–1981

Willis, Paul, *Spaß am Widerstand. Gegenkultur in der Arbeiterschule*, Frankfurt/M. 1979

Windolf, Paul, »Eigentum und Herrschaft: Elite-Netzwerke in Deutschland und in Großbritannien«, in: *Leviathan*, 25. Jg., 1997, H. 4, 76–106

Wolf, Christa, »Kein Stein«, in: dies., *Hierzulande andernorts. Erzählungen und andere Texte 1994–1998*, München 1999, 81–96

Wolf-Graaf, Peter, *Frauenarbeit im Abseits. Frauenbewegung und weibliches Arbeitsvermögen*, München 1981

Woolf, Virginia, *Die drei Guineen* (1938 dt.), München 1978

dies., *Die Jahre* (1937 dt.), Frankfurt/M. 1979

Wulff, Erich (1971), »Der Arzt und das Geld. Der Einfluss von Bezahlungssystemen auf die Arzt-Patient-Beziehung«, in: *Das Argument* 69, 13. Jg., 1971, 955–970

Young, Iris Maria: »Socialist Feminism and the Limits of Dual Systems Theory«, in: Lydia Sargent (Hg.), *Women and Revolution*, Boston 1981, nachgedruckt in R. Hennessy und C. Ingraham, *Materialist Feminism*, London 1997

Veröffentlichungen von Frigga Haug bei Argument

Die Unruhe des Lernens
Überarb. u. aktualisierte Ausgabe von »Lernverhältnisse«
2020

Selbstveränderung und Veränderung der Umstände
2018

Der im Gehen erkundete Weg. Marxismus-Feminismus
2015, 2. Auflage 2018

Die Vier-in-einem-Perspektive. Politik von Frauen für eine neue Linke
2008, 4. Auflage 2022

Rosa Luxemburg und die Kunst der Politik
2007

Lernverhältnisse. Selbstbewegungen und Selbstblockierungen
2003

Vorlesungen zur Einführung in die Erinnerungsarbeit
1999, 2. Auflage 2005

Frauen-Politiken
1996

Erinnerungsarbeit
1990, 3. Auflage 2002

Kritik der Rollentheorie
Neufassung 1994

Als Herausgeberin

Briefe aus der Ferne. Anforderungen an ein feministisches Projekt heute
2010

Historisch-kritisches Wörterbuch des Feminismus
Band 1: Abtreibung – Hexe
2003

Historisch-kritisches Wörterbuch des Feminismus
Band 2: Hierarchie/Antihierarchie – Köchin
2011

Historisch-kritisches Wörterbuch des Feminismus
Band 3: Kollektiv – Liebe
2014

Nachrichten aus dem Patriarchat
2005

Gemeinsam mit anderen

Sternschnuppen. Zukunftserwartungen von Schuljugend
2006

Politik ums Kopftuch
2005

Unterhaltungen über den Sozialismus
nach seinem Verschwinden
2002

Materialien zum Historisch-kritischen Wörterbuch
des Marxismus
1996

Sexueller Missbrauch
Widersprüche eines öffentlichen Skandals
1994

Frauenbewegungen in der Welt
Bd. 3: Außereuropäische kapitalistische Länder
1990

Frauenbewegungen in der Welt. Bd. 2: Dritte Welt
1989

Politik um die Arbeit
1988

Frauenbewegungen in der Welt. Bd. 1: Westeuropa
1988

Frauen\Männer\Computer
Empirische Untersuchungen zur Büroarbeit
1987

Widersprüche der Automationsarbeit. Ein Handbuch
1987

Geschlechterverhältnisse und Frauenpolitik
1984

Zerreißproben. Automation im Arbeiterleben
Empirische Untersuchungen. Band 4
1983

Automationsarbeit. Empirische Untersuchungen. Band 3
1981

Automationsarbeit. Empirische Untersuchungen. Band 2
1981

Automationsarbeit. Empirische Untersuchungen. Band 1
1980

Automation in der BRD
1975, 3. Auflage 1979

Entwicklung der Arbeitstätigkeit und die Methode ihrer Erfassung
1978, 2. Auflage 1979

Theorien über Automationsarbeit
1978

Herausgeberin und Mitautorin der Frauenformenbände

Lustmolche und Köderfrauen
Politik um sexuelle Belästigung am Arbeitsplatz
1997

Sündiger Genuß? Filmerfahrungen von Frauen
1995

Die andere Angst
1991, 2. Auflage 1994

Hat die Leistung ein Geschlecht?
Erfahrungen von Frauen
1993

Der Widerspenstigen Lähmung
Kritische Psychologie der Frauen 2
1986, 2. Auflage 1989

Subjekt Frau. Kritische Psychologie der Frauen 1
1985, 2. Auflage 1988

Küche und Staat. Die Politik der Frauen
1988

Sexualisierung der Körper. Frauenformen 2
1983, 3. überarbeitete Auflage 1991

Frauenformen. Alltagsgeschichten und Entwurf
einer Theorie weiblicher Sozialisation
Neufassung als:
Erziehung zur Weiblichkeit
1991